Manfred Seiler

Pflege und Strafrecht

Manfred Seiler

Pflege und Strafrecht

Kompendium für die Praxis

Tectum Verlag

Manfred Seiler
Pflege und Strafrecht. Kompendium für die Praxis

ISBN 978-3-8288-4212-0
ePDF 978-3-8288-7106-9
ePub 978-3-8288-7107-6

Druck und Bindung: Docupoint GmbH, Barleben
Printed in Germany

Besuchen Sie uns im Internet
www.tectum-verlag.de

Bibliografische Informationen der Deutschen Nationalbibliothek
Die Deutsche Nationalbibliothek verzeichnet diese Publikation in der Deutschen Nationalbibliografie; detaillierte bibliografische Angaben sind im Internet über http://dnb.d-nb.de abrufbar.

Ich bedanke mich bei Sabine Hergarten fürs Korrekturlesen und bei meiner Kollegin RAin Christina Seel für die fachliche Begleitung.
Die Hilfe und Unterstützung meiner Ehefrau Susanne ermöglichten erst dieses Buch. Danke.

Inhaltsverzeichnis

Abkürzungsverzeichnis

a. F.	alte Fassung
Abs.	Absatz
AG	Amtsgericht
Alt.	Alternative
AltPflG	Altenpflegegesetz
AMG	Arzneimittelgesetz
Anm.	Anmerkung
AnwBL	Anwaltsblatt
Art.	Artikel
AT	Allgemeiner Teil (Strafrecht)
Aufl.	Auflage
BAG	Bundesarbeitsgericht
BayObLG	Bayerisches Oberstes Landesgericht
Bd.	Band
BDSG	Bundesdatenschutzgesetz
BetrVG	Betriebsverfassungsgesetz
BfArM	Bundesinstitut für Arzneimittel und Medizinprodukte
BGB	Bürgerliches Gesetzbuch
BGH	Bundesgerichtshof
BR-Drs.	Bundesratsdrucksache
BSG	Bundessozialgericht
BT	Besonderer Teil (Strafrecht)
BT-Drs.	Bundestags-Drucksache
BtM	Betäubungsmittel
BtMG	Betäubungsmittelgesetz
btm-haltig	betäubungsmittelhaltig
BtMVV	Betäubungsmittelverschreibungsverordnung

BVerfG	Bundesverfassungsgericht
BVerwG	Bundesverwaltungsgericht
bzgl.	bezüglich
bzw.	beziehungsweise
d. h.	das heißt
Def.	Definition
DSGVO	Datenschutzgrundverordnung
EGMR	Europäischer Gerichtshof für Menschenrechte
EL	Einrichtungsleitung
EMRK	Europäische Menschenrechtskonvention
EuGH	Gerichtshof der Europäischen Union
FamFG	Gesetz über das Verfahren in Familiensachen und in den Angelegenheiten der freiwilligen Gerichtsbarkeit
FamRz	Zeitschrift für das gesamte Familienrecht
FeM	Freiheitsentziehende Maßnahme
Fn.	Fußnote
GA	Goltdammer's Archiv für Strafrecht
GG	Grundgesetz für die Bundesrepublik Deutschland
GrSSt	Großer Senat für Strafsachen
h. M.	herrschende Meinung
HansOlG	Hanseatisches Oberlandesgericht
Hs	Halbsatz
i. d. F.	in der Fassung
i. d. R.	in der Regel
i. V. m.	in Verbindung mit
IfSG	Infektionsschutzgesetz
JA	Juristische Arbeitblätter
JR	Juristische Rundschau
JuS	Juristische Schulung
JZ	Juristen Zeitung
KG	Kammergericht Berlin
KKG	Gesetz zur Kooperation und Information im Kinderschutz
KrPflG	Krankenpflegegesetz

LFGB	Lebens- und Futtermittelgesetzbuch
LG	Landgericht
m. w. N	mit weiteren Nachweisen
MDR	Monatsschrift für Deutsches Recht
MedR	Medizinrecht
MP	Medizinprodukt
MPBetreibV	Medizinprodukte-Betreiberverordnung
MPG	Medizinproduktegesetz
MüKo	Münchner Kommentar
NJW	Neue Juristische Wochenschrift
NJW Spezial	Neue Juristische Wochenschrift spezial
NpSG	Neue-psychoaktive-Stoffe-Gesetz
Nr.	Nummer
NStZ	Neue Zeitschrift für Strafrecht
NStZ-RR	Neue Zeitschrift für Strafrecht Rechtsprechungsreport
NZA	Neue Zeitschrift für Arbeitsrecht
OLG	Oberlandesgericht
OWiG	Ordnungswidrigkeitengesetz
PDL	Pflegedienstleitung
PsychThG	Psychotherapeutengesetz
Rdnr.	Randnummer
SAPV	Spezialisierte ambulante Palliativversorgung
SGB	Sozialgesetzbuch
SK	Systematischer Kommentar
StA	Staatsanwaltschaft
StÄG	Strafrechtsänderungsgesetz
StGB	Strafgesetzbuch
StPO	Strafprozessordnung
StraFo	Strafverteidiger Forum
StrRG	Gesetz zur Reform des Strafrechts
StV	Strafverteidiger
StVO	Straßenverkehrsordnung
u. w.	und weitere

vgl.	vergleiche
WaffG	Waffengesetz
z. B.	zum Beispiel
ZPO	Zivilprozessordnung

Einführung

Zu Beginn eines Vortrages, ob bei Pflegedienst- und Einrichtungsleitungen, aber auch bei Schülerinnen und Schülern der AWO-Pflegeakademie des Sozialträgers, den ich in strafrechtlichen Angelegenheiten berate, stelle ich oftmals die provokante Frage: „Als Pflegekraft stehe ich immer mit einem Bein im Gefängnis?".

Diese Frage kann man durchaus jeder Pflegekraft, sei es in der Senioren-, Kinder- und Jugend-, Krankenhauspflege, der psychiatrischen Pflege und selbstverständlich auch in Behindertenwerkstätten stellen.

Die angehenden examinierten Pflegekräfte können mit dieser Frage zunächst nichts anfangen, da ihnen je nach Ausbildungsjahr und -stand die täglichen Erfahrungen aus dem Pflegealltag fehlen, die Ausgangspunkt und Grundlage dieses Buches wurden.

Das Buch richtet sich an all diejenigen, die den Beruf der Pflegefachfrau oder des Pflegfachmanns[1] erlernen, sowie an Studierende der Hochschulen, aber auch an diejenigen, die als examinierte Pflegekräfte oder Einrichtungs-/Pflegedienstleitungen täglich den Problemen gegenüberstehen, die zu Ermittlungen durch Staatsanwaltschaft und Polizei führen können. Darüber hinaus dürften die Ausführungen auch für Kolleginnen und Kollegen hilfreich sein, die Sozialträger rechtlich beraten.

Es soll zu einer Sensibilisierung und mehr Aufmerksamkeit vor gewollter oder ungewollter Gewalt in stationären Einrichtungen oder bei ambulanten Pflegediensten führen und eine Unterstützung im Umgang mit Staatsanwaltschaft und Polizei bieten, wenn Ermittlungen in Einrichtungen oder Pflegediensten durchgeführt werden.

Nach der Lektüre des Buches kann die provokante Frage sicherlich beantwortet werden.

---

1 Berufsbezeichnung ab 2020 mit Einführung des Pflegeberufereformgesetz: https://www.bmfsfj.de/bmfsfj/service/gesetze/pflegeberufe-reformgesetz-/119230.

Lediglich aus Gründen der besseren Übersichtlichkeit wurde überwiegend die männliche Schreibweise gewählt, wohlwissend, dass die Berufe in der Pflege überwiegend von Frauen ausgeübt werden. Die Ausführungen gelten geschlechtsunabhängig für sämtliche derzeit rechtlich geltenden Identitäten.

Saarbrücken, September 2019

Einleitung

Die deutsche Rechtsordnung kennt ein vielfältiges Sanktionsprinzip für ein menschliches Fehlverhalten, von dem der Staat[2], dem das Sanktionsmonopol zusteht[3], ausgeht, die Gesellschaft fordere, dass ein solches Fehlverhalten sanktioniert werde.

Zu den bekanntesten Vorschriften, die Sanktionen für menschliches Fehlverhalten bereithalten, gehören das Strafgesetzbuch (StGB) und das Gesetz über Ordnungswidrigkeiten (OWiG), insbesondere im Zusammenhang mit der Straßenverkehrsordnung (StVO).

Darüber hinaus kennt das deutsche Recht Sanktionsvorschriften in Form von Straf- und Bußgeldtatbeständen in einer großen Vielzahl anderer Gesetze.

Als Beispiele seien genannt das BtMG, AMG, DSGVO und BDSG, BetrVG, MPG u.v. m..

Mit der nachfolgenden Darstellung sollen die einzelnen Sanktionsvorschriften, aber auch der Umgang mit diesen und den Personen, die die Sanktionen anwenden wollen, besprochen und dargestellt werden.

Die strafrechtlichen Sanktionen wenden sich in Deutschland nach wie vor an Individuen und nicht an Unternehmen und damit auch nicht an Sozialträger und Sozialkonzerne.

Zwar ist ein Unternehmensstrafrecht in Deutschland in der Diskussion[4], aber bis zum heutigen Zeitpunkt nicht vorhanden. Dies bedeutet, dass nicht die Unternehmen der Pflegewirtschaft, sondern bisher nur deren Mitarbeiter für strafrechtliches Fehlverhalten sanktioniert werden.

Eine Ausnahme kennt das deutsche Ordnungswidrigkeitenrecht. Eine Sanktionsmöglichkeit gegenüber Inhabern von Unternehmen

2 Nolte/Aust/Mangoldt/Klein/Starck, GG, Art. 103 Abs. 2 Rdnr.101.

3 Remmert/Maunz-Düring, GG, Art. 103 Abs. 2 Rdnr. 35.

4 Zum Stand der Diskussion: Beukelmann, Neues Sanktionenrecht für Unternehmen geplant, NJW Spezial 2018,184.

und auch Unternehmen selbst eröffnen §§ 9,30,130 OWiG. Diese Vorschriften sanktionieren ein Fehlverhalten von Unternehmen, wenn diese es unterlassen, dafür Sorge zu tragen, dass der Betrieb oder das Unternehmen nicht gegen Straf- oder Bußgeldtatbestände verstößt. Auf europäischer Ebene[5] ist ein Unternehmensstrafrecht in vielen Staaten eingeführt.

Bußgelder[6] als Sanktionsinstrument des Ordnungswidrigkeitenrechts können auch gegenüber Unternehmen verhängt werden. Bekanntes Beispiel hierfür sind die Verfahren nach dem Kartellrecht wegen Preisabsprachen. Die sehr hohen Bußgelder richten sich direkt an die Unternehmen.

5 Trüg, Sozialkontrolle durch Strafrecht – Unternehmensstrafrecht, StraFo 2011, 471 (471 1. Der europäische und außereuropäische Kontext – eine Bestandsaufnahme.)

6 Ost, Kartellbußgeldverfahren zwischen deutschem Systemdenken und europäischer Konvergenz: https://www.bundeskartellamt.de/SharedDocs/Publikation/DE/Reden/Konrad Ost – Kartellbußgeldverfahren zwischen deutschen Systemdenken und eur opäischer Konvergenz.html.

I Allgemeine Grundsätze

1. Die Tat

Allen Texten des StGB und des OWiG ist gemeinsam, dass diese von einer (Straf-) Tat sprechen. Zentraler Begriff ist die Tat, die nicht einheitlich im StGB, StPO und GG verstanden wird[7]. Grundgesetz Art. 103 Abs. 2 und StPO § 264 Abs. 1 enthalten den sogenannten prozessualen Tatbegriff. Dieser definiert sich als der von der Anklageschrift beschriebene Vorgang einschließlich mit diesem im Zusammenhang stehenden Vorkommnissen und tatsächlichen Vorgängen, die geeignet sind zu prüfen, ob die Gesamtheit dieser Umstände und Vorgänge eine strafbare Handlung darstellt[8].

Die §§ 52 und 53 StGB fassen eine Handlung, die mehrere Straftatbestände betreffen oder einen Straftatbestand mehrmals, aber auch mehrere selbständige Straftaten, die gleichzeitig abgeurteilt werden, zu einer einheitlichen Strafe zusammen, sog. materiell-rechtlicher Tatbegriff[9]. Das StGB stellt somit grundsätzlich (Ausnahme noch § 211 StGB-Mord) nicht auf Personen, sondern auf deren Handlungen ab, die diese Personen dann zu Tätern machen.

Die spezifischen Handlungen von Menschen bestimmen, ob diese eine Straftat/Ordnungswidrigkeit selbst und somit als Täter oder als Anstifter/Gehilfe begehen.

Eine Straftat oder Ordnungswidrigkeit ist also ein Verhalten, das den Tatbestand eines Strafgesetzes oder eines Gesetzes, das einen Tatbestand einer Ordnungswidrigkeit beschreibt, verwirklicht und außerdem rechtswidrig und schuldhaft ist[10].

---

7 Eschelbach/Graf, StPO, § 264 Rdnr. 4.

8 BGH 2 StR 578/83 vom 21.12.1983 in StV 1984, 364 (365 2.).

9 BGH 3 StR vom 28.7.2009 in NStZ 2009, 705 (706 5.).

10 Schmidt, Strafrecht AT, S. 17 Rdnr. 27.

Grundlage der Straftat ist ein menschliches Verhalten[11]. Der strafrechtliche Handlungsbegriff folgt der sozialen Handlungslehre, nach der eine Handlung im Sinne des Strafrechts ein vom Willen des Menschen beherrschtes oder beherrschbares soziales Verhalten ist[12].

Geht es im Ordnungswidrigkeitenrecht um die Sanktion eines Unternehmens, so darf nicht verkannt werden, dass es hierbei letztlich auch um die Sanktion menschlichen Verhaltens geht, das dem Unternehmen als Grundlage seiner „Bestrafung" zugeschrieben wird, wenn der Vertreter zugleich Repräsentant des zu sanktionierenden Systems ist[13].

1.1 Beteiligte einer Straftat/Ordnungswidrigkeit

1.1.1 Täterschaft

Zunächst stellt sich die Frage, wer Täter einer Straftat ist.

Das deutsche Strafrecht unterscheidet zwischen Täter/Mittäter einerseits und Anstifter und Gehilfe andererseits. Zu prüfen ist, wer im **strafrechtlichen** System der Beteiligungen an einer Straftat die Funktionen Täter/Mittäter oder Anstifter/Gehilfe ausübt.

Das deutsche Strafrecht unterscheidet zwischen der Täterschaft in Form der Allein-, Mit- oder mittelbaren Täterschaft, § 25 StGB.

Der examinierte Pfleger, der eine Bewohnerin tötet, die examinierte Pflegerin, die diesen zur Tötung der Bewohnerin durch Versprechungen bringt, die Pflegeschülerin, die aufpasst, dass niemand den Pfleger bei dessen Tat stört. Für diese handelnden Personen ist festzustellen, welcher Beitrag diesen bei einer Straftat zugeschrieben werden muss.

Das StGB bestimmt in § 25, dass Täter einer Straftat diejenige Person ist, die die Straftat selbst oder durch eine andere Person (mittelbare Täterschaft) begeht. Im Falle einer mittelbaren Täterschaft bedient sich der Täter zur Ausführung seiner Tathandlung einer anderen Per-

11 Wessels/Beulke/Satzger, StGB AT, S. 44 Rdnr. 132.
12 Schmidt, StGB AT, S. 30 Rdnr. 68.
13 Rogall/ Karlsruher Kommentar, OWiG, § 30 Rdnr. 107.

son[14], die im Grundfall dieser Rechtskonstruktion als absichtslos doloses (ohne Vorsatz) handelndes Werkzeug des Täters verstanden wird[15].

Eine einzelne Person, die ohne jegliche Hilfe in Anspruch zu nehmen, eine Körperverletzungshandlung alleine begeht, ist Täter.

Sind mehrere Personen an einer Straftat beteiligt, so stellt sich die Frage nach deren Handlungen und wie sich diese Handlungen auf die Tat auswirken.

Zur Beantwortung dieser Frage bedient sich die Strafrechtslehre und zunehmend auch die Rechtsprechung[16] der Tatherrschaftslehre[17].

Mittels dieser Lehre soll festgestellt werden, welche der handelnden Personen das Tatgeschehen beherrscht, d. h. das Geschehen planmäßig voranbringt[18].

Täterwillen bedeutet, der Täter will die Tathandlung (Schlagen mit einer Axt auf den Kopf des Opfers) selbst ausführen oder diese Handlung vollumfänglich bestimmend durch eine andere Person ausführen lassen. Die Tat vollzieht sich ausschließlich nach seiner Vorstellung und Planung. Hat die helfende Person weder die Tat initiiert, noch unmittelbar an der Tatausführung mitgewirkt, das Tatopfer nicht ausgesucht, auf die Tatausführung keinen Einfluss gehabt und hat diese Person auch kein maßgebliches Interesse an der Tat, so liegt trotz grundsätzlicher Ermöglichung der Tat und Anwesenheit am Tatort **keine Mittäterschaft** vor[19], auch bei Annahme eines gemeinsamen Tatplans.

Mittäter[20] ist somit derjenige, der nicht nur fremdes Tun fördern will, sondern einen eigenen Tatbeitrag so in den gemeinsamen Geschehensablauf einbringt, dass sein Tatbeitrag Teil des Tatbeitrages des weiteren Täters wird und umgekehrt.

Treffen diese Merkmale nicht nur auf eine Person, sondern mehrere Personen zu, dann handeln diese gemeinschaftlich als Mittäter[21].

---

14 Sehr ausführlich zur mittelbaren Täterschaft: LG Heilbronn 8 KLs 24 Js 28058/15 vom 9.3.2017 in StraFo 2017, 118 (119 rechte Spalte).

15 Fischer, StGB, § 25 Rdnr. 9.

16 Fischer, StGB, vor § 25 Rdnr. 3 und 4 m. w. N..

17 Wessels/Beulke/Satzger, StGB AT, S. 274 Rdnr. 806.

18 Wessels/Beulke/Satzger, StGB AT, S. 274 Rdnr. 806.

19 Sehr gute Darstellung der einzelnen Merkmale: BGH 2 StR 161/17 vom 13.9.2017, StV 2019, 88 (89[8] und [9]).

20 BGH 1 StR 496/16 vom 10.10.2017 in STV 2018, 719 (720 [11]).

21 Wesels/Beulke/Satzger, StGB AT, S. 278 Rdnr. 811.

1.1.2. Anstiftung und Beihilfe

Wer Anstifter und Gehilfe einer Tat sind, regeln die §§ 26 und 27 StGB.

Als **Anstifter** wird nach § 26 StGB bestraft, wer vorsätzlich einen anderen zu dessen vorsätzlich begangener rechtswidriger Tat bestimmt. Das bedeutet, ausgehend von der vorstehend beschriebenen Tatherrschaftslehre, dass der Anstifter den Täter dazu bringt, eine (seine) Straftat zu begehen, die der Anstifter zwar selbst auch will, aber eben nicht selbst ausführen möchte. Nach der Vorstellung des Anstifters soll die Tat nur geschehen. Wann und auf welchem Wege ist ihm gleich.

Genau betrachtet will der Anstifter dasselbe wie der Täter, nur ohne „Arbeit“, weshalb der Anstifter auch wie ein Täter bestraft wird. Allerdings wird der Anstifter, wie jede an der Tat beteiligte Person, nach seiner persönlichen Schuld an der Tat bestraft, §§ 26 Abs. 1, 1. Hs, 29 StGB.

Gehilfe ist nach § 27 Abs. 1 StGB derjenige, der vorsätzlich einem anderen zu dessen vorsätzlich begangener rechtswidriger Tat Hilfe leistet.

Im Gegensatz zum Anstifter bringt der Gehilfe den Täter nicht dazu, eine Straftat zu begehen. Der Gehilfe leistet einen Hilfsbeitrag zu der Straftat, zu deren Verübung der Täter sich bereits entschieden hat, aber zu deren Umsetzung der Täter Hilfe benötigt, die der Gehilfe leistet. Nach der Tatherrschaftslehre fehlt dem Gehilfen jeglicher Einfluss auf den Tatplan und Tatablauf. Die Beihilfe ist auch durch ein Unterlassen der gebotenen Handlung möglich. Hierzu muss der Gehilfe verpflichtet sein, einen Taterfolg abzuwenden. Diese gebotene Handlung unterlässt der Gehilfe jedoch nicht, weil er ein Interesse am Eintritt des Erfolgs wie der Täter hat, sondern die gebotene Handlung mit dem Vorsatz eines Gehilfen unter beherrschendem Einfluss des Täters unterlässt[22].

Der Gehilfe wird gem. § 27 Abs. 2 StGB zunächst wie der eigentliche Täter bestraft, allerdings ist die Strafe des Gehilfen gegenüber derjenigen des eigentlichen Täters zu mildern nach der Vorschrift des § 49 Abs. 1 StGB. In Kriminalfilmen sind die Gehilfen die Fahrer der

22 BGH 3 StR 95/91 vom 25.9.1991 in NJW 1992, 1246 (1247 3a)).

Fluchtfahrzeuge, Lieferanten von Waffen und Informationen, die benötigt werden, eine Straftat auszuführen.

Ist Beihilfe von der Täterschaft in Form der Mittäterschaft abzugrenzen, so kommt es auf das Maß des eigenen Interesses des Helfers an der gesamten Tat, den Umfang an Tatbeteiligung und welches Maß an Tatherrschaft oder zumindest an Willen zur Tatherrschaft feststellbar ist und ob der Ausgang der Tat auch vom Willen und Handeln der Hilfsperson abhängt. Die Person, die diese Merkmale in sich verwirklicht, ist nicht Gehilfe, sondern Mittäter[23].

In vorgenanntem Beispiel sind:

der examinierte Pfleger Täter, § 25 StGB,
er führt die Tathandlung aus,
die examinierte Pflegerin Anstifterin, § 26 StGB,
sie bringt den Täter dazu, die Tat auszuführen,
die Pflegeschülerin Gehilfin, § 27 Abs. 1 StGB,
sie schützt den Täter davor, entdeckt zu werden.

Voraussetzung für jede Form der Gehilfentätigkeit ist eine vorsätzliche Haupttat. Anstiftung oder Beihilfe zu einer fahrlässigen Tat sieht das Gesetz nicht als strafbare Gehilfen-Handlung vor.

Das **Ordnungswidrigkeitenrecht** differenziert nicht zwischen Täter und Teilnehmer, sondern sieht jeden als Täter einer Ordnungswidrigkeit, der sich an der Tat beteiligt[24], gleich wie sich der Tatbeitrag darstellt. Es handelt sich bei diesem Tätermodell um das sogenannte Einheitstätermodell, das z. B. auch das österreichische Strafgesetzbuch vorsieht[25].

Daneben kennt das Ordnungswidrigkeitenrecht als Täter einer Ordnungswidrigkeit neben natürlichen Personen, also Menschen, auch juristische Personen, somit Unternehmen und auch Vereine, § 30 OWiG.

23 Vgl. zur Abgrenzung: BGH 3 StR 439/15 vom 8.12.2015 in StV 2016, 648 [5] a.
24 Rengier/Karlsruher Kommentar, OWiG, § 14 Rdnr. 4.
25 Renzikowski/Maurach/Gössel/Zipf, StGB AT, Band 2, S. 375 Rdnr. 2 m. w. N.

1.2 Delegation von Aufgaben und Täterschaft

Die Delegation von Aufgaben als Form einer Arbeitsteilung ist ein täglicher Vorgang in der Pflegepraxis, unabhängig davon, ob die Pflegeleistung in Senioreneinrichtungen oder Krankenhäusern erbracht wird. Geprägt wird die Delegation von dem Vertrauen[26] in die Kompetenz der Kollegen hinsichtlich der Erbringung und des Erfolgs der gemeinsamen Aufgabe.

Delegieren[27] bedeutet, jemanden oder etwas jemandem überweisen, jemanden zu etwas beauftragen, eine selbstdurchzuführende Aufgabe auf eine andere Person zu übertragen.

Kommt es bei der Ausführung der delegierten Aufgabe zu Problemen, die sich auf das körperliche Wohlbefinden der zu pflegenden Person auswirken oder gar zu deren Tod führen, stellt sich in strafrechtlicher Sicht die Frage, welche der handelnden Personen hierfür verantwortlich[28] ist. Ist diejenige Person Täter, die die Aufgabe delegiert oder ausschließlich diejenige Person, die die delegierte Aufgabe ausführt oder sind beide als Mittäter zu bestrafen?

Gesetzliche Vorgaben, wie sich eine Delegation zu vollziehen hat und unter welchen Voraussetzungen die Delegation einer Aufgabe zulässig ist, existieren nicht.

Allerdings haben sich Grundsätze entwickelt, nach denen die Zulässigkeit der Delegation einer Aufgabe zu prüfen ist. In strafrechtlicher[29] Hinsicht sind dies das Auswahlverschulden, Unterlassen von Kontrolle und Untätigkeit bei Anhaltspunkten für ein sorgfaltswidriges Verhalten der beauftragten Person. Diese Grundsätze gelten für sämtliche Arbeitsbereiche und somit auch für die Pflege und medizinische Behandlungen. Angelehnt sind diese Grundsätze an § 831 BGB[30]- die Haftung für den Verrichtungsgehilfen-.

Delegation von Aufgaben erfolgt auf vertikaler Ebene vom Arzt auf die examinierte Pflegekraft, vom Chefarzt auf den Stationsarzt, von der Pflegedienstleitung auf die Wohnbereichsleitung; horizontal von

26 Timpe, Der Vertrauensgrundsatz, StraFo 2016, 11 (19).

27 https://www.duden.de/rechtschreibung/delegieren.

28 Peters, Strafrechtliche Risiken bei der Delegation ärztlicher Leistungen an den Arzt im Praktikum, StV 2001, 708 (709 II.).

29 Fischer, StGB, § 222 Rdnr. 32.

30 Vgl. zum Gesetzestext: https://www.gesetze-im-internet.de/bgb/__831.html.

examinierter Pflegekraft auf eine andere examinierte Pflegekraft oder auch Pflegehilfskraft.

Die Möglichkeiten einer strafbaren Handlung bei Übertragung und Übernahme einer Aufgabe sind vielfältig, weshalb die Grundsätze einer ordnungsgemäßen Delegation einer Aufgabe nachfolgend dargestellt werden.

Zunächst muss die delegierende Person sich sicher sein, dass diejenige Person, die die Aufgabe übernehmen soll, dazu fachlich in der Lage ist.

Die fachliche Qualifikation darf nach einer Ausbildung zum Gesundheits- und Krankenpfleger oder Pflegefachmann gem. § 3 Abs. 2 Nr. 2a KrPflG vorausgesetzt werden, wenn als Ausbildungsziel definiert wird, dass im Rahmen der Mitwirkung bei Behandlungen ärztlich veranlasste Maßnahmen eigenständig durchgeführt werden können.

Eine entsprechende Qualifikationsanforderung formuliert § 3 Abs. 1 Nr. 1 u. 2 AltPflG für die Ausbildung Altenpfleger. Nach erfolgreicher Ausbildung darf die sach- und fachkundige Pflege (Nr. 1) und die Mitwirkung bei der Behandlung kranker alter Menschen einschließlich der Ausführung ärztlicher Verordnungen (Nr. 2) erwartet werden.

Es kommt für die strafrechtliche Bewertung darauf an, ob die die Aufgabe delegierende Person die mit der Delegation beauftragte Person mit größter Sorgfalt aussuchte.

Auf die formelle fachliche Qualifikation[31] dürfen sich der Chefarzt beim Stationsarzt, die Pflegedienstleitung bei der examinierten Pflegekraft, aber auch die Arbeitskollegen untereinander verlassen, wenn eine examinierte Pflegekraft mit einer Aufgabe betraut wird, die diese ausführen soll[32].

Die Aufgabe darf trotz formeller Qualifikation nicht übertragen werden, wenn Zweifel daran bestehen, ob die beauftragte examinierte Pflegekraft oder der Stationsarzt die Aufgabe tatsächlich auch bewältigen kann.

---

31 Bock/Ulsenheimer, Arztstrafrecht in der Praxis, S. 106 Rdnr.3.

32 BGH 1 StR 440/79 vom 2.10.1979 in NJW 1980, 649 (650 a) Vertrauensgrundsatz beim Zusammenwirken mehrerer Fachrichtungen bei einer Operation.

Daneben muss die Aufgabe auch tatsächlich delegierbar sein. Aufgaben, die ausschließlich dem Arzt oder der Pflegedienstleitung bzw. examinierten Pflegekräften vorbehalten sind, sind nicht delegationsfähig[33].

Die examinierte Pflegekraft darf das Herrichten der Medikamente für die zu pflegenden Personen nicht an Auszubildende oder an Pflegehelfer übertragen. Die Medikamentenversorgung obliegt ausschließlich examinierten Pflegekräften. Auszubildende dürfen die Medikamente nur unter ständiger Aufsicht einer examinierten Pflegekraft herrichten, aber nicht als eigene übertragene Aufgabe ausführen. Die strenge Aufsicht über die mit der Aufgabe betrauten Pflegeperson ist wesentlicher Bestandteil der zulässigen Delegation einer Aufgabe.

Der Delegierende ist daneben nur dann aus seiner strafrechtlichen Verantwortung befreit, wenn er die zu übernehmende Aufgabe genau beschrieben hat und die zu pflegende Person darin einwilligte, die pflegende/ärztliche Behandlung von einer anderen Person als der delegierenden ausführen zu lassen.

Bei gleicher fachlicher Qualifikation bedarf es nicht einer erneuten Einwilligung der zu pflegenden Person, wenn eine solche bereits erteilt war. Soll jedoch der Auszubildende unter Aufsicht der examinierten Pflegekraft die Behandlung ausführen, so bedarf es mangels gleichwertiger Qualifikation der handelnden Personen einer erneuten Einwilligung.

Da das Strafrecht ausschließlich tätereigenes, aber nicht täterfremdes Verhalten sanktioniert, trifft die delegierende Person keine strafrechtliche Verantwortung für das Verhalten der mit der Aufgabe betrauten Person, wenn diese trotz formeller und materieller Qualifikation eine strafrechtlich zu sanktionierende Handlung begeht. Dieser Grundsatz gilt dann nicht, wenn eine Notwendigkeit bestand, die mit der Aufgabe betraute Person bei deren Verrichtung zu überwachen[34].

Die mit der Aufgabe betraute Person muss ihrerseits darauf aufmerksam[35] machen, wenn sie die delegierte Aufgabe nicht mit der ent-

---

33 Bock/Ulsenheimer, Arztstrafrecht in der Praxis, S. 167 Rdnr. 294 für originär ärztliche Tätigkeiten.

34 Sprau/Palandt, BGB, § 831 Rdnr. 15.

35 Bock/Ulsenheimer, Arztstrafrecht in der Praxis, S. 170 Rdnr. 298- Übernahmeverschulden.

sprechenden fachlichen Qualifikation ausführen kann, obwohl die formelle Qualifikation vorliegt oder die mit der Aufgabe betraute Person aufgrund ihres Ausbildungsstandes weiß, dass sie die an sie übertragene Aufgabe tatsächlich mangels Delegierbarkeit nicht ausführen darf, sog. Übernahmeverschulden[36]. Hat die examinierte Pflegekraft beispielhaft eine Fortbildungsveranstaltung im Umgang mit Beatmungsgeräten besucht und gibt es darüber eine Teilnahmebestätigung, so dürfen die übrigen Pflegekräfte und auch die Pflegedienstleitung davon ausgehen, dass die Pflegekraft die Beatmungsgeräte korrekt einsetzt. Ist die Pflegekraft allerdings unsicher im Umgang mit dem Beatmungsgerät, so hat diese darauf aufmerksam zu machen und gegebenenfalls das Beatmungsgerät nochmals unter Beobachtung und Aufsicht anzuschließen, bevor diese die Aufgabe selbstständig ausführt. Diese Vorgehensweise gebietet sich bei sämtlichen Pflege- und Behandlungsmaßnahmen, je höher der Grad der Gefährdung der zu pflegenden Person durch ein Fehlverhalten ist.

Möglicherweise wäre ein solches Verhalten auch in einem Fall zu erwarten gewesen, in dem durch eine Auszubildende in einem Krankenhaus ein Beatmungsgerät um 180° verdreht wurde und woraufhin diese die Anschlüsse des Gerätes verwechselte. Die Folge hiervon war, dass in die Lunge der Patientin nicht Sauerstoff, sondern destilliertes Wasser floss und die Patientin verstarb; die Auszubildende sah sich eines Verfahrens wegen fahrlässiger Tötung, § 222 StGB, ausgesetzt[37].

Fraglich ist, ob für den Tod dieser Patientin nur die Auszubildende verantwortlich war.

Fehlte der Schülerin die Ausbildung an dem Beatmungsgerät oder war diese im Umgang mit dem Beatmungsgerät fachlich noch überfordert, so hätte sich die Person, die die Schwesternschülerin mit der Aufgabe betraute, möglicherweise wegen eines Auswahlverschuldens hinsichtlich der mit der Aufgabe betrauten Person (Schwesternschülerin) wegen des Todes der Patientin strafbar gemacht.

Durfte jedoch aufgrund des Ausbildungsstandes und einer entsprechenden Aufsicht und Beobachtung davon ausgegangen werden, dass die Auszubildende das Beatmungsgerät ordnungsgemäß anschlie-

36 Bock/Ulsenheimer, Arztstrafrecht in der Praxis, S. 106 Rdnr. 302.
37 Saarbrücker Zeitung Bericht vom 22.11.2011.

ßen konnte, so trifft ausschließlich die Schülerin die strafrechtliche Verantwortung.

In einem gleichgelagerten Fall übertrug der Chefarzt einem Stationsarzt die Aufgabe, einem Kind intravenös Kaliumchlorid zu spritzen. Der Stationsarzt übertrug diese Aufgabe auf eine äußerst erfahrene examinierte Pflegekraft, die wiederum übertrug diese Aufgabe auf eine Schülerin. Die Schülerin setzte die Spritze falsch, woraufhin das Kind verstarb.

Die vier handelnden Personen wurden wegen fahrlässiger Tötung des Kindes angeklagt.

Verurteilt wurden aber nur die examinierte Pflegekraft und die Schülerin. Die beiden Ärzte durften die Aufgabe, dem Kind Kaliumchlorid intravenös zu spritzen, jeweils delegieren.

Dies traf für die examinierte Pflegekraft und die Schülerin nicht zu. Das Gericht stellte fest, dass die examinierte Pflegekraft die Aufgabe nicht auf die Schülerin übertragen durfte und die Schülerin ihrerseits wusste aufgrund ihres Unterrichts, dass sie nicht intravenös spritzen durfte[38].

In einer Notsituation[39] muss eine nach individuellen Fähigkeiten zumutbare Hilfe gewährt werden. Dies bedeutet, auch eine noch in der Ausführung der delegierten Aufgabe unsichere Pflegekraft hat die Aufgabe nach bestem Wissen und Können auszuführen, da ansonsten eine Strafbarkeit wegen unterlassener Hilfeleistung § 323c StGB droht. Die Hilfsnotwendigkeit steht in direktem Verhältnis zur Schwere der Gefahren für das zu schützende Rechtsgut. Nicht zu erwarten ist, dass Hilfeleistungen gewährt werden, die die examinierte Pflegekraft nach ihren Fähigkeiten tatsächlich aufgrund ihres Wissenstandes nicht erbringen kann[40]. Schlägt die Hilfe dennoch fehl bei Einsatz der möglichen und zumutbaren Hilfeleistungen, so wird eine Strafbarkeit wegen der fehlerhaften Handlung wohl grundsätzlich ausgeschlossen sein, da es auf die Erfolgsaussichten der gewährten Hilfe nicht ankommt[41].

---

38 Bock/Ulsenheimer, Arztstrafrecht in der Praxis, S. 160 Rdnr. 2 m. w. N.

39 So schon: BGH 1 StR 567/65 vom 22.3.1966 in NJW 1966, 1172 (1173), Freund/MüKo, StGB, § 323c Rdnr. 90.

40 Freund/MüKo, StGB, § 323c Rdnr. 78.

41 BGH 2 StR 63/85 vom 3.4.1985 in StV 1987, 22 (22).

1.3 Aktives Handeln und Unterlassen der gebotenen Handlung, § 13 StGB

Handelt ein Mensch, so kann er sich strafbar machen; handelt ein Mensch nicht, so kann er sich ebenso strafbar machen. Täter[42] eines unechten Unterlassungsdelikts kann nur der Inhaber der Garantenstellung sein.

Dies scheint zunächst einen Widerspruch zu den vorherigen Ausführungen darzustellen, da dort ausdrücklich festgestellt wurde, dass das StGB auf Handlungen, also aktives Tun abstellt. Aber immer in den Fällen, in denen ein Unterlassen einer Handlung einer aktiven Handlung entspricht, d. h. das Unterlassen der Handlung ruft den gleichen Erfolg hervor wie aktives Handeln, so sieht das StGB die Möglichkeit einer Strafe hierfür vor, § 13 StGB.

Zu unterscheiden von diesen sogenannten **unechten Unterlassungsdelikten**[43] sind die **echten Unterlassungsdelikte**. Bekannt ist die unterlassene Hilfeleistung, § 323c StGB.

Dort wird das Unterlassen der Hilfeleistung (im Sinne einer konkreten aktiven Handlung) unter Strafe gestellt. Begrifflich handelt es sich bei § 323c StGB um ein echtes Unterlassungsdelikt[44]. Das Unterlassen der Hilfeleistung ist die aktive Handlung[45].

Der Gesetzgeber sieht in § 13 StGB dagegen eine Strafbarkeit dafür vor, dass der Täter es unterlässt, einen Erfolg (z. B. Platzwunde am Kopf, Oberschenkelhalsbruch durch Sturz der zu pflegenden Person) abzuwenden, obwohl der Täter über die hierzu notwendigen persönlichen Fähigkeiten verfügt und der eingetretene Erfolg zum Tatbestand eines Strafgesetzes gehört, hier Körperverletzung § 223 StGB.

Nach ständiger Rechtsprechung[46] hat jeder, der eine Gefahrenquelle schafft oder unterhält, entsprechende Vorkehrungen zum Schutz anderer Menschen zu treffen. Es sind solche Schutzvorkehrungen zu treffen, die entsprechend den gegebenen Umständen dem Verantwortlichen zumutbar sind und die ein vernünftiger und umsichti-

42 Fischer, StGB, § 13 Rdnr. 92.
43 Schmidt, Strafrecht AT, S. 314 Rdnr. 764.
44 Hecker/Schönke/Schröder, StGB, § 323c Rdnr. 1.
45 Hecker/Schönke/Schröder, StGB, § 323c Rdnr. 4.
46 Vgl. m. w. N. BGH 1 StR 328/15 vom 5.8.2015 in StV 2016, 426 (426[9]aa).

ger Mensch für notwendig und ausreichend erachtet, um Schaden von anderen (den zu pflegenden Personen) abzuhalten[47].

Allerdings besteht eine Strafbarkeit gem. § 13 StGB nur dann, wenn der Täter dafür einzustehen hat, dass der Erfolg nicht eintritt und das Unterlassen der Verwirklichung des Tatbestandes durch ein Tun (aktive Handlung) entspricht. Die sogenannte Entsprechungsklausel[48] ergibt sich bei den Erfolgsdelikten bereits aus der Verwirklichung des tatbestandlichen Erfolgs.

Voraussetzung ist demnach ein Erfolgsdelikt, also eine Norm, die die Herbeiführung eines Verletzungserfolgs unter Strafe stellt wie § 223 StGB.

Die Gesundheitsbeschädigung kann allerdings auch dadurch hervorgerufen werden, dass die Pflegekraft die zu pflegende Person alleine im Badezimmer lässt und diese dort stürzt. Die Pflegekraft wusste um die Sturzgefahr, trotzdem ließ sie die Bewohnerin alleine, weshalb diese stürzte und sich verletzte.

Der Verletzungserfolg tritt durch Unterlassen der gebotenen Handlung (Stützen der zu pflegenden Person), damit diese nicht im Badezimmer stürzt, ein. Die Gesundheitsbeschädigung tritt hier ebenso ein wie bei einem aktiven Tun, z. B. Wegziehen der Gehhilfen, die die zu pflegende Person zum Abstützen benötigt. Es ist zu fragen, ob der zu sanktionierende Verletzungserfolg dann nicht eingetreten wäre, wenn der Täter sich pflichtgemäß verhalten hätte, dies ist die Frage nach der Ursächlichkeit der unterlassenen Handlung für den Erfolgseintritt[49].

Eine Strafbarkeit wegen Unterlassen der gebotenen Handlung zur Verhinderung des eingetretenen Erfolgs setzt weiterhin voraus, dass der Täter den eingetretenen Verletzungserfolg zu verhindern hatte, § 13 Abs. 1 4. Hs StGB. Der Täter hat dafür einzustehen, dass der tatbestandliche Erfolg nicht eintritt, er übt gegenüber der verletzten Person eine Garantenstellung aus. **Garantenstellung**[50] bedeutet, die Pflegekraft hat dafür einzustehen, dass der Erfolg – Körperverletzung – bei dem Bewohner/Patient mit an Sicherheit grenzender Wahrscheinlich-

47 BGH 4 StR 252/08 vom 13.11.2008 in StV 2009, 406 (407 2aa).
48 Wessels/Beulke/Satzger, Strafrecht AT, S. 434 Rdnr. 1204.
49 BGH 3 StR 442/99 vom 19.4.2000 in NJW 2000, 2754 (2757 2.).
50 Garantenstellung: BGH 1 StR 466/16 in NJW 2017, 2052 (2053 [16]).

keit nicht eintritt; sie garantiert die Unversehrtheit der zu pflegenden Person. Die Beachtung dieser Pflicht beginnt **vor** einem Schadensfall und dient dazu, den Schadenseintritt = Körperverletzung, Tod der zu pflegenden Person, nicht eintreten zu lassen.

Garantenstellungen[51] ergeben sich in Form von Obhuts- und Beschützer- sowie Überwachungs- und Kontrollgarant. Es kommt darauf an, aufgrund welcher Aufgabenübernahme oder aufgrund welcher Regelung die Garantenstellung entsteht[52]. Gerade in der Pflege gibt es zwischen den einzelnen Garantenstellungen Überschneidungen[53]. Einmal gilt es, die zu pflegenden Personen zu überwachen, um Gefahren abzuwehren, andererseits ergibt sich die Garantenstellung aus der Übernahme von gesetzlichen Pflichten aufgrund des geschlossenen Arbeitsvertrages.

Wird die vom Täter gesetzte Gefahr für die zu pflegende Person zu einer besonderen/konkreten Gefahr, so ist dies **der späteste Zeitpunkt**, zu dem die Garantenstellung beginnt[54]. Grundsätzlich beginnt die Garantenstellung gegenüber den zu pflegenden Personen mit Aufnahme der täglichen Arbeit und endet mit dieser[55].

Diese Garantenstellung gegenüber der zu pflegenden Person ergibt sich für angestellte Ärzte und Pflegekräfte aus dem Abschluss eines Pflegevertrages zwischen dem Einrichtungsträger und der zu pflegenden Person einerseits und andererseits für die Pflegekraft, den angestellten Arzt, konkret aus dem eigenen Arbeitsverhältnis mit dem Einrichtungsträger.

Für Mitarbeiter von Jugendämtern[56] und den freien Trägern ergibt sich eine Garantenstellung für das jeweilige zu betreuende Kind, auch gegenüber den Eltern des Kindes aus der Übernahme der Betreuungsaufgabe.

Delikte durch Unterlassen finden sich alltäglich in der Pflegepraxis.

Nichtabsperren der Badezimmertür eines sogenannten behüteten Bereichs, obwohl sich eine mit sehr heißem Wasser gefüllte Wanne im

51 Zum Überblick: Wessels/Beulke/Satzger, Strafrecht AT, S. 420 Rdnr. 1175.
52 Fischer, StGB, § 13 Rdnr. 13.
53 Wessels/Beulke/Satzger, Strafrecht AT, S. 420 Rdnr. 1176.
54 BGH 2 StR 295/11 vom 21.12.2011 in NStZ 2012, 319 (320).
55 Fischer, StGB, § 13 Rdnr. 75.
56 OLG Stuttgart 1 Ws 78/98 vom 28.5.1998 in NJW 1998, 3130 (3132 a)).

Badezimmer befindet, der Bewohner setzt sich in die Wanne und verbrüht sich die Haut, was nicht passiert wäre, wäre die Tür versperrt gewesen.

Die zu pflegende Person entweicht aus dem behüteten Bereich, weil die Türen offenstanden und wird im Straßenverkehr von einem Fahrzeug erfasst.

In einer Kita vergiften sich Kinder mit Tabletten, die offen auf einem Tisch lagen und die die Kinder unbeobachtet essen konnten, „Bunte Tabletten sind Bonbons".

Die zu pflegende Person erhält die falschen Medikamente, weil aus Unachtsamkeit (mangelnde Konzentration) die Medikamentendosen vertauscht wurden.

Diese Aufzählung lässt sich unendlich fortsetzen, solche Vorfälle kommen täglich in allen Bereichen der Pflege vor, was es grundsätzlich zu verhindern gilt.

Letztlich muss dem Täter die Vornahme der gebotenen Handlung zumutbar sein.

Dies bedeutet, es ist zu prüfen, ob dasjenige Verhalten der Pflegeperson, das den Erfolg verhindert hätte, von der Pflegeperson auch rechtlich gefordert werden darf, d. h., ob eine Verpflichtung der Pflegeperson als Garant aufgrund ihrer Fähigkeiten, Kenntnisse, aber auch ihres vorangegangenen gefährlichen Verhaltens (Ingerenz) bestanden hätte, den Erfolg zu verhindern[57]. Nicht zumutbar ist ein solches normgemäßes Verhalten für den Garanten, wenn er seine eigenen Rechte erheblich gefährden würde, d. h., wenn er sich selbst gefährdet. Hierauf kann sich der Garant allerdings nur dann berufen, wenn er nicht durch sein eigenes Verhalten die Gefahr für die zu pflegende Person setzte[58].

Das Maß dieser Unzumutbarkeit ergibt sich aus der Abwägung des drohenden Verletzungs-Erfolgs, der Wahrscheinlichkeit der Rettung und der Wertigkeit der Interessen des Garanten, die er durch die von ihm zu fordernde und gebotene Handlung gefährdet[59]. Je höher der Wert des zu schützenden Rechtsguts (Leben, Gesundheit), umso größer sind die Anforderungen an die zu erbringende und damit zumut-

57 Fischer, StGB, § 13 Rdnr. 80 u. 81.

58 BGH 1 StR 328/15 vom 5.8.2015 in StV 2016, 426 (427 [15]bb).

59 Fischer, StGB, § 13 Rdnr. 82.

bare Garanten-Leistung[60]. Bei geringer Rettungschance wird ein normgemäßes Verhalten nicht mehr zu fordern sein[61].

Der Versuch eines unechten Unterlassungsdelikts ist möglich. Abgestellt wird hierbei darauf, ob der Täter nach seiner Vorstellung von der Tat damit begonnen hat, untätig zu bleiben[62], in sinngemäßer Anwendung der Darstellung für ein aktives Verhalten, bei dem darauf abgestellt wird, ob der Täter nach seiner Vorstellung von der Tat mit dieser begonnen hat.

Hinsichtlich der Strafhöhe für die nicht ausgeführte gebotene Handlung sieht § 13 Abs. 2 StGB die Möglichkeit einer Strafmilderung vor. Es handelt sich jedoch nur um eine Möglichkeit zur Strafmilderung, da der Verletzungserfolg einer unterlassenen gebotenen Handlung nicht notwendig geringer sein muss als bei einem aktiven Tun[63].

2. Objektiver Tatbestand

Der objektive Tatbestand beschreibt den äußeren Tatablauf, das tatsächliche Geschehen.

Beispiel: Einschlagen auf eine Person, Verabreichen einer Injektion, Nichtrückführung einer Person nach Toilettengang, Fixierungen, Gewaltanwendungen.

Der objektive Tatbestand[64] eines Gesetzes beschreibt somit diejenigen Handlungen, von denen das StGB ausgeht, dass dies strafbare Handlungen eines Menschen sind, die es zu sanktionieren gilt. Gleiches gilt im Ordnungswidrigkeitenverfahren.

Auch dort enthalten Vorschriften Verhaltensanforderungen, die es entweder zu erfüllen gilt, oder die zu unterlassen sind. Werden diese Anforderungen nicht befolgt, so sind Bußgelder zu zahlen. Das Ordnungswidrigkeitenrecht spricht nicht von Strafbarkeit, sondern von

60 Bosch/Schönke/Schröder, StGB, vor §§ 13 ff. Rdnr. 156.
61 BGH 2 StR 294/93 vom 16.7.1993 in NJW 1994,1357 (1357 b).
62 BGH 1 StR 357/94 vom 13.9.1994 in NJW 1995, 206 (207 bb.) Pflegepersonal stellt lebensnotwendige Sondenernährung bei einem Patienten ein.
63 Fischer, StGB, § 13 Rdnr. 100.
64 Eisele/Schönke/Schröder, StGB, vor § 13 Rdnr. 43/44.

Vorwerfbarkeit[65]. Nur wenn sämtliche Tatbestandsmerkmale, also diejenigen Merkmale, die den objektiven Tatbestand eines Gesetzes beschreiben, durch die menschliche Handlung erfüllt sind, liegt im **objektiven** Sinne eine strafbare Handlung vor[66].

Der objektive Tatbestand einer möglichen Strafbarkeit wegen einer Körperverletzung erfordert eine körperliche Misshandlung oder Gesundheitsbeschädigung einer anderen Person sowie einen Verletzungserfolg. Bleibt der Erfolg einer körperlichen Misshandlung oder der Schaden an der Gesundheit aus, ist der objektive Tatbestand des § 223 StGB nicht erfüllt, die Tatbestandsmerkmale sind nicht verwirklicht.

3. Subjektiver Tatbestand

Der subjektive Tatbestand befasst sich nicht mit dem äußeren Handlungsablauf, sondern mit den Vorstellungen des Täters vom Ablauf seiner Tat, der sogenannten inneren Tatseite[67].

Der Täter hat eine Vorstellung davon, wie er seine Straftat oder Ordnungswidrigkeit ausführt. Das Gesetz erklärt in § 8 StGB, dass eine Tat begangen ist zu der Zeit, zu der der Täter oder Teilnehmer gehandelt hat.

Unterschieden wird zwischen vorsätzlicher und fahrlässiger Tatbegehung.

3.1 Vorsatz, § 15 1. Hs StGB

Vorsatz ist definiert als das **Wissen** des Täters hinsichtlich sämtlicher objektiver Merkmale der Tat (objektiver Tatbestand) und das **Wollen** der Verwirklichung der Tat entsprechend seiner Vorstellungen zum und vom Tatablauf[68].

---

65 Rengier/Karlsruher Kommentar, OWiG, § 12 Rdnr. 1.

66 Eisele/Schönke/Schröder, StGB, vor § 13 Rdnr. 12 II. Aufbau des Verbrechensbegriff.

67 Schmidt, Strafrecht AT, S. 87 Rdnr. 202 Fazit.

68 Wessels/Beulke/Satzger, Strafrecht AT, S. 101 Rdnr. 316.

Kurzformel: Das Wissen und Wollen hinsichtlich der Tat und deren Ablauf[69].

Grundsätzlich sanktioniert das StGB nur **vorsätzliches** Verhalten, § 15 1. Hs StGB, **fahrlässiges** Verhalten nur dann, wenn dies ausdrücklich mit Strafe bedroht ist, § 15 2. Hs StGB.

Eine Ordnungswidrigkeit kann ebenfalls nur als vorsätzliches Verhalten geahndet werden, außer das Gesetz bedroht ausdrücklich auch fahrlässiges Verhalten mit einer Geldbuße, § 10 OWiG. So kann eine Körperverletzung wissentlich und willentlich, somit vorsätzlich, § 223 StGB, aber auch fahrlässig, § 229 StGB, begangen werden. Für beide Begehungsformen der Körperverletzungshandlung sieht das jeweilige Gesetz verschiedene Strafen vor.

Neben dem einfachen Vorsatz kennt das StGB noch die Absicht und den Eventualvorsatz, der laut Rechtsprechung oftmals ausreicht, um ein vorsätzliches Verhalten zu bejahen. Nimmt beim Eventualvorsatz der Täter den Taterfolg als gegeben hin, so vertraut/hofft er bei einem fahrlässigen Verhalten darauf, dass der tatbestandliche Erfolg nicht eintrete[70].

Innerhalb der Lehre vom Vorsatz werden verschiedene Vorsatzformen unterschieden[71]:

Dolus directus 1. Grades = Absicht
Der Täter strebt die Tatbestandsverwirklichung an.
Der Täterwille ist gerade auf diesen Erfolg ausgerichtet.
Bsp.: Bereicherungsabsicht § 263 StGB,
herausgehobener Willensfaktor.

Dolus directus 2. Grades = direkter Vorsatz
Der Täter weiß oder nimmt es als sicher an, dass er den Tatbestand verwirklicht. Hier ist das Täterwissen hervorgehoben, Bsp. der Täter schlägt mit einem Beil auf den Kopf einer Person. Dem Täter ist bewusst, wenn er mit einem Beil auf den Kopf eines anderen Menschen schlägt, dass dieser verletzt wird, §§ 223, 224 StGB.

69 Fischer, StGB, § 15 Rdnr. 3.
70 Fischer, StGB, § 15 Rdnr. 9.
71 BGH 2 StR 150/15 vom 10.1.2018 in StraFo 2018, 394 (395 a) Zum Überblick: Fischer, StGB, § 15 Rdnr. 6-9.

Dolus eventualis – bedingter Vorsatz
Der Täter hält die Tatbestandsverwirklichung für möglich, strebt den Erfolg der Tat aber nicht an, sondern hält ihn nur für möglich. Abgrenzung zur Fahrlässigkeit notwendig. Eine Billigung und damit vorsätzliches Verhalten in Abgrenzung zu fahrlässigem Verhalten ist anzunehmen, wenn der Täter seine Handlung oder auch sein Unterlassen fortsetzt, obwohl er die Gefährlichkeit seines Verhaltens erkannt hat[72].

3.2 Fahrlässigkeit, § 15 2. Hs StGB

Eine Definition, welches Verhalten als fahrlässig zu qualifizieren ist, hält das StGB im Gegensatz zum BGB nicht bereit. In § 276 BGB findet sich eine Definition für fahrlässiges Verhalten. Nach dieser Vorschrift verhält sich derjenige objektiv fahrlässig, der die im Verkehr (= tägliches konkretes Leben) erforderliche (objektive) Sorgfalt außer Acht lässt.

Das personenbezogene Strafrecht verlangt dagegen die subjektive Außerachtlassung der erforderlichen objektiven Sorgfalt[73]. Nur dasjenige Verhalten, das vom Täter erwartet werden kann aufgrund seiner gesamten persönlichen Fähigkeiten und Erfahrungen, ist Maßstab dafür, was ihm als zu sanktionierendes Verhalten bzw. Nichtverhalten im Sinne von Unterlassen vorzuwerfen ist[74].

Grundlegend[75] für die Prüfung einer fahrlässigen Handlung als zu sanktionierendes Unrecht ist der anzuwendende Maßstab für die Vorhersehbarkeit der eintretenden Rechtsgutverletzung und die Beantwortung der Frage, inwieweit diese Rechtsgutverletzung vermeidbar war. Den Maßstab der vom Täter anzuwendenden Sorgfalt gilt es aus objektiven Handlungs- oder Verbotsanweisungen heraus zu bestimmen.

72 BGH 2 StR 230/17 vom 13.12.2017 in StraFo 2018, 127 (127 a).
73 Sternberg-Lieben/Schuster/Schönke/Schröder, StGB, § 15 Rdnr. 118, so auch Fischer, StGB, § 15 Rndr. 12a.
74 Schmidt, Strafrecht AT, S. 366 Rdnr. 881.
75 Sternberg-Lieben/Schuster/Schönke/Schröder, StGB, § 15 Rdnr. 126.

3.2.1 Objektive Sorgfaltswidrigkeit

Zur Beantwortung der Frage, ob ein Verhalten als fahrlässig einzustufen ist, werden die Kriterien Sorgfaltspflicht, Vorhersehbarkeit und Vermeidbarkeit der Tatbestandsverwirklichung herangezogen[76].

Gerade in den Situationen, die im täglichen Pflegebetrieb die meisten Ansprüche an die Qualität der Pflegearbeit stellen, erwartet das Gesetz ein hohes Maß an Achtsamkeit als Teil der Sorgfalt im Umgang mit der zu pflegenden Person.

Die fahrlässige Tat (z. B. fahrlässige Körperverletzung) muss objektiv sorgfaltswidrig und dem Täter subjektiv vorwerfbar sein[77].

Objektiv sorgfaltswidrig bedeutet, in einer konkreten Situation hätte sich ein sog. Dritter, der mit den Kenntnissen und Fähigkeiten des Täters ausgestattet ist (bspw. die anderen examinierten Pflegekräfte einer Einrichtung), gerade nicht so verhalten, wie es der Täter in der konkreten Situation objektiv tut. Es handelt sich somit um einen objektiven Verhaltensfehler[78], der zu einer Strafbarkeit führen kann.

Der Eintritt des tatbestandsmäßigen Erfolgs muss objektiv voraussehbar sein. Das bedeutet, für den objektiven Dritten ist sehr deutlich zu erkennen, dass durch das vom Täter gezeigte Verhalten der tatbestandsmäßige Erfolg eintreten wird[79].

3.2.2 Maß und Grad der Sorgfaltsanforderungen

Welcher Grad und welches Maß an Sorgfalt in der bestimmten Situation anzuwenden sind, ergibt sich einerseits aus der tatsächlichen Situation und demjenigen, was **objektiv** in dieser Situation zu tun gewesen wäre, um den Taterfolg nicht eintreten zu lassen. Andererseits nach den subjektiven Fähigkeiten, d. h. **den persönlichen** Fähigkeiten und Kenntnissen des Täters, die von diesem zu erwarten sind[80], d. h., was hätte vom Täter getan werden können, um den Eintritt des Erfolgs, bspw. des Oberschenkelhalsbruch, zu verhindern.

---

76 Fischer, StGB, § 15 Rdnr. 14.
77 Fischer StGB, § 229 Rdnr. 3.
78 Wessels/Beulke/Satzger, Strafrecht AT, S. 397 Rdnr. 1114.
79 Wessels/Beulke/Satzger, Strafrecht AT, S. 397 Rdnr. 1115.
80 Fischer, StGB, § 222 Rdnr. 5.

Dies bedeutet, zu einer Vermeidbarkeit einer Strafbarkeit wegen eines fahrlässigen Erfolgsdeliktes wie der Körperverletzung oder Tötung nach den §§ 229, 222 StGB gehört es, dass der Täter die Gefahren für die zu pflegende Person aus seinem Verhalten erkennt, was wiederum am Maßstab einer besonnen handelnden Person zu prüfen ist, damit der Täter die schädigende Handlung nur unter großen Sicherheitsvorkehrungen ausführt oder noch besser ganz unterlässt, damit der Erfolg nicht eintritt[81].

Welcher Sorgfaltsmaßstab anzuwenden ist, ergibt sich aus den Gesetzen, aber auch aus Verordnungen, die aufgrund von Gesetzen erlassen werden können. Ein Sorgfaltsmaßstab für Träger von stationären Pflegeeinrichtungen bildet § 113c SGB XI.

Diese Vorschrift fordert die Träger, verantwortliche Fachverbände, im Einvernehmen mit dem zuständigen Bundesministeriums dazu auf, die Bemessung des Personalbedarfs wissenschaftlich festzustellen. Wenn diese Bedarfsberechnung festgestellt ist[82], bildet diese festgelegte Zahl die objektive Anforderung an Einrichtungsträger hinsichtlich des einzusetzenden Personals.

Die Personalverordnung[83] regelt die Frage, wie viele examinierte Pflegekräfte, aber auch Pflegehilfskräfte, in einer Einrichtung der stationären Pflege einzusetzen sind, um eine ordnungsgemäße Pflege durch den Einrichtungsträger zu garantieren. Diese festgelegte Personenzahl bildet dann den objektiven Sorgfaltsmaßstab.

Welche Grundsätze bei der Pflege zu beachten sind, ergibt sich aus § 113 SGB XI. Diese Norm ist Grundlage für die Erarbeitung von Expertenstandards gem. § 113a SGB XI zur Sicherung und Weiterentwicklung der Pflegequalität. Sorgfaltsmaßstäbe definiert auch § 6 IfSG hinsichtlich der Meldepflicht von Krankheiten. Aber auch aus der Stellungnahme des nationalen Ethikrates zum Patientenwohl als ethischer Maßstab für das Krankenhaus[84] ergeben sich objektive Sorgfaltsmaß-

81 Wessels/Beulke/Satzger, Strafrecht AT, S. 397 Rdnr. 1123.

82 Nach § 113c Abs. 1 2.Hs SGB XI ist eine Frist bis 30.6.2020 bestimmt.

83 Personalverordnung wird in den jeweiligen Bundesländern durch einen Vertrag mit den Einrichtungsträgern auf Basis des § 75 SGB XI vereinbart.

84 BT-Drs. 18/8843, S. 18. Unterrichtung des Deutschen Ethikrates – Stellungnahme des nationalen Ethikrates: Patientenwohl als ethischer Maßstab für das Krankenhaus.

stäbe. Einen gesetzlichen Sorgfaltsmaßstab im Umgang mit Medizinprodukten beschreibt § 4 MPG. Nach dieser Vorschrift ist es verboten, medizinische Produkte in den Verkehr zu bringen, in Betrieb zu nehmen, zu betreiben oder anzuwenden, wenn die Sicherheit und Gesundheit der Patienten oder allgemein der zu pflegenden Personen unmittelbar oder mittelbar hierdurch gefährdet wird.

Fraglich ist die rechtliche Qualität der Empfehlungen des Robert Koch-Instituts hinsichtlich dessen Empfehlungen[85] bspw. zu den Hygienestandards in der Pflege. Das OLG Celle[86] misst diesen Empfehlungen keinen Gesetzescharakter zu, verurteilte einen Facharzt in einem Ordnungswidrigkeitenverfahren jedoch zu einem Bußgeld, weil dieser Medizinprodukte nicht sterilisierte entsprechend den KRINKO-Empfehlungen des Robert Koch Instituts. Die Verurteilung zu einem Bußgeld erfolgte aufgrund der MPBetreibV, die eine ordnungsgemäße Sterilisation der von dem Arzt benutzten Medizinprodukte vorschreibt.

Als ein möglicher Sterilisationsstandard wurden die KRINKO-Empfehlungen des Robert Koch Instituts vom Gericht angesehen. Da der Arzt diesen Standard nicht anwandte, verstieß er gegen die Sterilisationsvorschriften der MPBetreibV, die für solche Verstöße gegen die Sterilisation eine entsprechende Verhaltensnorm mit der Rechtsfolge der Verhängung eines Bußgeldes bei Nichtbeachtung der Sterilisationsvorschriften vorhält. Die Rechtsgrundlage[87] für die MPBetreibV bildet § 37 Abs. 5 Nr. 1a MPG. Die Bußgeldvorschrift findet sich in § 42 MPG.

Die **subjektiven** Sorgfaltsanforderungen, die an die Pflegekraft gestellt werden dürfen, ergeben sich aus den §§ 3 KrPflG und AltPflG. In diesen Vorschriften sind die jeweiligen Ausbildungsziele definiert.

Nach erfolgreichem Abschluss der jeweiligen Ausbildung stellen dann diese verwirklichten Ausbildungsziele den Maßstab dessen dar, was subjektiv von examinierten Pflegekräften erwartet werden darf. Denn nur dann, wenn diejenige Person, der die „Achtsamkeitsaufgabe“ für die zu pflegende Person übertragen wurde, nach ihren subjektiven Fähigkeiten in der Lage ist, die Gefahr für die zu pflegende Person

85 https://www.rki.de/DE/Content/Infekt/Krankenhaushygiene/krankenhaushygiene_node.html.
86 OLG Celle 3 Ss (Owi)259/17 vom 22.12.2017 in StraFo 2017, 171.
87 OLG Celle 3 Ss (Owi)259/17 vom 22.12.2017 in StraFo 2017, 171(172).

zu erkennen und abzuwehren, kann eine Prüfung der Strafbarkeit wegen einer fahrlässigen Tatbegehung erfolgreich sein. Zu diesen subjektiven Sorgfaltsanforderungen kann auch gehören, eine Pflegeleistung mangels Ausbildungstand abzulehnen.

Der Sorgfaltsmaßstab ergab sich für die Auszubildende beim Anschluss des Beatmungsgerätes in objektiver Sicht aus der Pflicht, vor der geplanten Einleitung von Sauerstoff in die Lunge der Patientin den Anschluss des Atemgerätes und den Anschluss des Gerätes an die Patientin zu prüfen.

Subjektiv stellt sich die Frage, ob die Schülerin aufgrund ihres Ausbildungsstandes ein Atemgerät korrekt anschließen konnte.

War sie dazu nicht in der Lage, so wäre auf subjektiver Ebene von ihr zu erwarten gewesen, dass sie vor dem Anschluss des Gerätes Hilfe ruft.

An diesem Beispiel zeigt sich nochmals sehr deutlich, dass sich derjenige subjektiv pflichtwidrig verhält, der Aufgaben übernimmt, denen er mangels subjektiver Fähigkeiten nicht gewachsen ist.

Wird eine falsche Medizin verabreicht, so bleibt eine damit verbundene Gesundheitsbeschädigung der zu pflegenden Person objektiv sorgfaltswidrig[88] auch dann, wenn die examinierte Pflegekraft auf Anweisung des Arztes handelt.

3.2.3 Objektive Zurechnung

Der eingetretene Erfolg, sei es die Körperverletzung oder die Tötung, kann dem Täter nur dann objektiv zugerechnet werden, wenn die verletzte Sorgfaltsnorm, in den vorangegangenen Darstellungen die Personalverordnung oder § 4 MPG, § 113 SGB XI oder die Vorgaben des Ethikrats, gerade dazu dient, Erfolge wie eine Körperverletzung oder gar den Tod der zu pflegenden Person zu vermeiden.

Der eingetretene Erfolg muss das Spiegelbild der verletzten Sorgfaltsnorm sein[89].

88 Sternberg-Lieben/Schuster/Schönke/Schröder, StGB, § 15 Rdnr. 153.
89 Schmidt, Strafrecht AT, S. 362 Rdnr. 868.

3.2.4 Pflichtwidrigkeitszusammenhang

Der Verletzungserfolg muss sich aus dem tatbestandsmäßigen, sorgfaltswidrigen Fehlverhalten in Form eines intensiven inneren Zusammenhangs ergeben[90]. Es muss sehr deutlich für den Täter zu erkennen sein, wenn ich mich so, wie von mir geplant, verhalte, dann kann dies sehr sicher zu einem Nachteil für die zu pflegende Person führen. Der Verletzungserfolg entspricht der Nichtbeachtung[91] der entsprechenden Handlungs- oder Verbotsnorm durch den Täter. Hieran fehlt es, wenn auch ein sorgfaltsgemäßes Verhalten den Eintritt des Erfolgs nicht verhindert hätte[92].

Hätte sich bei der Obduktion der Leiche der Patientin ergeben, dass sie zwar verstorben ist, weil das Beatmungsgerät falsch angeschlossen wurde, sie aber auch dann verstorben wäre, wenn das Beatmungsgerät korrekt angeschlossen worden wäre, so fehlt der intensive innere Zusammenhang zwischen dem fehlerhaften Anschuss und dem Tod der Patientin[93].

3.3 Die Vorsatz-Fahrlässigkeitskombination, § 18 StGB

Das StGB kennt Straftatbestände, die hinsichtlich der Begehungsform aus einer Kombination[94] von Vorsatz und Fahrlässigkeit bestehen. Eine solche Kombination aus Vorsatz und Fahrlässigkeit ist dort zu finden, wo ein Strafgesetz vorsätzlich verwirklicht wurde und hinsichtlich einer besonderen (Verletzungs-) Folge dieser Tat eine schwerere Strafe vorgesehen ist als diejenige des Grundtatbestandes. Hinsichtlich der schweren Folge muss der Täter zumindest fahrlässig handeln, sog. Vorsatz-Fahrlässigkeitskombinationen.

Dies ist der Fall bei der schweren Körperverletzung, § 226 StGB, und der Körperverletzung mit Todesfolge, § 227 StGB, oder auch im-

90 Schmidt, Strafrecht AT, S. 358 Rdnr. 857.
91 Sternberg-Lieben/Schuster/Schönke/Schröder, StGB, § 15 Rdnr. 156.
92 Schmidt, Strafrecht AT, S. 359 Rdnr. 860.
93 Fischer, StGB, vor § 13 Rdnr. 29, BGH 4 StR 26/70 vom 26.11.1970 in NJW 1971, 388 (388 III.).
94 Wessels/Beulke/Satzger, Strafrecht AT, S. 410 Rdnr. 1147.

mer dann, wenn durch ein Täterverhalten für das Opfer eine schwere Tatfolge entsteht[95].

Die schwere Strafe trifft den Täter nur dann, wenn diesem hinsichtlich der besonderen Folge und bei Verursachung dieser schweren Folge zumindest fahrlässiges Verhalten vorzuwerfen ist, § 18 StGB. Gemäß § 11 Abs. 2 StGB werden Delikte einer Vorsatz-Fahrlässigkeitskombination wie vorsätzliche Delikte behandelt. Damit ist auch eine Teilnahme an diesen Taten als Anstifter oder Gehilfe möglich, allerdings muss auch bei diesen hinsichtlich der schweren Folge zumindest fahrlässiges Verhalten feststellbar sein[96]. Diese Delikte werden als erfolgsqualifizierte Delikte[97] bezeichnet, da sich das besondere Unrecht der Handlung in den Tatfolgen zeigt.

Verlangt das Gesetz in Fällen einer Vorsatz-Fahrlässigkeitskombination zur Tatbestandsverwirklichung ein leichtfertiges Verhalten hinsichtlich der besonderen Tatfolge, so handelt es sich hierbei nicht um ein mindestens fahrlässiges Verhalten. **Leichtfertigkeit**[98] ist ein erhöhtes Maß an Außerachtlassung der erforderlichen Sorgfalt, strafrechtlich ein sehr hohes Maß an sorgfaltswidrigem Verhalten.

4. Rechtswidrigkeit

4.1 Grundsatz

Die Tatbestandsmäßigkeit indiziert die Rechtswidrigkeit, ein Standardsatz der Strafrechtslehre[99]. Verwirklicht der Täter sowohl den objektiven als auch den subjektiven Tatbestand eines Strafgesetzes oder auch denjenigen einer Ordnungswidrigkeit, so wird unterstellt, sein Verhalten sei rechtswidrig[100].

Damit also diese Grundfeststellung, die Tatbestandsmäßigkeit indiziert die Rechtswidrigkeit, erschüttert wird, muss der Wegfall der

95 Fischer, StGB, § 18 Rdnr. 2.
96 Sternberg-Lieben/Schuster/Schönke/Schröder, StGB, § 18 Rdnr. 6.
97 Schmidt, Strafrecht AT, S. 371 Rdnr. 893.
98 Sternberg-Lieben/Schuster/Schönke/Schröder, StGB,§ 18 Rdnr. 5.
99 Wessels/Beulke/Satzger, Strafrecht AT, S. 126 Rdnr. 397.
100 Sehr anschaulich: Eisele in Schönke/Schröder, StGB vor § 13 Rdnr. 46.

Rechtswidrigkeit des Handelns positiv festgestellt werden. Dies geschieht, indem geprüft wird, ob für das festgestellte, rechtswidrige Verhalten eine Rechtfertigung vorliegt, gesucht werden **Rechtfertigungsgründe**.

4.2 Rechtfertigungsgründe

Die Rechtfertigungsgründe des StGB lassen ein objektiv und subjektiv gegen die Rechtsordnung verstoßendes Verhalten als rechtmäßig erscheinen. Das StGB kennt verschiedene Rechtfertigungsgründe, die nachfolgend einzeln dargestellt werden.

4.2.1 Einwilligung, § 228 StGB

Der Rechtfertigungsgrund schlechthin, der in Medizin und Pflege die Rechtswidrigkeit menschlichen Verhaltens entfallen lässt, ist die Einwilligung.

Nach ständiger Rechtsprechung[101] stellt jede ärztliche oder pflegerische Einwirkung auf den Körper der zu pflegenden Person einen Angriff auf die körperliche Unversehrtheit der zu pflegenden Person dar, verwirklicht also den Tatbestand einer Körperverletzung, § 223 StGB. Daher bedarf es für den Arzt, aber auch die examinierte Pflegekraft, eines Grundes, der die Rechtswidrigkeit der medizinisch/pflegerischen Behandlung entfallen ließe.

Damit eine medizinisch/pflegerische Behandlung überhaupt gerechtfertigt sein kann, muss sie indiziert sein[102].

Ist die medizinisch/pflegerische Leistung nicht indiziert, wurde aber in die Erbringung der Leistung ordnungsgemäß eingewilligt, so ergibt sich die Verbotsgrenze hinsichtlich der Durchführung der Behandlung aus dem Verstoß gegen die guten Sitten[103], somit gegen die gesellschaftlichen Wertvorstellungen, wie immer die im konkreten Einzelfall auch aussehen mögen.

Zur Beantwortung der Frage der Rechtswidrigkeit einer medizinisch/pflegerischen Leistung kommt es nicht darauf an, ob die Be-

---

101 Sternberg-Lieben/Schönke/Schröder, StGB, § 223 Rdnr. 29.
102 Fischer, StGB, § 223 Rdnr. 23.
103 Fischer, StGB, § 228 Rdnr. 8.

handlung erfolgreich war. Zunächst ist grundsätzlich davon auszugehen, dass die Behandlung lege artis [104], somit nach dem medizinisch/pflegerischen Stand der Wissenschaft, ausgeführt wird. Entscheidend ist, ob eine wirksame Einwilligung vorlag, denn nur eine solche kann einen medizinisch/pflegerischen körperlichen Eingriff rechtfertigen.

4.2.1.1 Voraussetzungen wirksamer Einwilligungen

Eine unrichtige Aussage ist, dass nur derjenige einwilligen kann, der geschäftsfähig[105] ist. Um strafrechtlich rechtswirksam einzuwilligen, muss die zu pflegende oder zu behandelnde Person **nicht notwendig** geschäftsfähig sein[106].

Es reicht aus, wenn die Person einsichtsfähig und steuerungs-/handlungsfähig ist[107].

Einsichtsfähig[108] bedeutet, die Person muss noch grundsätzlich verstehen können, was mit ihr geschehen soll und welche Folgen die Behandlungs- oder Pflegeleistung für sie hat.

Steuerungsfähigkeit[109] verlangt hingegen, dass der Einwilligende die von ihm mit Einsichtsfähigkeit getroffene Entscheidung umsetzt.

Bewusst einwilligen und eine entsprechende Erklärung abgeben kann nur der Rechtsgutinhaber.

Für Kinder oder nicht mehr einwilligungsfähige Personen handeln deren Eltern oder Betreuer[110].

Einer Einwilligung in eine medizinisch/pflegerische Behandlung muss eine Aufklärung durch den Arzt oder bei **pflegerischen** Handlungen durch das Pflegepersonal vorausgehen.

Nur dann, wenn diese Erklärung über das, was mit der zu pflegenden Person geschieht und welche Folgen der Eingriff haben kann, erfolgte, ist eine Einwilligung wirksam.

---

104 BGH 1 StR 238/07 vom 23.10.2007 in StV 2008, 464 (465 [27]).
105 Gesetzestext zur Geschäftsfähigkeit §§ 104 ff. BGB: https://www.gesetze-im-internet.de/bgb/__104ff.html.
106 Biermann/Ulsenheimer, Arztstrafrecht in der Praxis, S. 258 Rdnr. 414.
107 Dodegge/Firsching/Dodegge, Familienrecht 2. Halbband: Betreuungssachen, S. 151 Rdnr. 286.
108 Schmidt, Strafrecht AT, S. 183 Rdnr. 436.
109 Dodegge/Firsching/Dodegge, Familienrecht 2. Halbband, S. 151 Rdnr. 286.
110 Weidenkaff/Palandt, BGB, § 630d Rdnr. 3.

In den einfach gelagerten Fällen erteilt die Person, die sich in eine Pflegeeinrichtung begibt, bereits ihre Einwilligung in pflegerische Maßnahmen mit Unterzeichnung einer entsprechenden Erklärung als Bestandteil des Wohn- und Betreuungsvertrags.

Im Gegensatz zur Einwilligung, die als Rechtfertigungsgrund verstanden wird, schließt das **Einverständnis**[111] schon den objektiven Tatbestand aus. Dort, wo das Gesetz von einer Handlung „gegen den Willen" spricht, bedarf es zur Abwendung der Tatbestandsmäßigkeit der Handlung eines Einverständnisses[112].

In den Fällen, in denen für die zu pflegende Person ein Betreuer durch das Betreuungsgericht bestellt ist, erteilt dieser die Einwilligung für die zu pflegende Person.

Schriftform ist aus Beweisgründen unbedingt erforderlich.

In jedem Fall muss die Einwilligung für die medizinisch/pflegerischen Eingriffe **vor** dem jeweiligen geplanten Eingriff erteilt werden. Die Einwilligung kann mündlich widerrufen werden, was gerade in Pflegeeinrichtungen zu Problemen führt. Bekannt sind die Fälle, in denen sich Bewohner einer Insulininjektion mündlich oder tatsächlich verweigern, trotz erteilter schriftlicher Einwilligung.

Obwohl eine solche Injektion lebenswichtig ist, liegt keine wirksame Einwilligung vor.

Es wäre in einer solchen Situation die falsche und auch strafbare Reaktion, die Injektion trotzdem zu verabreichen.

Würde dies geschehen, so läge eine vorsätzliche Körperverletzung vor.

Der empfehlenswerte Weg in diesen Fällen ist zunächst, die Verweigerung der Insulininjektion in der Pflegedokumentation zu vermerken. Im Weiteren sollten das Pflegepersonal, die Pflegedienstleitung und/oder der behandelnde Arzt mit der die Injektion verweigernden Person Gespräche mit dem Ziel führen, in die Verabreichung der Injektion einzuwilligen.

Ist für die Person ein Betreuer gerichtlich bestellt, so ist dieser umgehend zu kontaktieren, um die Einwilligung durch Einflussnahme auf die zu pflegende Person herbeizuführen bzw. nach Prüfung der Sachla-

111 Fischer, StGB, Vor § 32 Rdnr. 3b.
112 Sternberg-Lieben/Schönke/Schröder, StGB, vor §§ 32 ff. Rdnr. 29 und 31.

ge selbst die Einwilligung für die betreute Person zu erklären und zur Bestätigung einen richterlichen Beschluss zu erwirken.

Die Verweigerung der Einwilligung kann auch konkludent durch ein Verhalten mit Erklärungsinhalt erfolgen. Typische Verhalten sind Wegziehen des Arms oder grundsätzlich die Verweigerung der notwendigen Mitwirkung.

Bei Personen mit Demenzerkrankungen stellt sich die Problematik, inwieweit diese noch über die Einsichtsfähigkeit und Steuerungsfähigkeit zur wirksamen Willenskundgebung und damit zur Einwilligung verfügen. Letztlich ist dies eine Einzelfallbewertung, über die nicht fahrlässig hinweggesehen werden sollte.

Die Erteilung einer Einwilligung zu körperlichen Eingriffen, aber auch deren Verweigerung sind Ausfluss aus Art. 2 Abs. 1 i. V. m Art 1 Abs. 1 GG, das allgemeine Persönlichkeitsrecht/das Recht auf freie Selbstbestimmung[113].

Das Bundesverfassungsgericht[114] hatte in einem Verfahren über nicht einsichtsfähige Betreute und deren Einwilligung in medizinische Eingriffe entschieden: „Aus Art. 2 Abs. 2 Satz 1 GG folgt die Schutzpflicht des Staates, für nicht einsichtsfähige Betreute bei drohenden erheblichen gesundheitlichen Beeinträchtigungen unter strengen Voraussetzungen eine ärztliche Behandlung als letztes Mittel auch gegen ihren natürlichen Willen vorzusehen."

Bleiben die Bemühungen des Pflegepersonals, der Ärzte, Betreuer oder sonstiger Vertrauenspersonen erfolglos, so muss der Betreuer in Anbetracht der möglichen Schäden für die zu pflegende Person einen entsprechenden Beschluss beim Betreuungsgericht erwirken, der die verweigerte oder zurückgezogene Einwilligung ersetzt, indem die Einwilligung des Betreuers durch das Betreuungsgericht genehmigt wird § 1906 Abs. 3 BGB.

Aus der täglichen Praxis sind Fälle, in denen das Betreuungsgericht eingeschaltet werden muss, eher selten, vielmehr gelingt es den Pflegekräften gemeinsam mit dem behandelnden Arzt und nicht zuletzt auch Familienangehörigen, die zu pflegende Person von der Not-

113 BGH 3 StR 239/10 vom 22.12.2010, NJW 2011, 1088 (1089 [10].)
114 BVerfG 1BvL 8/15 vom 26.7.2016 in NJW 2017, 53 (56 [73]).

wendigkeit der Injektion und der Erteilung der Einwilligung zu „überzeugen".

Sind medizinisch/pflegerische Eingriffe zur Behandlung von erheblichen Erkrankungen, aber auch zum Schutz vor erheblichen Gesundheitsbeschädigungen notwendig, wozu unter Umständen auch Verabreichung von Insulin gehören kann, so kann die zu pflegende Person ihr verfassungsmäßig garantiertes Recht auf Selbstbestimmung, wie vorstehend durch das BVerfG entschieden, verlieren.

4.2.1.2 Mutmaßliche Einwilligung

Bei dem Rechtsinstitut der mutmaßlichen Einwilligung[115] wird dem Täter zu Gute gehalten, dass er davon ausgehen durfte, dass die zu pflegende oder zu behandelnde Person mit der medizinischen oder pflegerischen Handlung einverstanden ist, obwohl diese hierzu nicht befragt werden kann. Eine Einwilligung liegt tatsächlich nicht vor. Der medizinisch/pflegerische Eingriff ist dringend geboten. Es wird ein Wahrscheinlichkeitsurteil über den vermuteten wahren Willen der einwilligungsunfähigen Person getroffen.

Ursprünglich wurde die mutmaßliche Einwilligung für medizinische Eingriffe von Notärzten entwickelt, wenn diese zu Notfällen gerufen wurden und die verletzte Person aufgrund von Ohnmacht oder sonstigen vergleichbaren Gründen aktuell, aber nicht dauerhaft, einwilligungsunfähig war. Dieses Rechtsinstitut steht auch Krankenhaus-Ärzten und Pflegepersonal in Notfällen zur Verfügung. Gerade in Notsituationen, in denen keine Patientenverfügung vorliegt, muss eine Entscheidung für einen körperlichen Eingriff getroffen werden. Insbesondere Situationen von Bewusstlosigkeit, aber auch sonstigen körperlichen Defekten durch Alkohol und Drogen, die zu einer zeitweisen Einwilligungsunfähigkeit führen, betreffen die Anwendungsfelder des Rechtsinstituts der mutmaßlichen Einwilligung.

Dieser mutmaßliche Wille des Patienten ist zu erforschen, was sich in der Praxis als sehr schwierig darstellt, jedoch darf der Arzt und auch das Pflegepersonal nicht leichtfertig davon ausgehen, der Wille der betroffenen Person sei auf eine Rettung ausgerichtet, wenn es hierfür

115 Schmidt, Strafrecht AT, S. 195 Rdnr. 464.

deutliche Gegenanzeichen gibt[116]. Zur Beantwortung der Frage, ob eine mutmaßliche Einwilligung vorliegen kann, ist insbesondere in Notsituationen in Einrichtungen auf die möglicherweise bekannten Wertvorstellungen, Wünsche und Bedürfnisse[117] der betroffenen Person abzustellen, was in Unglückssituationen mit unbekannten Personen nicht realistisch ist.

Stellt sich im Nachhinein heraus, dass die zu pflegende Person die Maßnahme nicht wollte, also nicht eingewilligt hätte, selbst bei ordnungsgemäßer Aufklärung, so ist die ausgeführte Behandlung jedenfalls nicht rechtswidrig, wenn sie lege artis ausgeführt wurde und der behandelnden Person keine Gründe bekannt waren, die der Behandlung entgegenstanden oder wegen denen die Behandlung abzulehnen war[118].

4.2.1.3 Hypothetische Einwilligung

Die **hypothetische Einwilligung**[119] betrifft die Fälle, in denen die Aufklärung des Patienten oder Bewohners nicht erfolgte, obwohl dies möglich gewesen wäre oder die Aufklärung nicht zutreffend war, was letztlich jedoch keine Auswirkungen hat, da davon ausgegangen werden darf, dass die betroffene Person bei ordnungsgemäßer Aufklärung in die Behandlung eingewilligt hätte. Voraussetzung ist hierfür, dass die Heil- oder Pflegebehandlung nach dem medizinisch/pflegerischen aktuellen Wissensstand, lege artis, ausgeführt wurde[120].

Im Zivilrecht hat die hypothetische Einwilligung sogar Eingang in das BGB gefunden.

Nach § 630h Abs. 2 S. 2 BGB[121] kann sich der behandelnde Arzt, der nicht oder nicht ausreichend aufklärte, darauf berufen, dass der Patient/Bewohner auch im Fall einer ordnungsgemäßen Aufklärung in die Maßnahme eingewilligt hätte. Dies muss der Arzt allerdings sub-

116 BGH 5 StR 712/98 vom 4.10.1999 in NJW 2000, 885 (886 a).
117 Fischer, StGB,§ 223 Rdnr. 27.
118 Ulsenheimer/Ulsenheimer, Arztstrafrecht in der Praxis, S. 343 Rdnr. 557.
119 Ulsenheimer/Ulsenheimer, Arztstrafrecht in der Praxis, S. 344 Rdnr. 559.
120 BGH 4 StR 549/06 vom 5.7.2007 in NStZ-RR 2007, 340 (341).
121 Vgl. zum Gesetzestext § 630h BGB: https://www.gesetze-im-internet.de/bgb/__630h.html.

stantiiert, somit grundlegend und womöglich unter Antritt von Beweisen, erklären[122].

Bei fehlender Aufklärung rechtfertigt das Rechtsinstitut der hypothetischen Einwilligung[123] lediglich eine lege artis, d. h. nach dem Stand der medizinischen Wissenschaft durchgeführten Heilbehandlung.

4.2.1.4 Patientenverfügung

Es bietet sich an, die Patientenverfügung an dieser Stelle als Rechtfertigungsgrund vorzustellen, obwohl deren eigentliches Einsatzgebiet im Kapitel Sterbehilfe besprochen wird. Dies deshalb, da die Patientenverfügung aufgrund ihres Regelungscharakters als schriftliche Einwilligung hinsichtlich des Unterlassens und Abbruchs von Behandlungsmaßnahmen oder gerade als Grundlage für palliative Behandlungsformen als Rechtfertigungsinstrument[124] dient.

Grundlage der Patientenverfügung der heutigen Form ist das Gesetz über die Patientenverfügung aus dem Jahre 2009[125].

Die beiden wesentlichen Vorschriften sind diejenigen der §§ 1901a und 1901b BGB.

Diese Vorschriften richten sich an die behandelnden Ärzte der zu pflegenden Person und beschreiben nach ihrem Wortlaut zunächst die Situation der stationären Aufnahme. Das Gesetz sieht einen Ablaufplan zur Entscheidungsfindung vor, der keinerlei Bezug zu einer Notsituation außerhalb einer stationären Einrichtung aufweist[126].

---

122 Weidenkaff/Palandt, BGB, § 630h Rdnr. 5.

123 BGH 4 StR 549/06 vom 5.7.2007 in NStZ-RR 2007, 340 (341).

124 Sternberg-Lieben/Schönke/Schröder, StGB, vor § 32 Rdnr. 33.

125 Vgl. Gesetzestext der §§ 1901 ff. BGB: https://www.gesetze-im-internet.de/bgb/__1901.html.

126 Vgl. zum Aufbau Rettungsdienst: Organisation der Notfallversorgung in Deutschland unter Besonderer Berücksichtigung des Rettungsdienstes und des Ärztlichen Bereitschaftsdienstes Wissenschaftlicher Dienst Deutscher Bundestag, https://www.bundestag.de/resource/blob/408406/0e3ec79bfb78d7dde0c659a2be0927ca/WD-9-105-14--pdf-data.pdf.

Gebunden an eine Patientenverfügung sind sämtliche Personen, die durch die Verfügung betroffen sind. Hierzu zählt auch das Pflegepersonal[127].

Ein Patient im Krankenhaus oder ein Bewohner einer stationären Einrichtung, aber auch der Kunde eines ambulanten Pflegedienstes haben die Möglichkeit, außerhalb einer Notsituation, z. B. zum Zeitpunkt der stationären Aufnahme oder des Abschlusses des ambulanten Pflegevertrages, auf eine existierende Patientenverfügung hinzuweisen, auf die in einem Notfall zurückgegriffen werden kann.

Auf eine solche vorbereitete Situation treffen Notärzte eher selten. Es stellt sich somit die Frage, wie Notärzte in Notsituationen mit einer Patientenverfügung umgehen sollten und das Pflegepersonal die Entscheidungsgrundlage für den Notarzt schafft.

4.2.1.4.1 Patientenverfügung und Notarzt

In den letzten Jahren zeigt sich die Praxis, dass auch Notärzte an der eigentlichen Einsatzstelle und nicht mehr nur diejenigen der notärztlichen Ambulanz im Krankenhaus nach Patientenverfügungen fragen. Die Vorschrift § 1901a BGB besagt eindeutig, dass auch Notärzte an den in einer Patientenverfügung manifestierten Patientenwillen gebunden sind, wenn diesen der Patientenwille in der Notsituation bekannt ist[128]. Dies gilt insbesondere dann, wenn an der Einsatzstelle die schriftliche Patientenverfügung vorgelegt wird und die in der Patientenverfügung erteilten Anweisungen auf die aktuelle Lebens- und Behandlungssituation zutreffen[129].

Notärzte[130] haben bereits eingeleitete Reanimationsmaßnahmen abzubrechen, wenn diesen erst während der laufenden, aber noch nicht beendeten Reanimationsmaßnahmen eine schriftliche Patienten-

127 Götz/Palandt, BGB, § 1901 a Rdnr. 16.
128 Marc Nüsen http://www.recht-im-Rettungsdienst.de/de/im_einsatz/rechtsstellung_des_patienten/die_patientenverfuegung/.
129 BGH XII ZB 202/13 vom 17.9.2014 in NJW 2014, 3573, 3576 [31]).
130 Im Ergebnis übereinstimmend: Boemke, Abbruch lebenserhaltender Maßnahmen, NJW 2015, 378 (379 2.Bedeutung der Patientenverfügung), Coeppicus, Erfordernis der Zustimmung eines Betreuers und einer gerichtlichen Genehmigung für einen Behandlungsabbruch, NJW 2013 2939 (2941 VII. Fazit).

verfügung mit einer entsprechenden eindeutigen Verfügung, die der konkreten eingetretenen Leben- und Behandlungssituation entspricht, wiederbelebende Maßnahmen nicht durchzuführen, vorgelegt wird.

Wird hingegen lediglich behauptet, es läge eine Patientenverfügung vor, diese könne aber nicht dem Notarzt vorgelegt werden, so ist der Notarzt hieran nicht gebunden. Gerade wenn die Patientenverfügung nicht vorgelegt wird und keine Erkenntnisse zum Willen des Bewohners oder Patienten vorliegen, kann sich der Notarzt auf die mutmaßliche Einwilligung stützen und entsprechende lebenserhaltende Maßnahmen durchführen[131] oder mit Blick auf nicht indizierte Behandlungsmethoden die Behandlung abbrechen[132].

Ärzte einer Notaufnahme eines Krankenhauses, die diesen Patienten aufnehmen, unterliegen dann jedoch den Regelungen der §§ 1901a, 1901b BGB. Wird diesen eine schriftliche Patientenverfügung vorgelegt oder kann der Patientenwille mittels Betreuer oder anderen, mit dem Notfallpatienten engverbundenen Personen, festgestellt werden, sind begonnene, aber noch nicht beendete Maßnahmen abzubrechen.

Das Patientenverfügungsgesetz richtet sich an Ärzte und Betreuer bzw. Vorsorgebevollmächtigte, nicht unmittelbar an Pflegepersonal, wenn es um die Erforschung des **mutmaßlichen Bewohner-/Patientenwillens** geht gem. § 1901b BGB. Es ist nicht Aufgabe des Pflegepersonals, die Entscheidung des Arztes und des Betreuers zu treffen.

Eine Konfliktsituation, wie sie § 1904 BGB beschreibt, kann nur auftreten, wenn ein Betreuer für die zu pflegende Person bestellt ist und es zwischen Betreuer und Arzt zu einem Dissens hinsichtlich des Willens der zu pflegenden Person wegen einer unbestimmten Regelung in der Patientenverfügung oder der Frage, in welcher Behandlungs- und Lebenssituation sich die betroffenen Person befindet, kommt[133].

131 Eser/Sternberg-Lieben/Schönke/Schröder, StGB, vor §§ 211 ff. Rdnr. 281.

132 Coeppicus, Offene Fragen zum „Patientenverfügungsgesetz“, NJW 2011, 2085 (2088 IV. Fehlende medizinische Indikation?).

133 Boemke, Abbruch lebenserhaltender Maßnahmen, NJW 2015, 378 (378 II. Entscheidung des BGH).

4.2.2 Notwehr/Nothilfe, § 32 StGB

Ein innerhalb der Pflege eher selten vorkommender Rechtfertigungsgrund ist derjenige der Notwehr.

Zunehmend zeigt die Pflegepraxis, dass Gewalt auch von zu pflegenden Personen ausgeht, wobei diese Fälle sich im Bereich von Angriffen auf Rettungspersonal bei Noteinsätzen oder im Bereich der Jugendpsychiatrie ereignen. Gerade in der Jugendpflege haben es Erzieher mit jungen Menschen zu tun, die noch über entsprechende Kraft- und Aggressionspotenziale verfügen.

Eine rechtfertigende Notwehrhandlung setzt einen rechtswidrigen, aber **nicht schuldhaften** Angriff auf die Pflegeperson voraus.

Aus dem Umstand, dass der Angriff nicht schuldhaft sein muss, ergibt sich ein Notwehrrecht auch gegenüber demenzkranken Personen oder auch psychisch Kranken, die wegen ihrer Erkrankung nicht schuldhaft handeln, wobei in diesen Situationen nicht sämtliche Abwehrinstrumente zur Verfügung stehen[134]. Insbesondere soll in diesen Fällen die Notwehr in der Art und Weise ausgeübt werden, dass dem Angreifer ausgewichen wird oder eine Verteidigung ohne ernstliche Gefährdung der Rechtsgüter des Angreifers ausgeführt wird[135].

Angriff[136] ist jedes gegenwärtige menschliche Handeln, das eine noch nicht abgeschlossene Rechtsgutverletzung darstellt oder einen Zustand verursacht, der die unmittelbare Gefahr einer Rechtsgutverletzung begründet.

Gegenwärtig[137] ist der Angriff, solange die Rechtsgutverletzung unmittelbar bevorsteht bzw. andauert. Ist die Rechtsgutverletzung (Körperverletzung) eingetreten, ist der Angriff beendet, eine Notwehrhandlung nicht mehr möglich.

Das **mildeste Mittel**[138] bedeutet, dass der Angriff beendet werden darf unter Beachtung der Person des Angreifers, der Art des Angriffs (Einsatz von Waffen) und den körperlichen Möglichkeiten des Angreifers und den Abwehrmöglichkeiten des Angegriffenen. Daher kann die

---

134 Perron/Eisele/Schönke/Schröder, StGB, § 32 Rdnr. 52.
135 Fischer, StGB, § 32 Rdnr. 37.
136 BGH 4 StR 635/16 vom 1.2.2017 in StraFo 2017, 115 II m. w. N..
137 BGH 4 StR 635/16 vom 1.2.2017 in StV 2018, 730 (731 [7]).
138 BGH 2 StR 252/17 vom 7.12.2017 in StV 2018, 733 (734 [8]).

Abwehrhandlung auch durch ein sich Entfernen erfolgen. Als Abwehrhandlung ist das mildeste Mittel anzuwenden. Dies kann auch in einem räumlichen Entfernen vom Angreifer bestehen, wobei ein demütiges Ausweichen zwar nicht verlangt wird[139], mit Blick auf die Garantenstellung für die zu pflegende Person und das damit zumindest in stationären Pflegeeinrichtungen bestehende Näheverhältnis jedoch gefordert werden kann[140].

Gleichzeitig gilt es aufgrund der Garantenstellung darauf zu achten, dass der Angreifer sich nicht selbst gefährdet oder verletzt. Gerade äußerst gewalttätige Angriffe auf Pflegepersonal müssen jedoch nicht aufgrund der Garantenstellung hingenommen werden[141].

Dieses mildeste Mittel kann ein Festhalten, ein Einsperren, ein Schlagen, aber auch der Einsatz von Pfefferspray sein, wenn die Mittel des Angreifers, dessen Kräfte und benutzte Werkzeuge oder Waffen, ein solches Mittel zur Angriffsabwehr gebieten. Der BGH[142] entschied, dass mit Pfefferspray gefüllte Dosen als tragbare Gegenstände Waffen i. S. des § 1 Abs. 2 Nr. 2a WaffG (i. V. m. Anlage 1 Abschnitt 1 Unterabschnitt 2 Nr. 1.2.2) sein können. Von Bedeutung kann diese Klassifizierung von Pfefferspraydosen als Waffen im Bereich der angemessenen Notwehrreaktion auf einen Angriff sein. Gerade im Bereich der Pflege von psychisch Kranken in psychiatrischen Einrichtungen kommt es zu Angriffen der zu pflegenden Personen untereinander oder gegenüber dem Pflegepersonal, teils mit schweren Verletzungen. In diesem Zusammenhang wurde die Frage gestellt, ob Pfefferspray ein angemessenes Mittel zur Beendigung eines Angriffs ist. Wenn nunmehr Pfeffersspraydosen als Waffen qualifiziert werden, stellt sich die Frage unter dem Gesichtspunkt, ob der Gebrauch einer Waffe grundsätzlich als mildestes und damit angemessenes Mittel zur Abwehr eines Angriffs dienen kann. Umso mehr wird es notwendig sein, eine spezifische Einzelfallprüfung anzustellen. In jedem Fall wäre der Einsatz des Sprays anzukündigen[143].

139 Fischer, StGB, § 32 Rdnr. 32.

140 Perron/Eisele/Schönke/Schröder, StGB, § 32 Rdnr. 53 m. w. N..

141 Perron/Eisele/Schönke/Schröder, StGB, § 32 Rdnr. 53.

142 BGH 1 StR 112/17 vom 20.9.2017 in NStZ 2018, 711 (711 a und b).

143 Vgl. für Einsatz eines Messers: BGH 2 StR 523/15 vom 12.4.2016, StV 2018, 725 (726 [11]).

Notwehrhandlungen in der Seniorenpflege sind eher selten.

Anlässlich einer Anhörung wegen eines Schlages, den eine examinierte Pflegekraft gegenüber einer an Demenz erkrankten Bewohnerin ausführte, zeigte die Pflegekraft tiefe Bisswunden im Schulterbereich. Die Bewohnerin hatte sich sprichwörtlich in die Schulter der Pflegekraft verbissen. Die Pflegekraft konnte sich nur durch einen leichten Schlag von dem Biss befreien, eine weitere Pflegekraft war nicht zugegen. Die Bewohnerin erlitt durch den Schlag leichte Rötungen am Hals.

Die Erheblichkeit der Bissspuren rechtfertige den Schlag als mildestes Mittel. Ein unkontrolliertes Wegschubsen hätte möglicherweise zu weitaus erheblicheren Verletzungen der Bewohnerin geführt. Es hätte die Gefahr einer erheblichen körperlichen Verletzung durch Aufschlagen auf den Boden oder den Bettrand bzw. sonstige Möbel bestanden.

Erfolgt die Angriffsabwehr für eine andere Person, so spricht das Gesetz von Nothilfe, § 32 Abs. 2 StGB.

Im Bereich eines bundesweit tätigen Sozialträgers befassen sich Arbeitsgruppen mit Deeskalationsmodellen, um Notwehrsituationen zu vermeiden. Dies bedeutet, bevor es zu einem Angriff kommt, der ein Notwehrrecht auslöst und damit die Frage nach der Gebotenheit der Verteidigungshandlung gestellt werden muss, sollte die aggressive Situation beendet sein.

Der zu pflegenden Person steht ein Notwehrrecht gegenüber Angriffen des Pflegepersonals zu.

4.2.3 Rechtfertigender Notstand, § 34 StGB

Entgegen der Regelung des § 32 StGB, die einen gegenwärtigen rechtswidrigen Angriff voraussetzt, spricht § 34 StGB lediglich von einer Gefahr der Verletzung, insbesondere der Rechtsgüter Leben, Leib, Freiheit, Ehre.

Gefahr[144] bedeutet, dass eine Rechtsgutverletzung bevorsteht, diese Verletzung sich aber noch nicht tatsächlich realisiert hat; es liegt noch kein gegenwärtiger Angriff vor. Der rechtfertigende Notstand sieht eine Abwägung der verschiedenen Rechtsgüter vor, die es zu

144 Perron/Schönke/Schröder, StGB, § 34 Rdnr. 12.

schützen gilt. Das bedrohte und geschützte Interesse muss das beeinträchtigte Interesse, das durch die Abwehr der Gefahr verletzt wurde, wesentlich überwiegen[145].

Die das strafbare Verhalten rechtfertigende Notstandshandlung fällt weg[146], wenn zur Abwehr der Gefahr rechtzeitig staatliche Hilfe in Anspruch genommen werden kann.

Welchem Interesse ein wesentlich höheres Gewicht zuzusprechen ist, ergibt sich nach einem objektiven Maßstab[147]. Diese Wertentscheidung innerhalb der verschiedenen betroffenen Rechtsgüter ergibt sich einerseits aus deren Schutzwürdigkeitsgrad aus dem Grundgesetz heraus und der Reihenfolge der Benennung der Rechtsgüter im Text des § 34 StGB[148].

Eine solche Abwägung der verschiedenen geschützten Rechtsgüter ergibt sich in der Praxis, wenn während des Nachtdienstes gleichzeitig mehrere Bewohner oder Patienten auf sich aufmerksam machen und Hilfe brauchen. Dann ist zu entscheiden, welches Zimmer zuerst betreten, welcher Person zuerst Hilfe gewährt wird.

Zur Verdeutlichung der Abwägungsthematik folgender Fall:

Die examinierten Pflegekräfte A und C haben gemeinsam Nachtdienst. Zur gleichen Zeit machen die Bewohner/Patienten B1 – 4 der Zimmer 1 – 4 auf sich aufmerksam.

B1 möchte ein anderes Fernsehprogramm sehen, kommt aber nicht an die Fernbedienung heran. B2 kehrte gerade aus dem Krankenhaus zurück, wo er wegen Herzproblemen behandelt wurde. B3 muss zur Toilette, was er alleine nicht schafft und B4 konnte gerade noch die Ruf-Taste betätigen, bevor er einen Hirninfarkt erlitt, für dessen Eintritt es keinerlei Voranzeichen gab. Von B2 ist bekannt, dass er wegen Herzproblemen behandelt wird, somit stehen die Rechtsgüter Leib und Leben zur Abwägung gegenüber dem Toilettengang des B3, der als Rechtsgut Leibesunversehrtheit im Verhältnis zu B1 hat, der ein anderes Fernsehprogramm sehen will, somit eventuell das Selbstbestimmungsrecht aus Art. 2 GG in die Abwägung einbringt. Das

145 Neumann/NK-StGB, § 34 Rdnr. 67.
146 BGH 1 StR 613/15 vom 28.6.2016 in StV 2017, 310 (310[12]).
147 Fischer, StGB, § 34 Rdnr. 12.
148 Fischer, StGB, § 34 Rdnr. 13.

Rechtsgut Leben ist auch bei B4 in Gefahr, wofür es jedoch keine Anzeichen gibt.

Zu welchen Bewohnern eilen die Pflegekräfte zuerst?

Vom objektiven Betrachter aus gesehen, müssen A oder C zunächst das Zimmer von B2 aufsuchen, dessen Herzprobleme bekannt sind.

Soweit Pflegekraft A für die Versorgung von B2 ausreichend ist, muss C nach den weiteren Bewohnern schauen.

Da es für die Gesundheitsstörung des B4 keinerlei Erkenntnisse gibt, wäre es gerechtfertigt, wenn C zunächst B1, B3 und dann erst B4 aufsucht, um deren Hilfeansprüche abzuhelfen. C wäre kein strafrechtlicher Vorwurf zu unterbreiten, wenn sie bei dieser bekannten Sachlage zu spät das Zimmer von B4 betritt.

Anders läge der Sachverhalt, wenn C zunächst das Zimmer von B4 betritt, dessen akute Notsituation aber nicht erkennt und diesen nicht versorgt, sondern die Zimmer von B1 und B3 aufsucht und dann erst entscheidet, sich um B4 zu kümmern. Es wäre zumindest zu erforschen und aufzuklären, aus welchem Grunde C die akute Notsituation des B4 nicht erkannte.

Im schlechtesten Fall entscheidet sich C bei **nun bekannter Notsituation** des B4, diesen nicht zu versorgen, sondern B1 das Fernsehprogramm umzuschalten und die Fernbedienung des Fernsehers bereitzulegen, sodann B3 zur Toilette zu führen und letztlich B4 zu versorgen.

Die objektive strafrechtliche Betrachtung eines Sachverhalts erfolgt stets im Nachhinein; die Pflegekräfte müssen binnen kürzester Zeit ihre Entscheidung treffen.

Ergibt die objektive nachträgliche Betrachtung des Verhaltens der Pflegekraft, dass deren Entscheidung, ein Interesse zu schützen und dafür ein anderes zu verletzen, um eine gegenwärtige Gefahr für das geschützte Rechtsgut in der konkreten Situation abzuwenden, vertretbar war, so ist die Verletzungshandlung gerechtfertigt[149].

Ein Notarzt erläuterte, wie er an einem Unfallort mit mehreren Verletzten seine Abwägung trifft. Diejenigen, die noch schreien und klagen, sind bei Bewusstsein, der Kreislauf noch vorhanden. Bei denjenigen, die nicht mehr schreien, muss davon ausgegangen werden, dass

---

149 Perron/Schönke/Schröder, StGB, § 34 Rdnr. 45.

der Kreislauf versagt hat und die Vitalfunktionen nicht oder nur noch sehr schwach bestehen. Diese Verletzten benötigen dann die sofortige Hilfe.

Dies ist eine nach objektiver Prüfung nachvollziehbare Abwägung der einzelnen Rechtsgüter in der konkreten Notsituation, die als Rechtfertigung anzuerkennen ist.

Leben ist nicht gegen Leben abwägbar[150]. Es gibt kein Leben, das in der Abwägung weniger schützenswert ist als ein anderes Leben.

5. Schuld, § 20 StGB

Die Schuld eines Täters ist Grundlage für die Zumessung seiner Strafe durch das Gericht, § 46 Abs. 1 StGB.

Handelt der Täter ohne Schuld, obwohl dieser den objektiven und subjektiven Tatbestand verwirklicht und dessen Verhalten rechtswidrig war, so ist eine Bestrafung ausgeschlossen. Entgegen der Vermutung der Rechtswidrigkeit eines Handelns muss das Gericht die Schuld des Täters feststellen, wenn es Anhaltspunkte für eine Schuldunfähigkeit nicht ausschließen kann.

Schuld[151] ist die Verantwortung des Täters für sein normwidriges, also gegen Gesetze verstoßendes Verhalten. Handelt der Täter ohne Schuld, so wird das Gericht ihm die Verantwortung für sein Verhalten nicht auferlegen. Der Täter wird zwar nicht bestraft, jedoch erfolgt bei Vorliegen der jeweils entsprechenden Voraussetzungen eine Unterbringung in einem psychiatrischen Krankenhaus, § 63 StGB, oder gar die nachträgliche Sicherungsverwahrung, § 66b StGB, wenn die Voraussetzungen der Unterbringung gem. § 63 StGB nicht mehr vorliegen.

5.1 Verminderte Schuld, § 21 StGB

Handelt der Täter bei Begehung der Tat ohne die Fähigkeit, das Unrecht seiner Tat einzusehen oder nach dieser Einsicht zu handeln und beruht dieser Umstand auf einer in § 20 StGB benannten krankhaften

150 Fischer, StGB, § 34 Rdnr. 21.
151 Fischer, StGB, § 20 Rdnr. 2.

seelischen Störung, tiefgreifenden Bewusstseinsstörung, anderen schweren seelischen Abartigkeiten oder Schwachsinn, so ist die Strafe zu mildern.

Die bekannten Schuldausschließungsgründe wie Alkohol- oder Drogenkonsum würden zwar in einem Strafverfahren möglicherweise zu einer verminderten Schuldfähigkeit der Pflegekraft oder auch des Arztes führen; für ein Verhalten während der Dienstzeit allerdings würde darin ein erheblicher Verstoß gegen die arbeitsvertraglichen Pflichten liegen, der zu einer Kündigung des Arbeitsvertrages führt.

Die Frage der Schuldunfähigkeit oder verminderten Schuldfähigkeit des Täters stellt sich bei Straftaten in der Pflege vor allem im Bereich von Tötungsdelikten[152] oder bei Tathandlungen, bei denen die Opfer gequält werden.

5.2 Entschuldigender Notstand, § 35 StGB

Stellt sich bei Handlungen in der Pflege die Frage, ob ein Täter ohne Schuld handelte, so ist zu prüfen, ob ein Fall des entschuldigenden Notstands, § 35 StGB, vorliegt.

Liegt ein Rechtfertigungsgrund nach § 34 StGB nicht vor, da die Handlung der Pflegekraft rechtswidrig war, so könnte ein entschuldigender Notstand vorliegen, der die Begehung einer rechtswidrigen Tat entschuldigt[153].

Wie § 34 StGB verlangt auch § 35 StGB eine gegenwärtige Gefahr für die im Gesetz aufgeführten Rechtsgüter Leben, Leib oder Freiheit. Die Anzahl der Rechtsgüter, für die eine Gefahr im Sinne des § 35 StGB bestehen kann, ist verringert gegenüber § 34 StGB.

Die Gefahr kann nicht anders abgewandt werden als durch Begehung einer rechtswidrigen Tat zum Schutz der vorgenannten Rechtsgüter.

---

152 BGH 5 StR 525/07 vom 3.4.2008 in StV 2009, 524-526 zu Krankenschwester, die Patienten einer kardiologischen Intensivstation tötete.

153 § 35 StGB wird nicht als direkter Schuldausschließungsgrund im Sinne der §§ 20, 21 StGB verstanden, sondern lediglich als Entschuldigungsgrund, der letztlich jedoch die Schuld entfallen lässt; vgl. hierzu die Ausführungen bei Perron in Schönke/Schröder, StGB, § 35 Rdnr. 2 m. w. N..

Der Täter handelt aber nur dann ohne Schuld, wenn er die Gefahr für sich selbst, einen Angehörigen oder eine andere, ihm nahestehende Person, abwenden will.

Dies bedeutet, der Täter handelt nur dann entschuldbar, wenn er mit Rettungswillen[154] handelt.

Ist auszuschließen, dass sich ein Angehöriger als zu pflegende Person in der Einrichtung des Täters aufhält, so stellt sich die Frage, ob die anderen zu pflegenden Personen nahestehende Personen im Sinne des Gesetzes sind.

Diese nahestehende Person muss mit dem Täter so eng verbunden sein, dass der Täter eine Gefahr für diese Person, ebenso wie für sich selbst, abwenden will[155].

Ob ein solches Verhältnis zwischen den Pflegekräften und den zu pflegenden Personen besteht, ist fraglich.

Nahestehende Person[156] ist eine solche, zu der der Täter ein ebenso inniges Verhältnis hat wie zu einem Angehörigen. Eine solche Vergleichbarkeit setzt voraus, dass zwischen Täter und der nahestehenden Person ein auf gewisse Dauer angelegtes zwischenmenschliches Verhältnis besteht, das eine ebensolche Solidarität in Notsituationen begründet wie ein familiäres Verhältnis.

Einerseits werden zu diesen nahestehenden Personen auch Hausgenossen gezählt[157], als Personen, die in einem räumlich umgrenzten Bereich zusammenleben, ähnlich wie in Pflegeeinrichtungen die Bewohner mit dem Pflegepersonal.

Ob als nahestehende Personen auch langjährige Pflege-/Bewohnerbeziehungen gesehen werden können, ist im Einzelfall zu prüfen.

Auszuschließen[158] ist das für kurzzeitige Pflegeverhältnisse wie in Krankenhäusern oder Kurzzeitpflegen, da es hier an der auf Dauer angelegten persönlichen Beziehung fehlt, die über den üblichen sozialen (auch beruflichen) Kontakt hinausgeht.

---

154 Schmidt, Strafrecht AT, S. 245 Rdnr. 596.
155 Fischer, StGB,§ 35 Rdnr. 7.
156 Perron/Schönke/Schröder, StGB, § 35 Rdnr. 15.
157 Roxin, Der entschuldigende Notstand nach § 35 StGB (Teil 1) in JA 1990, 97(102 IV. Der privilegierte Personenkreis).
158 Schmidt, Strafrecht AT, S. 244 Rdnr. 593.

Zu bejahen sein könnte dies für über lange Jahre hinweg bestehende Pflegeverhältnisse in stationären Einrichtungen. Maßgebend ist eine solche enge persönliche Beziehung wie zu einem Angehörigen[159].

Die Schuld des Täter bei Ausführung einer rechtswidrigen Tat zur Abwendung einer Gefahr wie vorstehend dargestellt entfällt aber dann nicht, wenn der Täter die Gefahr selbst setzte oder er die Gefahr hinzunehmen hat, weil er in einem besonderen Rechtsverhältnis steht.

Setzt der Täter durch ein schuldhaftes Verhalten die Grundlage einer Gefahrensituation, so soll diesem die Privilegierung seines Verhaltens versagt werden[160].

Fraglich ist das Bestehen eines besonderen Rechtsverhältnisses innerhalb der Pflege.

Ein solches besonderes Rechtsverhältnis wird für Feuerwehrleute, Polizisten, Soldaten, Rettungskräfte und Inhaber solcher vergleichbaren Rechtsverhältnisse wie auch Ärzte und Bademeister[161], allgemein für Personen, die eine sehr gefährliche Tätigkeit ausüben und Gefahren von anderen Menschen abzuwenden übernommen[162] haben, angewandt.

Dies sind Personengruppen, die eine besondere Schutzfunktion gegenüber der Allgemeinheit auszuüben haben.

Diese besonderen Rechtsverhältnisse ergeben sich aus dem Gesetz. Ein solches Gesetz besteht für Pflegekräfte nicht. Zu diesem Personenkreis sollen nach Rechtsprechung auch Bergführer[163] gehören.

Diese Bergführer sind zwar im Allgemeinen nicht mit Polizei und Feuerwehr vergleichbar, wenn sie diese Schutzfunktion einer begrenzten Bergsteigergruppe zu gewähren haben, da nicht gefordert wird, dass die Gefahrtragungspflicht grundsätzlich nur gegenüber der Allgemeinheit besteht[164].

Ist aber nicht auch das Pflegeverhältnis aufgrund seiner Intensität zumindest bei langandauernden Pflegebeziehungen eben ein solches besonderes Verhältnis, wie dasjenige zwischen Bergführer und Berg-

159 BT-Drs. IV/650, S. 161.
160 BGH 5 StR 629/99 vom 5.7.2000 in NJW 2000, 3079 (3079 b).
161 Überblick bei Schmidt, Strafrecht AT, S. 248 Rdnr. 603 Beispiele.
162 Hörnle, Der entschuldigende Notstand § 35 StGB, JuS 2009, 873 (879).
163 BT-Drs. IV/650 S. 161.
164 Hörnle, Der entschuldigende Notstand § 35 StGB, JuS 2009, 873 (879).

steigergruppe oder Leibwächter und der durch diese zu schützende Person?

Bei Pflegeberufen handelt es sich weniger um Berufe der Gefahrenabwehr als der Fürsorge.

Ob die Berufe der Fürsorge zu denjenigen der besonderen Rechtsverhältnisse gehören ist streitig[165]. So werden auch Krankenhausärzte und Krankenpfleger sowie freiberufliche Ärzte in den Kreis des besonderen Rechtsverhältnisses miteinbezogen[166]. In diesen Personenkreis einzubinden sind somit auch Pflegekräfte in stationären Einrichtungen und ambulanter Pflegedienste[167], die in einem ebensolchen Umfang zur Abwehr von Gefahren stehen können, wie die in den Personenkreis aufgenommenen Krankenhausärzte und Krankenpfleger. Differenzierungen innerhalb dieses Personenkreises können sich aus der tatsächlichen Pflegeaufgabe ergeben, so dass die Forderung nach einem besonderen Rechtsverhältnis, das sich prägt durch die berufliche Tätigkeit, als Bedingung zur Bejahung des besonderen Rechtsverhältnisses im Sinne des § 35 StGB erfüllt ist.

Die Pflicht zur Gefahrtragung bedeutet letztlich, der Pflegekraft ist es zuzumuten, die Gefahrensituation zu ertragen. Zu ertragen bedeutet, die Frage nach der Zumutbarkeit zu stellen. Die Zumutbarkeitsgrenze ergibt sich aus der Gefährdung der eigenen Rechtsgüter.

Nach § 35 Abs. 1 S. 2 StGB endet diese Zumutbarkeit dort, wo die Rettungsbemühungen den sicheren Tod des Retters bedeuten[168].

Allerdings wird eine Gefahrtragungspflicht von denjenigen Personen gefordert, die in einer Garantenstellung[169] gegenüber den Personen stehen, von denen die Gefahr ausgeht.

Eine solche Garantenstellung ergibt sich wie vorstehend bereits dargestellt in der Pflege aufgrund des Arbeitsvertrages mit dem Träger der Einrichtung oder des ambulanten Dienstes gegenüber den zu pflegenden Personen.

---

165 Hörnle, Der entschuldigende Notstand § 35 StGB, JuS 2009, 873 (879) mit weiteren Nachweisen.

166 Neumann/NK-StGB, § 35 Rdnr. 42.

167 Anderer Ansicht: Hörnle, Der entschuldigende Notstand § 35 StGB, JuS 2009, 873 (879).

168 Schmidt, Strafrecht AT, S. 248/249 Rdnr. 604.

169 Perron/Schönke/Schröder, StGB, § 35 Rdnr. 31.

Andererseits kommt es auf die Intensität der möglichen Verletzung der eigenen Rechtsgüter an. Ist die Gefahr gering, ist sie hinzunehmen[170].

Eine Milderung der Strafe ist nach § 35 Abs. 1 Nr. 2 2. Hs i. V. m. § 49 Abs. 1 StGB aber auch noch dann möglich, wenn der Täter handelt um eine Gefahr abzuwenden, obwohl seine Handlung nicht gem. § 35 StGB zu entschuldigen ist. Hierzu muss sich der Täter in einer Notstandslage befinden, in deren Bewusstsein er handelt, diese Handlung aber letztlich nicht zu entschuldigen ist[171].

Verursacht die Pflegekraft eine Gefahr für Bewohner oder Patienten, so muss diese die Gefahr für sich selbst hinnehmen, in die sie hierdurch gerät, soweit dies der Pflegekraft in der konkreten Situation zumutbar ist, da die Möglichkeit sich zu entschuldigen im Sinne der Vorschrift nicht notwendigerweise entfallen muss[172], trotz Verursachung der Gefahr.

5.3 Schuldausschließende Pflichtenkollision = übergesetzlicher Notstand

Auch dieses Rechtskonstrukt, für das es keine gesetzliche Grundlage gibt, sieht den Täter in einer Abwägungssituation, die aus § 34 StGB bekannt ist. Dem Täter stehen aber für seine strafbewährte Handlung weder das Recht auf Notstand nach § 34 noch dasjenige nach § 35 zu[173].

Unterschied dieser Konstellation, die durch die Rechtslehre entwickelt wurde und von der Rechtsprechung eher nicht anerkannt[174] wird, zu derjenigen des § 34 StGB ist aber, dass der Täter hier zwischen **gleichwertigen Rechtsgütern** zu entscheiden hat. Der Täter gibt ein Rechtsgut auf, um ein anderes, gleichwertiges Rechtsgut zu schützen[175].

170 Fischer, StGB, § 35 Rdnr. 14, BGH 1 StR 498/63 vom 14.1.1964 in NJW 1964, 730 (731).

171 BGH 5 StR 629/99 vom 5.7.2000 in NJW 2000, 3078 (3079 3.Schuldspruch).

172 Neumann/NK-StGB, § 35 Rdnr. 30.

173 Sternberg-Lieben/Schönke/Schröder, StGB, vor §§ 32 ff. Rdnr. 115.

174 BGH 4 StR 352/88 vom 15.9.1988 in NJW 1989, 912 (913). „..Wenn er überhaupt besteht".

175 Fischer, StGB, vor § 32 Rdnr. 15.

Der einzige Notarzt[176] an einer Unglücksstelle kann nicht zur gleichen Zeit 3 schwerstverletzte Personen behandeln. Er muss sich für eine Hilfehandlung zuerst entscheiden; dies bedeutet, er muss eine Abwägung treffen.

Die bereits bekannten Pflegekräfte A und C und die Bewohner B1 bis B4 befinden sich in einer Situation, in der B1 bis B4 im gleichen Moment einen Herzstillstand erleiden. In diesem Augenblick verursacht die Mutter von 5 minderjährigen Kindern auf der Straße vor der Einrichtung einen Verkehrsunfall. Die Mutter und die Kinder können nur gerettet werden, wenn sich A und C nicht um B1 bis B4 kümmern.

Gleich wie sich A und C entscheiden, sie können nicht sämtliche Menschen retten.

Sie treffen die Entscheidung, sich nicht um B1 bis B4 und deren Herzstillstände zu kümmern, um so das Leben der Mutter und ihrer 5 Kinder zu retten.

A und C haben eine Garantenpflicht gegenüber den Bewohnern und eine allgemeine Hilfspflicht für die Mutter mit ihren Kindern nach § 323c StGB.

Bei Gleichwertigkeit der betroffenen Rechtsgüter, hier Leben gegen Leben, ist nach allgemeiner Auffassung[177] die Pflicht aus der Garantenstellung zu erfüllen.

Nach einer anderen Auffassung hat keine der Pflichten einen Vorrang[178], so dass dem Täter ein Wahlrecht zustünde, was jedoch zumindest bei dem Rechtsgut Leben abzulehnen ist, da dem Retter dann doch die Abwägung zwischen dem Rechtsgut gestattet würde, was in Notstandssituationen wie bei § 34 StGB abgelehnt wird.

Nach einer weiteren Auffassung[179] soll letztlich keine Kollision zwischen der Pflicht aus der Garantenstellung und der Hilfspflicht nach § 323c StGB entstehen können, da die Erfüllung der Garantenpflicht der Hilfspflicht aus § 323c StGB entgegensteht, was letztlich

176 Perron/Schönke/Schröder, StGB, § 34 Rdnr. 23.

177 Fischer, StGB, § 323c Rdnr. 13 m. w. N. für den Vorrang der Garantenstellung gem. § 13 StGB.

178 Stein/SK-StGB, § 323c Rdnr. 35.

179 So Wessels/Beulke/Satzger, Strafrecht AT, Rdnr. 1212, Hecker/Schönke/Schröder, StGB, § 323c Rdnr. 19..

eine andere Begründung für den Vorrang der Garantenstellung nach h. M. bedeutet.

Nach der h. M. würden sich A und C eines Totschlags durch Unterlassen strafbar machen.

A und C nehmen den Tod von B1 bis B4 zumindest billigend in Kauf.

Anders läge der Fall ohne den zusätzlichen Aspekt der Unfallverursachung durch die Mutter.

Dann müssten A und C sich um B1 bis B4 und deren Herzstillstände kümmern. Dies wird ohne weitere Hilfe dazu führen, dass nicht alle B's gerettet werden können. B1 und B2 werden versterben. Einzig ein Rückgriff auf das Rechtsinstitut des übergesetzlichen entschuldigenden Notstands kann A und C davor bewahren, wegen der Tode von B3 und B4 in die strafrechtliche Verantwortung gezogen zu werden.

Eine Rechtfertigung ihrer Entscheidung, das Leben von B3 und B4 zur Rettung der übrigen Leben aufzugeben, ist nicht gem. § 34 zu rechtfertigen und nicht gem. § 35 StGB zu entschuldigen; andererseits erscheint es aber als grobe Ungerechtigkeit, wenn sich A und C wegen den Todesfällen von B3 und B4 strafrechtlich zu verantworten hätten. Dies ist die Situation für den Rückgriff auf den übergesetzlichen Notstand[180].

Hierzu muss das Strafgericht die Abwägung von A und C überprüfen. Das Gericht hat zu fragen, ob die Entscheidung von A und C das Leben von B3 und B4 zugunsten derjenigen Leben von B1und B2 aufzugeben, frei von persönlichen Gründen war. Weiterhin, ob die Rettung von B1 und B2 nicht bereits durch andere Hilfskräfte gewährleistet war, eine Hilfeleistung für B3 bis B4 auch bei gleichzeitiger Rettung von B1 und B2 möglich gewesen wäre, was nach dem Sachverhalt ausgeschlossen ist.

Sind die zu schützenden Rechtsgüter verschiedener Art, so gilt eine Abwägung im Sinne von § 34 StGB[181].

Wäre das nach § 323c zu schützende Rechtsgut höherwertiger als dasjenige, das aufgrund der Garantenstellung zu schützen ist, so geht die allgemeine Rettungspflicht der Garantenpflicht vor[182]. Im Bei-

180 Sternberg-Lieben/Schönke/Schröder, StGB, vor §§ 32 ff. Rdnr. 116.
181 Fischer, StGB, § 323c Rdnr. 13.
182 Fischer, StGB, vor § 32 Rdnr. 11b.

spielsfall würde die Lebensrettung der Mutter und der Kinder Vorrang vor einer Garantenpflicht, die dem Schutz der körperlichen Unversehrtheit der zu pflegenden Person dient, haben.

Das Berufen auf einen übergesetzlichen Notstand setzt voraus, dass tatsächlich ein Notstand vorlag. Ein **Notstand**[183] liegt vor, wenn die Verletzung des einen Rechtsguts das absolut einzige Mittel ist, um das andere Rechtsgut zu schützen.

Wegen der rechtlichen Qualität des übergesetzlichen Notstands, keine gesetzliche Grundlage zu haben, ist die Anwendung nur auf bestimmte Situationen und auch nur dann zu bejahen, wenn der Täter aufgrund eigener schwerer Gewissensnot und um Leben zu retten handelt[184].

6. Versuch einer Straftat

Nach dem deutschen Strafrecht sind nicht nur vollendete Straftaten zu bestrafen, sondern auch der Versuch, eine Straftat zu begehen. Dies bedeutet, der Täter hat zwar mit der Tat nach seiner Vorstellung begonnen, allerdings wird die Tat nicht ausgeführt, nicht vollendet, d. h. nicht sämtliche Merkmale des gesetzlichen Tatbestands sind erfüllt[185].

Beginnt der Täter nach seiner Vorstellung, wie die Tat ablaufen soll, mit seiner Handlung zur Vollendung der Tat, so überschreitet er die Grenze zum „jetzt geht's los“[186].

Bei Verbrechen, § 12 Abs. 1 StGB, also bei rechtswidrigen Taten, die der Gesetzgeber mit einer Mindestfreiheitsstrafe von einem Jahr sanktioniert, ist auch der Versuch strafbar, § 22 StGB, ohne dass dies im Gesetz ausdrücklich formuliert sein muss. Für Vergehen, also rechtswidrige Taten, die der Gesetzgeber mit Haftstrafen im Mindestmaß unter 1 Jahr oder mit Geldstrafe sanktioniert, § 12 Abs. 2 StGB, bedarf es einer ausdrücklichen Aussage im Text des Gesetzes, die den Versuch als strafbar feststellt, so bspw. § 223 Abs. 2 StGB.

183 Fischer, StGB, vor § 32 Rdnr. 15.
184 Sternberg-Lieben/Schönke/Schröder, StGB, vor §§ 32 ff. Rdnr. 117.
185 Eser/Bosch/Schönke/Schröder, StGB, vor § 22 Rdnr. 2.
186 BGH 2 StR 493/15 vom 10.8.2016 in StV 2017, 441 (442 [30]).

Ist der Täter noch nicht in das Versuchsstadium eingetreten, d. h., hat er die Schwelle zum „jetzt geht's los" nach seiner Vorstellung von der Tat noch nicht überschritten, bleibt die Handlung als sog. Vorbereitungstat straflos, soweit nicht die Vorbereitung einer Straftat selbst als eigener Straftatbestand verwirklicht wird[187]. Beispielhaft sei § 149 StGB, Vorbereitung der Fälschung von Geld und Wertzeichen, angeführt. Solche Straftaten werden eher selten innerhalb der Pflege verwirklicht.

187 Fischer, StGB, § 22 Rdnr. 5.

II. Materielles Strafrecht – Die Pflege und die Straftatbestände des StGB

A. Gewaltbegriff

Zentraler Begriff bei Straftaten innerhalb der Pflege ist derjenige der Gewalt.

Die Definition des Begriffs Gewalt erfolgte zunächst durch das Reichsgericht[188]. Dieses verstand unter dem Begriff Gewalt zunächst lediglich die physische Gewalt als Anwendung physischer Kraft zur Überwindung geleisteten oder erwarteten Widerstands. Der BGH[189] entwickelte den Gewaltbegriff weiter und erkannte nicht nur die körperliche, sondern auch die psychische Gewalt zur Begehung einer Straftat an. Grundlegend für die Definition des Gewaltbegriffs war die Entscheidung des BVerfG[190] zu den Sitzblockaden der Friedensbewegung.

Im Jahre 2017 fand beim Bundesverband der Arbeiterwohlfahrt in Berlin ein Seminar zum Thema „Halt vor Gewalt" statt. Die Referenten kamen insgesamt zu der Einsicht, dass es wie in sämtlichen gesellschaftlichen Bereichen, so auch innerhalb der stationären und ambulanten Pflege, mehrheitlich ausgehend von dem Pflegepersonal, gegenüber zu pflegenden Personen zu Gewalt kommt. Die nachfolgende Darstellung einzelner Tatbestände aus dem Strafgesetzbuch, die immer wieder Gegenstand von Strafverfahren gegen Pflegepersonal sind, stel-

188 Überblick zur Entwicklung des Gewaltbegriffs bei Eisele/Schönke/Schröder, StGB, Vor §§ 234 ff. Rdnr. 7f.

189 BGH 1 StR 126/95 vom 20.7.1995 in NJW 1995, 2643 (2643 c)).

190 BVerfG 1 BvR 718/89,719/89,722/89,723/89 vom 10.1.1995 in NJW 1995, 1141 (1142 b).

len Gewalt gegenüber zu pflegenden Personen in Form von psychischer als auch physischer Gewalt unter Strafe[191].

B. Körperverletzungsdelikte

Die häufigste Tat, die sowohl in stationären Einrichtungen als auch in der ambulanten Pflege vorzufinden ist, ist die Körperverletzung in ihren vielfältigen gesetzlichen Ausführungen.

Das Strafgesetzbuch kennt die nachfolgend aufgeführten Arten einer Körperverletzung.

- Körperverletzung § 223 StGB
- Gefährliche Körperverletzung § 224 StGB
- Schwere Körperverletzung § 226 StGB
- Körperverletzung mit Todesfolge § 227 StGB
- Fahrlässige Körperverletzung § 229 StGB

Bevor die einzelnen Tatbestände besprochen werden, sei nochmals daran erinnert, dass jede Heil- und Pflegebehandlung eine Körperverletzung darstellt, soweit keine Einwilligung zum körperlichen Eingriff vorliegt.

1. Körperverletzung, § 223 StGB

Die Körperverletzung ist eine sehr häufig in der Pflege vorkommende Straftat.

Sie wird auf Strafantrag oder bei Bejahung des öffentlichen Interesses von der Staatsanwaltschaft ermittelt. Der Versuch der Körperverletzung ist nach Absatz 2 der Vorschrift strafbar. Das Strafmaß ist Geldstrafe oder Freiheitsstrafe bis 5 Jahre.

191 https://www.aerztezeitung.de/kongresse/hauptstadtkongress/article/965134/agressionen-co-gewalt-pflege-unloesbares-problem.html.

1.1 Schutz der Gesundheit des Menschen

Durch die Vielzahl der Vorschriften, die sich mit einer Körperverletzung befassen, soll ein möglichst umfassender Schutz der körperlichen Integrität und Gesundheit eines Menschen in den vielfältigen Lebenslagen und Lebensbereichen gewährleistet werden[192]. Die Körperverletzungshandlung nach § 223 StGB stellt den Grundtatbestand sämtlicher **objektiver** Körperverletzungs**tatbestände** dar.

1.2 Hervorrufen oder Steigern eines pathologischen Zustands

Täter einer Körperverletzung misshandeln ihr Opfer körperlich oder schädigen das Opfer an dessen Gesundheit. Die Tathandlungen einer Körperverletzung sind vielfältig und müssen sich auf den Körper oder die Gesundheit des Opfers auswirken. Jede Heil- oder Pflegebehandlung, die mit einer äußerlichen Einwirkung auf den Körper der zu pflegenden Person einhergeht oder eine Gesundheitsveränderung bei der zu pflegenden Person hervorruft, ist eine Körperverletzung im Sinne des § 223 StGB.

Pflegehandlungen, die den objektiven Tatbestand des § 223 StGB verwirklichen, sind: Aufzwingen der Einnahme oder direkte Verabreichung von Medikamenten in den Körper; Aufzwingen von Nahrung, so dass es zu einem körperlichen Unwohlsein kommt; aber auch unsachgemäße körperliche Anwendungen wie Katheterlegung oder Versorgung von Wundstellen. Diese Handlungen wirken direkt in Form von physischer Gewalt auf die zu pflegende Person.

Für die Pflegepraxis bedeutet dies, dass jede auch noch so gutgemeinte Verabreichung einer Insulininjektion, Blutentnahme aus dem Körper, Verabreichen von Psychopharmaka zum Einschlafen an zu pflegende Personen mit großer Unruhe, wenn für diese keine ärztliche Verordnung vorliegt, eine Körperverletzungshandlung darstellt. Aber auch das Abschneiden[193] von Haaren, wenn dies zu einer erheblichen Entstellung des äußeren Erscheinungsbilds des Opfers führt.

Daneben ist auch jedes Hervorrufen oder Steigern eines körperlichen Zustandes, der nicht dem sonst üblichen körperlichen Zustand

192 BT-Drs. 13/8587 S. 18 und 35.
193 BGH 3 StR 742/51 vom 25.9.1952 in NJW 1953, 1440 (1440 l.)

der zu pflegenden Person entspricht, eine Körperverletzung. Hierzu gehört auch das Verweigern des Toilettengangs mit den hieraus folgenden entsprechenden körperlichen Schmerzen.

Die Körperverletzung kann auch durch Unterlassen einer gebotenen Handlung im Sinne des § 13 StGB erfolgen. So bei Nichtrufen[194] eines Arztes zum Behandeln der zu pflegenden Person, Vorenthaltung von Nahrung[195] oder auch das Aufrechterhalten eines Schmerzzustands[196].

Hierunter werden nicht nur Einwirkungen physischer, sondern insbesondere auch psychischer Art auf den zu pflegenden Menschen verstanden.

Psychische Einwirkungen auf die zu pflegende Person müssen in ihren Auswirkungen einer körperlichen Misshandlung somit der Herbeiführung eines pathologischen Zustands entsprechen[197]. Aufregung, ein Weinkrampf, Angstzustände, die nicht pathologisch wirken, stellen keine Gesundheitsbeschädigung dar[198].

Zu den Gesundheitsbeschädigungen zählen auch falsche Versprechungen, wie diejenige an das kleine Mädchen, das keinen Himbeerpudding essen mag, und die Krankenschwester verspricht, die Eltern würden dann zu Besuch ins Krankenhaus kommen, wenn das Kind den Pudding esse, obwohl die Krankenschwester genau weiß, dass trotz Aufessens des Puddings kein Besuch kommt, weil an diesem Tag ein Besuchsverbot herrscht. Das Kind aß in der Hoffnung, Besuch von seinen Eltern zu erhalten, den Pudding auf, was einen Zustand starker Übelkeit bei dem Kind hervorrief.

Die Körperverletzung stellt ein sog. **Erfolgsdelikt** dar. Dies bedeutet, dass jede üble und unangemessene Behandlung und jedes Einwirken auf den Körper einen erkennbaren Erfolg herbeigeführt haben muss. Dies ist dann gegeben, wenn in den Beispielen die zu pflegenden Personen Schmerz empfinden, das kleine Mädchen sich übergeben[199]

---

194 OLG Düsseldorf 2 Ss 302/88-266/88 II vom 10.1.1989 in NStZ 1989, 269 (269).
195 Grünewald/LK, StGB, § 223 Rdnr. 21.
196 Fischer, StGB, § 223 Rdnr. 5.
197 Sternberg-Lieben/Schönke/Schröder, StGB, § 223 Rdnr. 6.
198 BGH 3 StR 289/15 vom 18.8.2015 in NStZ 2016, 27(27 2.).
199 BGH 3 StR 289/15 vom 18.8.2015 in StV 2016, (430) zu Hervorrufen von Brechreiz.

muss, bei der Person, der zum Einschlafen Psychopharmaka verabreicht wurden, diese zu Alpträumen und Übelkeit führen.

1.3 Üble und unangemessene Behandlung

Nach der gängigen Definition versteht man unter einer Körperverletzung jede üble und unangemessene Behandlung, die entweder das körperliche Wohlbefinden oder die körperliche Unversehrtheit nicht nur unerheblich beeinträchtigt (= körperliche Misshandlung) oder das Hervorrufen oder Steigern eines krankhaften Zustands (=Gesundheitsschädigung).

Die **körperliche Misshandlung**[200] ist eine üble und unangemessene Behandlung, die das körperliche Wohlbefinden oder die körperliche Unversehrtheit nicht nur unerheblich, wenn auch nicht dauerhaft, beeinträchtigt. Die Behandlung des anderen Menschen muss übel und unangemessen sein, somit ist nicht jede Behandlung eines anderen Menschen gleich eine Körperverletzung.

Eine **Behandlung eines anderen Menschen ist übel und unangemessen**[201], wenn durch diese Behandlung das körperliche Wohlbefinden oder die körperliche Unversehrtheit der zu pflegenden Person erheblich beeinträchtigt wird. Das **körperliche Wohlbefinden**[202] ist die Körperempfindung des Opfers vor der Körperverletzungshandlung, das sich nach dieser Handlung negativ verändert hat. Unter der **körperlichen Unversehrtheit**[203] wird der körperliche Zustand, einschließlich seiner Funktionalität verstanden, gleich wie sich dieser körperliche Zustand darstellt, d. h. die Körperverletzung kann auch an einem versehrten, nicht vollfunktionsfähigem Körper erfolgen. Es muss sich eine nachteilige Veränderung hinsichtlich der körperlichen Unversehrtheit oder der Funktionsfähigkeit des Körpers ergeben, was nicht bei jeder körperlichen Berührung, wie auch nicht bei einem Schlag vor die Brust[204], gegeben ist.

---

200 Fischer, StGB, § 223 Rdnr.4, BGH 1 StR 131/60 vom 3.5.1960 in NJW 1960, 1477 (1478 3.)
201 Sternberg-Lieben/Schönke/Schröder, StGB, § 223 Rdnr. 4a.
202 Fischer, StGB, § 223 Rdnr. 6.
203 Fischer, StGB, § 223 Rdnr. 7.
204 BGH 4 StR 174/01 vom 12.6.2001 in StV 2001, 680 (680).

Gesundheitsschädigung[205] ist das Hervorrufen oder Steigern eines, wenn auch noch zeitlich befristeten, pathologischen Zustands. Eine Schädigung der Gesundheit kann auch bei einer bereits erkrankten oder körperlich geschädigten[206] Person hervorgerufen oder gesteigert werden.

Insbesondere diese Definition einer Körperverletzungshandlung erklärt, weshalb auch medizinische Heilbehandlungen oder Pflegeleistungen ohne rechtfertigende Einwilligung eine Körperverletzungshandlung darstellen.

Voraussetzung beider Handlungsweisen der Körperverletzungen ist eine **erhebliche Einwirkung**[207] auf den menschlichen Körper, um nicht jede körperliche Berührung oder Emotion im täglichen Umgang zu kriminalisieren. Ob eine Einwirkung auf den Körper erheblich ist, bestimmt sich nicht aus der Sicht des Opfers, also der zu pflegenden Person, sondern nach objektiven Kriterien[208]. Es kommt nicht darauf an, ob das Opfer Schmerzen verspürt[209].

Die Gesundheitsbeschädigung kann auch durch psychische Gewalt[210] hervorgerufen werden. Hierunter sind jedoch nicht Emotionen wie Angst, Schrecken oder Herzrasen zu verstehen[211]. Die psychische Gewalt muss in ihren Auswirkungen einer Gesundheitsbeschädigung entsprechen, um erheblich zu sein[212].

1.4 Strafantrag

Ermittlungen wegen einer Körperverletzung werden von Staatsanwaltschaft und Polizei nur dann aufgenommen, wenn das Tatopfer einen Strafantrag, § 230 StGB, stellt, oder die Ermittlungsbehörde das beson-

205 BGH 1 StR 186/60 vom 21.2.1960 in NJW 1960, 2253 (2253), Fischer, StGB, § 223 Rdnr. 8.
206 Grünewald/LK, StGB, § 223 Rdnr. 30.
207 OLG Düsseldorf 5 Ss 168/91 vom 29.5.1991 in NJW 1991, 2919 (2919 aa).
208 BGH 3 StR 248/07 vom 18.10.2007 in StraFo 2008, 217 (218).
209 Wessels/Hettinger/Engländer, Strafrecht BT 1, S. 86 Rdnr. 279.
210 Sternberg-Lieben/Schönke/Schröder, StGB, § 223 Rdnr. 6.
211 BGH 4 StR 548/14 vom 26.2.2015 in NStZ 2015, 269 (269).
212 OLG Düsseldorf 2a Ss 97/02-41/02 II vom 23.5.2002 in NJW 2002, 2118 (2118).

dere öffentlich Interesse[213] an der Strafverfolgung bejaht, somit die Bedeutung der Körperverletzungstat über den Rechtskreis der betroffen Personen hinaus als bedeutsam angesehen wird.

Entdeckt wird die Gewalt oftmals nicht, da die zu pflegenden Personen sich aus Scham oder Angst vor weiteren Repressalien nicht wehren wollen und deshalb keine Strafanträge stellen.

Die pflegerische Praxis zeigt jedoch vermehrt, dass Verwandte, gesetzliche Betreuer, aber auch die Sozialträger selbst in Verantwortung für die ihnen anvertrauten Personen Strafanträge stellen gegen Pflegepersonal bzw. Träger Strafanzeige erstatten und Strafanträge unterstützen oder arbeitsrechtliche Schritte gegen die Täter einleiten.

Eine Ausnahme hierzu besteht in der Kinder- und Jugendpflege.

Bei Bekanntwerden von Taten in der Kinder- und Jugendpflege, die das Kindeswohl gefährden, werden Verfahren nach § 8a SGB VIII-Schutzauftrag[214] bei Kindeswohlgefährdung eingeleitet. Kindeswohlgefährdung sind oftmals auch Handlungen aus dem Bereich der Körperverletzungsdelikte.

In diesen Fällen ist vorgesehen, dass die Träger nicht Polizei und Staatsanwaltschaft, sondern das zuständige Jugendamt informieren. Das Jugendamt hat sodann eine Risikoeinschätzung für das Kind vorzunehmen und innerhalb dieser auch zu klären, ob Staatsanwaltschaft und Polizei eingeschaltet werden. Soweit Mitarbeiter des Trägers als Täter in Frage kommen, ist diesen Trägern anzuraten, durch eine Strafanzeige die Polizei in das Verfahren einzuschalten. Eine hierauf gerichtete Fallbesprechung sollte unter Teilnahme des Justiziars des Trägers oder der beauftragten Rechtsanwälte stattfinden.

2. Gefährliche Körperverletzung, § 224 StGB

Die gefährliche Körperverletzung ist in ihrer Grundausführung eine Körperverletzung nach § 223 StGB, die durch besondere Vorgehensweisen des Täters zu einer erhöhten Freiheitsstrafe von 6 Monaten

213 Richtlinie für das Straf- und Bußgeldverfahren: https://www.bmjv.de/SharedDocs/Archiv/Downloads/RiStBV.html.

214 Vgl. zum Gesetzestext: https://www.gesetze-im-internet.de/sgb_8/__8a.html.

bis 10 Jahre führt. In minder schweren Fällen ist das Strafmaß 3 Monate bis 5 Jahre; Geldstrafe ist nicht mehr vorgesehen. Nach § 224 Abs. 2 ist der Versuch der Tat strafbar. Ein Strafantrag ist nicht erforderlich, da sich § 230 StGB nicht auf § 224 StGB bezieht.

2.1 Besondere Tathandlungen

Wie § 223 StGB schützt § 224 StGB die körperliche Unversehrtheit und körperliche Integrität. Unter Strafe stellt § 224 besondere Begehungsformen einer Körperverletzung, von denen auch in der Pflege zu berichten ist. Unter Strafe stellt der Gesetzgeber die konkrete Gefährdung der Gesundheit und körperlichen Unversehrtheit, in den Tatalternativen Nr. 3 und 4 die abstrakte Gefährdung des Rechtsguts unter Strafe.

2.2 Art und Weise der Tatbegehung

Die schwere Körperverletzung ist eine sog. Qualifikation (besondere Begehungsart) der einfachen Körperverletzung gem. § 223 StGB[215]. Der Täter verübt an dem Opfer eine Körperverletzung, jedoch in einer Art und Weise, die sich von einer Körperverletzung nach § 223 StGB in ihrer Ausführung erheblich unterscheidet und daher stärker zu bestrafen ist.

Diese Handlungen sind:

a) Beibringen von Gift oder anderen gesundheitsschädlichen Stoffen
b) Mittels einer Waffe oder eines anderen gefährlichen Werkzeugs
c) Mittels eines hinterlistigen Überfalls
d) Mit einem anderen Beteiligten gemeinschaftlich
e) Mittels einer das Leben gefährdenden Behandlung

Die Tathandlungen der besonderen Begehungsweisen sind vielfältig; der besondere Bezug zur Pflege wird bei den jeweiligen Definitionen der Rechtsbegriffe dargestellt.

Üblicherweise werden in der Pflege Körperverletzungshandlungen, die mittels Gift oder anderer gesundheitsschädlicher Stoffe begangen werden, in der Form des Verabreichens von Medikamenten in überhöhten Dosen verübt. Das Gift wird in dieser Strafvorschrift als

215 Fischer, StGB, § 224 Rdnr. 1.

herausgehobenes Beispiel[216] sämtlicher für den menschlichen Körper schädlicher Stoffe aufgeführt. Diese gesundheitsschädlichen Stoffe müssen dem Opfer beigebracht werden, von außen auf den Körper des Opfers einwirken. Die Tat wird verübt durch die bewusste falsche Dosierung oder die Verabreichung des falschen, für die Person nicht verschriebenen Medikaments. Aber auch Salben und Tinkturen, die auf den Körper aufgetragen werden und hierdurch ein pathologischer Zustand bei der zu pflegenden Person hervorgerufen wird, sind Tatmittel einer gefährlichen Körperverletzung mittels Gift oder anderer gesundheitsschädlicher Stoffe. Das Auftragen des Stoffes oder dessen Injektion erfolgt zielgerichtet und nicht zufällig, wie in den Fällen der Verabreichung einer Überdosis an Medikamenten aus Unachtsamkeit.

Auch das Auftragen einer nicht verordneten oder nicht geeigneten Wundsalbe zur Versorgung eines Dekubitus stellt das Beibringen eines gesundheitsschädlichen Stoffs dar.

Werden die Medikamente vorsätzlich vertauscht und kommt es zu einem pathologischen Zustand bei den Personen durch die Einnahme der für diese nicht bestimmten Medikamente, so handelt es sich um eine gefährliche Körperverletzung gegenüber den beiden Bewohnern und nicht nur gegenüber dem einen Bewohner, der vergiftet werden sollte. Hinsichtlich des anderen Bewohners nimmt der Täter dessen Körperverletzung in Kauf und handelt mit dolus eventualis. Erhält ein Bewohner die Medikamente, um diesen ruhig zu stellen, weil er „nervt", so liegt ein Beibringen von Gift oder anderen gesundheitsschädlichen Stoffen vor.

Die Körperverletzung kann auch mittels einer Waffe oder eines anderen gefährlichen Werkzeugs erfolgen. Bei dieser Tatvariante wird eine Waffe wie ein gefährliches Werkzeug verwandt bzw. ein gefährliches Werkzeug wie eine Waffe. Gegenstände, die der Täter als Waffe oder anderes gefährliches Werkzeug verwenden kann, finden sich in der Pflege viele.

Zu denken ist weniger an eine Schusswaffe. Jedoch kann eine Schere, eine Injektionsspritze in der Einrichtung oder in einer ambulanten Betreuungssituation, je nach Anwendung, zu einer Stichwaffe

216 Fischer, StGB, § 224 Rdnr. 3.

werden. Eine Dose Pfefferspray[217] wird bei ihrem Gebrauch zu einer Waffe.

Ein medizinisches Instrument wie die Injektionsspritze wird zu einem gefährlichen Werkzeug, wenn der Bewohner oder Patient keine Einwilligung zur Verabreichung der Injektion gibt und die Injektion trotzdem verabreicht wird.

Grundsätzlich werden medizinische Werkzeuge[218] dann zu einem gefährlichen Werkzeug, wenn für ihre Anwendung im konkreten Fall keine Einwilligung vorliegt oder diese nicht ihrer üblichen Verwendung nach eingesetzt werden. Schlägt die Pflegekraft mit dem Kopf der Dusche auf die Bewohnerin ein, so wird der Duschkopf zum gefährlichen Werkzeug.

Ein hinterlistiger Überfall als Ausführungsvariante des § 224 StGB stellt das Beibringen eines Schlafmittels dar, um den Bewohner für die Nacht ruhig zu stellen, obwohl der Bewohner aufgrund seines Vertrauens zum Pflegepersonal glaubt, er bekomme lediglich wie jeden Abend eine Tasse seines Lieblingstees[219].

Eine mit erhöhter Strafe bedrohte Handlung stellt auch die Körperverletzung dar, die der Täter mit einer weiteren Person gemeinschaftlich begeht. Das Opfer sieht sich mehreren Angreifern gegenüber, bspw. mehreren Pflegekräften. Aber, diese Tatvariante ist kein **notwendiger Fall der Mittäterschaft**. Es ist ein gemeinsames Wirken[220] ausreichend, weshalb auch der Anstifter und der Gehilfe nach §§ 26, 27 StGB Täter einer gemeinschaftlich begangenen gefährlichen Körperverletzung sein können, obwohl sie nicht Mittäter sind.

Passive Anwesenheit[221] am Tatort reicht für eine gemeinschaftliche Tatbegehung nicht aus.

Dies bedeutet, handelt von zwei Pflegekräften nur eine und die andere schaut zu, so liegt keine gemeinschaftliche Tatbegehung vor, auch nicht unter dem Gesichtspunkt einer Körperverletzung durch Unterlassen.

217 BGH 1 StR 112/17 vom 20.9.2017 in NStZ 2018, 711(711).
218 Sternberg-Lieben/Schönke/Schröder, StGB, § 224 Rdnr. 8.
219 Sternberg-Lieben/Schönke/Schröder, StGB, § 224 Rdnr. 10.
220 Sternberg-Lieben/Schönke/Schröder, StGB, § 224 Rdnr. 11b.
221 BGH 3 StR 261/15 vom 21.7.2015 in StV 2016, 431-Leitsatz.

Passives Verhalten entspricht nicht einem aktiven Tun[222], das notwendig ist zur Erfüllung des Qualifikationstatbestands, was nicht als gegeben angesehen wird, wenn die zweite Person ausschließlich anwesend ist, ohne die Körperverletzungshandlung des Täters bewusst zu verstärken. Für eine Mittäterschaft bedarf es zumindest noch eines gemeinsamen Tatentschlusses[223].

Mittels einer das Leben gefährdenden Behandlung bedeutet, es muss durch die Körperverletzungshandlung weder zu einer konkreten Lebensgefahr gekommen sein, noch muss die erlittene Verletzung lebensgefährlich sein. Vielmehr muss sich die ausgeführte Körperverletzungshandlung als lebensbedrohlich darstellen[224].

In Anbetracht der Tatsache, dass es sich auch bei der gefährlichen Körperverletzung um eine vorsätzliche Tat handelt, kann als Beispielsfall der bewusste und gewollte fehlerhafte Anschluss eines Beatmungsgerätes oder bewusstes und gewolltes Aufschneiden eines Dekubitus-Geschwürs ohne entsprechende fachliche Ausbildung, aber auch das Abduschen mit eiskaltem Wasser als Tathandlung angeführt werden. Ebenso das Verbrühen mit heißem Wasser unter der Dusche oder der Badewanne bei zu pflegenden Menschen, wenn das Stoßen von Kindern in eiskaltes Wasser[225] eine lebensbedrohende Behandlung darstellt, kann Verbrühen mit heißem Wasser eine ebensolche lebensgefährdende Behandlung sein.

2.3. Definitionen

Bei der Tatvariante **Beibringen von Gift oder anderen gesundheitsschädlichen Stoffen** drängt sich der Gedanke an das Thema vieler Kriminalgeschichten auf, in denen der missratene Enkel seine reiche Großmutter mittels eines Giftes, oftmals E 605 (gemeinhin Rattengift genannt), vom Leben in den Tod befördern will. **Gift**[226] ist jeder Stoff, der durch Einatmen, Verschlucken oder Auftragen auf die Haut zu

---

222 BGH 3 StR 261/15 vom 21.7.2015 in StraFo 2015, 478 (478).

223 BGH 3 StR 451/17 vom 23.1.2018 in StV 2018, 718 (718 [6]).

224 Fischer, StGB, § 224 Rdnr. 28.

225 Heißes Wasser ist nicht gegenständlich: Sternberg-Lieben/Schönke/Schröder, StGB, § 224 Rdnr.6. Stoßen von Kindern in kaltes Wasser: LG Saarbrücken 5 II 55/82 IV vom 2.3.1983 in NStZ 1983, 414 (414).

226 Fischer, StGB, § 224 Rdnr. 4.

einer chemischen oder chemisch-physikalischen körperlichen Reaktion führt. **Andere gesundheitsschädliche Stoffe**[227] sind solche, die mechanisch oder thermisch die Gesundheit schädigen können, aber nicht zu einer schweren Gesundheitsbeschädigung führen müssen, wie heiße Flüssigkeiten, zerschlagene Glasscherben, aber auch jede Art von Krankheitserregern, soweit diese nicht bereits unter den Begriff des Gifts fallen. Werden narkotisierende Substanzen[228] wie die sog. K.O.-Tropfen oder auch Psychopharmaka im Kaffee oder Tee gereicht und getrunken, so liegt der Tatbestand des Beibringens gesundheitsschädlicher Stoffe vor.

Die Überdosis muss der zu pflegenden Person beigebracht werden. Unter **Beibringen**[229] wird das Einführen von Stoffen in den Körper, aber auch das Auftragen von Stoffen auf den Körper verstanden.

Der Täter verübt die gefährliche Körperverletzung mittels einer Waffe oder eines anderen gefährlichen Werkzeugs, wenn er zur Tatausführung eine Waffe oder einen Gegenstand benutzt. Oberbegriff dieser Tatvariante ist das gefährliche Werkzeug, weshalb auch die eingesetzte Waffe ein gefährliches Werkzeug darstellen muss zur Tatbestandsverwirklichung[230]. Ein **gefährliches Werkzeug**[231] ist ein beweglicher Gegenstand, der je nach Art seiner Benutzung und Beschaffenheit im Einzelfall geeignet ist, erhebliche Verletzungen zuzufügen.

Zur Verdeutlichung das Beispiel der Rohrzange des Installateurs. Diese wird zu einem gefährlichen Werkzeug, wenn der Handwerker mit dieser auf seinen säumigen Kunden einschlägt. Der Kleiderbügel im Bewohnerzimmer wird zum gefährlichen Werkzeug, wenn mit diesem Kleiderbügel auf Bewohner eingeschlagen wird.

Dieses Werkzeug muss ein mobiles Gerät sein. Unbewegliche Gegenstände, gegen die das Opfer gestoßen wird, sind keine beweglichen Werkzeuge[232]. Stößt die Pflegekraft die zu pflegende Person gegen das Bett und erleidet die zu pflegende Person hierdurch eine Platzwunde,

227 BGH 4 StR 536/05 vom 16.3.2006 in NJW 2006, 1822 (1823[13]) für Speisesalz.
228 BGH 4 StR 473/08 vom 27.1.2009 in NStZ 2009,505 (506).
229 Sternberg-Lieben/Schönke/Schröder, StGB, § 224 Rdnr. 2d.
230 Sternberg-Lieben/Schönke/Schröder, StGB, § 224 Rdnr. 3.
231 OLG Hamm 1 RVs 33/14 vom 13.5.2014 in StV 2015, 301 (302).
232 Fischer, StGB, § 224 Rdnr. 12.

dann wurde die Körperverletzung nicht mittels des Betts, also nicht mittels eines Werkzeuges, begangen.

Heißes Wasser[233], mit dem sich die zu pflegende Person verbrüht, ist kein gefährliches Werkzeug, da Wasser grundsätzlich kein fester Gegenstand ist, ebenso heißer Tee oder heißer Kaffee in der Tasse, der vorsätzlich über die zu pflegende Person geschüttet wird. Der Begriff der **Waffe** erklärt sich umgangssprachlich selbst, findet seine rechtliche Definition jedoch in § 1 WaffG[234]. Sticht die Pflegekraft mit einer Schere, die sie zum Anlegen eines Verbandes brauchte, auf die zu pflegende Person ein, so wird die Schere nach der Definition des § 1 WaffG zu einer (Stich-)Waffe.

Die Tatbegehung **mittels eines hinterlistigen Überfalls**[235] stellt sich als jeder planmäßige Angriff auf eine arg- und wehrlose Person dar.

Die **gemeinschaftlich mit einem anderen Beteiligten**[236] begangene Körperverletzung setzt mindestens zwei Täter voraus. Dies bedeutet, die Körperverletzung wird mit einer anderen Person gemeinsam begangen, das Opfer sieht sich mehreren Angreifern gegenüber.

Wird die gefährliche Körperverletzung **mittels einer das Leben gefährdenden Behandlung ausgeführt,** so bedingt dies, dass die Behandlung objektiv und abstrakt geeignet sein muss, das Leben der zu pflegenden Person zu gefährden, einer tatsächlichen Lebensgefahr bedarf es nicht[237].

Das Gesetz sieht in § 224 Abs. 1 Nr. 5 1. Hs StGB eine Strafe für einen **minder schweren Fall** vor, die erheblich gemildert ist gegenüber derjenigen des Grundtatbestandes.

Zur Beantwortung der Frage, ob ein **minder schwerer Fall**[238] vorliegt, ist zu prüfen, ob der objektive und subjektive Tatbestand und die Person des Täters in einem solch erheblichen Maß vom Durchschnitt der erfahrungsgemäß vorkommenden Fälle abweicht, dass die üblich

233 OLG Dresden Ss 288/09 vom 29.6.2009 in NStZ-RR 09, 337(337 1.) heißer Kaffee ist kein anders gefährliches Werkzeug.

234 Vgl. zur Definition: https://www.gesetze-im-internet.de/waffg § 1.

235 Fischer, StGB, § 224 Rdnr. 22.

236 BGH 1 StR 351/16 vom 8.12.2016 in StV 2017 321 (322 [18]).

237 BGH 1 StR 344/16 vom 8.12.2016 in StV 2017, 532 (533 [12]).

238 Minder schwerer Fall: Kinzig/Schönke/Schröder, StGB, vor §§ 38 ff. Rdnr. 55.

auszusprechende Strafe diesem Tatgeschehen und der Person des Täters nicht gerecht würde. Hingegen liegt ein **besonders schwerer Fall**[239] vor, wenn die vorstehend dargestellte Prüfung ergibt, dass der zu entscheidende Fall mit einem höheren Strafmaß, nicht notwendig mit dem Höchststrafmaß, das als Sanktion im anzuwendenden Gesetz vorgesehen ist, zu bestrafen ist. Diese Prüfungsanforderungen gelten für sämtliche Tatbestände, die einen minder schweren oder besonders schweren Fall unter Strafe stellen.

3. Schwere Körperverletzung, § 226 StGB

Mit der Vorschrift des § 226 StGB wird der Eintritt einer schweren Folge für das Opfer durch die verübte Körperverletzung sanktioniert. Die schwere Tatfolge ergibt sich oftmals aufgrund der besonderen Tatbegehung, also einer gefährlichen Körperverletzung. Die Tat wird im Mindestmaß mit 1 Jahr und im Höchstmaß 10 Jahren Freiheitsstrafe sanktioniert. Es handelt sich um einen Verbrechenstatbestand. Wurden die Tatfolgen nach Abs. 2 der Vorschrift absichtlich oder wissentlich verursacht, so ist die Strafe mindestens 3 Jahre Freiheitsstrafe. Das Strafmaß orientiert sich daran, mit welcher inneren Haltung der Täter die schwere Folge herbeiführt. Der minder schwere Fall einer schweren Körperverletzung wird mit 6 Monaten bis 10 Jahre Freiheitstrafe sanktioniert. Der Versuch einer schweren Körperverletzung ist strafbar, ein Strafantrag muss nicht gestellt werden.

3.1 Schwere Folgen der Körperverletzung

Als Teil der Körperverletzungstatbestände rundet § 226 die Bestrafung für die Verletzung der körperlichen Integrität und Gesundheit des Opfers ab. Das hohe Strafmaß orientiert sich jedoch nicht an der Begehungsweise der Körperverletzungshandlung, sondern an den erheblichen Verletzungsfolgen. Die schwere Körperverletzung ist ein erfolgsqualifiziertes Delikt im Sinne von § 18 StGB.

239 Besonders schwerer Fall: Kinzig/Schönke/Schröder, StGB, vor §§ 38 ff. Rdnr. 54.

3.2 Erhebliche Schäden durch Körperverletzung

Tathandlungen des § 226 sind eine Körperverletzung gem. §§ 223 oder 224 StGB.

Die schweren Folgen können sein:

a) Verlust des Hör-, Seh- und Sprechvermögens und des Fortpflanzungsvermögens eines Körpergliedes.
b) In erheblicher Weise dauerhaft entstellt.
c) Verfall in Siechtum, Lähmung, geistige Krankheit oder Behinderung.

Voraussetzung einer Strafbarkeit[240] gem. § 226 StGB ist nach der Rechtsprechung ein unmittelbarer Zusammenhang zwischen der mit der Tathandlung gesetzten Gefahr und der besonderen Folge. Dies bedeutet, die mit dem Tatablauf gesetzte Verletzungsgefahr muss sich im Verletzungserfolg realisieren.

Allerdings wird zur Bejahung einer Strafbarkeit nach § 226 StGB darüber hinaus gefordert, dass die schwere Verletzung auch objektiv dem Grunddelikt und dessen Verwirklichung zuzurechnen ist und hinsichtlich der schweren Folge die allgemeinen Kriterien der Strafbarkeit wegen einer fahrlässigen Begehung der Tat vorliegen[241].

Setzt der Täter den Bewohner in eine Badewanne mit kochend heißem Wasser, so setzt er die Gefahr für erhebliche Verbrühungen des Bewohners. Die Verbrühungen sind das Spiegelbild des Hineinsetzens in die Badewanne mit kochend heißem Wasser.

Die schwere Folge muss mindestens mit Fahrlässigkeit[242] herbeigeführt worden sein. Nach der Rechtsprechung[243] des BGH reicht es bereits zur Bejahung dieser engen Verbindung zwischen Tathandlung und Folge aus, wenn nach objektiven Gesichtspunkten bei dieser bestimmten Art von Tathandlung der eingetretene Erfolg, die schwere Folge der Körperverletzungshandlung, nicht außerhalb jeglicher Erwartung liegt.

240 BGH 1 StR 238/07 vom 23.10.2007 in StV 2008, 464 (465 [32]).
241 BGH 5 StR 483/16 vom 7.2.2017 in NJW 2017, 1763 (1763 [11] b).
242 Sternberg-Lieben/Schönke/Schröder, StGB, § 226 Rdnr. 8.
243 BGH 4 StR 453/07 vom 15.11.2007 in StV 2008, 406 (407 7a).

Ein nicht völlig außerhalb jeder Lebenserfahrung liegender Geschehensablauf wird regelmäßig auch vorhersehbar sein[244]. Der Täter verwirklicht den Tatbestand, wenn er die schwere Folge als sicheren Erfolg seines Handelns voraussieht[245]. Dies bedeutet, der Täter muss die schweren Folgen als Ergebnis seines Tuns oder Unterlassens erkennen und darauf vertrauen, dass diese Folge nicht eintritt. Nimmt der Täter die schwere Folge billigend in Kauf oder findet er sich mit dem Erfolgseintritt seines Handelns ab, so handelt er mit Vorsatz und nicht fahrlässig[246].

3.3 Definitionen

Die unter Strafe gestellten schweren Folgen der Körperverletzung erklären sich weitgehend selbst. Der **Verlust des Hör-, Seh- und Sprechvermögens und des Fortpflanzungsvermögens oder eines Körpergliedes** bedeutet deren zeitlich unbestimmte Gebrauchsaufhebung[247], wobei ein völliger Funktionsverlust nicht notwendig ist, die Folgen sich jedoch in einer solchen Weise zeigen, wie bei einem tatsächlichen Verlust eines Körperglieds im Wege der Abtrennung[248].

Dies ist der Fall, wenn weniger als ca. 20 % **Sehfähigkeit** nach der Körperverletzung vorhanden sind[249]. Das **Hörvermögen** ist dann verloren, wenn das Opfer gänzlich nicht mehr hören kann. Verbleibt eine Hörfähigkeit auf einem Ohr, so gilt die Hörfähigkeit nicht als gänzlich verloren[250]. Der Verlust des **Sprechvermögens**[251] setzt nicht voraus, dass die gesamte Fähigkeit zum Sprechen aufgehoben ist.

Die Aufhebung der **Fortpflanzungsfähigkeit**[252] gilt sowohl für männliche als auch weibliche Opfer und bleibt auch bestehen, wenn eine künstliche Befruchtung möglich ist, da dieser Verlust auch die Unfähigkeit zum Beischlaf beinhaltet.

---

244 BGH 4 StR 453/07 vom 15.11.2007 in StV 2008, 406 (407 8).
245 BGH 2 StR 230/17 vom 12.12.2017 in StraFo 2018, 127 (128 2a).
246 BGH 5 StR 561/10 vom 7.7.2011 in StV 2012, 91 (93[23] aa).
247 Fischer, StGB, § 226 Rdnr.2a.
248 BGH 5 StR 483/16 vom 7.2.2017 in NJW 2017, 1763 (1763 [10]).
249 Sternberg-Lieben/Schönke/Schröder, StGB, § 226 Rdnr. 1b.
250 Sternberg-Lieben/Schönke/Schröder, StGB, § 226 Rdnr. 1b.
251 Fischer, StGB, § 226 Rdnr. 4.
252 Sternberg-Lieben/Schönke/Schröder, StGB, § 226 Rdnr. 1b.

Ein **Körperglied**[253] ist ein solches, das durch ein Gelenk mit dem Körper verbunden ist, weshalb Nase, Ohren und Genitalien in diesem Sinne keine Glieder sind. Dabei muss es sich um den Verlust eines wichtigen Körperglieds handeln. **Wichtig**[254] ist ein Glied entsprechend seiner Bedeutung für den gesamten Organismus und nach den individuellen Bedürfnissen des Verletzten wenn die Gebrauchsbeeinträchtigung dem tatsächlichen Verlust des Glieds entspricht. So beispielhaft für einen Neurochirurgen, der in Folge eines Messerangriffs durch einen psychopathischen Patienten die rechte Hand nicht mehr bewegen konnte und seine Praxis deshalb schließen musste.

Entstellung[255] bedeutet, eine wesentliche Veränderung des äußeren Erscheinungsbildes des Tatopfers, die sich als auf unbestimmte Zeit oder dauerhafte Beeinträchtigung darstellt und das Opfer psychische Nachteile im Verkehr mit anderen Menschen erleidet. So anerkannt bei Verlust der Nasenspitze[256]. Ob die dauerhafte Entstellung zu verneinen ist, wenn eine Beseitigung durch eine sichere, übliche und zumutbare Operation (plastische Chirurgie) möglich ist, ist streitig[257]. Die Rechtsprechung[258] lehnt eine Verpflichtung des Opfers zur Operation ab. Der etwas altertümliche Begriff des **Siechtums**[259] (das StGB datiert in seiner Urfassung aus dem Jahre 1871) beschreibt einen chronischen Krankheitszustand des Opfers von nicht unerheblichem Ausmaß, z. B. eine erhebliche Arbeitsunfähigkeit oder Verlust der eigenständigen Lebensführung. **Lähmung**[260] ist die erhebliche Beeinträchtigung der bestimmungsgemäßen Bewegungsfähigkeit eines Körperteils, die den gesamten Körper betrifft. Unter **geistiger Krankheit**[261] sind sämtliche nicht nur vorübergehende krankheitswertige Schäden an der psychischen Gesundheit zu verstehen, denn der Begriff orientiert sich

253 Fischer, StGB, § 226 Rdnr. 6.

254 BGH 5 StR 483/16 vom 7.2.2017 in NJW 2017, 1763 (1763 [10]).

255 Sternberg-Lieben/Schönke/Schröder, StGB, § 226 Rdnr. 4, BGH 3 StR 742/51 vom 25.9.1952 in NJW 1953, 1440 (1440 1.).

256 Wessels/Hettinger/Engländer, Strafrecht BT Teil 1, S. 97 Rdnr. 318.

257 Vgl. zum Streitstand: Fischer, StGB, § 226 Rdnr. 9b, Sternberg-Lieben/Schönke/Schröder, StGB, § 226 Rdnr. 5.

258 BGH 5 StR 483/16 vom 7.2.2017 in NStZ 2017, 408 (409 aa-bb).

259 BGH 4 StR 317/17 vom 31.8.2017 in NStZ 2018, 102 (103 b).

260 BGH 1 StR 167/88 vom 3.5.1988 in NJW 1988, 2622 (2622 – Lähmung).

261 BGH 4 StR 317/17 vom 31.8.2017 in NStZ 2018, 102 (102 a).

an der Krankheit und nicht an der krankhaften seelischen Störung. Unter **geistige Behinderung**[262] fallen nur solche Störungen der Gehirntätigkeit, die nicht als geistige Krankheit zu qualifizieren sind.

4. Körperverletzung mit Todesfolge, § 227 StGB

Durch die Körperverletzung (§§ 223, 224, 225, 226) wird der Tod des Opfers verursacht.

Diese Körperverletzung wird im Mindestmaß mit 3 Jahren und höchstens 15 Jahren Freiheitsstrafe sanktioniert. In minder schweren Fällen ist die Strafe Freiheitsstrafe von mindestens 1 bis 10 Jahre.

Der Versuch einer Körperverletzung mit Todesfolge ist nicht möglich, da der Tod durch eine vollendete Körperverletzungshandlung verursacht worden sein muss, so dass der Ursachenzusammenhang zwischen der Grundkörperverletzungstat und Folge fehlt[263].

4.1 Körperverletzung und Todesverursachung

Die körperliche Unversehrtheit bzw. der Schutz des Lebens werden durch diese Vorschrift geschützt. Es handelt sich ebenso wie bei § 226 StGB um ein erfolgsqualifiziertes Delikt.

4.2 Enge Beziehung zwischen der Körperverletzungshandlung und Tod

Die Körperverletzung mit Todesfolge stellt sich als eine vorsätzliche Körperverletzung, gleich ob eine einfache, gefährliche, schwere oder auch als Misshandlung Schutzbefohlener § 225 StGB dar mit der Besonderheit, dass es bei diesem Tatbestand nicht bei einer Verletzung des Körpers oder Hervorrufen einer schweren Folge bleibt, sondern durch die Körperverletzungshandlung der Tod des Opfers eintritt. Es bedarf zur Tatverwirklichung einer engen Beziehung[264] zwischen Körperverletzungshandlung und Todesfolge.

262 BGH 4 StR 317/17 vom 31.8.2017 in NStZ 2018, 102 (103c).
263 Sternberg-Lieben/Schönke/Schröder, StGB, § 226 Rdnr. 8.
264 Wessels/Hettinger/Engländer, Strafrecht BT Teil 1, S. 102 Rdnr. 328.

Der Todeseintritt muss der dem Grunddelikt innewohnenden besonderen Gefahr für das Rechtsgut Leben spiegelbildlich entsprechen[265]. Der Rechtsprechung[266] reicht zur Bejahung des Zusammenhangs zwischen Grunddelikt und Todeseintritt aus, dass der Täter mit Verletzungsvorsatz handelt und der Zusammenhang zwischen Vorsatz, Verletzung und Todesfolge nicht außerhalb jeglicher Erwartung für einen objektiven Betrachter liegt. Dies bedeutet, dass dem Täter einer Körperverletzung selbst das Verhalten des Opfers oder eines Dritten für den Todeseintritt zugerechnet wird, wenn dieses Verhalten objektiv zu erwarten war[267].

Nur dann, wenn es wie auch bei § 226 StGB gefordert wird, es außerhalb jeglicher Wahrscheinlichkeit liegt, dass durch die Körperverletzungshandlung der Tod des Opfers verursacht wird, verneint die Rechtsprechung einen (unmittelbaren) Zusammenhang zwischen Tat und Folge. **Subjektiv**[268] muss der Täter nach seinen Kenntnissen und Fähigkeiten erkennen können, dass der Eintritt des Todes des Opfers aufgrund seiner Tathandlungen möglich ist. Der Tod des Opfers wird in diesen Fällen fahrlässig herbeigeführt.

Der Tatbestand des § 227 StGB ist auch in Form einer Unterlassungstat[269] denkbar. Dies setzt voraus, dass das Unterlassen der gebotenen Handlung dem aktiven Verhalten im Erfolg entspricht. Das Unterlassen der gebotenen Handlung muss die Todesgefahr begründen.

Minder schwerer Fall liegt entsprechend den Regelungen zu § 213 StGB dann vor, wenn der Täter durch das Opfer immer wieder beleidigt und erniedrigt wird und sich einer hemmungslosen finanziellen Ausbeutung ausgesetzt sieht[270].

Hinsichtlich der Definition der einzelnen Tatbestandsmerkmale wird auf die vorstehenden Erläuterungen zu den Körperverletzungshandlungen, insbesondere § 226 StGB, verwiesen.

265 Sternberg-Lieben/Schönke/Schröder, § 227 Rdnr. 3a.
266 Fischer, StGB, § 227 Rdnr. 3a, BGH 5 StR 483/16 vom 7.2.2017 in NJW 2017, 1763 (1763 [11] b).
267 Wessels/Hettinger/Engländer, Strafrecht BT Teil 1, S. 105 Rdnr. 334.
268 BGH 4 StR 453/07 vom 15.11.2007 in StV 2008, 406 (407 8).
269 BGH 4 StR 129/95 vom 20.7.1995 in NJW 1995, 3149 (3149 bb).
270 BGH 2 StR 560/93 vom 19.1994 in StV 1994, 315 (315).

5. Fahrlässige Körperverletzung, § 229 StGB

Waren die vorstehenden Ausführungen dadurch geprägt, dass der Täter wissentlich und willentlich eine Straftat in Form einer Körperverletzung begeht oder den Verletzungseintritt zumindest billigend in Kauf nimmt, so befasst sich der nachfolgende Textteil mit Straftatbeständen, die sich tagtäglich in der Pflege, sowohl im stationären Bereich in Pflegeeinrichtungen und Krankenhäusern, wie auch in der ambulanten Pflege, ereignen können. Körperverletzungen, die der Täter nicht vorsätzlich, sondern fahrlässig begeht, müssen für die Opfer nicht notwendig weniger einschneidend sein in ihren Folgen. Einzig wegen der inneren Haltung (Fahrlässig) des Täters ist das Strafmaß geringer.

5.1 Umfassender Schutz der Gesundheit auch bei fahrlässiger Begehungsweise

Auch § 229 StGB dient dem Schutz der körperlichen Integrität. Dieser Schutz wird vom Gesetzgeber vollumfänglich garantiert, so dass folgerichtig auch Körperverletzungen, die nicht vorsätzlich begangen werden, als strafbare Handlungen sanktioniert werden.

5.2 Objektive Sorgfaltsverletzung

Die fahrlässige Körperverletzung ist nahezu der Musterfall einer Körperverletzungshandlung im täglichen Pflegebetrieb.

Sie soll nicht geschehen, geschieht aber aus vielerlei Gründen, aber gerade nicht, weil die Körperverletzung als solche gewollt ist oder bewusst verursacht wird.

Die Verletzung der zu pflegenden Person ereignet sich, weil die Pflegekraft die im täglichen Verkehr, also die in und bei der täglichen Pflegearbeit, notwendige Sorgfalt **objektiv** außer Acht lässt und nicht entsprechend ihren **subjektiven Fähigkeiten** handelt.

Eine gerade erst operierte Person fällt aus dem Krankenbett, weil die Bettseitenteile nicht befestigt waren, was objektiv notwendig und auch rechtlich erlaubt war.

Die Pflegekraft der Intensivstation weiß, dass sie die Bettseitenteile befestigen darf, und sie ist subjektiv dazu in der Lage, diese Teile zu befestigen, trotzdem tut sie dies nicht, weshalb die Patientin aus dem Bett fällt und sich verletzt, was die Pflegekraft aber gerade nicht wollte und was sie nicht für möglich hielt, weil die Patientin nicht mehr narkotisiert war.

Im ambulanten Pflegebereich stürzt die zu pflegende Person in ihrem Haus eine Treppe hinunter, als diese die Eingangstür für den Pflegedienst öffnen wollte, weil dieser den Hausschlüssel vergessen hatte. Die an Demenz erkrankte Bewohnerin eines Seniorenheims wird auf einer vielbefahrenen Straße, die an einem Seniorenheim vorbeiführt, überfahren, da die Pflegekraft sämtliche Türen offenstehen ließ, weil es ihr in der Einrichtung zu heiß war und sie sich Abkühlung verschaffen wollte, aber auch wusste, dass die Bewohnerin eine Hinlauftendenz zeigte, aber in der konkreten Situation davon ausging, die Bewohnerin ruhe sich in ihrem Bewohnerzimmer aus, was die Pflegekraft aber nicht überprüft hatte.

In einer stationären Einrichtung verbrüht sich ein Bewohner unter der Dusche mit heißem Wasser, weil die Tür zum Badezimmer nicht zugesperrt war, obwohl bekannt war, dass die zu pflegende Person aufgrund ihrer Demenzerkrankung nicht alleine das Badezimmer betreten darf, was sie aber immer wieder versuchte.

Die Pflegekraft wusste dies, vergaß aber die Türe zuzusperren, weil sie wegen eines privaten Telefongesprächs mit ihrem Handy unkonzentriert war.

Diese Beispiele verdeutlichen, dass den Pflegekräften kein vorsätzliches Verhalten anzulasten ist, sondern ihnen vorzuwerfen ist, ein objektiv vorhersehbares Verhalten mit ihren subjektiven Kenntnissen und Fähigkeiten nicht verhindert zu haben. In der Mehrzahl dieser Fälle handelt es sich um eine fahrlässige Körperverletzung durch Unterlassen (der gebotenen Handlung), §§ 229, 13 StGB.

Die Definitionen der Tatbestandsmerkmale und Handlungen zu §§ 223 ff. StGB gelten auch für den Tatbestand des § 229 StGB.

6. Aussetzen in hilfloser Lage, § 221 StGB

Speziell einschlägig als ein Tatbestand des Pflegestrafrechts ist die Tatalternative 2 des Absatzes 1 des § 221 StGB. Während sich die Vorschrift des § 221 Abs. 1 Nr. 1 StGB an jedermann[271] als potenziellen Täter richtet, setzt die Tatvariante 2 ein besonderes Verhältnis zwischen Täter und Opfer voraus. Bei der Tatvariante 2 des § 221 StGB handelt es sich um ein echtes Unterlassungsdelikt[272]. Durch die Qualifikation des Abs. 2 Nr. 1 2. Alt. wandelt sich das Delikt von einem Vergehen zu einem Verbrechen mit erhöhter Strafandrohung. Je nach Folge für das Opfer ist das Strafmaß Freiheitsstrafe von 3 Monaten bis 5 Jahre, Geldstrafe ist nicht vorgesehen. Richtet sich die Tat gegen Personen, die dem Täter anvertraut sind, so wandelt sich die Tat zu einem Verbrechen mit Freiheitstrafe von 1 bis 10 Jahre und zwar auch dann, wenn das Opfer nicht anvertraut ist, aber eine schwere Gesundheitsbeschädigung (§ 226 StGB) verursacht wird. Verursacht der Täter gar den Tod der anvertrauten Person oder der in hilfloser Lage im Stich gelassenen oder in eine solche Lage gebrachten Person, so wird diese Tat mit Freiheitsstrafe von mindestens 3 und höchstens 15 Jahren bestraft. In einem minder schweren Fall ist die Strafe Freiheitsstrafe von 6 Monaten bis 5 Jahre, soweit es um Taten nach Absatz 2 der Vorschrift geht. Bei Taten nach Absatz 3 der Vorschrift ist das Strafmaß 1 Jahr bis 10 Jahre. Der Versuch ist strafbar bei Handlungen der Absätze 2 und 3[273].

6.1 Anwendungsbereich des § 221 Abs. 1 Nr. 2 und Abs. 2 Nr. 1 2. Alt StGB

Geschützt wird die körperliche und psychische Unversehrtheit der in der Vorschrift aufgeführten Personen[274].

---

271 Eser/Steinberg-Lieben/Schönke/Schröder, StGB, § 221 Rdnr. 6.

272 So BGH 1 StR 233/11 vom 19.10.2011 in StV 2013, 24 (24 [12]). Nicht endgültig in seiner Annahme, dass diese Tatalternative ein Unterlassungsdelikt darstellt: Momsen, Das Im-Stich-Lassen in hilfloser Lage i. S. v. § 221 Abs. 1 Nr. 2 StGB: Ein echtes Unterlassungsdelikt?, StV 2013, 54 (57 IV.).

273 Eser/Steinberg-Lieben/Schönke/Schröder, StGB, § 221 Rdnr. 16.

274 Kreß, Das sechste Gesetz zur Reform des Strafrechts, NJW 1998, 631 (641e).

6.2 Im Stichlassen und hilflose Lage

Die **Tatvariante 2** verlangt als Tatausführungsalternativen, dass sich das Opfer in der Obhut des Täters befindet oder der Täter dem Opfer beizustehen hat.

Innerhalb eines solchen besonderen Garanten-Verhältnisses[275] lässt der Täter das Opfer in einer **bereits bestehenden hilflosen Lage** im Stich. Der Täter gewährt dem Opfer nicht die notwendige Hilfe, die das Opfer benötigt, um sich aus seiner Lage zu befreien[276]. Dies kann auch dadurch geschehen, dass Pflegekräfte die bestehende hilflose Lage der zu pflegenden Person erkennen, diese aber ignorieren, also untätig bleiben.

In einer hilflosen Lage im Stich lassen kann in der Pflege auch dadurch geschehen, dass sich die Pflegekräfte nicht um die zu pflegenden Personen kümmern, diese nicht der Körperhygiene, der notwendigen Wundpflege unterziehen oder nicht darauf achten, dass die zu pflegenden Personen ihre notwendigen Medikamente erhalten oder die ärztliche Versorgung gewährleistet ist.

In der ambulanten Pflege kann im Stich lassen bedeuten, die zu pflegenden Personen tatsächlich nicht in ihren Wohnungen und Häusern aufzusuchen, um diese zu pflegen oder auch, die notwendige ärztliche Versorgung nicht zu veranlassen.

Pflegekräfte können sich im Sinne der **1.Tatalternative des § 221 StGB** wie jede andere Person auch strafbar machen, indem diese die in einer Einrichtung aufgenommen Personen, die zunächst **nicht hilflos** sind, während des Aufenthaltes in der Einrichtung in eine hilflose Lage versetzen, ihrer Garantenpflicht für die zu pflegenden Personen nicht nachkommen.

Versetzen in eine hilflose Lage erfordert keine räumliche Veränderung[277], sondern das sich selbst überlassen des Opfers ohne Hilfsmöglichkeit, wobei der Täter diese Situation aktiv gestaltet.

Die Hilfslosigkeit muss sich durch das im Stich lassen aktualisieren[278], das bedeutet, der Täter lässt die bereits bestehende Hilflosigkeit

275 Fischer, StGB, § 221 Rdnr. 5 und BT-Drs. 13/8587, S. 34.
276 Eser/Steinberg-Lieben/Schönke/Schröder, StGB, § 221 Rdnr. 2.
277 BGH 2 StR 626/07 vom 5.3.2008 in NJW 2008, 2199 (2200 [14]).
278 Eser/Steinberg-Lieben/Schönke/Schröder, StGB, § 221 Rdnr. 5.

weiterbestehen. Insbesondere zu pflegende Personen, die unter Demenz leiden, sind oftmals Personen in einer hilflosen Lage, aber auch sonst pflegebedürftige Personen, die ohne Beistand durch die Pflegekräfte in der Verrichtung ihrer Tagesabläufe hilflos sind.

In eine hilflose Lage durch Pflegepersonal können auch zu pflegende Personen mit einer sog. Hinlauftendenz geraten. Besondere Schwierigkeiten treten hierbei auf, wenn Bewohner ihrer Hinlauftendenz folgend, die Einrichtung mit Wissen des Pflegepersonals und Betreuern verlassen, und die Betreuer dazu lediglich meinen, die betreute Person hätte das Recht auf freie Bewegung und das Recht auf Sturz, sie könne sich selbst schädigen[279].

Eine Bewohnerin verließ trotz vorangeschrittener Demenzerkrankung jeden Tag die Einrichtung. Sie konnte aufgrund der Personalenge nicht bei jedem Ausflug begleitet werden; die Betreuerin sah sich nicht veranlasst, einen richterlichen Beschluss hinsichtlich der Unterbringung im sog. behüteten Bereich zu beantragen.

Tatsächlich lief die Bewohnerin denselben Weg, blieb an einer Lichtzeichenanlage stehen und kehrte in die Einrichtung zurück.

Bis zu einem bestimmten Tag, als die Bewohnerin nicht an der Lichtzeichenanlage stehen blieb, sondern unter Gefährdung ihres Lebens die Straße betrat. In ihrer hierdurch entstehenden Verwirrung blieb die zu pflegende Person unvermittelt auf der Straße stehen. Aufgrund der umsichtigen Reaktion der Autofahrer blieb die zu pflegende Person unversehrt, konnte die Straße aber aus eigener Kraft in Richtung Gehweg nicht mehr verlassen. Die zwischenzeitlich herbeigerufene Polizei musste die Bewohnerin in die Einrichtung zurückbringen.

Die Polizeibeamten wollten ein Verfahren wegen gefährlichen Eingriffs in den Straßenverkehr § 315b StGB gegen die Einrichtung bzw. die Mitarbeiter der Einrichtung einleiten, weil diese es unterließen, die zu pflegende Person von dem Betreten der Fahrbahn abzuhalten. Dies scheiterte jedoch bereits am notwendigen Vorsatz hinsichtlich der konkreten Gefährdung der anderen Verkehrsteilnehmer und der zu pflegenden Person.

---

279 Recht auf Sturz als Ausfluss von Art 2 Abs. 1 Art 1 Abs. 1 GG, Sternberg-Lieben/Schönke/Schröder, StGB, § 223 Rdnr. 9.

Eine Strafbarkeit des Trägers der Einrichtung gab es mangels gesetzlicher Regelung nicht.

Die Polizei gelangte jedoch nicht zur Prüfung, ob eine Straftat nach § 221 StGB durch die Mitarbeiter der Einrichtung gegenüber der zu pflegenden Person in Frage kam. Sowohl die Mitarbeiter als auch die Betreuer kannten die gesundheitliche Situation der Bewohnerin, insbesondere deren Demenz, und ließen es zu, dass die Bewohnerin durch Verlassen der Einrichtung (räumliche Trennung) im Straßenverkehr in eine hilflose Lage geriet und hierdurch einer schon konkreten Gefahr für ihr Leib und Leben durch den Straßenverkehr ausgesetzt war. Hinsichtlich der Verursachung dieser schweren Folge reicht fahrlässiges Verhalten[280].

Das „Recht auf Sturz" konnte die Betreuerin nicht anführen als Rechtfertigung, da die Bewohnerin nicht mehr freibestimmt am Straßenverkehr, sondern aufgrund der demenzbedingten Hinlauftendenz teilnahm. Die Betreuerin übersah ihre Garantenstellung gegenüber der Bewohnerin. Letztlich kam es zu keinen Ermittlungen, weder aufgrund des § 315b StGB, noch § 221 StGB mangels nachweisbarem Vorsatz der Pflegekräfte hinsichtlich der konkreten Gefahr. Der Vorsatz muss zumindest in Form des bedingten Vorsatzes[281] vorliegen.

Der Täter muss das Opfer in seiner Obhut haben oder ist in sonstiger Weise verpflichtet, dem Opfer beizustehen.

In der Tatvariante des **Abs. 2 Nr. 1 2. Alt.**[282] muss das Opfer dem Täter zur Erziehung oder Betreuung in der Lebensführung anvertraut sein. Es handelt sich hierbei einerseits um Minderjährige in Einrichtungen der Kinder- und Jugendpflege, andererseits auch um zu pflegende Personen, für die in Senioren- und Pflegeeinrichtungen oder innerhalb ambulanter Betreuungsverhältnisse ein Obhutsverhältnis besteht.

Täter kann auch der gesetzliche Betreuer sein, der sich nicht um die ihm anvertraute Person kümmert.

Bei einer bestehenden Garantenstellung kann der Täter das Opfer in eine hilflose Lage versetzen, weil der Täter nichts gegen die hilflose

---

280 BT-Drs. 13/8587, S. 35.

281 Fischer, StGB, § 221 Rdnr. 19.

282 Eser/Sternberg-Lieben/Schönke/Schröder, StGB, § 221 Rdnr. 14.

Lage, die für das Opfer entstanden ist, unternahm, die gebotenen Handlungen unterließ[283].

Diese Garantenstellung und Beistandspflicht entsteht in der Pflege mit Aufnahme der zu pflegenden Person in die ambulante oder stationäre Pflege aufgrund eines Pflegevertrages, bei stationären Einrichtungen eines Wohn- und Betreuungsvertrages oder eines Behandlungsvertrages mit einem Krankenhaus.

Verursacht der Täter durch das im Stichlassen der in Obhut befindlichen Person deren Tod oder eine schwere Gesundheitsbeschädigung, so liegt hierin eine **Erfolgsqualifikation**[284] des Grundtatbestandes. Diese Erfolgsqualifikationen werden als Verbrechen mit Mindestfreiheitsstrafen von 1 bzw. nicht unter 3 Jahren bestraft. Für den minder schweren Fall der Absätze 2 und 3 sieht das Gesetz zwar geringere Strafen vor, wobei die Tatverwirklichung des Absatzes 3 der Vorschrift auch dann noch als Verbrechen bestraft wird.

6.3 Entstehen der hilflosen Lage und Obhutsverhältnis

Hilflos[285] im Sinne des § 221 StGB ist eine Person dann, wenn diese sich der abstrakten, nicht notwendig konkreten Gefahr des Todes oder einer schweren Gesundheitsgefährdung ausgesetzt sieht, ohne die Möglichkeit zu haben, sich selbst hiergegen helfen zu können oder zumindest Hilfe durch Dritte zu erhalten. **Versetzen**[286] in eine hilflose Lage kann auch durch ein Unterlassen geschehen, wenn der Garant es zulässt, dass sich das Opfer selbst einer hilflosen Lage aussetzt, in der sich das Opfer zunächst nicht befindet und der Garant dies geschehen lässt. **Sich in Obhut**[287] befinden bedeutet, sich in einem Schutz- und Betreuungsverhältnis zu befinden. Hat eine Pflegeperson eine andere Person in Obhut, so entsteht eine Garantenstellung. Der Täter **lässt das Opfer im Stich**[288], wenn er seiner Beistandspflicht für das in hilf-

283 BT-Drs. 13/8587, S. 34.
284 Fischer, StGB, § 221 Rdnr. 22 und 23.
285 Eser/Sternberg-Lieben/Schönke/Schröder, StGB, § 221 Rdnr. 2.
286 Fischer, StGB, § 221 Rdnr. 8.
287 Fischer, StGB, § 221 Rdnr. 5a.
288 BT-Drs. 13/8587, S. 34.

loser Lage befindliche Opfer nicht nachkommt, diese unterlässt, obwohl er die Beistandspflicht übernehmen könnte.

7. Misshandlung Schutzbefohlener, § 225 StGB

Der Tatbestand des § 225 StGB ist der typische Straftatbestand, der das sehr intensive und enge Verhältnis zwischen Pflegekräften und zu pflegenden Personen betrifft. Ausdrücklich befasst sich der Tatbestand auch mit der Kinder- und Jugendpflege, da in den Schutzbereich der Vorschrift neben kranken und gebrechlichen Personen auch Personen unter 18 Jahren einbezogen sind. Aber auch die psychische und psychiatrische Pflege unterliegt dieser Regelung, da es auch um Fürsorge und Obhut in diesen Pflegefällen geht.

Die Strafen sind je nach verwirklichtem Unrecht unterschiedlich. Der Grundtatbestand wird mit Freiheitstrafe von 6 Monaten bis 10 Jahre bestraft. Bei der Qualifikation des Absatzes 3 der Vorschrift handelt es sich um einen Verbrechenstatbestand, der mindestens mit 1 und höchstens 15 Jahren bestraft wird. Im Falle von minder schweren Fällen bei der Verwirklichung der Tatbestände der Absätze 1 und 3 beträgt das Strafmaß 3 Monate bis 5 Jahre. Der Versuch ist strafbar nach Absatz 2 der Vorschrift.

7.1 Obhutsverhältnisse

Nach Absatz 1 werden Personen geschützt, die der Fürsorge oder Obhut des Täters unterstehen. Dies sind auch die Fälle, in denen Jugendliche oder Kinder aufgrund von Maßnahmen der Kinder- und Jugendhilfe in Obhut des Täters gegeben worden sind. Hierzu gehören aber auch sämtliche Obhutsverhältnisse, die aufgrund von vertraglichen Vereinbarungen (Wohn- und Betreuungsvertrag) bestehen oder auch durch richterliche Anordnungen entstanden sind. Ebenso die Fürsorgeverhältnisse zu gesetzlichen Betreuern[289].

289 Fischer, StGB, § 225 Rdnr. 2.

7.2 Quälen und Misshandlung

Als Tathandlungen beschreibt § 225 Quälen, roh Misshandeln oder böswillige Vernachlässigung der Fürsorgepflicht.

Auch das Nichtgewähren notwendiger medizinischer Hilfe ist Quälen durch Unterlassen[290]. Die **rohe Misshandlung**[291] beschreibt die innere Haltung des Täters und setzt eine gefühllose, fremdes Leiden missachtende Gesinnung beim Täter voraus. Dem Täter ist es gleich, ob sein Opfer wegen ihm leiden muss. Ein Täterverhalten wird aber erst dann zu einem rohen, wenn sich die Gesinnung des Täters in und bei der Art und Weise seiner Vorgehensweise während der Tat widerspiegelt. Auf diese Gesinnung schließen die Gerichte aus dem bekannten objektiven Verhalten des Täters. Als Beispielsfälle sind Misshandlungen von Bewohnern in Seniorenheimen bekannt, bei denen die Täter die wehrlosen alten Opfer nicht von ihren Schmerzen wegen Dekubitus befreiten, sondern deren Leiden noch erhöhten, indem diese die Opfer mittels chirurgischem Besteck, ohne entsprechende Anästhesie, „operierten".

Kümmert sich derjenige, der mit der Fürsorge für eine Person betraut ist, böswillig nicht um die Fürsorge der ihm anvertrauten Person, so dass es zu einer Gesundheitsbeschädigung dieser Person kommt, so liegt eine Misshandlung in Form eines Unterlassens der gebotenen Handlung, § 13 StGB, vor.

Dies setzt voraus, dass das Unterlassen der gebotenen Handlung seiner Intensität nach einem aktiven Tun im Sinne eines Quälens oder einer rohen Misshandlung sehr weitgehend entspricht[292].

Eine Mitarbeiterin einer Kinder- und Jugendeinrichtung unterließ die professionelle Distanz zu einem 13jährigen Jungen, den diese Mitarbeiterin im Rahmen einer Tagesbetreuung in Obhut aufgrund einer Verfügung des zuständigen Jugendamtes hatte. Im Rahmen von Besuchen von öffentlichen Einrichtungen wurden Kolleginnen der Mitarbeiterin von den Angestellten der Einrichtung befragt, um welche Art von Betreuung es sich handele, da sie beobachtet hätten, dass sich die

290 BGH 1StR 624/14 vom 4.8.2015 in NJW 2015, 3047 (3048 [36]).
291 BGH 3 StR 633/14 vom 23.7.2015 in StV 2016, 432 (433 [19]b).
292 BGH 1 StR 624/14 vom 4.8.2015 in StV 2016, 435 (438 [39]).

Mitarbeiterin in sehr engem körperlichen Kontakt mit dem Kind befunden hätte.

Anlässlich einer Befragung stritt die Mitarbeiterin den ihr zunächst eröffneten Vorwurf hinsichtlich einer Misshandlung einer ihr zur Erziehung in Obhut anvertrauten Person durch die sehr enge körperliche Beziehung zu dem 13jährigen Jungen ab. Der Träger der Einrichtung schaltete die Polizei ein. Aufgrund von Ermittlungen und intensiveren Befragungen der Angestellten zu den Vorfällen weitete die Polizei ihre Ermittlungen auf den Tatbestand des sexuellen Missbrauchs eines Kindes aus.

Seit dieser Ermittlungstätigkeit ist das Kind in seinem Verhalten noch angespannter als zum Zeitpunkt der Aufnahme in die Einrichtung. Es spricht nicht mehr mit den übrigen Therapeuten, weil es glaubt, an der Suspendierung der Mitarbeiterin und den polizeilichen Ermittlungen Schuld zu haben. Dieser Fall[293] zeigte sehr eindringlich, welche nachteiligen Folgen eine böswillige Vernachlässigung der Fürsorgepflicht für die in Obhut genommenen Personen bedeutet.

Wird durch die Tathandlungen des § 225 Abs. 1 das Opfer in die Gefahr des Todes, einer schweren Gesundheitsschädigung oder einer erheblichen Störung der körperlichen und seelischen Entwicklung gebracht, so ist die Strafe mindestens 1 Jahr Freiheitsstrafe, während die Tathandlungen nach § 225 Abs. 1 ein Strafmaß von mindestens 6 Monaten bis zu 10 Jahre Freiheitsstrafe vorsehen.

Zu den Qualifikationen ist auszuführen, dass die Gefahr des Todes eine konkrete Gefahr darstellt. Der mögliche Verlust des Lebens muss sich konkretisieren durch die Tathandlungen[294].

Die **schwere Gesundheitsbeschädigung**[295] im Sinne des Abs. 3 Nr. 1 umfasst in etwa diejenigen Folgen des § 226 StGB, wobei der Begriff der Gesundheitsbeschädigung weiter zu fassen ist als derjenige der schweren Körperverletzung[296]. Eine Gesundheitsbeschädigung ist

293 So geschehen in einem Fall, der sich zunächst als Misshandlung Schutzbefohlener darstellte und nach den Ermittlungen der Polizei sich letztlich als sexueller Missbrauch herausstellte.

294 Sternberg-Lieben/Schönke/Schröder, StGB, § 225 Rdnr. 20.

295 BGH 5 StR 92/07 vom 17.7.2007 in NStZ RR 2007,304 (306 b).

296 Schroth, Zentrale Interpretationsprobleme des 6.Strafrechtsreformgesetz, NJW 1998, 2861 (2865 V.).

gegeben, wenn intensive medizinische Maßnahmen oder umfangreiche und langwierige Rehabilitationsmaßnahmen zur Wiederherstellung der Gesundheit oder Beseitigung der Verletzungsfolgen notwendig sind. Aber auch die Steigerung einer Vorschädigung[297] (Misshandlungen über Jahre hinweg) im Sinne des Abs. 3 Nr. 2 der Vorschrift erfüllt den Tatbestand.

Ein minder schwerer Fall des § 225 StGB kann sich ergeben, wenn der Täter aufgrund höchster emotionaler Anspannung handelt, entsprechend § 213 StGB[298].

7.3 Definitionen

Wehrlosigkeit[299] bedeutet nicht Hilflosigkeit. Die in Obhut befindliche Person ist wegen Gebrechlichkeit oder Krankheit wehrlos, nicht aus einem anderen Grund. **Wehrlos**[300] sind Menschen, die sich nicht gegen Angriffe verteidigen können. **Gebrechlichkeit**[301] ist ein Zustand eingeschränkter körperlicher Bewegungsfähigkeit, der aufgrund hohen Alters, Krankheit oder Behinderung besteht. **Krankheit**[302] ist jeder pathologische Zustand gleich welcher Ursache und Dauer, d. h. auch Bewusstlosigkeit oder Volltrunkenheit.

Unter **Fürsorge**[303] wird das rechtlich verpflichtete Bemühen einer anderen Person in Form von Betreuung, Hilfe, Pflege und Versorgung auch in medizinischer Sicht verstanden.

Ein Mensch **quält**[304] einen anderen, wenn er diesem, auf welche Art auch immer, länger andauernde oder sich wiederholende Schmerzen oder Leiden, auch psychischer Art, zufügt.

Die **Misshandlung** eines Menschen wird zu einer **rohen**[305], wenn sich aus der Gesinnung des Täters dessen Gleichgültigkeit hinsichtlich

297 BGH 4 StR 340/16 vom 31.8.2016 in NStZ 2017, 282 (284 4.).
298 Sternberg-Lieben/Schönke/Schröder, StGB, § 225 Rdnr. 18.
299 Fischer, StGB, § 225 Rdnr. 3.
300 Sternberg-Lieben/Schönke/Schröder, StGB, § 225 Rdnr. 4/5.
301 Fischer, StGB, § 225 Rdnr. 3.
302 Fischer, StGB, § 225 Rdnr. 3.
303 Sternberg-Lieben/Schönke/Schröder, StGB, § 225 Rdnr. 7.
304 BGH 4 StR 11/15 vom 24.2.2015 in StV 2016, 434 (434 [13]) in ständiger Rechtsprechung.
305 BGH 3 StR 633/14 vom 23.7.2015 in StV 2016, 432 (433 [19]b).

Schmerzen der von ihm zu pflegenden Person ergibt. Es geht also um die sog. innere Seite des Täters, um seine Einstellung gegenüber anderen Menschen.

Böswillig[306] handelt, wer seine Pflicht für einen anderen zu sorgen, aus einem verwerflichen Beweggrund vernachlässigt. Böswilliges Verhalten ist gekennzeichnet durch feindseliges Verhalten aus Bosheit, Lust an fremdem Leid, Hass, aber auch Geiz und Eigensucht.

8. Verletzung der Fürsorge- oder Erziehungspflicht, § 171 StGB

Diese Vorschrift befasst sich mit der strafrechtlichen Verantwortung der mit einem Erziehungs- oder Pflegeauftrag versehenen Personen wie die Eltern, aber auch Erzieher und sonstigen Personen, denen Minderjährige bis 16 Jahre zur Fürsorge oder Erziehung überlassen wurden[307]. Das Strafmaß ist Geldstrafe oder Freiheitsstrafe bis 3 Jahre. Bei dieser Vorschrift handelt es sich um ein Sonderdelikt, da Täter nur eine Person sein kann, die in einem besonderen Verhältnis zu einer Person unter 16 Jahren steht.

8.1 Täterkreis

Geschützt wird durch die Vorschrift nicht nur die körperliche Integrität des Schutzbefohlenen, sondern auch die psychische Entwicklung von Jugendlichen bis 16 Jahre[308]. Der Täterkreis[309] bestimmt sich aus Erziehern, Lehrern, Eltern, Mitarbeitern von Sozialträgern und des Jugendamtes. Die Vorschrift wird ergänzt durch §§ 105, 104 SGB VIII, wobei § 171 StGB den Regelungen des SGB VIII vorgeht[310].

---

306 BGH 3 StR 633/14 vom 23.7.2015 in StV 2016, 432 (433 [20]c).

307 Neuheuser, Die Strafbarkeit von Eltern minderjähriger Mehrfachtäter wegen Verletzung der Fürsorge- und Erziehungspflicht, NStZ 2000, 174 (174 Einführung).

308 BVerfG 2 BvR 920/14 vom 15.10.2014 in NJW 2015, 44 (45[16]).

309 Wolters/SK-StGB, § 171 Rdnr. 14.

310 Bosch/Schittenhelm/Schönke/Schröder, StGB, § 171 Rdnr. 12 a. E..

8.2 Pflichtverletzung

Der Täter verletzt gröblich seine Pflicht zur Fürsorge oder Erziehung einer ihm konkret zugeordneten Person unter 16 Jahren. Die **Pflichtverletzung**[311] kann sowohl in einem aktiven Tun wie auch Unterlassen der gebotenen Handlung erfolgen. Es handelt sich um ein Sonderdelikt, da Täter nur eine Person sein kann, der diese Pflichten aufgrund gesetzlicher oder vertraglicher Regelungen, behördlicher Anordnungen oder tatsächlicher Übernahme übertragen wurden, in Bezug auf einen bestimmten Schutzbefohlenen.

Dieser Pflicht zur Erziehung und Fürsorge kommt der Täter aus sozial[312] verwerflichen Gründen nicht mehr nach. Die Gefahr der Fehlentwicklung muss konkret[313] sein.

8.3 Gröbliche und erhebliche Pflichtverletzung

Gröblich[314] verletzt der Täter seine Pflicht, wenn er wiederholt oder dauerhaft seine Pflichten gegenüber der schutzbefohlenen Person schwerwiegend vernachlässigt bzw. seinen Verpflichtungen zur positiven Entwicklung der Person unter 16 Jahren zuwider handelt. Die Pflichtverletzung steht in erheblichem Widerspruch zu einer ordnungsgemäßen Erziehung, die der Person unter 16 Jahren eine optimale körperliche und psychische Entwicklung garantieren sollte und zeigt subjektiv ein erhöhtes Maß an Verantwortungslosigkeit[315].

Die drohende Schädigung des Jugendlichen muss erheblich sein. **Erheblich**[316] ist der drohende Schadenseintritt, wenn er im Ausmaß die tatbestandlichen Beispiele des § 171 StGB in seiner Intensität erreicht. Als Beispiele werden im Gesetz genannt: Führen eines kriminellen Lebenswandels oder Nachgehen der Prostitution. Zur Bejahung dieser konkreten Gefahr muss zu befürchten sein, dass der normale

---

311 Fischer, StGB, § 171 Rdnr. 4.

312 Allgemein: Eisele/Schönke/Schröder, StGB, § 240 Rdnr. 17.

313 Bosch/Schittenhelm/Schönke/Schröder, StGB, § 171 Rdnr. 5.

314 Bosch/Schittenhelm/Schönke/Schröder, StGB, § 171 Rdnr. 4.

315 Neuheuser, Die Strafbarkeit von Eltern minderjähriger Mehrfachtäter wegen Verletzung der Fürsorge und Erziehungspflicht (§ 171 StGB), NStZ 2000, 174 (178 f.).

316 Fischer, StGB, § 171 Rdnr. 8.

Ablauf des körperlichen oder geistig-seelischen Reifeprozesses dauernd und nachhaltig gestört wird[317]. Nach dem Wortlaut des Gesetzes reicht die Gefahr eines Schadens, ein tatsächlicher Schaden muss nicht eintreten bei der Person unter 16 Jahren.

9. „Das Recht zu stürzen"

Aufgrund des geschlossenen Wohn- und Betreuungsvertrages, Behandlungsvertrages und Vertrages über die ambulante Pflege ergibt sich für Einrichtungsträger und deren Mitarbeiter die Verpflichtung, die zu pflegenden Personen in ihren Einrichtungen vor Schäden zu schützen[318]. Dies bedeutet jedoch nicht, dass diejenigen Menschen, die sich in Pflegeeinrichtungen begeben müssen, ihr Persönlichkeitsrecht aus Art. 2 Abs. 1, Art. 1 Abs. 1 GG verlieren[319]. Aus dem Persönlichkeitsrecht ergibt sich, dass jeder das Recht auf die freie Entfaltung seiner Persönlichkeit hat, soweit er nicht die Rechte anderer verletzt und nicht gegen die verfassungsmäßige Ordnung oder das Sittengesetz verstößt[320].

Insbesondere dann, wenn die betroffenen Personen noch über ihre Einsichts- und Steuerungsfähigkeit verfügen, also noch einwilligungsfähig[321] sind, ist diesen das Recht zuzugestehen, zu stürzen oder auch bei Vorliegen einer Hinlauftendenz die Einrichtung zu verlassen, vorausgesetzt, sie gefährden weder sich noch Dritte.

Ausfluss des Persönlichkeitsrechts ist auch „das Recht zu stürzen"[322]. In diesem Sinne ist auch die Aussage und die Entscheidung des Bundesgerichtshofs aus dem Jahr 2004 zu verstehen. Der BGH hatte in diesem Verfahren darüber zu entscheiden, ob es Aufgabe eines Einrichtungsträgers ist, seine Bewohner vor sämtlichen, täglich möglichen Gefahren zu schützen und dabei die Interessen ihrer Bewohner an einer Privatsphäre gänzlich außer Acht zu lassen. Hierzu stellte der

317 BGH 1 StR 50/82 vom 20.4.1982 in NStZ 1982, 328 (329).
318 BGH III ZR 399/04 vom 28.4.2005 in NJW 2005, 1937 (1937 1.).
319 OLG Frankfurt 2/1 S 178/03 vom 12.11.2004 in NJW 2005, 1952 (1953).
320 OLG Frankfurt 2/1 S 178/03 vom 12.11.2004 in NJW 2005, 1952 (1953).
321 BGH III ZR 399/04 vom 28.4.2005 in NJW 2005, 1937 (1938 3.).
322 BGH III ZR 399/04 vom 28.4.2005 in NJW 2005, 1937 (1938 3.).

BGH[323] fest: „die Forderung, der Bewohnerin jedes Mal beim Aufstehen (unaufgefordert) ihr Hilfe zu leisten, wird auf eine lückenlose Überwachung durch die Mitarbeiter des Pflegeheims hinauslaufen. Dies würde über das einem Pflegeheim wirtschaftlich Zumutbare hinausgehen und zudem auch den Interessen der Heimbewohner an der Wahrung ihrer Privatsphäre widersprechen“[324].

Auch ist solchen zu pflegenden Personen das Recht zuzugestehen, sich ohne Sicherungsmaßnahmen innerhalb und außerhalb der Einrichtung zu bewegen und hierbei einen möglichen Sturz zu erleiden[325].

Verlässt die zu pflegende Person die Einrichtung aufgrund einer demenzbedingten Hinlauftendenz, geraten diese Personen sehr oft in den öffentlichen Straßenverkehr und sehen sich dessen Gefahren ausgesetzt, bzw. das unkontrollierte Verhalten dieser Personen im Straßenverkehr führt auch zu Gefahren für die anderen Verkehrsteilnehmer. Diese zu pflegenden Personen gilt es vor den Gefahren, die außerhalb und innerhalb der Einrichtung für diese bestehen, zu schützen[326].

In solchen Fällen gilt es, eine Abwägung zwischen dem Persönlichkeitsrecht und den Rechten dritter Personen zu treffen.

Eine für eine zu pflegende Person bestellte Betreuerin erklärte in einer solchen Situation gegenüber dem Einrichtungsträger, der immer wieder auf gefährliche Situationen für die zu pflegende Person hinwies, sie sei nicht bereit, einen entsprechenden Beschluss beim Amtsgericht hinsichtlich FeM zu beantragen. Der Träger solle halt Personal bereitstellen, das die zu pflegende Person auf und bei ihren Ausflügen überwachen sollte.

Diese Auffassung der Betreuerin hat wenig mit dem Urteil des BGH gemein, denn mit dieser Entscheidung wurde gerade die vollumfängliche Überwachung der zu pflegenden Person durch den Träger abgelehnt.

Andererseits verstand die Betreuerin jedoch auch das Grundgesetz falsch, das ihrer zu betreuenden Person zwar so lange das Recht zugestand, die Einrichtung auf dem Gehweg zu verlassen, so lange gewähr-

323 BGH III ZR 399/04 vom 28.4.2005 in NJW 2005, 1937 (1939 6.).
324 BGH III ZR 399/04 vom 28.4.2005 in NJW 2005, 1937 (1938 2.).
325 BGH 4 StR 289/16 vom 24.11.2016 in StV 2017, 668 (670 [22]).
326 BGH III ZR 399/04 vom 28.4.2005 in NJW 2005, 1937 (1937 1.).

leistet war, dass diese Person nicht bei für diese rotlichtanzeigende Lichtzeichenanlage auf die Fahrbahn trat.

Zu dem Zeitpunkt, als diese Fremdgefährdung der weiteren Verkehrsteilnehmer durch die zu pflegende Person nicht mehr ausgeschlossen war, galt es, entsprechende Maßnahmen zu treffen, die einerseits die Privatsphäre der zu pflegenden Person, andererseits die Rechte der anderen Verkehrsteilnehmer zu berücksichtigen hatte. Eine entsprechende Lösung zeigte sich dadurch, dass die zu pflegende Person aufgrund eines richterlichen Beschlusses in einen sogenannten behüteten Bereich verlegt wurde und dort die Einrichtung nicht unbeaufsichtigt verlassen konnte. Für die Pflegekräfte entsteht in dem Zeitpunkt, zu dem erkennbar keine eigenverantwortliche Schädigung mehr vorliegt, ihre aus dem Heim- und Bewohnervertrag bestehende Garantenpflicht hinsichtlich der Verhinderung der Eigengefährdung der zu pflegenden Person[327].

C. Tötungsdelikte

1. Mord, § 211 StGB und Totschlag, § 212, 213 StGB

Zur Besprechung von Straftaten, die mittels Gewalt verwirklicht werden, gehören auch der Totschlag §§ 212, 213 StGB und Mord § 211 StGB.

Diese Straftatbestände stellen einen geringen Anteil an den in der Pflege von Menschen verwirklichten Straftaten dar, wobei nicht zu verkennen ist, dass diese Straftaten einen besonderen Stellenwert in den Medien einnehmen.

Das Strafmaß beträgt grundsätzlich nicht unter 5 Jahren und höchstens 15 Jahren Freiheitsstrafe, wobei nach § 212 Abs. 2 in besonders schweren Fällen auch lebenslange Freiheitsstrafe möglich ist.

Liegt ein minder schwerer Fall des Totschlags gem. § 213 StGB vor, so beträgt die Strafe mindestens 1 und höchstens 10 Jahre.

Der Versuch ist strafbar. Lebenslange Freiheitstrafe bedeutet unter Umständen tatsächlich lebenslang. Die lebenslange Freiheitsstrafe, die

327 BGH 4 StR 289/16 vom 24.11.2016 in StV 2017, 668 (670 [24]).

§ 211 StGB vorsieht, ist nicht ist nicht auf 15 Jahre begrenzt. Vielmehr besteht frühestens nach 15 Jahren vollstreckter Freiheitsstrafe die Möglichkeit, die restliche Strafvollstreckung nach § 57a StGB zur Bewährung auszusetzen. Diese Möglichkeit ist nicht gegeben, wenn das Gericht in seinem Urteil über den Täter die besondere schwere Schuld des Täters feststellte, § 57a Abs. 1 Nr. 2 StGB.

1.1 Tötung eines Menschen

Die Tatbestände der §§ 211, 212, 213 StGB dienen dem Schutz des Lebens.

Sanktioniert wird der vorsätzlich herbeigeführte Tod eines Menschen. Abgerundet wird der Schutz des Lebens, ebenso wie schon der Schutz der körperlichen Unversehrtheit und Gesundheit, durch entsprechende Vorschriften, die auch die fahrlässige Tötung eines Menschen unter Strafe stellen.

1.2 Nicht jede Tötung ist ein Mord

Nach § 212 StGB tötet ein Mensch einen anderen bewusst und gewollt, somit vorsätzlich. Der Täter will den Tod des anderen Menschen, und er weiß, dass er durch seine Handlung den Tod des anderen Menschen herbeiführt.

Ein minder schwerer Fall liegt nach § 213 StGB vor, wenn der Täter oder ein Angehöriger von dem späteren Tatopfer misshandelt oder schwer beleidigt oder bis zum Zorn gereizt wurden, und in diesem Zustand der Täter das Opfer tötet. Dies sind Fälle höchster emotionaler Ausnahmen aufgrund von Provokation[328]. Insbesondere Fälle schwerer Beleidigungen[329] können einen minder schweren Fall begründen, wobei die eigene Schuld des Täters nicht entfällt, wenn er die Beleidigung veranlasste[330]. Die Regelungsinhalte des § 213 StGB werden auch bei anderen Tatbeständen als Möglichkeit zur Bejahung eines minder schweren Falls herangezogen.

---

328 BGH 2 StR 176/16 vom 25.10.2016 in StV 2017, 542 (542 [4]).
329 BGH 1 StR 663/16 vom 21.3.2017 in StV 2017, 543 (544 [15aa]).
330 BGH 1 StR 663/16 vom 21.3.2017 in StV 2017, 543(545 [19]).

Wer einen Menschen tötet, muss kein Mörder sein. Mörder ist nach § 211 StGB derjenige, der mit den in § 211 Abs. 2 genannten Mordmerkmalen tötet. Bei diesen Mordmerkmalen[331] handelt es sich um subjektive Merkmale (1. und 3. Gruppe der Merkmale), soweit diese die Motivation zum Töten beschreiben, und objektive, soweit die besondere Tatausführung beschrieben wird (2. Gruppe der Merkmale Heimtücke, Grausamkeit und gemeingefährliches Tatmittel).

Mord aus Habgier verübte der italienische Rettungsassistent, der sich von Bestattungsunternehmen dafür bezahlen ließ, schwerstkranke Menschen im Rettungswagen zu töten und dann die Leichen den Bestattern zuschob, die ihn für jede übermittelte Leiche bezahlten[332].

Bei all diesen Taten handelt es sich um solche, die nicht einfach aus Unachtsamkeit geschehen. Vielmehr drückt sich in diesen Taten, wie auch in allen anderen vorsätzlich begangenen Taten, der Wille des Täters aus, bewusst einen Menschen zu schädigen oder gar zu töten.

Bei einer fahrlässigen Tötung eines Menschen kommt es dem Täter nicht darauf an, die ihm anvertraute Person zu töten, was aber dem Willen desjenigen Täters entspricht, der der Auffassung ist, er müsse als guter Engel[333] die Bewohner eines Seniorenheims von ihren Leiden befreien, die diese jedoch nicht empfinden.

Zu denken ist an den Ehemann, der seine Frau in einem Pflegeheim tötete[334], oder Mord aus Langeweile in einer Senioreneinrichtung in Rheinland-Pfalz[335].

Bei diesen Taten handelt es sich um eine wissentliche und willentliche, also vorsätzliche Tötung von Menschen.

Ein Tötungsversuch wurde anlässlich eines Vorfalls in einem sog. behüteten Bereich untersucht. Eine unter erheblicher Demenz leidende Bewohnerin einer Einrichtung hatte sich wie schon mehrmals in

331 Fischer, StGB, § 211 Rdnr. 6a Überblick über die Mordmerkmale.

332 Saarbrücker Zeitung Bericht v. 23.12.2017.

333 Wolfslast/Weinrich mit Anmerkung zu BGH 3 StR 168/10 vom 07.10.2010 in StV 2011, 284 (286 I. m w. N. Fn. 8.).

334 http://www.swp.de/ulm/lokales/polizeibericht/frau-in-pflegeheim-getoetet-12105242.html.

335 https://www.stern.de/panorama/stern-crime/verbrechen-im-pfaelzer-pflegeheim--der-tod-der-alten.
http://www.n-tv.de/panorama/Warum-Pfleger-ihre-Patienten-toeten-article14586906.html.

einem anderen Bewohnerzimmer aufgehalten in der Annahme, es handele sich um ihr Zimmer. Ungewöhnlich war jedoch, dass diese Bewohnerin den ebenfalls erheblich an Demenz erkrankten und bettlägerischen Bewohner in seinem Bett mit einer Decke würgte, wohl, weil sie glaubte, der Bewohner liege in ihrem Bett. Eine Pflegekraft bemerkte den Vorfall und konnte mit Kolleginnen die Bewohnerin von ihrem Vorhaben abbringen. Da der Notruf nach dem Notarzt auch bei der Polizei einging, ermittelte die Polizei gegen die Bewohnerin wegen versuchtem Tötungsdelikt und brachte die Bewohnerin in einem psychiatrischen Krankenhaus unter. Die Staatsanwaltschaft eröffnete das Verfahren letztlich nach den Ermittlungen der Polizei, insbesondere wegen der Schuldunfähigkeit der Täterin, nicht.

2. Tötung auf Verlangen, § 216 StGB

Immer wieder kommt es gerade in Einrichtungen der Seniorenpflege zu Bitten von zu pflegenden Personen an das Pflegepersonal oder den behandelnden Arzt, diesen zu helfen, das Leben zu beenden. Es handelt sich hierbei nicht um eine straflose Beihilfe zum Suizid.

Dieser Wunsch, getötet zu werden, kann, wenn ihm abgeholfen wird, zu einer Strafbarkeit gem.§ 216 StGB führen. Die Tat kann auch durch ein Unterlassen einer gebotenen Handlung verwirklicht werden.

Im Gegensatz zu den Strafrahmen des § 212 StGB bis zu 15 Jahren Haftstrafe oder gar lebenslanger Haftstrafe wegen Mordes, § 211 StGB, ist der Gesetzgeber in den Fällen des § 216 StGB von einer geringeren Schuld des Täters ausgegangen, was zu einer verhältnismäßig geringen Strafhöhe führt. Obwohl es sich bei der Tötung auf Verlangen um ein vorsätzliches Delikt handelt, ist die Straferwartung gleich derjenigen einer fahrlässigen Tötung, § 222 StGB. Nach § 216 Abs. 2 StGB ist der Versuch strafbar.

Die Strafe nach § 216 StGB kann in Verbindung mit § 60 StGB entfallen, wenn der Täter selbst unmittelbar und schwer von der Tötung eines nahen Verwandten in seinem weiteren Leben betroffen ist, wenn er unter dem Verlust der Person derart leidet, dass er dauerhaft psychologische Hilfe in Anspruch nehmen muss und die Tat durch die übrigen Familienmitglieder nicht verurteilt wird[336].

2.1 Anwendungsbereich § 216 StGB

Auch § 216 StGB schützt das Leben, auch wenn das Opfer gerade seinen eigenen Tod will. Absatz 1 dieser Vorschrift besteht in der heutigen Formulierung bereits seit 1871[337], dem Jahr der Verkündung des ersten einheitlichen deutschen Strafgesetzbuchs[338].

Besondere Bedeutung entfaltet die Regelung des § 216 StGB dann, wenn zur Abgrenzung strafbare Handlung nach § 216 StGB, auch in Form einer Unterlassungstat nach § 13 StGB, oder straflose Beihilfe zu einem selbstbestimmten Suizid, die Frage nach der Tatherrschaft gestellt wird[339].

2.2 Einen Dritten zur eigenen Tötung bestimmen

Zur Verwirklichung des Tatbestandes muss das spätere Opfer beim Täter den Entschluss zu seiner Tötung erregen. Dies erinnert an die Anstiftung zu einer Straftat, § 26 StGB.

War der Täter bereits vor der Bitte des späteren Opfers zu dessen Tötung bereit, so wurde bei dem Täter der Entschluss zur Tötung nicht mehr durch das Opfer hervorgerufen. Es handelt sich dann um eine vorsätzliche Tötung nach §§ 212, 211 StGB.

Der sterbebereite Mensch muss seine Tötung vom Täter ernstlich und ausdrücklich verlangen. Das spätere Opfer muss seinen eigenen Entschluss, getötet werden zu wollen, **frei und ohne Beeinflussung** durch den späteren Täter gebildet haben[340].

Die Bestimmung einer nicht frei verantwortlich handelnden Person zu ihrer (Selbst-)Tötung stellt ein Tötungsdelikt[341], § 212 StGB, in mittelbarer Täterschaft, § 25 Abs. 1 2. Alt. StGB, dar.

---

336 AG Köln 613 Ls 19/15 vom 27.2.2015 in StV 2015, 572 (572,573).
337 Fischer, StGB, § 216 Rdnr. 1.
338 Fischer, StGB, Einleitung Rdnr. 3.
339 BGH 2 StR 245/17 vom 4.7.2018 in NJW 2019,449 (450 [18]).
340 BGH 3 StR 168/10 vom 7.10.2010 in StV 2011, 284 (285 [14]).
341 Eser/Sternberg-Lieben/Schönke/Schröder, StGB, vor §§ 211 ff. Rdnr. 37.

Besteht eine Garantenstellung, z. B. des Arztes, der die Behandlung einer nicht mehr frei entscheidungsfähigen Person übernimmt und nichts gegen den Suizid dieser Person unternimmt, so macht sich der Arzt als Garant einer Tötung durch Unterlassen strafbar[342].

Das KG Berlin[343] entschied durch Beschluss, die Anklage gegen einen Arzt, der seiner sterbewilligen und einwilligungsfähigen Patientin ein Mittel injizierte, das die Muskeltätigkeit (Peristaltik) im oberen Magen-Darm-Trakt anregte und damit ein Erbrechen einer großen Menge von Tabletten, die die Patientin zum Sterben eingenommen hatte, verhinderte, zuzulassen und zwar nicht als Unterlassungstat, § 13 StGB. Das Gericht sah in der Injektion dieses Mittels ein aktives Tun und kein Unterlassen hinsichtlich der Verwirklichung des Tatbestands des § 216 StGB. Das Gericht sah in dem Verhalten des Arztes keine straflose Beihilfe zum Suizid.

2.3 Bestimmen und das Verlangen nach der eigenen Tötung

Unter einem **Verlangen**[344] einer Tötung ist mehr zu verstehen als ein bloßes tatbestandsauschließendes Einverständnis. Es handelt sich um aktives Handeln, das darauf gerichtet ist, den Täter zur Tötung zu motivieren, dieses Verlangen muss für den späteren Täter handlungsleitend[345] sein. Dieses Verlangen muss **ausdrücklich**[346] sein. Ausdrücklich ist ein Verlangen, wenn es in eindeutiger, nicht misszuverstehender Weise gestellt wird, was nicht notwendig verbal, sondern auch durch eindeutige Gesten geschehen kann.

Zur Abgrenzung von nur gelegentlich geäußerten Wünschen aus einer momentanen Stimmung heraus, muss das Verlangen zur Tötung **ernstlich**[347] sein. Damit ein Tötungsverlangen ernstlich ist, muss das zum Sterben bereite Opfer in seiner Entschlussfassung hierzu einsichts- und urteilsfähig sein. Weiterhin muss der Entschluss des Opfers zielge-

342 Schneider/MüKo, StGB, vor § 211 Rdnr. 66.

343 KG Berlin 3 Ws 637/16 vom 12.12.2016 in StV 2018, 304 (306 4.) mit Anmerkungen Vogel, der lediglich eine Beihilfe zum Suizid erkennt, StV 2018, 306 I. Beihilfe zum Suizid.

344 Fischer, StGB, § 216 Rdnr. 7a.

345 BGH 2 StR 310/04 vom 22.4.2005 in NJW 2005, 1876 (1879 III.).

346 Eser/Sternberg-Lieben/Schönke/Schröder, StGB, § 216 Rdnr. 7.

347 BGH 3 StR 168/10 vom 7.10.2010 in StV 2011, 284 (285 [12-16]).

richtet auf seine Tötung ausgerichtet sein. Bei der Fassung des Beschlusses, sterben zu wollen, muss das Opfer frei von äußeren Einflüssen wie Drohungen oder Täuschungen handeln.

Letztlich muss das Opfer den Täter zur Tötung bestimmen. **Bestimmen**[348] zur Tötung bedeutet, dass die Tötungshandlung des Täters von dem Wunsch des Opfers zu sterben überwiegend, wenn auch nicht einzig, geleitet wird.

2.4 Der frei und selbstbestimmte Suizid

Die frei- und selbstbestimmte Selbsttötung ist straflos. Eine solche selbstbestimmte Handlung ist Teil des Selbstbestimmungsrechts aus Art. 2 Abs. 1 i. V. m Art. 1 Abs. 1 S. 1 GG[349].

Daher ist auch die Beihilfe an einer solchen Tat straflos[350]. Zur Strafbarkeit des Gehilfen setzt § 27 StGB eine rechtswidrige und damit strafbare Haupttat voraus, an der es im Falle einer frei- und selbstbestimmten Selbsttötung mangelt.

2.5 Assistierter Suizid durch Arzt

Bei einem assistierten Suizid erhält der Suizident eine wesentliche Hilfe, um Sterben zu können, bestimmt den Zeitpunkt des Beginns der Sterbehandlung statt den Tod aber selbst.

Ein Fall eines assistierten Suizids ereignete sich in den 1980er Jahren[351]. Es stellte sich die Frage nach zulässiger straffreier Beihilfe zu selbstbestimmtem Suizid oder strafbarer Tötung auf Verlangen. Es lag kein Fall einer Tötung auf Verlangen, § 216 StGB, oder einer Beihilfe hierzu vor[352]. Die Patientin hatte selbstbestimmt um Hilfe zum Sterben gebeten und selbstbestimmt aus dem Gefäß getrunken ohne weiteren Zwischenakt eines Dritten.

---

348 BGH 2 StR 310/04 vom 22.4.2005 in NJW 2005, 1876 (1879 III.) Kannibalen-Fall.

349 Hufen, Selbstbestimmtes Sterben – Das verweigerte Grundrecht NJW 2018, 1524 (1525) m. w. N..

350 Henking, Der ärztlich assistierte Suizid, JR 2015, 174 (176 Rechtliche Ausgangssituation).

351 OLG München 1 Ws 23/87 vom 31.7.1987 in NJW 1987, 2940 (2942).

352 OLG München 1 Ws 23/87 vom 31.7.1987 in NJW 1987, 2940 (2941 2.).

Wie zum damaligen Zeitpunkt ist es auch heute noch undenkbar, aktive Hilfe beim Sterben in Deutschland zu leisten[353].

Der assistierte Suizid ist für den Gehilfen solange straflos, solange der Suizident die Herrschaft über das Geschehen, insbesondere den Todeszeitpunkt, hat[354].

Bestimmt der Gehilfe[355] den Todeszeitpunkt, handelt es sich um ein vorsätzliches Tötungsdelikt.

Trinkt der sterbewillige Mensch selbstbestimmt mittels eines Strohhalms einen Gitfttrunk aus einem Becher, den ein Dritter ihm hält, so macht sich der Dritte nicht strafbar.

Würde der sterbewillige Mensch den Dritten bitten, den Becher nicht nur zu halten, sondern den Trunk dem sterbewilligen Menschen nach Vorstellung des Helfers einzuflößen, so liegt ein aktives Tun, ausgerichtet auf die Tötung eines Menschen vor, selbst wenn der Suizident dies ausdrücklich wünscht und der Dritte dieser Bitte lediglich nachkommt. Lediglich dann, wenn der Sterbewillige bis zuletzt die freie Entscheidung über sein Schicksal behält, tötet er sich selbst, wenn auch mit fremder Hilfe[356].

Bei eigenem Interesse des Helfers an der erbetenen Tötung eines Menschen handelt es sich um Sich-Bereiterklären zum Mord, was gem. §§ 30 Abs. 2 Var. 1, 211 Abs. 2 StGB strafbar ist[357].

3. Sterbehilfe

Aufgrund der geschichtlichen Entwicklung in Deutschland ist die aktive Sterbehilfe verboten[358]. Jedoch zeigt die gesellschaftliche Diskussion, dass gerade für schwerstkranke Menschen eine Möglichkeit beste-

353 Hufen, Selbstbestimmtes Sterben – Das verweigerte Grundrecht, NJW 2018, 1524 I. Die Hoffnung und das Recht auf selbstbestimmtes Sterben.

354 Henking, Der ärztlich assistierte Suizid, JR 2015, 174 (177).

355 OLG München 1 Ws 23/87 vom 31.7.1987 in NJW 1987, 2940 (2941 2.).

356 BGH 2 StR 245/17 vom 4.7.2018 in NJW 2019, 449 (450 [18]).

357 BGH 2 StR 245/17 vom 4.7.2018 in NJW 2019, 449 (451 [22]).

358 Vgl. zum gesamten Thema: Deutsches Historisches Museum: https://www.dhm.de/lemo/kapitel/der-zweite-weltkrieg/voelkermord/euthanasie.html.

hen müsste, auch mit Hilfe und durch dritte Personen, aus dem Leben zu scheiden[359].

3.1 Definition Sterbehilfe

Vom Wortlaut her betrachtet, versteht man unter Sterbehilfe Helfen beim Sterben.

Dies kann durch ein aktives Handeln, aber auch durch passives Verhalten im Sinne eines Nichtstuns geschehen. Ist das Abschalten von Beatmungsgeräten ein aktives, das Nichtersetzen einer Infusion ein passives Verhalten? Diese Differenzierung war selbst für Juristen schwierig. Die begriffliche Abgrenzung machte zumindest 2005 auch Juristen große Schwierigkeiten. So qualifizierten lediglich 42 % der befragten Juristen den Behandlungsabbruch als passive, straflose Sterbehilfe[360].

3.2 Entwicklung der Rechtsprechung

Mit der Grundsatzentscheidung des 2. Strafsenats des BGH[361] im Jahre 2010 kam in die Diskussion, was unter erlaubter, aber auch strafbarer Sterbehilfe zu verstehen ist, Klarheit hinein.

Es erfolgte einerseits eine Abkehr von der bisherigen obergerichtlichen Rechtsprechung und andererseits eine auf Basis des BGB (§§ 1901a ff. BGB – sog. Patientenverfügungsgesetz[362]) neuen, verfestigten Rechtsprechung[363].

Der BGH[364] war im Jahre 1994 noch davon überzeugt, dass bei einem **entscheidungsunfähigen** Patienten, der schwerst hirngeschädigt lebte und dessen Gesundheitszustand unumkehrbar (irreversibel) war, der Abbruch der künstlichen Ernährung noch kein Fall der er-

359 Überblick zur Diskussion bei: http://www.faz.net/aktuell/politik/thema/sterbe hilfe.

360 Janes/Schick: Sterbehife im Spiegel der Rechtstatsachenforschung, NStZ 2006, 484 ff., hier Fn. 34.

361 Grundsätzlich: BGH 2 StR 454/09 vom 25.06.2010 in NJW 2010, 2963 f.

362 Vgl. zum Gesetzestext: https://www.gesetze-im-internet.de/bgb/__1901a-1908 .html.

363 BGH 2 StR 454/09 vom 25.6.2010 in NJW 2010, 2963 (2966 [25]).

364 BGH 1 StR 357/94 vom 13.9.1994 in NJW 1995, 204 (204 1.a).

laubten (passiven) Sterbehilfe sei, da der unmittelbare Todeseintritt zeitlich noch nicht bevorstand. Sterbehilfe setze demnach voraus, dass das Grundleiden eines kranken Menschen nach ärztlicher Überzeugung irreversibel ist, einen tödlichen Verlauf angenommen hat und der Tod nach kurzer Zeit eintreten wird.

Erst, wenn die unmittelbare Todesnähe bestätigt wurde, durfte dem Sterbenden beim Sterben geholfen werden.

Diese Rechtsauffassung bestätigte der BGH[365] im Jahre 2003.

Anlässlich dieses Rechtsstreites hatte auch ein Zivilsenat des BGH die Möglichkeit, etwas zu dem Thema Sterbehilfe beizutragen.

In diesem Rechtsstreit ging es um die Ernährung eines Patienten mittels einer PEG-Sonde. Die Mehrzahl der Entscheidungen zur Frage, ob Sterbehilfe erlaubt ist, fällten die Strafgerichte.

Dies liegt daran, dass die Staatsanwaltschaften beim aktiven und passiven Abbruch einer Behandlung grundsätzlich zunächst von einem Tötungsdelikt ausgingen.

Von dieser Rechtsauffassung, die die erlaubte Sterbehilfe von der verbotenen einzig aufgrund der **objektiven Handlungsabläufe abgrenzte**, aktives Handeln (Herausziehen einer PEG-Sonde) sollte verboten, die nicht wiederholte Infusionsgabe (es wird einfach keine neue Infusion angehängt), weil als passives Verhalten eingestuft, dagegen straffrei sein, wich der 2. Strafsenat des BGH grundsätzlich ab[366].

Seiner Entscheidung legte der 2. Strafsenat zur Begründung einer gerechtfertigten Sterbehilfe wie vorstehend schon angeführt das Patientenverfügungsgesetz aus dem Jahre 2009 zugrunde.

Maßstab dieses Gesetzes ist das verfassungsrechtlich garantierte Selbstbestimmungsrecht einer Person, Art 2 Abs. 1 i. V. m. Art. 1 Abs. 1 S. 1 GG[367], welches das Recht einschließt, auf lebenserhaltende und lebensverlängernde medizinische Maßnahmen zu verzichten, ohne Rücksicht darauf abstellen zu müssen, **ob diese Maßnahmen erforderlich** sind.

Der tatsächliche oder mutmaßliche **Patientenwille** einer Person, der in konkreten Behandlungswünschen zum Ausdruck kommt, ist

365 BGH XII ZB 2/03 vom 17.3.2003 in NJW 2003, 1588 (1590 aa).
366 BGH 2 StR 454/09 vom 25.6.2010 in NJW 2010, 2963 (2966 [28]).
367 Hufen, Selbstbestimmtes Sterben-Das verweigerte Grundrecht, NJW 2018, 1524 (1525 m. w. N.).

unabhängig von Art und Stadium der Erkrankung verbindlich, § 1901a Abs. 3 BGB[368].

3.3 Sterbehilfe durch Behandlungsabbruch

Was bedeutet Sterbehilfe nach dieser Entwicklung durch die Rechtsprechung?

Vom Wortlaut her bedeutet Sterbehilfe immer noch Helfen beim Sterben als aktives und/oder passives Verhalten.

Zur Abgrenzung von strafbewährtem und gerechtfertigtem Verhalten entwickelte der BGH den Begriff des Behandlungsabbruchs, der inhaltlich das Unterlassen, die Begrenzung und den Abbruch der Behandlung umfasst und damit das Kriterium passives oder aktives Verhalten aufgibt[369]. Notwendiges Kriterium bleibt eine lebensbedrohliche Erkrankung und die betroffene medizinische Maßnahme, die zur Erhaltung oder Verlängerung des Lebens geeignet ist[370].

Zusammenfassend sieht der BGH als nicht strafbare Hilfe beim Sterben den Behandlungsabbruch und Handlungen als sogenannte „indirekte Sterbehilfe"[371]. Es handelt sich hierbei um indizierte Maßnahmen der Palliativpflege zur Schmerzlinderung, bei denen aufgrund der Wirkungsweise der verwendeten Medikamente ein möglicher Tod als Folge der Behandlungsmaßnahmen eintreten kann.

Allen Handlungen liegt eine Einwilligung in Form einer Patientenverfügung oder Vorsorgevollmacht zugrunde, und es muss sich um einen tödlich erkrankten Menschen handeln, so dass auch ein Behandlungsabbruch bzw. indirekte Sterbehilfe zur Schmerzlinderung oder Schmerzbeendigung möglich ist[372].

Von wesentlicher Bedeutung ist die subjektive Zielsetzung des Helfers. Verwirklicht der die Behandlung abbrechende Mensch seine **eigenen Vorstellungen,** weshalb der Kranke sterben muss (Stichwort früheres Erbe), so steht nicht mehr der Patienten- oder Bewohnerwille im Zentrum der Begründung für den Behandlungsabbruch, sondern der

368 BGH 2 StR 454/09 vom 25.6.2010 in NJW 2010, 2963 (2965 [23]).
369 BGH 2 StR 454/09 vom 25.6.2010 in NJW 2010, 2963 (2967 [36]).
370 BGH 2 StR 454/09 vom 25.6.2010 in NJW 2010, 2963 (2967 [33]).
371 BGH 2 StR 454/09 vom 25.6.2010 in NJW 2010, 2963 (2967 [34]).
372 Fischer, StGB, vor §§ 211-217, Rdnr. 56.

Wille desjenigen, der die Behandlung aus **eigenen Interessen abbrechen** will.

3.4 Patientenwille

Maßgebendes Kriterium für jegliche Arten von Sterbehilfe ist der Wille desjenigen, der sterben will. Probleme treten dort auf, wo dieser Wille nur als mutmaßlicher Wille festgestellt werden kann, eine Patientenverfügung oder Vorsorgevollmacht nicht vorliegen. Die durch Einwilligung (Patientenverfügung, mutmaßlicher Wille) **gerechtfertigte Handlung** eines Behandlungsabbruchs im Sinne einer Sterbehilfe muss sich objektiv und subjektiv auf eine medizinische Behandlung im Zusammenhang mit der Grunderkrankung beziehen[373].

Dieser mutmaßliche Wille muss festgestellt werden. Dies geschieht nach § 1901a Abs. 2 BGB, indem der Betreuer die Behandlungswünsche oder den mutmaßlichen Willen des Betreuten festzustellen und auf dieser Grundlage zu entscheiden hat, ob er in eine ärztliche Maßnahme einwilligt oder sie untersagt. Der mutmaßliche Wille ist aufgrund konkreter Anhaltspunkte zu ermitteln. Zu berücksichtigen sind insbesondere frühere mündliche oder schriftliche Äußerungen, ethische oder religiöse Überzeugungen und sonstige persönliche Wertvorstellungen des Betreuten. Ist kein Betreuer vorhanden, so ist dies nach § 1901b BGB Aufgabe des behandelnden Arztes. Dieser hat zu prüfen, welche ärztliche Maßnahme im Hinblick auf den Gesamtzustand und die Prognose des Patienten indiziert ist. Arzt und Betreuer erörtern diese Maßnahme unter Berücksichtigung des Patientenwillens als Grundlage für die nach § 1901a zu treffende Entscheidung. Zur Feststellung des mutmaßlichen Willens sollen auch Familienangehörige und sonstige Vertrauenspersonen angehört werden. Daran, wie der mutmaßliche Wille festgestellt wird, sind strenge Anforderungen zu stellen[374].

Ist ein mutmaßlicher Wille nicht zu ermitteln, so soll im Hinblick auf einen Behandlungsabbruch oder eine indirekte Sterbehilfe der hypothetische Wille der betroffenen Person ermittelt werden. Dieser Wil-

373 BGH 2 StR 454/09 vom 25.06.2010 in NJW 2010, 2963 (2967 [34]).

374 Fischer, StGB, vor §§ 211-217, Rdnr. 67.

le soll sich aufgrund von religiösen und weltlichen Anschauungen ergeben, die von der betroffenen Person bekannt sind, oder wie sich die Person grundsätzlich zu Maßnahmen der „Sterbehilfe" verhielt.

Ohne Zweifel findet diese Art, einen Patientenwillen zu erkennen, kaum noch eine Basis in der Rechtsprechung[375], denn es handelt sich dann bei diesen Aussagen um persönliche Vorstellungen von Dritten über einen letztlich nicht bekannten Willen der betroffenen Person.

Es wird angenommen, dass sich diese Fälle in der täglichen Praxis zeigen, aber eben ein solcher hypothetischer Wille sich nicht herausfinden lässt. Es ist davon auszugehen, dass Maßnahmen getroffen werden, die ihre Rechtfertigung auf Basis des § 34 StGB finden[376], die der BGH jedoch gerade in solchen Fällen nicht anwendet[377].

Behandlungsabbruch gegen den Willen der erkrankten Person erfüllt den Tatbestand eines Tötungsdeliktes[378], §§ 212 Totschlag oder 211 Mord. Sterbehilfe aus Mitleid gegen den Willen der erkrankten Person ist in den überwiegenden Fällen als Mord zu qualifizieren[379].

4. Geschäftsmäßige Förderung der Selbsttötung, § 217 StGB

Im Jahre 2015 fand im deutschen Bundestag eine Debatte statt, die zum Inhalt die Notwendigkeit der Regulierung der gewerblichen Sterbehilfe hatte[380]. Die Diskussion wurde mit Blick auf die deutsche Geschichte während des Hitler-Regimes über alle Parteigrenzen hinweg kontrovers diskutiert[381]. Entstanden ist § 217 StGB.

Sanktioniert wird ein Verstoß gegen § 217 StGB mit Geldstrafe oder Freiheitsstrafe bis zu 3 Jahren.

---

375 BGH 1 StR 357/94 vom 13.9.1994 in NJW 1995, 204 (205).
376 Fischer, StGB, vor §§ 211-217 Rdnr. 68a.
377 BGH 2 StR 454/09 vom 25.6.2010, in NJW 2010, 2963 (2965 [20]).
378 BGH 2 StR 320/10 vom 10.11.2010 in NJW 2011, 161 (162 [10]).
379 Fischer, StGB, vor §§ 211-217 Rdnr. 38.
380 Vgl. zum Streitgegenstand: https://www.aerzteblatt.de/archiv/186360/Verbot-der-geschaeftsmaessigen-Foerderung-der-Selbsttoetung-(-217-StGB)-Hinweise-und-Erlaeuterungen-fuer-die-aerztliche-Praxis.
381 BT-Drs. 18/5373, S. 10.

Das BVerfG befasst sich derzeit mit der Frage der Verfassungsmäßigkeit[382] der Vorschrift.

4.1 Anwendungsbereich § 217 StGB

Mit der Einführung dieser Vorschrift in das StGB will der deutsche Gesetzgeber einer Kommerzialisierung der Sterbehilfe entgegenwirken. Insbesondere ältere und kranke Menschen sollen sich nicht gedrängt fühlen, ihr Leben durch einen assistierten Suizid zu beenden; einem Gewöhnungseffekt an ein assistiertes Sterben soll entgegengewirkt werden[383].

4.2 Gewerbsmäßige Hilfe zum Suizid

Tathandlung nach **Absatz 1** der Vorschrift ist die gewerbsmäßige Hilfe beim Suizid. Wird die Hilfe zur Selbsttötung strukturiert und geschäftsmäßig betrieben, soll diese Hilfeleistung als eigenständige Haupttat bestraft werden[384]. Diese Hilfe gewährt der Täter, indem er den Suizid einer anderen Person fördert. Dies geschieht durch das Verschaffen oder Vermitteln der Gelegenheit zum Suizid. Strafbar ist die Förderung des Suizids. Die sonst straflose Hilfe zum Suizid wird nun unter Strafe gestellt. Dies aber nur dann, wenn der Täter geschäftsmäßig handelt.

Die Unterstützungshandlungen zum Suizid **gewährleistet** der Täter dem Suiziden, d. h., er sagt die Hilfe nicht nur zu, sondern will dafür einstehen, dass die Hilfe auch erfolgt. Die reine Beratung über Suizidmöglichkeiten ist nicht strafbar, da dies noch keine Unterstützungshandlung im Sinne des § 217 Abs. 1 StGB darstellt[385].

Zur Strafbarkeit nach § 217 StGB muss es nicht zu einem Suizidversuch kommen, da der Täter mit Bereitstellung von Medikamenten oder Substanzen, Vermittlung von Räumlichkeiten und Medikamen-

382 BVerfG Pressemitteilung Nr. 17/2019 vom 5. März 2019 https://www.bundesverfassungsgericht.de/SharedDocs/Pressemitteilungen/DE/2019/bvg19-017.html.

383 BT-Drs. 18/5373, S. 2.

384 Fischer, StGB, § 217 Rdnr. 3.

385 Sternberg-Lieben/Schönke/Schröder, StGB, § 217 Rdnr. 12.

ten oder Vermittlung von Personen, die den Suizidenten unterstützen, die Tat bereits verwirklicht[386].

Nach **Absatz 2** bleibt der Teilnehmer am Suizid straffrei, der nicht geschäftsmäßig handelt oder wer Angehöriger oder eine andere Person ist, die dem Suizidenten nach Abs. 1 nahe steht. Diese Teilnahme ist nicht diejenige am straflosen Suizid, sondern diejenige nach Abs. 1 der Vorschrift[387].

Die Beihilfe zum Suizid bleibt auch nach **der neuen Regelung straflos**[388], wenn der Gehilfe nicht geschäftsmäßig handelt und ein naher Angehöriger oder eine dem Suizidenten sonst nahestehende Person ist.

Zur Verdeutlichung: Diese Beihilfe ist diejenige für einen Täter nach § 217 Abs. 1 StGB, also einer Person, die Sterbehilfe geschäftsmäßig betreibt, und nicht die allgemeine Beihilfe nach § 27 StGB zum straflosen Suizid[389].

Der Täter handelt in der Absicht, die Selbsttötung eines anderen zu fördern.

4.3 Definitionen

Der Täter des § 217 Abs. 1 StGB handelt **geschäftsmäßig**[390], wenn er fortlaufend, gegen Entgelt Beihilfe zum Suizid leistet. Eine Gewinnerzielungsabsicht ist nicht notwendig[391].

Angehöriger ist diejenige Person im Sinne der Legaldefinition in § 11 Abs. 1 Nr. 1 StGB. Eine nahestehende Person ist ein Mensch, der dem Suizidenten derart eng verbunden ist, dass dieser eine Gefahr für den Suizidenten ebenso wie für sich selbst als Drucksituation empfindet. Hierzu zählen Liebesbeziehungen, enge Freundschaften, nichteheliche bzw. nicht eingetragene Lebens- und langjährige Wohngemeinschaften[392].

---

386 BT-Drs. 18/5373, S. 19.
387 Fischer, StGB, § 217 Rdnr. 9.
388 BT-Drs. 18/5373, S. 19.
389 Sternberg-Lieben/Schönke/Schröder, StGB, § 217 Rdnr. 23.
390 Sternberg-Lieben/Schönke/Schröder, StGB, § 217 Rdnr. 16.
391 BT-Drs. 18/5373, S. 16.
392 Müssig/MüKo, StGB, § 35 Rdnr. 19.

Der Täter **gewährt** oder **verschafft** dem Sterbewilligen eine Gelegenheit zum Suizid. Unter Gewähren einer Gelegenheit wird verstanden, dass dem Täter die äußeren Umstände wie Räume oder Mittel zum Suizid schon zur Verfügung stehen. Beim **Verschaffen**[393] besorgt der Täter die Mittel zum Suizid.

Der Täter **vermittelt eine Gelegenheit**[394] zum Suizid, wenn er zwischen dem Suizidwilligen und derjenigen Person, die die Mittel zum Suizid verschafft oder gewährt, einen konkreten Kontakt herstellt.

4.4 Bedeutung des § 217 StGB für Palliativeinrichtungen

Im Rahmen eines Seminars berichtete ein Arzt davon, er habe in den letzten Jahren einer Vielzahl seiner Patienten einen Suizid bei irreversiblen Erkrankungen durch Bereitstellen von entsprechenden Medikamenten ermöglicht. Diese Medikamente und die „Sterbebegleitung“ rechnete der Arzt durch Verwendung der Krankenkassenkarte jeweils ab.

Der Arzt verschaffte seinen Patienten die Möglichkeit zum Suizid, indem er für entsprechende Medikamente sorgte. Er **gewährte** durch Beibringen der Medikamente seinen Patienten die Möglichkeit zum Suizid. Da der Arzt in einer Vielzahl von Fällen handelte und diese gegenüber den jeweiligen Krankenkassen abrechnete, handelte er geschäftsmäßig.

Erhielt der Arzt in **jedem Einzelfall** Unterstützung, beispielsweise durch Angehörige oder Lebenspartner der einzelnen Suizidenten, so gilt für diese die Straffreiheit des § 217 Abs. 2 StGB, da die Helfer nicht geschäftsmäßig handelten[395].

Für Palliativeinrichtungen, Hospize und andere Einrichtungen der Palliativpflege gilt § 217 StGB grundsätzlich nicht. In diesen Einrichtungen tritt der Tod aufgrund eines Behandlungsabbruchs oder einer indirekten Sterbehilfe ein und nicht dadurch, dass die erkrankte Person entsprechende, zum Tode führende Medikamente nach ihren eigenen, insbesondere zeitlichen Vorstellungen einnimmt und dadurch ohne große zeitliche Verzögerung der Tod eintritt. Ein solches Verhalten

393 BT-Drs. 18/5373, S. 18.
394 Sternberg-Lieben/Schönke/Schröder, StGB, § 217 Rdnr. 13.
395 BT-Drs. 18/5373, S. 20.

würde einem eigenverantwortlichen Suizid entsprechen. Eine solche Vorgehensweise ist aus Palliativeinrichtungen in Deutschland nicht bekannt. Sollte es sie doch geben, so müsste eine Strafbarkeit der helfenden Personen nach § 217 StGB geprüft werden[396].

Soweit die vorgenannten Einrichtungen bzw. genauer, deren amtliche und ehrenamtliche Mitarbeiter, im Rahmen der vorgestellten, gerechtfertigten Sterbehilfe agieren, unterfallen diese **nicht** einer Strafbarkeit gem. § 217 StGB[397].

Auch dann nicht, wenn die Leistungen der palliativen Pflege **entgeltlich erfolgen**.

Im Vordergrund der Abrechnungen der Palliativeinrichtungen stehen die Kosten der Palliativ-Pflege des Patienten/Bewohners und nicht die Bereitstellung von Hilfsmitteln zum eigenverantwortlichen Suizid. Tritt der Tod eines Palliativpatienten ein, so handelt es sich nicht um eine Selbsttötung, sondern vielmehr um das Ende eines Sterbeprozesses[398].

5. Fahrlässige Tötung, § 222 StGB

Zu Ermittlungen wegen fahrlässiger Tötung eines Bewohners oder Patienten kommt es, wenn es sich bei dem Tod dieses Menschen nicht um einen natürlichen handelt, sondern eine Todesursache durch Dritte gesetzt wurde. In der Mehrzahl der Fälle einer fahrlässigen Tötung in der Pflege handelt es sich um Unterlassungstaten gem. § 13 StGB.

Die Strafe ist Geldstrafe oder Freiheitsstrafe bis zu 5 Jahren.

5.1 Anwendungsbereich § 222 StGB

Wie bereits von den Körperverletzungsdelikten bekannt, wird auch die Tötung von Menschen vollumfänglich sanktioniert, so dass auch die fahrlässige Verursachung des Todes eines Menschen betraft wird, aller-

---

396 BT-Drs. 18/5373, S. 18, „Hilfe beim Sterben“.

397 BT-Drs. 18/5373, S. 11.

398 Hufen, Selbstbestimmtes Sterben – Das verweigerte Grundrecht, NJW 2018, 1524 (1526 4. Palliativmedizin und Hospiz als Alternativen).

dings erheblich schwächer als die vorsätzliche Herbeiführung des Todes im Sinne der §§ 211, 212, 213 StGB.

5.2 Tathandlung

Sanktioniert wird jede Handlung, aber auch entsprechend § 13 StGB ein Unterlassen, das den Tod eines Menschen herbeiführt.

Auch hier bedarf es eines Ursachenzusammenhangs, der entfällt, wenn der Tod auch bei normgerechtem/verkehrsgerechtem Verhalten eingetreten wäre.

Unterlässt der Täter eine Handlung pflichtwidrig, so ist der hierauf folgende Tod dem Täter nur dann anzulasten, wenn der Tod bei pflichtgemäßem Handeln nicht eingetreten wäre[399].

Die Einwilligung in eine fahrlässige Tötung lässt die Rechtswidrigkeit der Handlung nicht entfallen, da hinsichtlich der fahrlässigen Tötung eine dem § 228 StGB vergleichbare Vorschrift nicht existiert und das Rechtsgut Leben durch das Grundgesetz, Art. 2 Abs. 2 GG, geschützt wird[400].

Wie bei sämtlichen Fahrlässigkeitsdelikten, so stellt sich auch bei § 222 StGB die Frage nach der Sorgfaltspflicht und der Vorhersehbarkeit des eingetretenen Erfolgs[401].

5.3 Definitionen

Hinsichtlich der Definitionen wird auf die Ausführungen zu den Tötungs- und Fahrlässigkeitsdelikten verwiesen.

D. Gewaltdelikte

1. Nötigung, § 240 StGB

Anhand dieser Vorschrift wurden die Differenzierungen zwischen physischer und psychischer Gewalt durch die Rechtsprechung ent-

399 Sternberg-Lieben/Schuster/Schönke/Schröder, StGB, § 15 Rdnr. 174.
400 Eser/Sternberg-Lieben/Schönke/Schröder, StGB, § 222 Rdnr. 6a.
401 OLG Dresden 2 OLG 25 Ss 788/13 vom 14.2.2014 in StV 2015, 120 (121).

wickelt. Insbesondere die psychische Gewalt wird in der Pflege eingesetzt, um ein Tun oder Unterlassen der zu pflegenden Person hervorzurufen.

Die Strafe ist Geldstrafe oder Freiheitsstrafe bis zu 3 Jahren. Der Versuch ist nach Abs. 3 der Vorschrift strafbar.

In besonders schweren Fällen ist die Strafe Freiheitsstrafe von 6 Monaten bis 5 Jahre.

Die besonders schweren Fälle werden in Abs. 4 in Form von Regelbeispielen aufgeführt. Dies bedeutet, es kommen, über die angegebenen schweren Fälle hinaus, auch andere Verhalten als schwere Fälle einer Nötigung in Frage[402]. Die Amtsträgereigenschaft (vgl. § 11 Abs. 1 Nr. 2 StGB) kann bei Tätern aus Jugendämtern, aber auch Verwaltungen allgemein, strafschärfend wirken.

1.1 Freie Willensbetätigung

Das von § 240 StGB geschützte Rechtsgut[403] ist die Freiheit der Willensentschließung und Willensbetätigung.

1.2 Drohen mit einem empfindlichen Übel

Die zu pflegende Person soll keinen eigenen Willen entwickeln, nach dem diese sich dann verhält. Vielmehr soll sich die zu pflegende Person nach dem Willen der Pflegekraft verhalten. Eine Drohung mit einem Übel muss beim Erklärungsempfänger den Eindruck erwecken, der Täter habe tatsächlich oder auch nur behauptet Einfluss darauf, dass das Übel tatsächlich eintritt[404].

Oftmals werden Handlungen des Pflegepersonals gegenüber zu pflegenden Personen, die den Tatbestand der Nötigung erfüllen und dazu noch verwerflich und damit rechtswidrig sind, nicht als Straftaten gem. § 240 StGB wahrgenommen.

Die zu pflegende Person soll doch nicht genötigt werden, sondern nur das tun oder unterlassen, was nach Auffassung der Pflegekraft für die zu pflegende Person gut ist, gleich, ob dies dem Willen der zu pfle-

402 Eisele/Schönke/Schröder, StGB, § 240 Rdnr. 28.
403 BVerfG 1 BvR 718/89 vom 10.1.1995 in NJW 1995, 1141 (1142 2a)).
404 BGH 1 StR 162/13 vom 5.9.2013 in NJW 2014, 401 (403 [48]).

genden Person entspricht. Auch Handlungen und Aussagen des Pflegepersonals, die vermeintlich den anstrengenden Pflegeauftrag vereinfachen sollen, erfüllen den Tatbestand der Nötigung.

In der Pflege bekannte Aussagen, die gebraucht werden, um den zu pflegenden Menschen zu einem Verhalten zu bewegen, das gerade in diesem Augenblick von der Pflegekraft, dem Arzt oder einer anderen Person erwünscht wird, sind beispielhaft:

> „Wenn Sie den Teller heute nicht leer essen, gibt es keinen Nachtisch".
> „Wenn Sie die Injektion nicht zulassen, gibt es heute Abend kein Fernsehen".
> „Wenn Sie die Medikamente nicht einnehmen, sorgen wir dafür, dass Sie keinen Besuch mehr erhalten".

Ein anderer Fall, der ebenfalls eine Nötigung darstellt, ist die Aussage an ein Kind, das im Krankenhaus liegt: „wenn du den Himbeer-Pudding nicht aufisst, werden dich deine Eltern heute nicht besuchen". Tatsächlich war an diesem Tag im Krankenhaus keine Besuchszeit[405] für die Eltern vorgesehen.

Worin liegt nun gerade in diesem Beispielsfall die Nötigungshandlung?

Tatsächlich aß das Kind keinen Himbeer-Pudding, den es an diesem Tag gab, und an diesem Tag konnte das Kind von seinen Eltern nicht besucht werden, da es zu dieser Zeit in den Krankenhäusern noch bestimmte Besuchszeiten gab und gerade an dem Tag, an dem es diesen Pudding gab, Elternbesuch nicht vorgesehen war.

Das **empfindliche Übel**, das dieses Kind erfuhr, zeigt sich hier in zweierlei Ausgestaltungen. Zum einen im rein körperlichen Zustand, da Himbeer-Pudding bei dem Kind ein körperliches Unwohlsein in Form von erheblicher Übelkeit und Brechreiz hervorrief, also physisch. Der weitere Aspekt des Übels zeigte sich im psychischen Bereich, denn die damalige Krankenschwester zwang mit einer unwahren Behauptung gegenüber dem Kind (wenn du den Pudding isst, kommen deine Eltern, obwohl die Krankenschwester die Besuchsregelung kannte) das Kind zum Aufessen des Puddings. Es lag ein Missbrauch des Über-/

405 Ein tatsächlicher Fall aus den 1960er Jahren in einer Kinderklinik. Zu dieser Zeit gab es Beschränkungen der Besuchszeiten in Krankenhäusern, was heute kaum noch denkbar ist.

Unterordnungsverhältnis Krankenschwester/Kind vor, indem die Krankenschwester ihr gegenüber dem Kind bestehendes Sonderwissen zu den Besuchszeiten dazu verwendete, das Kind zu einem Verhalten zu bewegen, das das Kind nicht zeigen wollte, nämlich Aufessen des Puddings.

Das Kind nahm an, wenn es den Pudding isst, kommen die Eltern zu Besuch, was tatsächlich nicht der Fall war.

Bei Nötigungshandlungen handelt es sich also um Aussagen, aber auch Verhaltensweisen, die bei der zu pflegenden Person das Empfinden erwecken, wenn ich mich jetzt nicht so verhalte, wie die Pflegeperson es von mir erwartet, dann habe ich mit Sanktionen (kein Elternbesuch) zu rechnen.

In einer anderen Tatalternative wird durch Behaupten der Unwahrheit ein Verhalten der zu pflegenden Person hervorgerufen, das diese ohne die unwahre Behauptung nicht zeigen würde. Die zu pflegende Person ist aus ihrer Sicht jedoch gehalten, sich dieser unwahren Behauptung zu unterwerfen, da sie sonst ein Übel erwartet.

Eine Nötigung kann auch darin liegen, dass die zu pflegende Person weiß, verhalte ich mich nicht wie das Pflegepersonal es sich vorstellt und wünscht, so lässt man mich über lange Zeit auf der Toilette sitzen, und das Pflegepersonal weiß, dass die zu pflegende Person nicht mehr im Stande ist, alleine zur Toilette zu gehen. Weitere Beispiele sind, die Wundversorgung wird „vergessen", der Wunsch nach Getränken (morgens gibt es in unserer Einrichtung nur Kaffee und keinen Tee zum Frühstück) wird verweigert, obwohl er erfüllbar wäre.

Die unwahren Behauptungen der Krankenschwester, die Drohungen „kein Fernsehen", „kein Besuch", das Verweigern von Getränken erfolgen, um die Macht der Pflegekräfte zu dokumentieren. All diese Verhaltensweisen sind sozialwidrig und damit verwerflich.

Das Beispiel „sitzen lassen auf der Toilette" stellt, wenn das Pflegepersonal dadurch die zu pflegende Person zu einem bestimmten Verhalten bewegen will, eine Nötigung im Sinne von § 240 StGB dar, andererseits kann es sich hierbei auch um eine Freiheitsberaubung im Sinne des § 239 StGB handeln, wenn das „Vergessen auf der Toilette" eine Handlung des Täters darstellt, mit der dieser die Bewegungsfreiheit und nicht die Willensbildungsfreiheit der zu pflegenden Person einschränken will.

Die Gewalt kann auch in Form einer unterlassenen Handlung[406] angewandt werden, was bedeutet, der Täter muss gegenüber dem Opfer eine Garantenstellung innehaben.

1.3 Definitionen

Zur Verwirklichung des Tatbestandsmerkmals einer Nötigung mittels **einer Drohung[407] mit einem empfindlichen Übel** muss das Opfer davon ausgehen, dass es einzig im Willen des Täters liegt, ob dieses für das Opfer empfindliche Übel eintritt oder nicht. Ob eine Drohung oder eine bloße Warnung vorliegt, entscheidet sich nach dem subjektiven Empfinden des Tatopfers, der zu pflegenden Person[408]. Mit einer Warnung[409] wird auf eine Folge einer Handlung hingewiesen, deren Eintritt aber **gerade nicht vom Willen** des Warnenden abhängt, oder der Warnende eine alternative Lösung zur Vermeidung der Folge anbietet.

Dieses Beherrschungsverhältnis besteht gerade in Abhängigkeitsverhältnissen, wie sie der Pflege immanent sind.

Der Täter beschränkt die freie Willensentscheidung und Willensbetätigung der zu pflegenden Person durch in Aussicht stellen von Sanktionen. Diese Sanktionen können in vielfältiger Weise auftreten, müssen für die zu pflegende Person jedoch ein empfindliches Übel darstellen. Ein **Übel**[410] ist jede vom Betroffenen empfundene Veränderung der Außenwelt. Dieses Übel kann ein pathologischer Zustand sein, wie eine tiefe Enttäuschung, weil eine Zusage/Versprechen nicht eintritt, verbunden mit körperlichem Unwohlsein.

Empfindlich[411] ist dieses Übel, wenn der in Aussicht gestellte Nachteil von solcher Erheblichkeit ist, dass seine Ankündigung geeignet erscheint, den Bedrohten (Bewohner/Patient) im Sinne des Täterwillens (Pflegekraft/Arzt) zu motivieren. Hierbei kommt es ausschließlich auf die **subjektive Empfindung**[412] des Opfers an.

---

406 Fischer, StGB, § 240 Rdnr. 22.
407 Fischer, StGB, § 240 Rdnr. 36.
408 BGH 1 StR 162/13 vom 5.9.2013 in NJW 2014, 401 (403 [48]).
409 Eisele/Schönke/Schröder, StGB, vor §§ 234 ff. Rdnr. 31.
410 BGH 1 StR 162/13 vom 5.9.2013 in NJW 2014, 401 (403 [47]).
411 BGH 1 StR 162/13 vom 5.9.2013 in NJW 2014, 401 (403 [51]).
412 Fischer, StGB,§ 240 Rdnr. 32a.

1.4. Rechtswidrigkeit der Drohung, § 240 Abs. 2 StGB

Die Anwendung der Gewalt oder die **Drohung** mit dem empfindlichen Übel, das heißt das In Aussicht stellen eines künftigen Übels, muss **rechtswidrig**[413] sein, damit es zu einer Strafbarkeit des Täters nach § 240 StGB kommen kann, sog. Mittel-Zweck-Relation[414]. **Rechtswidrig** ist dieses Täterverhalten, wenn es als verwerflich anzusehen ist.

Verwerflich[415] ist ein Verhalten nach Abs. 2 der Vorschrift, das in einem erhöhten Grad sozialwidrig ist. Die Bedeutungsvielfalt[416] des Begriffs „sozial“ hat als übereinstimmendes Merkmal die Beziehungen der Menschen untereinander und miteinander, allgemein oder in Gruppen. Das Verhalten des Täters entspricht somit nicht demjenigen, was die Gruppe der Patienten oder Bewohner als sozialadäquat ansehen.

2. Freiheitsberaubung, § 239 StGB

Zentraler Begriff der Freiheitsberaubung in der Pflege ist die Fixierung. Sie ist zum Schutz der pflegenden Person notwendig, dient aber auch der Vereinfachung der Pflege von problematischen Pflegepersonen, insbesondere im Bereich der Psychiatrie, was dann jedoch eine strafbare Handlung sein kann.

Der Versuch einer Freiheitsberaubung ist nach Abs. 2 der Vorschrift strafbar. Das Strafmaß ist im Grunddelikt Geldstrafe oder Freiheitsstrafe bis 5 Jahre.

Mit Freiheitsstrafe von 1 bis 5 Jahre sind die Qualifikationstatbestände des Abs. 3 der Vorschrift belegt.

Eine Vorsatz-Fahrlässigkeit-Kombination hält Abs. 4 der Vorschrift bereit hinsichtlich der Herbeiführung des Todes des Opfers einer Freiheitsberaubung. Diese Tat wird mit Freiheitsstrafe von 3 bis 15 Jahre bestraft.

---

413 KG Berlin (4) 121 Ss 30/12 (54/12) vom 29.2.2012 in StraFo 2012, 328 (329).

414 OLG Karlsruhe 1 (8) Ss 510/13 in StV 2017, 407 (408).

415 BGH 1 StR 162/13 vom 5.9.2013 in NJW 2014, 401 (403 [58]).

416 https://www.duden.de/rechtschreibung/sozial#Bedeutung1a.

In minder schweren Fällen beträgt die Strafe nach Abs. 5 der Vorschrift für Handlungen nach Abs. 3 der Vorschrift Freiheitsstrafe von 6 Monaten bis 5 Jahre; in Fällen des Abs. 4 der Vorschrift Freiheitsstrafe von 1 bis 10 Jahre.

2.1 Fortbewegungsmöglichkeit

Geschützt wird mit dieser Vorschrift ebenso wie mit § 240 StGB die freie Willensentscheidung der zu pflegenden Person, soweit diese hierzu körperlich in der Lage ist, ohne Hilfe oder andernfalls mit Hilfe des Pflegepersonals oder eines anderen Dritten ihren Standort zu verlassen. Geschützt wird der jederzeit bildbare[417] Fortbewegungswille. Nach anderer (h. M.) Meinung[418] wird unabhängig vom Willen auf die Möglichkeit der Ortsveränderung abgestellt, was bedeutet, dass auch der geschützt wird, der sich zum Zeitpunkt der Tat nicht fortbewegen will oder nicht bemerkt, dass er eingesperrt ist.

2.2 Tathandlungen

Eine Freiheitsberaubung ist bereits dann tatbestandlich[419] ausgeschlossen, wenn die zu pflegende Person oder deren Betreuer in die Freiheitsentziehung einwilligen oder ein Fortbewegungswille nicht mehr gebildet werden kann.

Die Freiheitsberaubung tritt in der täglichen Praxis der Pflege in verschiedenen Ausgestaltungen auf, und die Tathandlungen des § 239 StGB sind zahlreich.

Jede Maßnahme und jedes Verhalten des Täters, das dazu führt, dass sich die zu pflegende Person nicht mehr ihrem Willen gemäß **tatsächlich fortbewegen kann**, stellt eine Freiheitsberaubung dar, soweit die Beschränkung der Fortbewegung von einiger Dauer[420] ist, ein kurzes Festhalten reicht zur Tatbestandsverwirklichung nicht aus.

Der einfachste Fall hierbei ist das Zusperren des Bewohnerzimmers. Die zu pflegende Person kann ihr Zimmer nicht verlassen, wenn

---

417 Eisele/Schönke/Schröder, StGB, § 239 Rdnr. 2.

418 Wessels/Hettinger/Engländer, Strafrecht BT Teil 1, 132 Rdnr. 418.

419 BGH 1StR 652/92 vom 25.2.1993 in NJW 1993, 1807 (1807 2.).

420 BGH 4 StR 432/02 vom 3.12.2002 in NStZ 2003, 371 (371).

und wann diese dies will. Aber auch in sogenannten geschützten Bereichen kann es zu Freiheitsberaubungen kommen. Dies weniger gegenüber den zu pflegenden Personen, soweit entsprechende richterliche Beschlüsse vorliegen, als vielmehr gegenüber Besuchern.

Werden Türen in sogenannten geschützten Bereichen durch Codes gesichert, und ist den Besuchern dieser Code nicht bekannt und Pflegepersonal, das diesen Code kennt, ist nicht zur Stelle, so können auch Besucher nicht nach ihrer freien Willensentscheidung diesen geschützten Bereich verlassen, so dass es hier durchaus zu Freiheitsberaubungen gegenüber Besuchern kommen könnte bei einem entsprechenden Vorsatz des Pflegepersonals, die Bewegungsfreiheit der Besucher aufzuheben[421].

Aber auch der vorstehend beschriebene Fall, die zu pflegende Person auf der Toilette warten zu lassen, stellt ebenso eine Freiheitsberaubung dar, wenn der Täterwille darauf gerichtet ist, die Bewegungsfreiheit und nicht die Willensfreiheit einzuschränken, denn Nötigung geht regelmäßig mit der Freiheitsberaubung einher[422]. Aber auch der immer wieder beschriebene Vorgang des Einklemmens einer Person mit einem Rollstuhl oder auch einem normalen Stuhl derart am Tisch, so dass sich diese Person nicht mehr nach ihrem Willen frei bewegen kann. Dieses Verhalten stellt eine Freiheitsberaubung ebenso dar, wie das Feststellen der Bremsen des Rollstuhls gegen den Willen der Person, die im Rollstuhl sitzt. Einsperren in einem Zimmer ist Freiheitsberaubung, soweit diese Maßnahme nicht durch Notwehr oder Nothilfe ihre Rechtfertigung findet und zeitlich begrenzt ist.

Aus einer Notwehrmaßnahme im Sinne des § 32 StGB kann eine Freiheitsberaubung durch Unterlassen[423] werden, soweit eine Garantenstellung besteht. Ein äußerst aggressiver Bewohner einer psychiatrischen Einrichtung wurde zur Abwehr von Angriffen in ein Zimmer eingesperrt. In diesem zugesperrten Zimmer wurde der Bewohner nicht beobachtet, weshalb er dort länger als 3 Stunden verbrachte, obwohl er sich bereits nach 20 Minuten beruhigt hatte. Im letzteren Fall lag eine Freiheitsberaubung vor, da ab einer Zeit von 20 – 30 Minuten eine Notwehrsituation nicht mehr vorlag und die Pflegekraft sich nicht

421 Eisele in Schönke/Schröder, StGB, § 239 Rdnr. 9 zum subjektiven Tatbestand.
422 BGH 4 StR 235/17 vom 27.9.2017 in StV 2019, 97-Leitsatz.
423 BGH 1 StR 107/09 vom 18.8.2009 in NStZ- RR 2009, 366 (366c).

mehr auf Nothilfe berufen konnte; sie wäre gehalten gewesen, den nunmehr ruhigen Bewohner freizulassen, was die Pflegekraft unterließ. Die Garantenstellung innerhalb der Pflege ist unstreitig während den Dienstzeiten, die sich auch für den zunächst aggressiven Bewohner während der Beruhigungsphase als Beschützergarant[424] in Form einer Überwachungspflicht ergab.

Keine Freiheitsberaubung liegt vor, wenn der Eingesperrte eine hinzunehmende Möglichkeit hat, die zunächst bestehende beschränkte Fortbewegung auf anderem Wege aufzuheben.

Dies wird von der Rechtsprechung bejaht, soweit im Einzelfall aufgrund der persönlichen Fähigkeiten des Eingesperrten ein Sprung aus einem Fenster einer Erdgeschoss-Wohnung zumutbar ist. Dann liegt keine Freiheitsberaubung trotz Versperren der Wohnungstür[425] vor.

Auch § 239 StGB beinhaltet Qualifikationstatbestände. Strafschärfungen treffen den Täter, wenn er das Opfer länger als eine Woche der Freiheit beraubt oder das Opfer durch die Tat eine schwere Gesundheitsbeschädigung **im Sinne des Katalogs**[426] der schweren Folgen des § 226 StGB oder vergleichbar gravierend erleidet. Verursacht der Täter zumindest fahrlässig (§ 18 StGB) den Tod des Opfers, wird die Strafe ebenso erheblich verschärft.

Ein minder schwerer Fall ergibt sich für § 239 StGB nach den allgemeinen Regeln[427], nach denen vom Tatrichter ein erhebliches Abweichen in der Tathandlung zum Durchschnitt der bekannten Freiheitsberaubungshandlungen festzustellen ist.

2.3 Definitionen

Einsperren[428] bedeutet, das Opfer wird in einem umschlossenen Raum (bspw. Räume der Einrichtung), der durch äußere Vorrichtungen versperrt ist, festgehalten. Versperren kann durch Absperren des Raums mittels eines Schlüssels, Bewachung eines Raums durch Pflegepersonal oder sonstige zu überwindende Umstände erfolgen. Kennt

424 Eisele/Schönke/Schröder, StGB, § 239 Rdnr. 7.
425 BGH 3 StR 10/18 vom 20.3.2018 in StV 2019, 97- Leitsatz.
426 Eisele/Schönke/Schröder, StGB,§ 239 Rdnr. 12.
427 Fischer, StGB, § 46 Rdnr. 85-Minder schwere Fälle.
428 Fischer, StGB,§ 239 Rdnr. 7.

das Opfer einen unversperrten Ausgang nicht oder kann es diesen nach seinen Möglichkeiten nicht nutzen, so ist es eingesperrt.

Auf andere Weise[429] erfolgt eine Freiheitsberaubung durch jedes Mittel oder jede Handlung, die geeignet ist, dem Opfer die Fortbewegungsmöglichkeit zu nehmen.

Ein Sonderfall der Freiheitsberaubung innerhalb der Pflege ist die Fixierung.

2.4 Fixierung als Freiheitsberaubung FeM = freiheitsentziehende Maßnahmen

Eine besondere Variante der Freiheitsberaubung ist die Fixierung, die nach wie vor in der Pflege als Instrumentarium der Ruhigstellung der zu pflegenden Person eingesetzt wird.

Fixierungen stellen grundsätzlich Eingriffe in das Grundrecht auf Freiheit der zu pflegenden Person nach Art. 2 Abs. 2 S. 2 i. V. m. Art. 104 GG dar[430].

Zur Beurteilung der Frage, ob eine Fixierung in das Grundrecht auf Freiheit der betroffenen Person einwirkt, ist auf den natürlichen Willen der Person abzustellen. Dies bedeutet, der Grundrechtschutz aus Art. 2 Abs. 2 S. 2 i. V. m. Art. 104 GG ist auch Einsichtsunfähigen und psychisch Kranken zu gewähren[431].

Fixierungen reichen vom bereits beschriebenen Feststellen der Rollstuhlbremsen über Anbringen von Bett-Seitenteilen und Fixierungsgurten bis hin zur Sedierung als Fall einer medikamentösen Fixierung.

Es ist nicht zu bestreiten, dass es im pflegerischen Alltag durchaus in **einzelnen bestimmten Situationen** zu freiheitsentziehenden Maßnahmen kommen kann, so auch die Auffassung der vom BVerfG als Sachverständige angehörten Ärzte[432]. Jedoch sind für solche freiheitsentziehenden Maßnahmen Grundsätze erarbeitet worden und Geset-

429 Eisele/Schönke/Schröder, StGB, § 239 Rdnr. 6.

430 BVerfG 2 BvR 309/15 und 2 BvR 502/16 vom 24.7.2018 in NJW 2018, 2619 (2620 [64]).

431 BVerfG 2 BvR 309/15 und 2 BvR 502/16 vom 24.7.2018 in NJW 2018, 2619 (2620 [66]).

432 BVerfG 2 BvR 309/15 und 2 BvR 502/16 vom 24.7.2018 in NJW 2018, 2619 (2620 [92]).

zesvorgaben entstanden, die **notwendige freiheitsentziehende Maßnahmen** regeln.

Es kann in der täglichen Praxis notwendig sein, die Bettseitenteile aufzustellen, um ein Herausfallen der zu pflegenden Person aus ihrem Bett zu verhindern.

Das Aufstellen von Bettseitenteilen kann aber auch zu einer strafbaren FeM werden, was der nachfolgende Fall zeigt.

Auf einem Foto, das einer Betreuungsrichterin vorlag, war eine Bewohnerin angekleidet, im Bett liegend, zu sehen. Neben dieser Bewohnerin im Bett lag deren Urenkelkind, ein Säugling von wenigen Monaten an Alter. Die Enkelin der Bewohnerin, die Mutter des Säuglings, stand am Bettrand. Die Tochter der Bewohnerin fotografierte die Besucher und die Bettseitenteile, die hochgestellt waren. Es war Tag und es lag ein Beschluss der vorgenannten Betreuungsrichterin für die Bewohnerin vor, mit dem das Hochstellen der Bettseitenteile ausschließlich für die Nachtzeit angeordnet worden war.

Die Betreuungsrichterin sandte das Foto an die Staatsanwaltschaft, diese leitete gegen die Mitarbeiterinnen und Mitarbeiter der Einrichtung ein Ermittlungsverfahren ein.

Das Amtsgericht stellte das Verfahren gegen einen examinierten Pfleger wegen Freiheitsberaubung gem. § 239 StGB gegen Zahlung eines geringen Geldbetrages nach § 153a StPO ein.

Das Gericht bezog sich bei seiner Entscheidungsfindung ausschließlich auf das auf dem Foto abgebildete Geschehen und den richterlichen Beschluss. Eingestellt wurde das Verfahren, weil letztlich nicht abschließend geklärt werden konnte, ob die Bettseitenteile doch von den Besuchern der zu pflegenden Person hochgestellt wurden, was von diesen im Gerichtstermin bestritten wurde. Die Pflegekräfte hatten behauptet, die Bewohnerin sei am Morgen für den Tag im Badezimmer gewaschen und angezogen worden, somit aus dem Bett geholt worden, was mit aufgestellten Bettseitenteilen schwer möglich sei. Dieser Einlassung vermochte das Gericht nicht ohne weiteres den entsprechenden notwendigen Wahrheitsgehalt unterstellen, da bekannt war, dass die Bettseitenteile auch schon einige Male während der Mittagszeit hochgestellt waren, was jedoch nicht Gegenstand dieses Strafverfahrens war.

Freiheitsentziehende Maßnahmen, die mit **wirksamer Einwilligung** der betroffenen Person erfolgen, stellen grundsätzlich keine Freiheitsberaubungen dar. Voraussetzung hierzu ist, dass die betroffene Person in die FeM tatsächlich noch einwilligen kann. Dies sind Fälle, in denen die zu pflegende Person Angst hat, aus dem Rollstuhl zu rutschen oder der Rollstuhl wegrollt und daher darum bittet, festgeschnallt zu werden bzw. die Bremsen des Rollstuhls festgestellt werden.

Lediglich dann, wenn eine Person sich aus eigenem Willen heraus nicht mehr selbstbestimmt (fort-) bewegen kann, d. h. diese Person einen Willen zur Fortbewegung tatsächlich nicht mehr bilden und umsetzen kann, auch nicht mit Hilfe Dritter (Pflegepersonal) und somit auch die potenzielle Bewegungsfreiheit nicht mehr vorhanden ist, liegt keine Freiheitsberaubung vor, so dass es keines gerichtlichen Beschlusses hinsichtlich **notwendiger FeM** bedarf.

2.4.1 Voraussetzungen einer rechtmäßigen FeM[433]

Eine FeM einer zu pflegenden Person setzt voraus, dass die FeM zum Schutz dieser Person selbst oder für andere Personen aus dem näheren Umfeld der betroffenen Person, die vor dieser Person zu schützen sind, erfolgt.

Für die von der FeM betroffene Person muss **eine konkrete Gefahr bestehen**, sich selbst zu töten oder erheblich zu verletzen oder das Verhalten der betroffenen Person muss eine konkrete Gefahr für andere Menschen darstellen. Dies muss für jeden konkreten Anlass einer FeM geprüft werden[434]. Der richterliche Beschluss lässt den **Tatbestand** der Freiheitsberaubung, § 239 StGB, in Form der FeM entfallen, wenn dieser Beschluss **vor** einer FeM gefasst wurde. Durch den Beschluss entfällt hingegen die **Rechtswidrigkeit** der FeM, wenn der Beschluss erst **nach** einer notwendigen FeM gefasst wird.

---

433 Zum Ganzen sehr anschaulich: „Mehr Freiheit in der Pflege wagen-Alternativen zu Freiheitsentziehenden Maßnahmen"-Saarländisches Ministerium für Soziales, Gesundheit, Frauen und Familie. https://www.saarland.de/64109.htm In dieser Broschüre werden die rechtlichen Voraussetzungen für freiheitsentziehende Maßnahmen, aber auch Gründe gegen solche Maßnahmen und Vermeidungsmöglichkeiten sowie Alternativen zu FeM dargestellt.

434 BVerfG 2 BvR 309/15 und 2 BvR 502/16 vom 24.7.2018 in NJW 2018, 2619 (2621 [73]).

2.4.2 Gerichtlicher Beschluss gem. § 1906 BGB

Der gerichtliche Beschluss gem. § 1906 BGB ist unabdingbare Voraussetzung[435] für eine FeM. In **Abs. 4** des § 1906 BGB findet sich die Grundlage für den Vorbehalt eines richterlichen Beschlusses auch für FeM durch mechanische Vorrichtungen wie Bettseitenteile oder Gurte und durch Medikamente in Pflegeeinrichtungen. **Berechtigt** einen Antrag nach § 1906 BGB zu stellen, sind Betreuer und Personen mit Pflegevollmachten. Dies bedeutet, die Pflegeeinrichtung ist nicht berechtigt, Beschlüsse gem. § 1906 BGB zu beantragen.

2.4.3 Ausnahmen von der Bedingung eines gerichtlichen Beschlusses – Eilfälle § 1906 Abs. 2 BGB

In einer konkreten Gefahr für die zu pflegende Person ermöglicht § 1906 Abs. 2 BGB die Ausführung einer FeM zunächst **ohne** richterlichen Beschluss, obwohl ein Betreuer bestellt ist. Dies sind die Situationen, in denen der Betreuer nicht erreichbar ist, um eine entsprechende Einwilligung in die sofortige Maßnahme zu erteilen, die im Nachhinein durch das Betreuungsgericht zu genehmigen ist, § 1906 Abs. 2 BGB.

Voraussetzung ist eine konkrete Gefahr für Leib und Leben der zu pflegenden Person oder Dritter. Diese Gefahr ist nicht anders abwendbar als durch eine FeM[436].

Dann darf eine FeM ausgeführt werden. Dies geschieht unter den Voraussetzungen des § 34 StGB in Form des rechtfertigenden Notstands. Die Rechtswidrigkeit der FeM als Freiheitsberaubung entfällt. Ist für die zu pflegende Person noch kein Betreuer bestellt und liegt keine Vorsorgevollmacht vor, so kann **in Notfällen auch die Einrichtung** beim **Betreuungsgericht** einen Beschluss **anregen**. Nach § 1846 BGB hat das **(Familien)-Gericht** die im Interesse des Betroffenen erforderlichen Maßregeln zu treffen. Für Maßnahmen einer FeM im Bereich der Pflege ist das **Betreuungsgericht** gem. § 312 FamFG zustän-

---

435 BVerfG 2 BvR 309/15 und 2 BvR 502/16 vom 24.7.2018 in NJW 2018, 2619 (2625 [98]).

436 BVerfG 2 BvR 309/15 und 2 BvR 502/16 vom 24.7.2018 in NJW 2018, 2619 (2621 [74]).

dig, da zu den Unterbringungssachen im Sinne des § 312 FamFG die FeM-Verfahren gem. § 1906 BGB gehören[437].

Mit Erlass des richterlichen Beschlusses entfällt die Rechtswidrigkeit[438] der bereits getroffenen FeM.

2.5 FeM ohne Beschluss bis 24 Stunden und präventives Fixieren

In der Pflege ist nach wie vor die Aussage[439] zu hören, „ohne richterlichen Beschluss darf auch 24 Stunden fixiert werden". Diese Meinung hat nichts mit der Rechtswirklichkeit zu tun und stellt in ihrer konkreten Darstellung eine Freiheitsberaubung im Sinne des § 239 StGB dar.

In der Pflegepraxis sind Konstellationen vorstellbar, in denen auch ohne richterlichen Beschluss über einen **Gesamtzeitraum** bis zu 24 Stunden oder im Einzelfall auch darüber hinaus FeM notwendig sind. Eine solche Situation ist denkbar, wenn eine zu pflegende Person in eine Einrichtung gebracht wird und für diese Person weder ein Betreuer bestellt ist, noch sonstige Vollmachten, insbesondere Vorsorgevollmachten, bestehen.

Sollte eine solche Person zu ihrem eigenen Schutz fixiert werden müssen und diese an einem Tag in die Einrichtung gebracht wird, an dem das Betreuungsgericht nicht arbeitet und auch in den nachfolgenden Tagen ein Gericht nicht zur Verfügung stehen würde, das einen entsprechenden Beschluss über freiheitsentziehende Maßnahmen fassen könnte, kann eine Notwendigkeit bestehen, auch über einen Zeitraum länger als 24 Stunden zu FeM greifen zu müssen. Jedoch kann diese Entscheidung nicht am Einlieferungstag gefällt werden und erst dann beendet werden, wenn das zuständige Amtsgericht als Betreuungsgericht wieder erreichbar wäre. Während dieses Aufenthaltes in der Einrichtung ist in regelmäßigen Abständen zu prüfen, ob FeM noch notwendig sind, damit eine Rechtfertigungssituation zu der Maßnahme (fort-) besteht, da FeM als letztes Mittel einzusetzen sind,

437 Zu den Gesetzestexten: https://www.gesetze-im-internet.de.

438 Fischer, StGB, § 239 Rdnr. 8a.

439 Antwort einer Auszubildenden in der mündlichen Prüfung.

wenn mildere Mittel, die denselben Erfolg bringen, nicht einsetzbar oder nicht vorhanden sind[440].

Gerade zu dieser Frage der Nichterreichbarkeit von zuständigen Betreuungsgerichten hat sich das **BVerfG** in seinem von der Pflege sehr beachteten Urteil geäußert.

In seinem Urteil stellte das BVerfG die Notwendigkeit von richterlichen Bereitschaftsdiensten heraus und urteilte dahingehend, dass solche Bereitschaftsdienste täglich in der Zeit von 06:00 Uhr bis 21:00 Uhr einzurichten sind[441].

Diese Bereitschaftsdienste haben dann aber nicht nur Fragen zu Fixierungen in der Psychiatrie bzw. innerhalb der Vollstreckung der Sicherungsverwahrung in psychiatrischen Krankenhäusern zu entscheiden, sondern auch die Eilfragen zu Fixierungen in der Pflege in stationären Einrichtungen allgemein, da es keine Sondergerichte für die Anordnung von FeM zu Fragen der Psychiatrie bzw. der Vollstreckung der Sicherungsverwahrung in psychiatrischen Krankenhäusern gibt. Mit vorgenanntem Urteil regelte das BVerfG die Frage nach der Verfassungsmäßigkeit von FeM. Zwar steht das Gericht auf dem Standpunkt, es habe nur den der Verfassungsbeschwerde zugrundeliegenden speziellen Sachverhalt entschieden, was insoweit zutreffend ist, als Gerichte immer nur den jeweiligen Streit der Klage zu entscheiden haben. Zu bedenken ist hierbei aber, dass sich das BVerfG zur Rechtmäßigkeit von Eingriffen in Art. 2 Abs. 2 S. 2 GG durch Fixierungen äußerte.

Die Rechtspraxis in der Pflege wird nicht umhinkommen, die Aussagen des Urteils auch außerhalb psychiatrischer Einrichtungen anzuwenden, wenn ein Leitsatz des Urteils lautet: „Die Fixierung eines Patienten stellt einen Eingriff in dessen Grundrecht auf Freiheit der Person, Art. 2 Abs. 2 S. 2 i. V. m. Art. 104 GG dar“[442]. Dies gilt grundsätzlich für jede Person, die von einer FeM betroffen ist, auch dann, wenn es sich nicht um einen staatlichen Eingriff handelt, sondern um die Frage der Rechtmäßigkeit einer Freiheitsentziehung nach § 239 StGB

440 BVerfG 2 BvR 309/15 und 2 BvR 502/16 vom 24.7.2018 in NJW 2018, 2619 (2623[80]).

441 BVerfG 2 BvR 309/15 und 2 BvR 502/16 vom 24.7.2018 in NJW 2018, 2619 (2625 [100]).

442 BVerfG 2 BvR 309/15 und 2 BvR 502/16 vom 24.7.2018 in NJW 2018, 2619 (2620 [64]).

im Rahmen einer stationären Unterbringung aufgrund eines Wohn- und Betreuungsvertrags mit einer Pflegeeinrichtung[443].

Auch äußerte sich das BVerfG zur Frage, welchen Zeitraum eine **kurzfristige FeM**[444] ausmache, für die **es keines richterlichen Beschlusses bedarf, wenn zu Beginn der Maßnahme bereits feststeht, dass diese beendet sein wird, bevor ein richterlicher Beschluss erwirkt sein kann,** und erklärte, kurzfristig bedeute maximal 30 Minuten[445]. Auch diese Aussage gilt in der Pflege und nicht nur in Einrichtungen der Psychiatrie bzw. der Vollstreckung der Sicherungsverwahrung in psychiatrischen Krankenhäusern. Wenn kurzfristige FeM nicht länger als 30 Minuten andauern sollen, wie soll hieran anknüpfend eine FeM von vornherein 24 Stunden zu rechtfertigen sein, wenn keine besonderen Gründe hierfür vorliegen? Zumal das BVerfG auch die Einführung von richterlichen Bereitschaftsdiensten in seinem Beschluss festschrieb.

Das BVerfG stellte weiterhin fest, dass bei ausgeführten FeM die betroffene Person auf die Möglichkeit der nachträglichen gerichtlichen Überprüfbarkeit der Maßnahme hinzuweisen ist, auch wenn die FeM beendet ist[446].

Das BVerfG stellte die Prozessbeteiligung des Verfahrenspflegers, § 276 FamFG, sehr deutlich heraus, um die Rechte der von diesem zu betreuenden Personen zu wahren, soweit kein Rechtsanwalt bestellt ist und die betroffene Person hierzu nicht selbst in der Lage ist. In den zur Entscheidung vorliegenden Verfahren bestätigte das BVerfG in speziellen Fällen ein eigenes Antragsrecht zu einer Verfassungsbeschwerde[447] des Verfahrenspflegers, wenn kein Betreuer bestellt ist.

Präventives Fixieren gibt es nicht. Ist eine FeM notwendig, dann sind die rechtlichen Bedingungen zu schaffen oder § 34 StGB bildet

443 Dodegge, Die Entwicklung des Betreuungsrechts bis Juli 2018, NJW 2018, 2678 (2683 „sinngemäße Anwendung auf das Betreuungsrecht").

444 BVerfG 2 BvR 309/15 und 2 BvR 502/16 vom 24.7.2018 in NJW 2018, 2619 (2626 [102]).

445 BVerfG 2 BvR 309/15 und 2 BvR 502/16 vom 24.7.2018 in NJW 2018, 2619 (2621 [68]).

446 BVerfG 2 BvR 309/15 und 2 BvR 502/16 vom 24.7.2018 in NJW 2018, 2619 (2623 [84]).

447 BVerfG 2 BvR 309/15 und 2 BvR 502/16 vom 24.7.2018 in NJW 2018, 2619 (2620 55-57]).

eine Grundlage zur Rechtfertigung einer FeM. Präventives Fixieren kann nur unter diesen Bedingungen als eine gebotene Handlung aus der Garantenstellung heraus im Sinne des § 13 StGB verstanden werden.

3. Hausfriedensbruch, § 123 StGB

Hausfriedensbruch als Tatbestand des Pflegestrafrechts zu sehen mag verwundern.

Geschützt wird durch diese Vorschrift das „Haus“ der zu pflegenden Person. Zumindest in stationären Einrichtungen oder in Einrichtungen des „betreuten Wohnens“ bilden die Wohnungen oder Bewohnerzimmer die Häuser der zu pflegenden Menschen. Auch Patientenzimmer in Krankenhäusern können Häuser im Sinne der Vorschrift sein.

Das Strafmaß beträgt Geld- oder Freiheitsstrafe bis 1 Jahr. Die Tat wird nach Abs. 2 der Vorschrift nur auf Strafantrag hin verfolgt. Die Relevanz für die Pflege ist daher eher gering.

Allerdings geben Tathandlungen des § 123 StGB durchaus das Verständnis der Pflegekraft hinsichtlich des Umgangs mit zu pflegenden Menschen wider. Die Missachtung des Grundsatzes des respektvollen Umgangs mit zu pflegenden Personen erfüllt den Tatbestand eines Strafgesetzes.

In der Handlungsalternative des sich nicht Entfernens, somit des Nichtverlassens des Bewohner- oder Patientenzimmers stellt § 123 StGB ein echtes Unterlassungsdelikt[448] dar.

3.1 Hausrecht

Hausfriedensbruch ist ein Straftatbestand, der das Hausrecht als ein besonderes Freiheitsrecht[449] der zu pflegenden Person schützt.

---

448 Sternberg-Lieben/Schittenhelm/Schönke/Schröder, StGB, § 123 Rdnr. 27.
449 Sternberg-Lieben/Schittenhelm/Schönke/Schröder, StGB, § 123 Rdnr. 1.

3.2 Unbefugter Aufenthalt

In seiner einfachsten Form kommt der Hausfriedensbruch bereits dann vor, wenn Pflegepersonal ohne an der Bewohner-Zimmertür anzuklopfen, in dieses Zimmer eintritt.

Ein Hausfriedensbruch liegt insbesondere auch dann vor, wenn sich Pflegepersonal gegen den Willen des Bewohners in dessen Zimmer aufhält bzw. nach Aufforderung durch den Bewohner das Zimmer nicht verlässt. Mag das Anklopfen an der Zimmertür und das Aufhalten im Bewohnerzimmer nur mit dem Willen des Bewohners, außer in Fällen eines Notfalles, auch nur selten Gegenstand eines Strafverfahrens sein, so gehört dies jedoch zum respektvollen Umgang mit der Privatsphäre der zu pflegenden Person, die letztlich auch durch Art. 2 Abs. 1 i. V. m. Art. 1 Abs. 1 GG geschützt wird. Liegt eine Einwilligung oder ein Einverständnis zum Betreten bzw. Aufenthalt vor, so ist der Tatbestand ausgeschlossen. Die Einwilligung schließt bei befugtem Betreten und Aufenthalt nicht die Rechtswidrigkeit, sondern bereits den objektiven Tatbestand aus[450], da das Gesetz von „unbefugtem Aufenthalt“ spricht. Gleiches gilt für befugtes Eindringen als erlaubtes Betreten[451].

Durch die allgemeinen Rechtfertigungsgründe kann der widerrechtliche Aufenthalt, aber auch ein unbefugtes Verweilen gerechtfertigt werden[452].

Damit es zu einer Strafbarkeit wegen eines Verstoßes gegen § 123 StGB kommen kann, bedarf es eines Strafantrages durch den Bewohner bzw. dessen Betreuer. Wohl gerade diese formale Voraussetzung eines Strafantrages bedingt, dass es recht wenige Strafverfahren gegen Pflegepersonal wegen Hausfriedensbruch gibt.

450 Sternberg-Lieben/Schittenhelm/Schönke/Schröder, StGB, § 123 Rdnr. 22.
451 Wessels/Hettinger/Engländer, Strafrecht BT Teil 1, S. 203 Rdnr. 659.
452 Wessels/Hettinger/Engländer, Strafrecht BT Teil 1, S. 205 Rdnr. 670.

3.3 Definitionen

Bei **Bewohnerzimmern**[453] handelt es sich nicht um öffentlich zugängliche Räume, sondern vielmehr um die Wohnungen der zu pflegenden Personen. **Wohnung**[454] sind Räumlichkeiten, die den Zweck erfüllen, Menschen zur ständigen Benutzung zu dienen, ohne Arbeitsräume zu sein, wobei ein Arbeitszimmer innerhalb einer privaten Wohnung ist, soweit dieser Raum nicht der dauernden gewerblichen Tätigkeit dient. Da der Aufenthalt in dem Zimmer nicht von längerer Dauer zu sein braucht (Zimmer in Obdachloseneinrichtung)[455], wird auch das Patientenzimmer im Krankenhaus zur Wohnung. **Befriedetes Besitztum**[456] ist ein abgegrenzter, einer berechtigten Person zugeordneter räumlicher Bereich, der in äußerlich erkennbarer Weise mittels zusammenhängender Schutzwehren (Türen, Zäune, Schranken) gegen das beliebige Betreten durch andere gesichert ist, wozu auch die eigentliche Einrichtung gehört.

Unter **Eindringen**[457] in eine Wohnung wird das Betreten des Raums gegen den Willen des Berechtigten (Bewohner/Patient) verstanden. **Unbefugt**[458] ist der Aufenthalt ebenso wie das Nichtverlassen des Zimmers nach Aufforderung, wenn der Aufenthalt nicht dem Willen des Bewohners entspricht bzw. der Aufenthalt gegen den Willen des Bewohners fortgesetzt wird.

453 KG Berlin (4) 121 Ss 126/15 (144/15) vom 20.8.2015 in StraFo 2016, 39 (40) zu Hotelzimmer.
454 Fischer, StGB, § 123 Rdnr. 6.
455 OLG Köln Ss 330/65 vom 9.11.1965 in NJW 1966, 265 (265).
456 OLG Hamm 1 Ss 209/82 vom 7.5.1982 in NJW 1982, 1824 (1824).
457 Sternberg-Lieben/Schittenhelm/Schönke/Schröder, StGB, § 123 Rdnr. 12.
458 Sternberg-Lieben/Schittenhelm/Schönke/Schröder, StGB, § 123 Rdnr. 14/15.

E. Ehrverletzende Delikte

1. Beleidigung, üble Nachrede, Verleumdung, Verunglimpfung des Andenkens Verstorbener, wechselseitig begangene Beleidigungen, §§ 185, 186, 187, 189,192, 193, 194, 199 StGB

Diese Vorschriften schützen das äußerst individuelle Rechtsgut der Ehre.

Keine dieser Vorschriften definiert, was unter Ehre zu verstehen ist. Einen einheitlichen Begriff der Ehre in Form einer einzigen feststehenden Definition des Begriffs gibt es nicht[459].

Auch Institutionen können beleidigungsfähige Rechtsgutträger sein[460]. Hierzu zählen u. a. kommunale Krankenhäuser, das Rote Kreuz, Sozialverbände[461].

Wenn sich die Frage nach einer Straftat der Beleidigung stellt, geht damit sehr oft die Frage nach der durch Art. 5 GG geschützten Meinungsfreiheit einher.

Sind Aussagen über oder zu einer beleidigungsfähigen Person oder Institution von der Meinungsfreiheit gedeckt[462], so liegt keine Beleidigung vor.

Eine Beleidigung könnte auch durch § 193 StGB gerechtfertigt sein, wenn die beleidigende Äußerung der Wahrnehmung berechtigter Interessen dient als Ausfluss des Grundrechts der Meinungsfreiheit, nach Art. 5 GG. Eine Grenze der gerechtfertigten Meinungsäußerung, insbesondere in Form einer scharfen Schmähkritik, wird dort überschritten, wo nicht mehr die Auseinandersetzung in der Sache, sondern die Diffamierung der Person im Vordergrund steht[463].

Die einzelnen Vorschriften enthalten unterschiedliche Strafandrohungen.

---

459 Vgl. zum Diskussions- und Definitionsüberblick: Fischer, StGB, vor §§ 185-200 Rdnr. 3 ff., Eisele/Schittenhelm/Schönke/Schröder, StGB, vor §§ 185 ff. Rdnr. 1.

460 BVerfG 1 BvR 49/00 und 1 BvR 55/00 in NJW 2006, 3769 (3771).

461 Zum Überblick: Eisele/Schittenhelm/Schönke/Schröder, StGB, vor §§ 185 ff. Rdnr. 3a.

462 BVerfG 1 BvR 2345/15 vom 29.6.2016 in StV 178 (179 [10 m. w. N.]).

463 OLG München 5 OLG 13 Ss 244/16 vom 11.7.2016 in StV 2017, 183 (184 [9]).

Im Grundtatbestand des **§ 185 StGB** beträgt die Strafe Geld- oder Freiheitsstrafe bis 1 Jahr.

Erfolgt die Beleidigung durch eine Tätlichkeit gem. Abs. 1 2. Hs der Vorschrift, so liegt hierin eine Qualifikation des Grunddelikts, die mit Freiheitsstrafe bis zu 2 Jahren oder mit Geldstrafe sanktioniert wird.

Mit Geldstrafe oder Freiheitsstrafe bis 1 Jahr wird auch die üble Nachrede, **§ 186 StGB**, bestraft. Eine Qualifikation mit einem Strafmaß bis zu 2 Jahren Freiheitsstrafe oder Geldstrafe sieht das Gesetz vor, wenn die üble Nachrede in der Öffentlichkeit oder durch Verwendung von Schriften erfolgt.

Das Strafmaß der Verleumdung einer Person, **§ 187 StGB**, ist bereits im Grundtatbestand erhöht. Dieses beinhaltet Geld- oder Freiheitsstrafe bis 2 Jahre; wird die Verleumdung öffentlich, in einer Versammlung oder durch Verbreitung von Schriften im Sinne des § 11 Abs. 3 StGB begangen, so ist die Sanktion Geld- oder Freiheitsstrafe bis 5 Jahre.

Wird das Ansehen eines Verstorbenen verunglimpft, so ist die Strafe Geld- oder Freiheitsstrafe bis 2 Jahre gem. § 189 StGB.

Eine Strafbarkeit nach §§ 186, 187 und, soweit die ehrenrührige Tatsache direkt gegenüber dem Beleidigten erfolgt, § 185 StGB, ist ausgeschlossen, wenn sich die Behauptung oder Verbreitung der Tatsache auf eine Straftat bezieht, wegen der der Beleidigte rechtkräftig verurteilt wurde, **§ 190 StGB**. Durch das Strafurteil erfolgt der **Wahrheitsbeweis**. Dieser ist nach § 190 S. 2 StGB ausgeschlossen, wenn der Beleidigte **vor** der Behauptung oder Verbreitung der Straftat rechtskräftig freigesprochen wurde.

Je nach Form und Verbreitung der behaupteten Tatsache oder der Art und Weise, wie die Behauptung erfolgte, kann sich hieraus trotz Wahrheitsbeweises eine Beleidigung ergeben, § 192 StGB.

Erfolgen die Beleidigungen wechselseitig und unmittelbar, so kann der Richter beide Personen oder nur eine der beiden für straffrei erklären nach § 199 StGB. Diese Strafregelungsvorschrift[464] gilt für sämtliche Vergehen gegen die Ehre.

464 Eisele/Schittenhelm/Schönke/Schröder, StGB, § 199 Rdnr. 2.

Allen Straftatbeständen gemeinsam ist, dass diese nur auf Antrag hin verfolgt werden, § 194 StGB. Es sei denn, die Taten erfolgten durch Zugänglichmachen oder Verbreiten einer Schrift im Sinne des § 11 Abs. 3 StGB, über öffentliche oder soziale Medien oder gegenüber bestimmten Angehörigen der Gruppen von Verfolgten des NS-Regimes oder sonstigen Gewalt- und Willkürherrschaften, so bedarf es keines Strafantrages zur Verfolgung der Tat. Sie kann nicht verfolgt werden, wenn der Verletzte der Verfolgung der Tat widerspricht.

Soweit es um eine Straftat nach § 189 StGB geht, steht das Antragsrecht den Angehörigen des Verstorbenen zu, § 194 Abs. 2 StGB. Eines Antrages bedarf es hier wiederum nicht unter den besonderen Umständen, die bereits Abs. 1 der Vorschrift aufführt.

1.1 Beleidigung, § 185 StGB

1.1.1 Anwendungsbereich

Diese Vorschriften[465] schützen die Ehre von Menschen, also auch die Ehre der zu pflegenden Personen, aber auch von Kollegen und Ärzten. Sie regeln den Umgang der Pflegekräfte untereinander und mit den zu pflegenden Personen. Sie dienen dazu, allgemeine Unhöflichkeiten, Distanzlosigkeit oder Persönlichkeitsverletzungen ohne herabwertenden Charakter der Aussage von Beleidigungsdelikten abzugrenzen[466].

1.1.2 Tathandlung

Nur dann, wenn die Aussage gegenüber oder über die zu pflegende Person, aber auch Kollegen, Ärzten, Besuchern oder Betreuern geeignet ist, die betroffene Person in ihrer Ehre herabzuwürdigen, ist der Tatbestand der Beleidigung erfüllt[467]. Die Äußerung der Missachtung hinsichtlich der Ehre eines Menschen kann in Wort, Schrift und Bild, aber auch durch schlüssige Handlungen geschehen und muss in ihrem beleidigenden Erklärungsinhalt für den Adressaten verständlich

465 Fischer, StGB, vor §§ 185-200 Rdnr. 1.
466 Fischer, StGB, § 185 Rdnr. 10/10a m. w. N..
467 Eisele/Schönke/Schröder, StGB, § 185 Rdnr. 2.

sein[468]. Der Täter äußert sich direkt gegenüber dem Opfer oder über das Opfer gegenüber Dritten[469].

Die Vorschrift enthält einen Qualifikationstatbestand bereit für Beleidigungen, die mittels einer Tätlichkeit begangen werden.

1.1.3 Definitionen

Was eine Beleidung ist, definiert das Gesetz nicht selbst, sondern stellt lediglich fest, dass und wie die Beleidigung zu bestrafen ist.

Definiert wird die **Beleidigung**[470] als ein rechtswidriger Angriff in Form einer Äußerung auf die Ehre eines Menschen durch vorsätzliche Kundgabe der Missachtung. Unter **Ehre**[471] wird der aus einem sozialen Zuschreibungs- und Anerkennungsverhältnis entspringende Anspruch des Einzelnen auf Achtung des Werts seiner Person verstanden. Tatsachenbehauptungen[472] sind Erklärungen, die auf ihren Wahrheitsgehalt hin überprüfbar sind. Im Gegensatz zu Meinungsäußerungen, die nicht den Tatbestand des § 185 StGB erfüllen. Die Abgrenzung zwischen Meinungsäußerung und Tatsachenbehauptung fällt insbesondere dann schwer, wenn der Aussageinhalt einen wertenden und einen behauptenden Teil beinhaltet. Eine solche Aussage muss insgesamt danach bewertet werden, ob ihr Schwerpunkt in der Meinungsäußerung oder Tatsachenbehauptung liegt. Ist dies nicht zweifelsfrei feststellbar, so ist die Aussage als Meinungsäußerung zu werten[473].

1.2 Üble Nachrede, § 186 StGB

1.2.1 Anwendungsbereich

Auch diese Vorschrift dient dem Schutz der Ehre einer Person. Unter Strafe wird das Behaupten und Verbreiten einer unwahren Tatsache über eine Person gestellt, wenn diese Tatsache geeignet ist, die Person,

468 BVerfG 1BvR 2832/15 in StV 2018, 405 (405 [4]).
469 Eisele/Schönke/Schröder, StGB, § 185 Rdnr. 11.
470 OLG Celle,31Ss9/15 in StV 2015, 566 (567 1.)
471 Fischer, StGB, vor §§ 185-200 Rdnr. 3.
472 Fischer, StGB, § 186 Rdnr. 2.
473 BVerfG 1 BvR 2732/15 vom 29.6.2016 in StV 2017, 182 (182 [12]).

über die die Tatsache behauptet wird, verächtlich zu machen oder in der öffentlichen Meinung herabzuwürdigen.

1.2.2 Wahrheitsbeweis

Der Täter sucht nicht die direkte verbale Auseinandersetzung mit dem Tatopfer wie bei § 185 StGB, sondern teilt dritten Personen unwahre Tatsachen über das Opfer mit. Ist die behauptete Tatsache **wahr,** entfällt die Strafbarkeit[474]. Daher ist es die Aufgabe der Ermittlungsbehörden bzw. des Gerichtes zu erforschen, ob die behauptete oder verbreitete Tatsache erweislich wahr ist, §§ 160, 240 StPO. Problematisch ist in diesen Fällen die Abgrenzung zwischen berechtigter Kritik und sog. Schmähkritik. Nur dann, wenn die überzogene und möglicherweise auch ausfällige Kritik nicht mehr der Diskussion in der Sache dient, sondern mit der Aussage nur noch die Diffamierung der Person verfolgt wird, ist der Tatbestand des § 186 StGB erfüllt[475].

1.2.3 Definitionen

Tatsachen[476] sind beweisbare und wahrgenommene konkrete Zustände oder Vorgänge. Eine Tatsache ist **wahr**[477], wenn zumindest der Tatsachenkern als richtig festgestellt ist.

Eine Person **behauptet**[478] etwas, wenn diese einen Sachverhalt nach eigener Überzeugung als richtig hinstellt. Der Täter **verbreitet**[479] eine Tatsache, wenn er diese ohne eigene Erkenntnis oder Überzeugung von deren Inhalt und Wahrheit mitteilt, wobei bereits die Mitteilung an eine einzige Person als Verbreiten angesehen wird.

Das über das Opfer Behauptete bzw. Verbreitete muss geeignet sein, das Opfer verächtlich zu machen oder in der öffentlichen Meinung herabzuwürdigen.

---

474 Fischer, StGB, § 186 Rdnr. 11.
475 BVerfG 1 BvR 144/13 vom 24.7.2013 in StV 2014, 540 (541 Leitsatz 2).
476 Eisele/Schittenhelm/Schönke/Schröder, StGB, § 186 Rdnr. 3.
477 Eisele/Schittenhelm/Schönke/Schröder, StGB, § 186 Rdnr. 15.
478 Fischer, StGB, § 186 Rdnr. 8.
479 Eisele/Schittenhelm/Schönke/Schröder, StGB, § 186 Rdnr. 8.

Die **öffentliche Meinung**[480] kann der Kollegenkreis, aber auch die Einrichtung oder die Gesamtheit des Einrichtungsträgers sein, zumindest ein größerer Teil einer nicht geschlossenen Gruppe.

Verächtlichmachen[481] bedeutet, die Person des Opfers aufgrund der unwahren Tatsache in der Meinung anderer als verachtenswert erscheinen zu lassen, wobei es zur Tatbestandsverwirklichung bereits ausreichend ist, wenn der verbreitete oder behauptete Inhalt **geeignet**[482] ist, das Opfer als verachtenswert erscheinen zu lassen.

Die Verachtung muss also nicht tatsächlich eintreten, es reicht aus, dass die Verachtung des Opfers möglich ist.

1.3 Verleumdung, § 187 StGB

1.3.1 Anwendungsbereich

Auch bei dieser Vorschrift steht der Schutz der Ehre einer Person im Vordergrund.

1.3.2 Unterschied zwischen Verleumdung und Übler Nachrede

Diese Vorschrift gleicht sehr dem Tatbestand des § 186 StGB.

Auch bei diesem Tatbestand behauptet oder verbreitet der Täter über eine andere Person eine unwahre Behauptung. Diese Tatsache ist auch geeignet, das Opfer in der öffentlichen Meinung herabzuwürdigen oder verächtlich zu machen. Insoweit kann auf die vorstehenden Ausführungen zu § 186 StGB verwiesen werden.

Den Unterschied dieser beiden Tatbestände bildet das Wissen des Täters über den Wahrheitsgehalt der Tatsache. Der Täter des § 187 StGB behauptet oder verbreitet die unwahre Tatsache **wider besseres Wissen**. Besseres Wissen, eigentlich ein Teil der inneren Tatseite, wird bei diesem Tatbestand zu einem objektiven Merkmal der Tat[483].

Ein Fall einer Verleumdung, § 187 StGB, stellt auch das nachfolgende Geschehen in einer Senioreneinrichtung dar. Eine examinierte

480 Fischer, StGB, § 186 Rdnr. 4.
481 Eisele/Schittenhelm/Schönke/Schröder, StGB, § 186 Rdnr. 5.
482 Fischer, StGB, § 186 Rdnr. 5.
483 Eisele/Schittenhelm/Schönke/Schröder, StGB, § 187 Rdnr. 2.

Pflegekraft behauptete wider besseres Wissen über eine Kollegin, diese habe eine Bewohnerin umgebracht, indem diese der Bewohnerin Nahrung gab, die diese aufgrund ihres Gesundheitszustandes nicht mehr verdauen konnte. Die Bewohnerin sei an ihrem Erbrochen erstickt, was die Pflegekraft so wollte.

Diese Aussage war nachweislich falsch im Sinne der Vorschrift des § 187 StGB und war geeignet, das Ansehen der examinierten Pflegekraft einerseits im Kollegenkreis der Einrichtung, aber auch darüber hinaus verächtlich zu machen. Die Bewohnerin war zwar verstorben, allerdings in Folge eines multiplen Organversagens, dessen Ursache jedoch nicht die Aufnahme der tatsächlich nicht verabreichten Nahrung war.

Die examinierte Pflegekraft, über die die unwahre Tatsache verbreitet wurde, erlitt einen Herzanfall und stellte Strafantrag gegen ihre Kollegin.

Innerhalb des Personals der Senioreneinrichtung herrschte extreme Unruhe, so dass in einer Personalversammlung auf den strafwürdigen Charakter der Verbreitung und Behauptung einer unwahren Tatsache wider besseres Wissen, dann § 187 StGB, oder ohne dieses Wissen, dann § 186 StGB[484], und die straf- und arbeitsrechtlichen Konsequenzen eines solchen Verhaltens hingewiesen werden musste. Das Personal der Wohngruppe, innerhalb derer die unwahre Tatsache verbreitet wurde, musste auf andere Einrichtungen des Trägers verteilt werden.

Die Staatsanwaltschaft stellte Ermittlungen gegen die, die Tatsachen verbreitende, Pflegekraft an. Hierbei war die Staatsanwaltschaft gehalten zu erforschen, ob die behauptete Tatsache möglicherweise doch wahr war. Da die Bewohnerin verstorben war, stellten sich die Ermittlungen zum Wahrheitsgehalt als schwierig dar. Die Bewohnerin war bereits beigesetzt, und der Totenschein enthielt keine Aussagen zur Todesursache bis auf multiples Organversagen.

Es stellt sich heraus, dass der Totenschein, was üblich ist, sich nicht beim Einrichtungsträger befand, weshalb die Staatsanwaltschaft nicht nur beim Bestatter, sondern auch bei den Verwandten der verstorbenen Bewohnerin nach der Todesursache forschte.

484 Wessels/Hettinger/Engländer, Strafrecht BT Teil 1, S. 173 Rdnr. 554.

Insbesondere bei den Hinterbliebenen der verstorbenen Bewohnerin fanden die Ermittlungstätigkeiten keinerlei Verständnis, zumal zumindest kurzfristig über die Exhumierung der Bewohnerin nachgedacht wurde. Im Ergebnis der Ermittlungen blieb es beim multiplen Organversagen als Todesursache der Bewohnerin.

Gemäß § 194 StGB werden die Beleidigungsdelikte nur auf Strafantrag hin verfolgt.

Aus diesem Umstand heraus mag sich wiederum die geringe Anzahl von solchen Verfahren innerhalb der Pflege begründen.

1.3.3 Wider besseres Wissen

Wider besseres Wissen[485] bedeutet, die Unwahrheit der Behauptung steht fest und der Täter weiß dies. Strafbarkeit der, die unwahre Tatsache behauptenden, Pflegekraft gem. § 187 StGB, da die Täterin auch wusste, dass die von ihr verbreitete Tatsache unwahr ist.

1.4 Beleidigung trotz Wahrheitsbeweis, § 192 StGB

Diese Vorschrift sanktioniert die ehrverletzende Art und Weise der Äußerung einer wahren Tatsache und stellt nicht den Erklärungsinhalt, sondern seine Darstellung unter Strafe.

1.4.1 Anwendungsbereich § 192 StGB

Durch diese Vorschrift wird der Schutz der Ehre vollendet. Die grundsätzliche Aussage zu den Beleidigungsdelikten ist, ist die behauptete oder verbreitete Tatsache erweislich wahr, so entfällt die Strafbarkeit. Gegen diese grundsätzliche Aussage normiert § 192 StGB eine Strafbarkeit der §§ 185-187[486] StGB auch dann, wenn **der Beweis der Wahrheit der Tatsache erbracht ist**.

485 Eisele/Schittenhelm/Schönke/Schröder, § 187 Rdnr. 5.

486 § 192 gilt seinem Wortlaut nach nur für § 185 StGB. Tatsächlich gilt die Vorschrift für §§ 186, 187 StGB und für § 185 StGB, jedoch nur in Form der Tatsachenbehauptung, vgl. Fischer, StGB, § 192 Rdnr. 1.

1.4.2 Art und Weise der Behauptung

Unter Strafe gestellt wird die **Art und Weise**[487], wie die wahre Tatsache behauptet und verbreitet wird. Die Ehrverletzung ergibt sich aus der Form der Behauptung, somit, wie die wahre Tatsache behauptet oder verbreitet wird bzw. aufgrund der Umstände, unter welchen die Behauptung oder Verbreitung der Tatsache geschah.

1.5 Verunglimpfung des Ansehens Verstorbener, § 189 StGB

1.5.1 Schutz der Menschenwürde über den Tod hinaus

Schutzzweck[488] dieser Vorschrift ist die auch über den Tod hinauswirkende Menschenwürde der verstorbenen Person und der Achtungsanspruch, den sich die verstorbene Person durch ihre eigene Lebensleistung erworben hat.

1.5.2 Tathandlung

Der objektive Tatbestand ist verwirklicht, wenn eine Verleumdung[489] nach § 187 StGB, eine üble Nachrede nach § 186 StGB, aber nur dann, wenn die üble Nachrede erheblich in ihrer Aussagekraft ist, und die Beleidigung nach § 185 StGB, nur wenn die Art und Weise der Beleidigungshandlung selbst beleidigend ist, vorliegt. Die beleidigte Person muss tot oder für tot erklärt sein.

Hierzu gehören insbesondere Handlungen an dem Leichnam und mit dem Leichnam durch ehrverletzende Darstellungen des Leichnams[490], z. B. mittels Smartphones gefertigter Fotos der Leiche. Diese Ehrenkränkung muss nach außen hin von Dritten wahrgenommen werden. Nur die Aussage oder Handlung, die ehrverletzend[491] ist, erfüllt den Tatbestand.

---

487 Eisele/Schittenhelm/Schönke/Schröder, § 192 Rdnr. 1.
488 BVerfG 1 BvR 1533/07 vom 19.12.2007 in NJW 2008, 1657 (1657 Leitsatz 1.).
489 Fischer, StGB, § 189 Rdnr. 3.
490 Eisele/Schittenhelm/Schönke/Schröder, StGB, § 189 Rdnr. 2.
491 Eisele/Schittenhelm/Schönke/Schröder, StGB, § 189 Rdnr. 1.

1.5.3 Verunglimpfen des Andenkens

Die Tathandlung **Verunglimpfen**[492] bedeutet eine nach Form, Inhalt, den Begleitumständen oder dem Beweggrund erhebliche Ehrenkränkung. Der Begriff Andenken ist nicht gesetzlich definiert.

Andenken[493] ist die Erinnerung und die Gedanken an den Verstorbenen in seiner gesamten Persönlichkeit.

492 Fischer, StGB, § 90 Rdnr. 2.

493 Def. Andenken: https://www.duden.de/suchen/dudenonline/Andenken%20%5BErinnerung%20Gedenken%5D.

III. Wirtschaftsstrafrecht

Wie in allen Lebensbereichen, so gibt es auch in der Pflege strafbare Handlungen, die sich nicht gegen die körperliche Unversehrtheit der zu pflegenden Personen richten, sondern gegen deren Eigentum bzw. Vermögen oder dasjenige der Pflege- und Krankenkassen. Dies sind Fälle, die dem Wirtschaftsstrafrecht unterfallen.

Täter sind oftmals Einrichtungs- und Pflegedienstleitungen sowie Geschäftsführer privater Pflegedienste, ebenso wie Geschäftsführungen von Einrichtungsträgern, aber auch Ärzte.

1. Betrug, § 263 StGB

Der Tatbestand des Betrugs kommt in der Pflege hauptsächlich als Abrechnungsbetrug durch den Träger der Einrichtung, aber vor allem auch im ambulanten Pflegebereich[494] vor.

Dort einerseits durch die Pflegebetriebe bzw. deren Geschäftsführer oder auch durch die zu pflegenden Personen bzw. durch deren Betreuer oder Bevollmächtigte gemeinsam mit den Pflegebetrieben. Letztlich auch im Bereich der Selbstzahler, die behaupten, sie verfügten über entsprechende Geldmittel, um den Aufenthalt in der Einrichtung zu finanzieren.

Der Betrug wird mit Geldstrafe oder Freiheitsstrafe bis zu 5 Jahren bestraft.

Der Versuch ist nach Abs. 2 der Vorschrift ebenso strafbar.

Besonders schwere Fälle des Betrugs beschreibt Abs. 3 der Vorschrift, wohingegen Abs. 5 einen Qualifikationstatbestand beinhaltet, der ein Strafmaß von mindestens 1 Jahr bis 10 Jahre Freiheitsstrafe vorsieht; in minder schweren Fällen Freiheitsstrafe von 6 Monaten

494 BGH 4 StR 21/14 vom 16.6.2014 in NJW 2014, 3170 ff..

bis 5 Jahre. Die Regelbeispiele als besondere schwere Fälle werden mit Freiheitsstrafe von 6 Monaten bis 10 Jahre sanktioniert.

Ein Strafantragserfordernis besteht für Betrug gegenüber Angehörigen, auch im Falle eines schweren Betrugs,[495] Vormund, Betreuer und in Fällen des sog. Bagatellbetrugs[496] mit einem Schaden zwischen 25 bis 30 EUR.

1.1 Schutz des Vermögens

Diese Vorschrift schützt das Vermögen einer anderen natürlichen oder juristischen Person.

Der Vermögensbegriff im Sinne einer einheitlichen Definition ist umstritten[497]. Geschützt wird das individuelle Vermögen im Sinne aller wirtschaftlichen Güter, die rechtlich einer Person zugeordnet sind[498]. Der Schaden durch Betrugshandlungen innerhalb der Pflege entsteht vor allem im Vermögen der Kranken- und Pflegekassen, somit bei der Gemeinschaft aller Versicherten in den Kranken- und Pflegkassen.

1.2 Täuschungshandlungen

Tathandlung ist die Vorspiegelung falscher oder die Entstellung oder Unterdrückung wahrer Tatsachen gegenüber einer anderen Person. Zentraler Vorwurf ist also die Täuschung einer Person, damit diese Person aufgrund des bei ihr entstandenen Irrtums eine Vermögensverfügung trifft, auf die der Täter keinen Anspruch hat.

Die Irrtumserregung muss **nicht tatsächlich verbal** verursacht werden. Es reicht vielmehr aus, dass sich nach allgemeiner Verkehrsauffassung aus einem irreführenden Verhalten[499] für einen bestimmten Empfängerkreis eine Erklärung ergibt, aufgrund derer eine Vermögensverfügung erfolgt.

495 Perron/Schönke/Schröder, StGB, § 263 Rdnr. 191.
496 Zum Überblick: Fischer, StGB, § 248a Rdnr. 3a.
497 Vgl. zu den einzelnen Theorien des Vermögensbegriff: Perron/Schönke/Schröder, § 263 Rdnr. 78 ff..
498 Fischer, StGB, § 263 Rdnr. 3.
499 BGH 5 StR 46/17 vom 25.7.2017 in StraFo 2017, 430 (431 (1)).

In der Pflege begegnet der Betrug, wie vorstehend bereits aufgezeigt, als sog. Abrechnungsbetrug. Hierbei werden Leistungen von examinierten Pflegepersonen abgerechnet, obwohl die Pflegeleistung tatsächlich von Pflegehilfskräften oder gänzlich nicht erbracht wurde. Aber auch das Unterschreiten des allseits zu erwartenden Pflegeniveaus[500] wegen mangelnder fachlicher Qualifikation der eingesetzten Pflegekräfte erfüllt den Tatbestand des § 263 StGB.

Die PDL eines ambulanten Pflegedienstes rechnete über Jahre hinweg Leistungen, die nur eine examinierte Pflegekraft erbringen darf, in der Art und Weise gegenüber der Krankenkasse ab, als wäre die Leistung von examinierten Pflegekräften erbracht worden. Tatsächlich erbrachten die abgerechneten Leistungen aber Auszubildende bzw. Pflegehelferinnen. Im Rahmen einer Abrechnungsprüfung durch den Ermittlungsdienst der Krankenkassen fiel dieser Betrug im Wert von annähernd 300.000,00 Euro auf. Die PDL wurde ihres Amtes enthoben und der Träger musste Schadensersatz an die Krankenkassen leisten. Allerdings ermittelte die Staatsanwaltschaft in diesem Verfahren auch gegen die Geschäftsführer des Trägers des ambulanten Pflegedienstes, da diesen ein sog. Organisationsverschulden bei der Überwachung der Tätigkeiten der PDL vorgeworfen wurde. Die Verfahren wurden eingestellt.

Betrug tritt aber auch in anderen Fallgestaltungen auf. So werden bei gewährten Pflegegraden die entsprechenden Pflegeleistungen nicht oder nur zum Teil erbracht, aber vollumfänglich, entsprechend den festgestellten Pflegegraden gegenüber der Pflegeversicherung als erbrachte Pflegeleistungen über den ambulanten Pflegedienst abgerechnet. Die Pflegekasse zahlt diese Leistungen aufgrund des Irrtums, die Leistungen seien tatsächlich von dem abrechnenden Pflegedienst erbracht worden bzw. entsprechend den festgestellten Pflegegraden.

Nach außen hin, für die Pflegekasse ersichtlich, tritt der Pflegedienst als Leistungserbringer auf, tatsächlich wird die Pflege durch die Familie oder sonstige Dritte ausgeführt.

Hintergrund dieses Betruges ist der Umstand, dass die Pflegeentgelte, die die Pflegekasse an institutionelle Pflegedienste zahlen muss,

500 BGH 4 StR 21/14 vom 16.6.2014 in NJW 2014, 3170 (3171 [19]).

höher sind als die Entgelte für die private häusliche Pflege[501]. Die zu pflegenden Personen sind in diesen Fällen entweder als Mittäter, bei gemeinsamer Tatherrschaft, oder Gehilfen zu betrachten, soweit diese noch schuldfähig sind, ansonsten Betreuer oder auch Familienangehörige, die handeln oder unterstützende Hilfe leisten.

Besonderes Aufsehen mit einem erheblichen Schaden für die öffentlichen Gesundheitskassen erregte ein Verfahren vor dem LG Düsseldorf. Der Schaden wurde dort mit 8,5 Mio. EUR beziffert; die Urteile gegen die verschiedenen Täter sprachen Freiheitsstrafen von 2 Jahren noch zur Bewährung bis zu 7 Jahren zu vollstreckender Freiheitsstrafe aus[502].

Die AOK Rheinland-Pfalz/Saarland[503] schätzt den Schaden durch Abrechnungsbetrug, § 263 StGB, oder Korruption, §§ 299a, 299b und 300 StGB, auf 2,8 Mio. EUR.

Eine andere Art des Betrugs ergibt sich im Zusammenhang mit dem tatsächlichen bzw. vermeintlich teuren Schmuck des verstorbenen Bewohners. Zum Zeitpunkt des Todes geht das gesamte Vermögen, und damit auch der Schmuck des verstorbenen Bewohners, auf dessen Erben über. Die Erben behaupten dann gegenüber dem Pflegepersonal, ihr Verstorbener hätte Ringe oder sonstige Schmuckstücke in seinem Eigentum gehabt, dieser Schmuck sei nun nicht mehr da, die Leiche trage den Schmuck nicht mehr, im Bewohnerzimmer sei der Schmuck nicht zu finden. Die Haftpflichtversicherung des Trägers solle nun Schadenersatz leisten und Geld zahlen.

Tatsächlich besaß der Verstorbene keinen oder zumindest nicht den behaupteten Schmuck. Die Erben versuchen durch diese falsche Behauptung hinsichtlich des Besitzes und nach dem Tod des Verstor-

---

501 https://www.bundesregierung.de/breg-de/themen/fragen-und-antworten-rund-um-die-pflege-232196 Am Beispiel Pfleggrad 3: Pflegegrad 3: schwere Beeinträchtigungen der Selbstständigkeit und der eigenen Fähigkeiten. Menschen mit Pflegegrad 3, die zu Hause gepflegt werden, erhalten ein Pflegegeld in Höhe von 545 Euro monatlich oder ambulante Pflegesachleistungen in Höhe von bis zu 1.298 Euro monatlich. Wenn sie vollstationär im Pflegeheim betreut werden, erhalten sie von der Pflegekasse monatlich 1.262 Euro.Zuletzt abgefragt: 6.4.2019.

502 handelsblatt.com/panorama/aus-aller-welt/ambulante-pflege-bis-zu-sieben-jahre-haft-fuer-schweren-pflegebetrug/20929096.html.

503 https://www.aerzteblatt.de/nachrichten/96587/AOK-Millionenschaden-durch-Abrechnungsbetrug-und-Korruption.

benen des Eigentums an dem Schmuck und dessen angeblichen Verlust (Irrtumserregung), eine Vermögensverfügung des Trägers (Meldung des Schadensfall bei seiner Versicherung) durch eine Zahlung der Versicherung des Einrichtungsträgers zu erhalten, bei der dann die tatsächliche Vermögensminderung als Vermögenschaden eintritt[504]. Soweit die Pflegekraft absichtsloses doloses Werkzeug ist, liegt ein Fall des Betrugs in mittelbarer Täterschaft[505] vor.

In einer solchen Situation erwarten Pflegekräfte und auch sonst beteiligte Dritte von Hinterbliebenen wahrheitsgemäße Aussagen, da Pflegekräfte aufgrund der gegebenen Situation (Tod eines Angehörigen) nicht davon ausgehen müssen, dass ihnen gegenüber die Unwahrheit behauptet wird[506]. Missglückt dieses Vorhaben, so liegt zumindest ein Betrug in Form eines Versuchs, § 263 Abs. 2 StGB, vor.

Nutzt der Täter einen bereits bestehenden Irrtum aus, so liegt kein tatbestandsmäßiger Betrug vor, da es an einer Irrtumserregung fehlt[507].

Klärt der Täter allerdings einen bestehenden Irrtum nicht auf und ist er hierzu aufgrund einer Garantenstellung verpflichtet und erhält er Zahlungen aufgrund dieser Nichtaufklärung des Irrtums, so liegt grundsätzlich[508] ein Betrug durch Unterlassen vor.

Abgelehnt wurde eine solche Mitwirkungspflicht bei einem Erben, der weiterhin Leistungen bezog, weil er den Tod seines Vaters, dem eigentlichen Leistungsbezieher, nicht mitteilte. Da eine Mitteilungspflicht nach § 60 Abs. 1 S. 1 Nr. 1 -3 SGB I nicht den Erben, sondern nur den Leistungsbezieher trifft, erkannte das Gericht keine Garantenstellung des Erben[509] an.

Begehen die Täter den Betrug in Form einer Bande oder gewerbsmäßig, führen sie einen Vermögensverlust großen Ausmaßes herbei, handeln sie in der Absicht, durch fortgesetzte Betrugshandlungen eine Vielzahl von Menschen in die Gefahr des Verlusts ihres Vermögens zu bringen oder bringen sie durch den Betrug eine Person in wirtschaftli-

---

504 Perron/Schönke/Schröder, StGB,§ 263 Rdnr.16c S. 2595 oben. Wessels/Hillenkamp/Schuhr, Strafrecht BT Teil 2, S. 379 Rdnr. 647, Fischer, StGB, § 263 Rdnr. 27b.

505 Tiedemann in LK-StGB, § 263 Rdnr.111.

506 BGH 5 StR 46/17 vom 25.7.2017 in StraFo 2017, 430 (431 (2) und (4)).

507 OLG Naumburg 2 Rv 31/16 vom 13.5.2016 in StraFo 2016, 304 (304).

508 BGH 1 StR 466/16 vom 8.3.2017 in StV 2018, 15 (16 [17] (2)).

509 OLG Naumburg 2 Rv 31/16 vom 13.5.2016 in StraFo 2016, 304 (305).

che Not, so liegen besonders schwere Fälle eines Betrugs vor, § 263 Abs. 3 Nr. 1 – 3 StGB.

Handelt ein Täter als Mitglied einer Bande, die sich zu dem Zweck verbunden hat, durch fortgesetzte Handlungen und dabei gewerbsmäßig handelt, so erfüllt dieses Vorgehen den Qualifikationstatbestand des Abs. 5 der Vorschrift..

Für die Tatbestandsverwirklichung muss der Täter in der Absicht[510] handeln, sich oder einen Dritten einen rechtswidrigen Vermögensvorteil zu verschaffen. Dies bedeutet, der Täter handelt mit dem **Willen (dolus directus 1. Grades),** den Vermögensvorteil zu erlangen, er strebt den Vorteil an. **Rechtswidrig**[511] ist der Vorteil, wenn der Täter keinen Anspruch auf die Vermögensverfügung, auf das Geld oder einen sonstigen vermögenswerten Vorteil, hat.

Eine Besonderheit kennt der Abrechnungsbetrug innerhalb der Pflege, sei es durch Ärzte oder auch Pflegepersonal. Da die Abrechnung von Pflegeleistungen und insbesondere deren Qualität von den Kranken- und Pflegekassen nur schwerlich zu beurteilen ist im Einzelfall, erfolgt die Qualitätskontrolle innerhalb der Pflege an den strengen Maßstäben der formalen Qualifikation der Leistungserbringer. Es wird die Frage nach dem formalen, durch Zeugnisse oder Zertifikate belegbaren Aus- und Fortbildungsstand der Pflegekraft gestellt[512].

Liegt die abgerechnete Qualifikation tatsächlich nicht vor, so verliert der abrechnende Pflegeerbringer den gesamten Vergütungsanspruch hinsichtlich der abgerechneten Leistung, selbst dann, wenn die eigentliche Leistungserbringung fachlich ordnungsgemäß erbracht wurde[513]. Diese Rechtsfolge[514] steht im Einklang mit der Verfassung, da Sinn und Zweck dieser Reglungen Wirtschaftlichkeit und finanzielle Stabilität der gesetzlichen Kranken- und Pflegekassen sind, welchen ein überragender wichtiger Gemeinwohlbelang zukommt.

510 Peron/Schönke/Schröder, StGB, § 263 Rdnr. 176.
511 Peron/Schönke/Schröder, StGB, § 263 Rdnr. 172/173.
512 BGH 4 StR 21/14 vom 16.6.2014 in NJW 2014, 3170 (3171 [29]).
513 BGH 4 StR 21/14 vom 16.6.2014 in NJW 2014, 3170 (3171 [28]).
514 BVerfG 1 BvR 3571/13,3572/13 vom 7.5.2014 in NJW 2014, 2340 (2341 [34]).

1.3 Definitionen

Der Täter **erregt**[515] den Irrtum, der zur Vermögensverfügung führt, wenn der Irrtum direkt aufgrund eines Verhaltens des Täters oder, wenn der Täter in mittelbarer Täterschaft handelt, aufgrund des Verhaltens des mittelbaren Täters, entsteht.

Irrtum[516] ist das Auseinanderfallen von Wirklichkeit und Vorstellung, gleich ob der Irrtum auf Leichtgläubigkeit oder Naivität beruht oder ob er vermeidbar war; ohne Vorstellung kann ein Irrtum nicht entstehen[517].

Verhindert der Täter die Richtigstellung einer Fehlvorstellung, dann **unterhält**[518] er einen Irrtum, wobei dabei die Fehlvorstellung nicht vom Täter initiiert worden sein muss.

Beim **Vorspiegeln**[519] erklärt der Täter die Unwahrheit der Tatsache ausdrücklich oder die Unwahrheit der Tatsache ergibt sich aus dem Verhalten, das der Täter zeigt.

Wahre Tatsachen werden **entstellt**[520] durch Veränderungen wie hinzufügen oder weglassen den diesen Tatsachen zugrundliegenden Sachverhalten. **Unterdrückt**[521] werden wahre Tatsachen, wenn deren Kenntnisnahme aktiv verhindert wird.

Der Getäuschte muss über sein Vermögen oder zu seinem Vermögen eine Verfügung treffen. **Verfügung**[522] ist jedes Tun oder Unterlassen, das sich auf das Vermögen auswirkt, wobei die Verfügung auf einem freien Willensentschluss beruht, der durch den Irrtum beeinflusst wird.

Ein **Vermögensschaden**[523] entsteht, wenn die Vermögensverfügung bei wirtschaftlicher Betrachtungsweise unmittelbar zu einer Minderung des Vermögens führt und für die der Verfügende in seinem

---

515 Perron/Schönke/Schröder, StGB, § 263 Rdnr. 43.
516 BGH 3 StR 162/13 vom 22.11.2013 in StV 2014, 288 (289 [8] 1.).
517 BGH 4 StR 430/13 vom 22.5.2014 in StV 2014, 676 (677 [14]).
518 Perron/Schönke/Schröder, StGB, § 263 Rdnr. 45.
519 Perron/Schönke/Schröder, StGB, § 263 Rdnr. 13 und 14.
520 Fischer, StGB, § 263 Rdnr. 19.
521 Fischer, StGB, § 263 Rdnr. 20.
522 OLG Celle 2 Ss 141/74 vom 8.7.1974 in NJW 1974, 2326 (2327 a), Perron/Schönke/Schröder, StGB, § 263 Rdnr. 54.
523 BGH 5 StR 510/13 vom 19.2.2014 in StV 2014, 673 (674 [11]).

Vermögen keinen Zuwachs erhält; es ergibt sich ein Negativsaldo zu seinem Nachteil – Saldierungsprinzip.

Der **Bandenbegriff**[524] verlangt für alle Tatbestände, die sich auf eine bandenmäßige Begehung einer Tat beziehen, dass sich mindestens 3 Personen zusammengeschlossen haben, um Straftaten zu begehen.

Gewerbsmäßig[525] handeln Täter des Tatbestands nach § 263 Abs. 3 und 5 der Vorschrift, wenn sie durch wiederholte Tatbegehung sich eine nicht nur vorübergehende und nicht unerhebliche Einnahmequelle verschaffen.

Der **erhebliche Schaden**[526] bemisst sich derzeit ab einem Betrag von 50.000 EUR.

2. Computerbetrug, § 263a StGB

Diese Vorschrift trägt der Digitalisierung zumindest in der Verwaltungsorganisation der Pflege mittels elektronischer Datenverarbeitung Rechnung. Eingefügt in das StGB wurde diese Vorschrift in der aktuellen Fassung aufgrund des EU-Rats-Rahmenbeschlusses vom 24.2.2005 über Abwehr von Angriffen auf Informationssysteme[527].

2.1 Anwendungsbereich

Geschützt wird auch hier das Vermögen, jedoch stellt § 263a Abs. 3 StGB Vorbereitungshandlungen[528] zum eigentlichen Computerbetrug unter Strafe.

Schutzgegenstand ist damit letztlich der eigentliche Datenverarbeitungsvorgang[529].

---

524 Sehr anschaulich zur Entwicklung des Bandenbegriffs: Bosch/Schönke/Schröder, StGB, § 244 Rdnr. 24. BGH Großer Senat GSSt 1/00 vom 22.3.2001 in NJW 2001, 2266 (2267 a).

525 OLG Bamberg 3 OLG 130 Ss 19/18 vom 6.3.2018 in StraFo 2018, 159 (159).

526 BGH 1 StR 274/03 vom 7.10.2003 in NJW 2004, 169 (171 c), Wessels/Hillenkamp/Schuhr, Strafrecht BT Teil 2, S. 345 Rdnr. 594.

527 Fischer, StGB, § 263a Rdnr. 1.

528 BT-Drs. 15/1720, S. 10, Nr. 10.

529 Fischer, StGB, § 263a Rdnr. 3.

Die Strafe ist Freiheitsstrafe bis 5 Jahre. Die Absätze 2 bis 6 des § 263 StGB gelten bei dieser Vorschrift auch, so dass der Versuch ebenso strafbar ist wie die Regelbeispiele der schweren Fälle und des Qualifikationstatbestandes mit den entsprechenden Sanktionsvorschriften.

Für die Vorbereitung einer Straftat nach Abs. 1 der Vorschrift besteht eine Sanktion in Form einer Geldstrafe oder Freiheitsstrafe bis zu 3 Jahren.

Nicht bestraft nach Abs. 4 der Vorschrift in Verbindung mit § 149 Abs. 2 und 3 StGB wird derjenige, der die Tat aufgibt oder die Fortsetzung oder die Gefahr der weiteren Vorbereitung oder Ausführung der Tat durch Dritte verhindert oder die Gefahr abwendet. Gleiches gilt für die Vernichtung oder Unbrauchbarmachung der zur Datenvorgangsbeeinflussung verwandten Hilfsmittel. Wird die weitere Tatausführung oder die Abwendung der Gefahr der weiteren Tatvorbereitung nicht unmittelbar durch ein Verhalten des Täters erreicht, so kommt diesem die Straffreiheit trotzdem zugute, wenn er sich freiwillig und ernsthaft um Schadensabwehr und Tatbeendung bemühte.

2.2 Beeinflussung eines Datenverarbeitungsvorgangs

Tathandlungen, die unter § 263a StGB fallen, sind nicht solche, die mit einer Täuschung einer natürlichen Person einhergehen, sondern durch die Einwirkung auf einen vermögenserheblichen[530] Datenverarbeitungsvorgang, wodurch es zu einer Vermögensminderung kommt.

Wie bei § 263 StGB kommt es zur Strafbarkeit des Täters nur, wenn dieser in der Absicht handelt, sich oder einem Dritten durch Beeinflussung des Datenverarbeitungsvorgangs einen rechtswidrigen Vermögensvorteil zu verschaffen.

Dies geschieht durch unrichtige Gestaltung des Programms, durch Verwendung unrichtiger oder unvollständiger Daten, durch unbefugte Verwendung von Daten oder in anderer Weise durch unbefugte Einwirkung auf den Ablauf des Datenverarbeitungsvorgangs.

Soweit in der Pflege oder deren Organisation vermögensrelevante Daten verarbeitet werden, besteht durch Beeinflussung dieses Vorgangs die Möglichkeit der rechtswidrigen Vermögensverfügung.

530 BT-Drs. 10/319, S. 19.

Reicht die für die Bearbeitung der Bewohnerkonten einer stationären Einrichtung zuständige Person von ihr gefälschte Überweisungsträger zu den Bewohnerkonten zur Bank, so kommt es für die Beantwortung der Frage, ob ein Betrug nach § 263 oder ein solcher nach § 263a StGB vorliegt, darauf an, ob die Überweisungsträger auf ihre Richtigkeit bei der Bank durch deren Mitarbeiter oder nicht persönlich durch diese, sondern maschinell geprüft wurden.

Fehlt es an einer persönlichen Kontrolle, dann **irrte** nicht der Mitarbeiter der Bank, sondern „das Beleglesegerät". Es fehlt an der Irrtumserregung, die nur bei einem Menschen möglich ist, so dass in diesem Falle nicht § 263, sondern § 263a StGB einschlägig wäre[531].

Als Auffangtatbestand dient die Tathandlung der sonstigen unbefugten Einwirkung auf den Ablauf. Dieser Auffangtatbestand wird herangezogen beim gezielten Leerspielen von Geldspielautomaten[532], einem Vorgang der zugegebenermaßen in der Pflege eher weniger beobachtet wird.

2.3 Definitionen

Daten[533] sind kodierte Informationen in einer im Wege automatisierter Verarbeitung nutzbaren Darstellungsform. Unter **Code**[534] wird in diesem informationstechnischen Zusammenhang ein System von Regeln und Übereinkünften verstanden, das die Zuordnung von Zeichen, auch Zeichenfolgen zweier verschiedener Zeichenvorräte, erlaubt bzw. einen Schlüssel, mit dessen Hilfe ein chiffrierter Text in Klartext übertragen werden kann.

Unter **Datenverarbeitung**[535] werden alle automatisierten Vorgänge, bei denen durch Aufnahme von Daten und ihre Verknüpfung nach Programmen Arbeitsergebnisse erzielt werden, verstanden.

Programm[536] ist die Arbeitsanweisung an einen Computer, die aus einer Folge von Einzelbefehlen besteht. **Unrichtig gestaltet**[537] ist

531 BGH 2 StR 299/15 vom 11.11.2015 in StV 2017, 92 (93 [5]b)).
532 BT-Drs. 10/318, S. 20, Perron/Schönke/Schröder, StGB, § 263a Rdnr. 17.
533 OLG Celle 2 Ss 93/16 vom 31.8.2016 in StraFo 2017, 76 (77aa).
534 https://www.duden.de/rechtschreibung/Code#b2-Bedeutung-1.
535 Fischer, StGB, § 263a Rdnr. 3.
536 Perron/Schönke/Schröder, StGB, § 263a Rdnr. 5.
537 BT-Drs. 10/318, S. 20.

ein Programm dann, wenn es nicht dem Willen des Verfügungsberechtigten, dem Programmanwender oder auch dem Programmentwickler entspricht.

Daten sind **unrichtig**[538], wenn diese den darzustellenden Lebenssachverhalt unzutreffend wiedergeben, bspw. falsche Angaben auf Überweisungsträgern, und **unvollständig**[539], wenn sie den Sachverhalt nicht ausreichend erkennbar machen.

Verwenden[540] von Daten bedeutet, diese in den Datenverarbeitungsvorgang einzubringen und das Gerät nach dem Willen des Täters gerade diese Daten und keine anderen verarbeitet. Die Verwendung der Daten ist **unbefugt**[541], wenn der Täter manipulierte oder kopierte Daten benutzt, aber auch, wenn der Täter die Daten durch Diebstahl, § 242 StGB, oder Nötigung, § 240 StGB, erlangt.

Erlangt die Pflegekraft die Bankkarte und den PIN-Code des Bewohners durch eine Täuschungshandlung gegenüber dem Bewohner und hebt mit diesen Daten Geld vom Girokonto des Bewohners ab, so liegt kein Computerbetrug im Sinne von § 263a StGB vor, da die Daten richtig sind und damit keine unbefugte Verwendung erfolgt; vielmehr liegt ein Betrug im Sinne des § 263 StGB vor, da der Bewohner mittels Täuschung und Irrtumserregung seine Karte und Pin herausgegeben hat, also eine Vermögensverfügung vornahm[542].

3. Ausspähen von Daten, § 202a StGB

Ebenso wie § 263a StGB steht auch diese Vorschrift in engem Zusammenhang mit dem EU-Rats-Rahmenbeschluss über Angriffe auf Informationssysteme. Diese strafrechtliche Vorschrift dient dem Schutz von Daten und hat somit eine hohe Relevanz auch für die Pflege, da gerade hier höchstpersönliche Daten der zu pflegenden Personen verarbeitet werden.

538 Perron/Schönke/Schröder, StGB, § 263a Rdnr. 6.
539 Fischer, StGB, § 263a Rdnr. 7.
540 Perron/Schönke/Schröder, StGB, § 263a Rdnr. 8.
541 BGH 2 StR 15/15 vom 16.7.2015 in StV 2016, 359 (360 [11]).
542 BGH 2 StR 15/15 vom 16.7.2015 in StV 2016, 359 (360 [12]).

Die Strafe ist Geldstrafe oder Freiheitsstrafe bis 3 Jahre. Der Versuch ist nicht strafbar.

3.1 Verfügungsrecht über eigene Daten

Geschützt wird mit dieser Vorschrift die formelle Verfügungsgewalt und Verfügungsbefugnis der zu pflegenden Person über ihre eigenen Daten, d. h. ihrem gedanklichen Inhalt, unabhängig vom Eigentumsrecht am Datenträger.

3.2 Verschaffen eines unberechtigten Zugangs

Der Täter verschafft sich oder einer anderen Person unbefugt Zugang zu Daten, die nicht für ihn bestimmt sind und die gegen unberechtigten Zugang besonders gesichert sind. Dabei überwindet der Täter die Zugangssicherung.

Täter sind somit diejenigen Pflegekräfte, die sich Zugang zu Daten von zu pflegenden Personen verschaffen, die nicht zu ihrem Wohnbereich, ihrer Pflege- oder Krankenstation gehören, aber auch Fahrer von Rettungswagen oder ehrenamtlich helfende Personen können sich nach dieser Vorschrift strafbar machen.

Diese Daten müssen gegen unberechtigten Zugang besonders gesichert sein.

Diese **Sicherung**[543] soll den ungehinderten Zugang zu den Daten verhindern, wodurch der Datenberechtigte gerade sein Interesse an der Geheimhaltung der Daten dokumentiert. Die Überwindung der Schutzvorschrift muss mit einem nicht unerheblichen zeitlichen und technischen Aufwand einhergehen.

Zu diesen Sicherungen gehören auch Passwörter, obowhl diese relativ leicht zu eruieren sind[544]. Allerdings darf die Sicherung aber auch nicht ohne Weiteres überwunden werden[545].

Aber auch Schutzprogramme, die geeignet sind, unberechtigten Zugriff auf die auf einem Computer abgelegten Daten zu verhindern, da der Täter fachspezifische Kenntnisse benötigt, um sich den Zugriff

543 BT-Drs. 16/3656, S. 10.
544 Eisele/Schönke/Schröder, StGB, § 202a Rdnr. 14.
545 BT-Drs. 16/3656, S. 10.

zu verschaffen[546]. Der BGH fordert mithin hohe Sicherungshürden und nicht nur Passwörter. Auch die bloße Speicherung von Daten unter einem falschen Dateinamen ist keine besondere Sicherung, wobei es hierbei sicherlich auf den Kreis der potenziellen Täter ankommt[547].

3.3 Definitionen

Absatz 2 der Vorschrift enthält eine gesetzliche Definition des Datenbegriffs, der auch für andere Vorschriften des StGB gilt, soweit diese sich konkret auf § 202a Abs. 2 StGB beziehen. Was Daten genau sind, sagt die Definition nicht, sondern schränkt die Art der Daten dahin ein, dass Daten bezogen auf Abs. 1 der Vorschrift nur solche sind, die elektronisch, magnetisch oder sonst nicht unmittelbar wahrnehmbar gespeichert sind oder übermittelt werden. Diese enge Definition ist gerade auch für § 263a StGB nicht verwendbar. Diese Daten müssen noch gegen Zugriff besonders gesichert sein.

Überwinden[548] der Sicherung bedeutet, die Sicherung zu beseitigen.

Zugang[549] zu den gesicherten Daten hat der Täter nicht nur dann, wenn er sie lesen, ausdrucken, gesondert speichert, sondern bereits dann, wenn er den Datenträger in seine Verfügungsgewalt gebracht hat, letztlich jede Art von Kenntnisnahme[550].

4. Vorbereiten des Ausspähens und Abfangens von Daten, § 202c StGB

Mit dieser Vorschrift stellt der Gesetzgeber eine Vorbereitungshandlung, also eine Handlung, die die eigentliche Straftat ermöglichen soll, eigenständig unter Strafe und lässt diese nicht als Vorbereitungshandlung straflos, was mangels Versuchsstrafbarkeit der §§ 202a und 202b StGB zu einer Straflücke führen würde. Strafe ist Geldstrafe oder Freiheitsstrafe bis 2 Jahre. Auch hier besteht wieder eine Straffreiheit ge-

546 BGH 1 StR 16/15 vom 21.7.2015 in StV 2016, 356 (357 [9]).
547 Fischer, StGB, § 202a Rdnr. 9a- Geheimhalten.
548 Fischer, StGB, § 202a Rdnr. 11b.
549 Eisele/Schönke/Schröder, StGB, § 202a Rdnr. 18.
550 BT-Drs. 16/3656, S. 9.

mäß Abs. 2 der Vorschrift und dessen Verweis auf § 149 Abs. 2 und 3 StGB.

4.1 Anwendungsbereich

Auch diese Vorschrift dient dem Schutz vor Angriffen auf persönliche Daten.

4.2 Vorbereitungshandlung zu §§ 202a und 202b

Der Täter bereitet eine Straftat im Sinne der §§ 202a und 202b StGB vor, indem er Passwörter und Sicherungscodes oder Computerprogramme, die den Zugang zu Daten im Sinne der Legaldefinition des § 202a Abs. 2 StGB ermöglichen, herstellt oder sich oder einer anderen Person verschafft. Der Täter verwirklicht den Tatbestand aber auch dann, wenn er die Computerprogramme verkauft, einem anderen überlässt, verbreitet oder sonst zugänglich macht.

Innerhalb der Pflege können diese Vorbereitungshandlungen als strafbare Taten vorkommen, wenn sich die Pflegekräfte Passwörter oder Sicherungscodes verschaffen oder solche an andere Personen weitergeben.

4.3 Definitionen

Verschaffen[551] bedeutet, der Täter erlangt Kenntnis der Passwörter oder des Sicherheitscode. **Verkaufen**[552] bedeutet nicht lediglich einen Vertragsschluss, sondern beim Verkauf erhält der Käufer Zugriff auf die Programme oder den Sicherungscode.

Besitz bedeutet auch hier Verfügungsmacht über Programme und Codes oder Passwörter, was einhergeht mit dem Verschaffen. **Herstellen**[553] bedeutet das Schreiben der Programme oder Passwörter. **Verbreiten**[554] bedeutet einem unüberschaubaren Kreis von Abnehmern zur Verfügung stellen.

551 Eisele/Schönke/Schröder, § 202c Rdnr. 5.
552 Eisele/Schönke/Schröder, § 202c Rdnr. 5.
553 Eisele/Schönke/Schröder, § 202c Rdnr. 5.
554 Eisele/Schönke/Schröder, § 202c Rdnr. 5.

5. Untreue, § 266 StGB

Mit dieser Vorschrift wird das Vermögen der zu pflegenden Person gegen Verhaltensweisen von Betreuern und Personal der Buchhaltungsabteilungen der Einrichtungen und ambulanten Pflegedienste geschützt, die darauf abzielen, das Vermögen der zu pflegenden Person zu schädigen.

Täter können aber auch Vertragsärzte[555] gegenüber der Krankenkasse sein, indem diese den gesetzlichen Leistungsanspruch nach § 12 SGB V nicht konkretisieren.

Entsprechend des § 263 StGB beträgt auch hier das Strafmaß grundsätzlich Geldstrafe und Freiheitsstrafe bis 5 Jahre.

In besonders schweren Fällen, wie auch bei § 263 Abs. 3 StGB, handelt der Täter gewerbsmäßig, als Mitglied einer Bande, oder er verursacht einen erheblichen Vermögensschaden. Ein Schaden großen Ausmaßes liegt nicht unter 100.000 EUR[556], nach der gesetzgeberischen Vorstellung 50.000 EUR[557] im vergleichbaren Regelbeispiel des § 263 StGB.

Das Strafmaß beträgt dann ebenso wie bei § 263 StGB Freiheitsstrafe von 6 Monaten bis 10 Jahre.

Der Versuch[558] der Untreue ist nicht strafbar.

Für diese Vorschrift gelten die Ausführungen zu § 263 StGB hinsichtlich des Strafantragserfordernisses gem. Abs. 2 der Vorschrift.

5.1 Anwendungsbereich des § 266 StGB

Geschützt wird wie durch § 263 StGB das individuelle fremde Vermögen. Allerdings wird das Vermögen durch § 266 StGB gegen Angriffe von Innen geschützt. Geschützt wird derjenige, der seine wirtschaftlichen Interessen entweder freiwillig oder im Falle einer Vermögensbetreuung aufgrund richterlichen Beschlusses in fremde Hände legt[559].

555 BGH 4 StR 163/16 vom 16.8.2016 in NJW 2016, 3253 (3256 [28]).
556 Perron/Schönke/Schröder, StGB, § 266 Rdnr. 53 m. w. N..
557 BT-Drs. 13/8587, S. 43.
558 Perron/Schönke/Schröder, StGB, § 266 Rdnr. 51.
559 BVerfG 2 BvR 2559/08, 2 BvR 105/09 und 2 BvR 491/09 vom 23.6.2010 in StV 2010, 564 (566 87).

5.2 Treuebruch und Missbrauch

Der objektive Tatbestand umfasst den **Missbrauch der Vermögensbetreuungspflicht** und **den Treuebruch**. Der Treuebruch wiederum beinhaltet die Tatalternativen der rechtlichen Betreuungsvermögenspflicht und die des tatsächlichen Treueverhältnisses[560].

Grundlage[561] beider Tatbestandsalternativen ist die Verletzung einer bestehenden Vermögensbetreuungspflicht, gleich aufgrund welcher Umstände diese entstanden ist.

Diese Vermögensbetreuungspflicht muss eine mitbestimmte und nicht nur beiläufige Hauptflicht[562] des Täters hinsichtlich des Vermögens des Opfers sein.

Innerhalb der Pflege treten als Täter einer Untreue-Straftat Betreuer[563], Verwandte der zu pflegenden Person, denen die Befugnis zur Vermögensbetreuung eingeräumt wurde, auf.

Um die beiden Tatbestandsalternativen voneinander abzugrenzen[564], ist zu prüfen, was der Täter **intern** aufgrund der erteilten Befugnis im Verhältnis zum betreuten Vermögen tun durfte und nach **außen** hin tatsächlich unternahm.

Der Abs. 1 des § 266 StGB kann in vielerlei Handlung verwirklicht werden. Daher muss der Tatbestand begrenzt[565] werden, so dass nicht in jeder Verletzung der Rechtsordnung gleichzeitig eine Verwirklichung des Tatbestands des Abs. 1 gesehen werden kann.

Daher muss eine verletzte Gesetzesnorm, gleich aus welchem Gesetz sie besteht, ihrerseits das Vermögen schützen[566].

Untreuetatbestände verwirklichen selten Pflegekräfte eines Trägers oder eines ambulanten Pflegedienstes, sondern vielmehr diejenigen Mitarbeiter, die sich um die finanzielle Betreuung der zu pflegenden Person zu kümmern haben.

560 Wessels/Hillenkamp/Schuhr, Strafrecht BT Teil 2, S. 440 Rdnr. 749.
561 BGH 4 StR 163/16 vom 16.8.2016 in StV 2018, 291 (291 [9] aa) Vermögensbetreuungspflicht des Vertragsarztes.
562 BGH 4 StR 163/16 vom 16.8.2016 in StV 2018, 291 (292 [10]).
563 Fischer, StGB, § 266 Rdnr. 16 mit weiteren Beispielen.
564 Wessel/Hillenkamp/Schuhr, Strafrecht BT Teil 2, S. 442 Rdnr. 753.
565 BVerfG 2 BvR 2559/08 ua. vom 23.6.2010 in StV 2010, 564 (567 [97]).
566 BGH 1 StR 220/09 vom 13.9.2010 in StraFo 2011, 66 (67) ablehnend für § 119 Abs. 1 Nr. BetrVG.

Eine Mitarbeiterin einer Senioreneinrichtung war in der Buchhaltung eines Trägers für die Bearbeitung der sog. Bewohnerkonten zuständig.

Auf diesen Konten wurden die Barbeträge, also die Grundfreibeträge, verwahrt.

Die Mitarbeiterin hob von diesen Konten Beträge angeblich für Bewohner ab, vereinnahmte diese Beträge aber zunächst für sich selbst und glich die Konten immer dann aus, wenn sie wusste, dass die Bewohner verfügen wollten und hierzu das Geld wieder auf dem Bewohnerkonto vorhanden sein musste.

Dies ging solange gut, bis die Mitarbeiterin es nicht mehr schaffte, die Konten rechtzeitig auszugleichen, was den Betreuern der Bewohner auffiel. Die Mitarbeiterin der Buchhaltung hatte aufgrund ihres Arbeitsvertrages und dem mit ihrem Arbeitgeber geschlossenen Wohn- und Betreuungsvertrag die ausdrückliche Pflicht, die Grundfreibeträge der Bewohner zu verwalten. Diese Pflicht missbrauchte die Buchhalterin, indem diese die ihr anvertrauten Vermögen für eigene Zwecke nutzte. Die Betreuung der Bewohnervermögen war für die Buchhalterin auch keine Neben-, sondern eine Hauptpflicht gegenüber den Bewohnervermögen aus dem geschlossenen Arbeitsvertrag mit dem Einrichtungsträger und in Verbindung mit dem Wohn- und Betreuungsvertrag.

Der **Treuebruchtatbestand**[567] als zweite Tatalternative des § 266 StGB beinhaltet wiederum zwei Tatvarianten. Einerseits kann eine **Vermögensbetreuungspflicht** auch hier wieder aufgrund Gesetz, behördlichen Auftrags oder vertraglich rechtlich begründet werden, andererseits reicht ein rein **tatsächlich bestehendes Treueverhältnis** zu dem zu schützenden Vermögen aus. Die Pflicht zur Betreuung des Vermögens ist eine besondere Hauptpflicht[568] aus dem Verhältnis desjenigen, der das Vermögen zu umsorgen hat gegenüber demjenigen, dessen Vermögen zu betreuen ist. Eine einfache Einflussnahme auf das Vermögen ohne Schutzpflicht erfüllt nicht den Tatbestand.

Handlungen, die den Tatbestand der Untreue erfüllen, gehen nicht nur von Buchhaltern, sondern auch von Betreuern oder Vorsorgebe-

567 Wessels/Hillenamp/Schuhr, Strafrecht BT Teil 2, S. 453 Rdnr. 769.
568 BGH 3 StR 438/12 vom 5.3.2013 in NJW 2013, 1615 (1615 [9]).

vollmächtigten aus. Betreuer leiten die Rentenzahlungen von Seniorenheimbewohnern nicht an den Träger weiter, sondern verwenden das Geld für andere, aber nicht Bewohnerzwecke.

Der Täter, der auf Basis einer rechtsgeschäftlich (Versorgungsvollmacht) oder hoheitlich erteilten Befugnis (Betreuerbestellung) seine intern gesetzten Grenzen überschreitet hinsichtlich seiner Aufgaben um das und mit dem zu betreuenden Vermögen, schädigt nicht das Vermögen der Pflegeeinrichtung, sondern das der zu betreuenden Person.

Die Vermögensbetreuungspflicht des Betreuers geht gegenüber den Erben über den Tod der betreuten Person hinaus[569].

Solange die betreute Person noch lebt und das Testament noch keine rechtliche Wirkung entfaltet, liegt auch keine Gefährdung des Vermögens der betreuten Person vor[570].

Ein weiterer Fall war derjenige einer Tochter, die das Vermögen ihres Vaters zu betreuen hatte. Der Vater schloss, vertreten durch seine Tochter, diese ausgestattet mit einer Vorsorgevollmacht, einen Wohn- und Betreuungsvertrag ab.

Der Bewohner war als Beamter beihilfeberechtigt; es war monatlich ein Betrag an den Einrichtungsträger zu zahlen. Die Tochter beantragte die Beihilfeleistung des Beamten und erhielt auch die entsprechenden Zahlungen auf das Konto ihres Vaters überwiesen, leitete diese aber nicht an die Einrichtung weiter.

Nach etwa 2 Jahren zog der Bewohner, scheinbar freiwillig, jedenfalls nicht aufgrund einer Kündigung des Trägers, aus der Einrichtung aus. Zu diesem Zeitpunkt stand ein Betrag von ca. 24.000, 00 EUR offen.

Eine Betreuerin, die vom Gericht für den ehemaligen Bewohner bestellt wurde, fand heraus, dass die Beihilfeleistungen bei der Tochter verblieben und nicht dem Vermögen des Vaters zugeführt wurden, damit aus diesem die monatlichen Pflegekosten bezahlt wurden. Die Tochter verwandte die Beihilfezahlungen für eigene Zwecke.

Aufgrund der erteilten Vorsorgevollmacht hatte die Tochter die Pflicht, das Vermögen des Bewohners, ihres Vaters, zu betreuen[571],

569 Beuckelmann, Untreue durch den Betreuer, NJW Spezial 2018, 696 II..
570 BGH 3 StR 132/18 vom 27.7.2018 in StV 2019, 34 (35 [13]).
571 Fischer, StGB, § 266 Rdnr. 21 B. Vermögensbetreuungspflicht.

nicht das Vermögen des Trägers der Einrichtung. Zwischen dem Betreuer/Vorsorgebevollmächtigten und dem Träger besteht kein Rechtsverhältnis, das eine Vermögensbetreuungspflicht zugunsten des Trägers begründet.

Die neue Betreuerin erstattete Anzeige und stellte Strafantrag für den Vater als Opfer einer Straftat gegen die Tochter. Der Einrichtung wäre die Möglichkeit geblieben, gegen den ehemaligen Bewohner Strafanzeige und Strafantrag wegen (Eingehungs-) Betrugs zu stellen. Dies hätte allerdings mangels Vorsatz des Bewohners und möglicher Schuldunfähigkeit keine Aussicht auf Erfolg gehabt und hätte wohl eher zu einem Imageschaden beim Träger der Einrichtung geführt.

Der Träger der Einrichtung erstattete zusätzlich zur Betreuerin Strafanzeige gem. § 158 Abs. 1 StPO gegen die Tochter als damalige Vorsorgebevollmächtigte.

Ein solches Betrugs- und Untreueverhalten ist bekannt von Betreuern, aber auch Familienangehörigen, die Rentenzahlungen nicht an die Träger weiterleiten. Das Nichtweiterleiten von vereinnahmten Rentenzahlungen ist keine Vermögensverfügung im Sinne des Absatz 1 des § 266 StGB, sondern strafbar[572] im Rahmen des Treueverhältnisses der 2. Alt. des Tatbestands aber nur dann, wenn der Täter eine besonders herausgehobene Verpflichtung hat, fremde Vermögensmassen zu betreuen, etwa wie ein Betreuer.

Den Vorwurf der Untreue unterbreitete die Staatsanwaltschaft auch einem Vorsitzenden eines Verbandes, der Sozialträger ist.

Der Vorsitzende sollte nach Auffassung von anonymen Anzeigenerstattern eine unbeliebte Führungskraft aus dem Verband vertrieben haben. Damit diese über den Vorfall schweige, soll der Vorsitzende eine arbeitsvertragliche Abfindung gezahlt haben, die der Führungskraft angeblich nicht zustand. Ein Verstoß gegen das Sparsamkeitsgebot bei Gehaltserhöhungen und Abfindungszahlungen[573]. Ein pflichtwidriger Verstoß[574] gegen das Sparsamkeitsgebot liegt erst dann vor, wenn eine nicht gerechtfertigte Gegenleistung gewährt wird. Obwohl es sich um eine anonyme Strafanzeige handelte, trat die Staatsanwaltschaft in Ermittlungen ein. Nach 8 Monaten wurde das Verfahren ge-

572 Perron/Schönke/Schröder, StGB, § 266 Rdnr. 19.
573 BGH 3 StR 146/13 v. 12.12.2013 in NStZ 2015, 220 (222 2.).
574 BGH 4 StR 440/15 vom 24.5.2016 in NJW 2016, 3734 (3736 [14]).

gen den Vorsitzenden nach § 170 Abs. 2 StPO durch die Staatsanwaltschaft eingestellt.

Es konnte nachgewiesen werden, dass die Führungskraft aus dem Verband ausschied, weil diese mit der zukünftigen fachlichen Arbeit und Ausrichtung des Verbandes inhaltlich nicht übereinstimmen konnte und mit einer Änderung ihrer Aufgaben in der Neuausrichtung des Verbandes nicht einverstanden war und es deshalb zu einem Aufhebungsvertrag kam.

Die gezahlte Abfindung stand der Führungskraft arbeitsvertraglich in der gezahlten Höhe zu und ein Arbeitsrechtsstreit hätte die Kosten des Verbandes unnötig vergrößert, was der Vorsitzende durch den Aufhebungsvertrag verhinderte.

Der Vermögensnachteil muss sich unmittelbar[575] aus der Verletzung der Vermögensbetreuungspflicht ergeben. Besonders schwere Fälle liegen im Sinne des Abs. 2 i. V. m. § 263 Abs. 3 StGB vor, wenn der Täter gewerbsmäßig handelt, einen Vermögensverlust großen Ausmaßes verursacht oder die Taten als Bande ausgeführt werden.

5.3 Definitionen

Ein **Missbrauch**[576], der durch Gesetz, behördlichen Auftrag oder Rechtsgeschäft eingeräumten Befugnis, über fremdes Vermögen zu verfügen oder einen anderen zu verpflichten, besteht, wenn der Täter die ihm eingeräumte Befugnis nicht in der Art und Weise wahrnimmt, wie diese ihm übertragen wurde, und hierdurch das fremde Vermögen geschädigt wird.

Gewerbsmäßig[577] handelt derjenige Täter, der sich durch die wiederholte Tatbegehung eine dauerhafte Einnahmequelle von nicht geringem Umfang schaffen will.

Hierzu reicht eine wiederholte Tatbegehung in größeren zeitlichen Abständen und bei geringen Einnahmen in einer Gesamthöhe von unter 700,00 Euro nicht aus.

Das Verhalten des Täters muss sich als pflichtwidrig im Hinblick auf die Vermögensbetreuung darstellen.

---

575 BGH 4 StR 163/16 vom 16.8.2016 in StV 2018, 291 (295 [38] cc)).

576 Perron/Schönke/Schröder, StGB, § 266 StGB Rdnr. 18c.

577 BGH 2 StR 6/16 vom 24.8.2016 in StV 2019, 104- Leitsatz.

Pflichtwidrigkeit[578] ist gegeben, wenn die Grenzen eines verantwortungsbewussten, ausschließlich am Vermögenswohl orientierten und sorgfältig überlegten Handelns im Sinne des zu betreuenden Vermögens überschritten werden. **Pflichtwidrig**[579] handelt der Täter, wenn er gegen vermögensschützende Normen verstößt.

Der **Vermögensnachteil**[580] im Sinne des § 266 StGB liegt vor, wenn ein Vergleich des gesamten Vermögens vor und nach der fraglichen Verfügung einen negativen Saldo für das Vermögen ergibt. Hierbei ist es bereits ausreichend, dass eine Gefährdung des Vermögens begründet ist, da ein Vermögensabfluss bereits in erheblichem Maße konkretisiert ist.

6. Diebstahl, § 242 StGB

Ein äußerst leidiges, aber stets aktuelles Thema ist dasjenige des Diebstahls in Pflegeeinrichtungen. Einerseits bezichtigen Bewohner Pflegekräfte des Diebstahls ohne tatsächlichen Hintergrund, weil diese Schmuck oder Geld nicht finden und deshalb glauben, es läge ein Diebstahl vor. Tatsächlich kommt es allerdings zu Diebstählen in Einrichtungen und durch Mitarbeiter ambulanter Pflegedienste.

Der Grundtatbestand des Diebstahls findet sich in § 242 StGB.

Die Strafe ist Geldstrafe oder Freiheitsstrafe bis zu 2 Jahren, bedeutend weniger als im Grundtatbestand der §§ 263, 266 StGB, die das gesamte Vermögen schützen.

Nach Abs. 2 der Vorschrift ist der Versuch strafbar und es bedarf zur Verfolgung des Diebstahls eines Strafantrages nach § 247 StGB.

6.1. Schutz des Eigentums

Geschützt ist das Eigentum im Sinne des § 903 BGB, nicht das Vermögen, da auch letztlich wertlose[581] bewegliche Gegenstände, die einen

578 BGH 3 StR 17/15 vom 26.11.2015 in StV 2017, 104 (104 Leitsatz 4).
579 BGH 1 StR 220/09 vom 13.9.2010 in StV 2011, 25 (29 [36]).
580 BGH 4 StR 163/16 vom 16.8.2016 in StV 2018, 291 (295 [34] aa)).
581 Bosch/Schönke/Schröder, StGB, § 242 Rdnr. 55. Fischer, StGB, § 242 StGB, Rdnr. 3a.

immateriellen Wert haben, Eigentum darstellen und entwendet werden können.

6.2. Wegnahme und Zueignung

Die eigentliche Tathandlung[582] des § 242 StGB ist nach h. M. lediglich die Wegnahme der fremden beweglichen Sache. Dies setzt voraus, dass das Opfer Gewahrsam an der beweglichen Sache hat.

Die Wegnahme erfolgt durch Bruch dieses Gewahrsams und Begründung eines neuen Gewahrsams durch den Täter.

Gewahrsam[583] ist die tatsächliche Sachherrschaft über eine Sache, d. h. der Gewahrsamsinhaber hat, soweit er Alleineigentümer ist, die alleinige ausschließliche Verfügungsgewalt über diese Sache.

Gewahrsam hat der Bewohner an den von ihm beim Einzug in die Einrichtung mitgebrachten Gegenständen, der Patient an den in seinem Eigentum stehenden Gegenständen, die er ins Krankenhaus mitbringt.

Kein Gewahrsam besteht an Gegenständen wie Patienten-/Bewohnerbett, wenn dieses durch die Einrichtung gestellt wird, an medizinischen/pflegerischen Gebrauchsgegenständen und Gebrauchsmaterialien. Die dem Bewohner verordneten Medikamente stehen in dessen Gewahrsam, auch wenn die Zuteilung aufgrund ärztlicher Verordnung und die Verteilung durch das Pflegepersonal erfolgt. Dies bedeutet, Gewahrsam an einer Sache erfordert nicht grundsätzlich jederzeitige Verfügungsmöglichkeit, aber den sog. Herrschaftswillen.

Zur Beantwortung der Frage, ob eine Person Gewahrsam und Herrschaftswillen an einer beweglichen Sache hat, wird auf die tägliche Lebensanschauung[584] abgestellt.

Für den Gewahrsam an den Medikamenten reicht ein einfacher natürlicher Beherrschungswille aus, da auch Kinder, geisteskranke Personen, schlafende und bewusstlose Personen Gewahrsam an einer Sache haben können[585].

---

582 Fischer, StGB, § 242 Rdnr.10 mit Argument gegen diese h. M..

583 Bosch/Schönke/Schröder, StGB, § 242 Rdnr. 23.

584 Bosch/Schönke/Schröder, StGB, § 242 Rdnr. 29 und 30.

585 Fischer, StGB, § 242 Rdnr. 13.

Gewahrsam besteht auch an vergessenen, verlegten und verlorenen Sachen; dies bedeutet, dass insbesondere zu Pflegende in Einrichtungen nicht den Gewahrsam an Gegenständen verlieren, nur weil sie diese verlegt oder verloren haben, es sei denn, die Gegenstände werden außerhalb des Bereichs der täglichen Lebensanschauung, d. h. außerhalb der Einrichtung oder der Wohnung verloren[586].

Diese Sachen werden herrenlos. An herrenlosen Gegenständen besteht kein Gewahrsam[587].

Herrenlos ist auch der menschliche Leichnam, da er nicht zum Erbe gehört und somit nicht in das Vermögen der Erben übergeht. Der lebende Körper hat keine Sachqualität; abgetrennte Körperteile, Haare, Zähne usw. stehen nach Abtrennung im Eigentum derjenigen Person, von deren Körper die Körperteile abgetrennt wurden[588].

Zahngold[589], das nach der Einäscherung der Leiche zurückbleibt, ist Asche und unterfällt der Reglung des § 168 Abs. 1 StGB – Störung der Totenruhe.

Gewahrsam[590] wird **gebrochen**, wenn der Gewahrsamsinhaber aus seiner Herrschaftsstellung über die Sache ohne seinen zustimmenden Willen so verdrängt wird, dass er die tatsächliche Herrschaft über die Sache nicht mehr ausüben kann, auch wenn er wollte.

Als Spiegelbild des Gewahrsamsbruchs muss der Täter für sich oder eine andere Person neuen Gewahrsam unter Ausschluss des bisherigen Gewahrsamsinhabers begründen.

Der Täter nimmt die Sache in der Absicht weg, sich diese oder ihren Substanzwert rechtswidrig zuzueignen[591], d. h. in sein oder das Vermögen eines Dritten einzuverleiben.

Die Zueignung[592] besteht aus dem Akt der Enteignung und Aneignung.

Nimmt der Täter die Sache nur an sich, um[593] diese zu zerstören, zu vernichten, preiszugeben, wegzuwerfen, beiseite zu schaffen oder zu

586 Wessels/Hillenkamp/Schuhr, Strafrecht BT Teil 2, S. 57 Rdnr. 115.
587 Bosch/Schönke/Schröder, StGB, § 242 Rdnr. 15.
588 Bosch/Schönke/Schröder, StGB, § 242 Rdnr. 20 und 21.
589 BGH 5 StR 71/15 vom 30.6.2015 in NJW 2015, 2901 (2902 [4]).
590 Wessels/Hillenkamp/Schuhr, Strafrecht BT Teil 2, S. 57 Rdnr. 115.
591 BGH 3 StR 12/11 vom 5.4.2011 in StraFo 2011, 236 (237 (1)).
592 Wessels/Hillenkamp/Schuhr, Strafrecht BT Teil 2, S. 71 Rdnr. 150.
593 Wessels/Hillenkamp/Schuhr, Strafrecht BT Teil 2, S. 71 Rdnr. 151.

beschädigen, so handelt der Täter gerade nicht in der Absicht rechtswidriger Zueignung. Es liegt dann kein Einverleiben[594] vor.

Entnimmt der Täter den beweglichen Gegenstand gegen den Willen des Bewohners aus dem Bewohnerzimmer heraus, um diesen Gegenstand seinen Kollegen zu zeigen, und bringt der Täter diesen Gegenstand nach Vorführung wieder zurück, dann fehlt dem Täter die Zueignungsabsicht auch unter Berücksichtigung, dass eine Zueignungsabsicht auch bei kurzer Besitzzeit möglich ist[595]. Nimmt der Täter dagegen eine bewegliche Sache (aber kein Fahrzeug, vgl. § 248b StGB) an sich, um diese zu gebrauchen und lässt er die Sache dann am Tatort nach Gebrauch zurück, dann liegt eine Aneignung und eine Zueignung der Sache vor[596], da der Eigentümer aus seiner Position, über die Sache verfügen zu können, ausgeschlossen ist.

Entwendet eine Pflegekraft einen in einem Bewohnerzimmer unbefestigt stehenden Tresor und will sie sich nur den Tresorinhalt aneignen, so hat diese Pflegekraft im Hinblick auf den Tresor keine Zueignungsabsicht. Beinhaltet der Tresor nicht den erwarteten Schmuck, sondern lediglich persönliche Papiere des Bewohners, an denen die Pflegekraft kein Interesse hat, so liegt aus Tätersicht ein fehlgeschlagener Diebstahlsversuch vor[597].

Ein Fall des Diebstahls kann auch das Abnehmen von Schmuck einer Leiche sein, wenn der Schmuck in das Tätereigentum überführt wird. Zwar kann einem toten Menschen nichts mehr entwendet werden, allerdings geht zum Zeitpunkt des Todes das gesamte Vermögen des Verstorbenen und damit auch der Schmuck der Leiche auf die Erben des Verstorbenen über, § 1922 BGB. Der Diebstahl geschieht also gegenüber den Erben oder stellt sich bei bereits vorhandenem Gewahrsam der Pflegekraft als Unterschlagung, § 246 StGB, dar.

Die Zueignung muss rechtswidrig[598] sein und der Vorsatz in Form der Absicht, dolus directus 1. Grades, des Täters muss sich auf die

594 Bosch/Schönke/Schröder, StGB, § 242 Rdnr. 22.
595 BGH 2 StR 224/80 vom 2.7.1980 in NStZ 1981, 63.
596 Bosch/Schönke/Schröder, StGB, § 242 Rdnr. 51.
597 BGH 4 StR 609/16 vom 27.4.2017 in StV 2019, 103-Leitsatz.
598 BGH 4 StR 186/90 vom 26.4.1990 in NJW 1990, 2832 (2832).

rechtswidrige Zueignung erstrecken. Rechtswidrig[599] ist die Zueignung, wenn kein rechtlicher Anspruch auf Übereignung besteht.

6.3 Definitionen

Was **Eigentum**[600] ist, ist gesetzlich nicht definiert, sondern nur, was der Eigentümer mit einer Sache tun, d. h., wie er über die Sache und mit der Sache verfügen und verfahren darf. Der Eigentümer einer Sache kann mit dieser nach Belieben verfahren und andere von jeder Einwirkung auf die Sache ausschließen. **Fremd**[601] ist eine Sache, wenn diese nicht im Eigentum des Täters steht.

Zueignen[602] bedeutet, sich selbst oder einen Dritten durch Wegnahme der Sache als tatsächlichen Vorgang in die Position des „neuen" Eigentümers zu bringen. Durch den tatsächlichen Vorgang der Wegnahme wird der bisherige Eigentümer aus seiner Eigentümerstellung verdrängt, somit **enteignet**[603]. **Aneignen**[604] bedeutet, die Sache oder ihren Wert, wenn auch nur vorübergehend, dem eigenen Vermögen einzuverleiben im Sinne „für eigene Rechnung darüber verfügen" zu können.

7. Besonders schwerer Fall des Diebstahls, § 243 StGB

Wie schon vom Aufbau der gefährlichen Körperverletzung, § 224 StGB, als besonders schwerer Fall einer Körperverletzung her bekannt, wird auch aus einem sog. einfachen Diebstahl, § 242 StGB, ein besonders schwerer Fall, wenn der Täter beim Diebstahl eines der Regelbeispiele des § 243 Abs. 1 Nr. 1 – 7 StGB verwirklicht.

Für die Pflege von Bedeutung sind die Regelbeispiele der Nummern 1 -3 und 6 des § 243 StGB.

Die Strafe ist Freiheitsstrafe von 3 Monaten bis 10 Jahre.

599 OLG Schleswig I Ss 163/85 vom 15.7.1985 in StV 1986, 64 (64).
600 Def. Eigentum § 903 BGB: https://www.gesetze-im-internet.de/bgb/__903.html.
601 Bosch/Schönke/Schröder, StGB, § 242 Rdnr. 12.
602 Wessels/Hillenkamp/Schuhr Strafrecht BT Teil 2, S. 69 Rdnr. 146.
603 BGH 4 StR 538/14 vom 12.3.2015 in StraFo 2015, 216 (216).
604 Wessels/Hillenkamp/Schuhr, Strafrecht BT Teil 2, S. 71 Rdnr. 150.

Bezieht sich die Tat auf eine geringwertige Sache, so liegt in den Regelbeispielen des Absatzes 1 Nr. 1 – 6 der Vorschrift kein besonders schwerer Fall vor; zu Nr. 7 bleibt es bei einem schweren Fall auch dann, wenn der Wert des Diebesgutes gering ist.

Der Wert ist gering bei 30,00 EUR[605]. Die Geringwertigkeit ist aber auch bei Beträgen zwischen 51,16 EUR und 129,90 EUR zu prüfen[606].

Der Versuch ist strafbar[607].

7.1 Anwendungsbereich des § 243 StGB

Geschützt wird das Eigentum gegen Wegnahme. Die Wegnahme erfolgt durch eine besondere Begehungsweise des Diebstahls.

7.2 Besondere Art der Wegnahme

Grundsätzlich begeht der Täter einen Diebstahl, § 242 StGB, allerdings auf besondere Art und Weise.

Steigt oder dringt der Täter in ein Gebäude, Dienstraum (Büros der Wohnbereichsleitung, der Einrichtungsverwaltung) oder einen sonst umschlossenen Raum ein oder hält er sich in einem solchen Gebäude oder Raum auf oder bricht der Täter mit einem falschen Schlüssel oder Werkzeug in einen solchen Raum ein, so verwirklicht er das Regelbeispiel des § 243 Abs. 1 Nr. 1 StGB.

Entwendet der Täter den Gegenstand aus einem verschlossenen Behältnis oder einer anderen Schutzvorrichtung, die gegen eine Wegnahme besonders gesichert ist, so verwirklicht der Täter das Regelbeispiel Nr. 2 des § 243 Abs. 1 StGB; dasjenige der Nr. 3, wenn der Täter gewerbsmäßig stiehlt. Um einen schweren Fall des Diebstahls handelt es sich auch, wenn der Täter zum Diebstahl die Hilflosigkeit des Opfers ausnutzt.

Erfolgt ein Diebstahl in einem Bewohner- oder Krankenzimmer, dessen Bewohner infolge Demenz oder Krankheit hilflos ist, so liegt

605 KG Berlin 1 Ss 561/09 (1/10) vom 2.9.2010 in StraFo 2011, 65 (65).
606 OLG Hamm 2 RVs 6/14 vom 25.2.2014 in StV 2015, 210- Leitsatz und Anmerkung.
607 Bosch/Schönke/Schröder, StGB, § 243 Rdnr. 44 und 45.

ein schwerer Fall des Diebstahls vor, da diese Hilflosigkeit des Bewohners zum Diebstahl ausgenutzt wird.

In einem Bewohnerzimmer stand ein kleiner Safe, der nicht eingebaut war. Diesen Safe entwendete eine Pflegekraft mit dem Schmuck der Bewohnerin.

Der Safe war ein gegen Wegnahme besonders gesichertes Behältnis[608] und zum Zeitpunkt der Wegnahme verschlossen.

Ein **unverschlossener**[609] Safe ist kein taugliches Tatobjekt im Sinne des § 243 StGB. Unbeachtlich für den besonders schweren Fall des Diebstahls ist die Tatsache, dass der Safe weggetragen werden konnte. Das Behältnis muss nicht festverankert[610] sein.

Versteckt sich die Pflegekraft eines ambulanten Pflegedienstes in einem Zimmer eines Hauses einer ambulant zu pflegenden Person, um in diesem Haus unentdeckt Diebstähle zu begehen, handelt es sich um ebensolch einen schweren Fall wie derjenige der Pflegekraft, die die Bettlägerigkeit der zu pflegenden Person ausnutzt, um Geld im Haus oder der Wohnung zu entwenden.

Kein schwerer Fall liegt vor, wenn der Wert des Diebesguts gering ist.

Problematisch ist der tatsächliche (Verkehrs-) Wert von beweglichen Sachen zu deren immateriellen Werten. So können Erinnerungsstücke, religiöse Gegenstände einen durchaus geringeren Verkehrswert als 30,00 Euro haben, für den bestohlenen Eigentümer aber weitaus höher im Wert sein. Dies gilt gerade im Bereich der Pflege beispielsweise für Erinnerungsstücke an die Familie der zu pflegenden Person. Ist ein höherer Wert als 30,00 Euro im Einzelfall feststellbar, so können auch Erinnerungsgegenstände zu tauglichen Diebstahlsobjekten im Sinne des § 243 Abs. 1 Nr. 1 – 3, 6 StGB werden. Vergleiche auch die Ausführungen unter 7.1.

608 KG Berlin 1 Ss 465/11 vom 28.11.2011 in NJW 2012, 1093 (1094).
609 OLG Frankfurt 1 Ss 391/87 vom 22.1.1988 in NJW 1988, 3028 (3028) Bsp. Registrierkasse.
610 Fischer, StGB, § 243 Rdnr. 14.

7.3 Definitionen

Einsteigen[611] bedeutet, unter Schwierigkeiten in einen Raum oder ein Gebäude zu gelangen und dies auf einem Weg oder durch eine Öffnung, die nicht dem üblichen Zutritt dienen, bloßes Hineingreifen reicht nicht, zumindest muss der Täter einen Fuß in den Raum oder das Gebäude stellen. In ein Gebäude oder einen Raum **bricht**[612] ein Täter **ein**, indem unter Anwendung von physischer Gewalt ein Hindernis, das den Raum oder das Gebäude vor Eindringlingen schützt, beseitigt wird, ein Hineingelangen in den Raum ist nicht notwendig.

Öffnet der Täter einen Verschluss, der mit einem richtigen Schlüssel oder Werkzeug geöffnet werden soll, mit einem hierzu nicht bestimmten Schlüssel oder Werkzeug, so **dringt**[613] er mit einem falschen Schlüssel oder nicht zur ordnungsgemäßen Öffnung bestimmten Werkzeug **ein**. Der vom Berechtigten zur Öffnung nicht bestimmte Schlüssel ist **falsch**[614]; werden mehrere Schlüssel zur Öffnung benutzt, dann sind alle diese zur Öffnung bestimmten Schlüssel richtige und keiner von ihnen ein falscher Schlüssel. Ein Generalschlüssel[615], der zur Öffnung von Räumen bestimmt ist, wird nicht zu einem falschen Schlüssel, weil dem Inhaber des Generalschlüssels die Verwendung des Schlüssels untersagt wurde.

Andere Werkzeuge[616] sind solche, die nicht zur ordnungsgemäßen Öffnung bestimmt sind, die aber auf den Schließmechanismus wirken, wenn auch nicht unter Verwendung des Schlüssellochs, so z. B. Dietriche.

Umschlossener Raum[617] ist jedes Raumgebilde, das dazu bestimmt ist, von Menschen betreten zu werden und vor Zutritt geschützt ist; ein **Gebäude**[618] ist ein durch Wände und Dach mit dem

611 BGH 1 StR 319/10 vom 27.7.2010 in StV 2011, 17 (18 [5]).
612 BGH 4 StR 584/13 vom 26.2.2014 in StV 2014, 481 (482 Leitsatz 2).
613 Bosch/Schönke/Schröder, StGB, § 243 Rdnr. 10 und 13.
614 Fischer, StGB, § 243 Rdnr. 8.
615 OLG Köln III-1 RVs 48/10 vom 19.3.2010 in StraFo 2010, 300 (300 2.).
616 Fischer, StGB, § 243 Rdnr 9., BGH 2 StR 354/55 in NJW 1956, 271 (271).
617 Fischer, StGB, § 243 Rdnr. 4. BGH 1 StR 244/54 vom 28.9.1954 in NJW 1954, 1897 (1998) umschlossener Raum.
618 BGH 4 StR 126/08 vom 24.4.2008 in NStZ 2008, 514 (515 rechte Spalte).

Erdboden festverbundenes Bauwerk, das Unbefugte vom Zutritt abhalten soll.

Soweit Bewohner- oder Patientenzimmer verschlossen werden können, handelt es sich bei diesen um umschlossene Räume. Gleiches gilt für Dienstzimmer und Badezimmer einer stationären Einrichtung. Nicht gegen Zutritt verschließbare Behandlungsräume sind keine umschlossenen Räume, da zumindest ein Türschloss oder ein Türriegel angebracht sein muss, wodurch der Zutritt verhindert werden kann.

Ein Täter **hält sich** in einem Gebäude oder Raum **verborgen**[619], wenn er sich, gleich auf welche Art und Weise, vor Entdeckung versteckt. **Behältnis**[620] ist ein abschließbares Raumgebilde, das der Aufnahme und der Sicherung der darin aufbewahrten Sachen dient und nicht vom Menschen betreten werden kann, bspw. ein nicht begehbarer Tresor. **Gewerbsmäßig**[621] handelt der Täter, der sich durch wiederholte Diebstähle eine nicht nur vorübergehende Einnahmequelle verschafft.

8. Bandendiebstahl, Diebstahl mit einer Waffe, Wohnungseinbruchdiebstahl, § 244 StGB

Mit Einführung des neuen **Abs. 4 des § 244** StGB erst im Jahre 2017 sollte insbesondere der private Wohnbereich vor Einbruchsdiebstählen geschützt werden, in dem eine Mindeststrafe von 1 Jahr bis 10 Jahre Freiheitsstrafe eingeführt wurde.

Grundsätzlich werden Delikte gem. § 244 StGB mit Freiheitsstrafe von 6 Monaten bis 10 Jahre sanktioniert.

In minder schweren Fällen des Abs. 1 Nr. 1 bis 3 der Vorschrift ist ein Strafmaß von 3 Monaten bis 5 Jahre vorgesehen.

Der Versuch ist strafbar nach Abs. 2 der Vorschrift.

619 Bosch/Schönke/Schröder, StGB, § 243 Rdnr. 18 und 19.
620 BGH 2 StR 385/10 vom 5.8.2010in StV 2011, 18 (18 [4]).
621 BGH 4 StR 584/13 vom 26.2.2014 in StV 2014, 481 (482 Leitsatz 3).

8.1. Wohnungseinbruch

Mit der Aufwertung des Wohnungseinbruchs zu einem besonders schweren Fall gem. § 244 StGB geht es dem Gesetzgeber nicht um einen erhöhten Schutz von Gegenständen, sondern einer Aufwertung der Privat- und Intimsphäre[622] gerade durch das besondere Strafmaß für den Wohnungseinbruchdiebstahl.

8.2 Tathandlungen

Grundsätzlich begeht der Täter einen Diebstahl, § 242 StGB.

In den geschützten Bereich der **Wohnung** bezieht die Rechtsprechung auch Wohnmobile[623] und Wohnwagen ein, wenn diese zumindest vorübergehend Menschen zur Unterkunft dienen. Gleiches soll für Hotelzimmer[624] gelten. Der **Abs. 4**[625] schützt noch spezifischer als Abs. 1 Nr. 3 die **dauerhaft genutzte Privatwohnung**.

Die **Bewohnerzimmer**[626] in stationären Einrichtungen bilden die Privat- und Intimsphäre der zu pflegenden Menschen auf Dauer, so dass auch diese Zimmer in den Begriff der dauerhaft genutzten Privatwohnung miteinzubeziehen sind. Ebenso unterfallen Krankenzimmer zumindest dem Begriff der Wohnung im Sinne des Abs. 1 Nr. 3 der Vorschrift, wenn gar Hotelzimmer unter den Begriff der Wohnung fallen. Zur Kurzzeitpflege überlassene Zimmer einer Einrichtung unterfallen mangels des Kriteriums der Dauerhaftigkeit nicht Abs. 4, sondern erhalten den Schutz nach Abs. 1 Nr. 3 der Vorschrift.

Der Täter muss in dieses Zimmer als Wohnung einbrechen oder eindringen oder einen falschen Schlüssel zum Öffnen der Sicherung verwenden. Das Zimmer muss verschlossen sein, wobei ausreichend ist, dass der Haupteingang der Pflegeeinrichtung versperrt ist. Lü-

622 BT-Drs. 18/12359,S. 7.
623 BGH 1 StR 462/16 vom 11.10.2016 in NJW 2017,1186 (1187 [13]) zu Wohnmobil und Wohnwagen.
624 BGH 4 StR 59/01 vom 3.5.2001 in StV 2001,624 – Leitsatz für Hotelzimmer.
625 BT-Drs. 18/12359, S. 8.
626 BT-Drs. 18/12359, S. 8, AG Saalfeld 635 Js 30684/04- 2 Ds jug. vom 12.4.2005 in StV 2005, 613 (613).

cken[627] in der Absicherung sind unschädlich hinsichtlich der Verwirklichung des Tatbestandes.

Die Tatbestandsvarianten des Abs. 1 Nr. 1a und b der Vorschrift differenzieren nach der Art des Werkzeuges, das der Täter bei sich führt.

Nach Nr. 1a der Vorschrift führt der Täter ein **anderes gefährliches Werkzeug** (als eine Waffe) mit sich, nach Nr. 1b **ein sonstiges Werkzeug oder ein Mittel**. Mit dem ungefährlichen Werkzeug oder dem Mittel, das der Täter bei sich führt, will er den Widerstand der betroffenen Person brechen oder erst gar nicht entstehen lassen. Für eine Strafbarkeit nach Abs. 1 Nr. 1 der Vorschrift ist es ausreichend, dass irgendein Beteiligter der Tat eine Waffe oder ein Werkzeug im Sinne der Nr. 1a und b bei sich führt.

8.3 Definitionen

Hinsichtlich der Definitionen zu den Tatausführungen mittels **Einbrechen, Eindringen und Benutzung eines falschen Schlüssels** kann auf die Ausführungen zu § 243 StGB verwiesen werden. Bei einem **Werkzeug**[628] handelt es sich grundsätzlich um einen körperlichen Gegenstand, gleich welchen Aggregatszustands.

Gefährlich[629] ist das Werkzeug, das objektiv dazu geeignet ist, der betroffenen Person erhebliche Verletzungen zuzufügen. Hierzu reicht es nicht aus, dass das Werkzeug nur aus Sicht der betroffenen Person gefährlich ist[630]. Die Rechtsprechung[631] stellt nicht darauf ab, ob das Werkzeug gefährlich ist, sondern auf die Gefährlichkeit der Verwendung des Werkzeugs.

Bei sich führen[632] bedeutet nicht in der Hand halten oder am Körper tragen. Es reicht aus, wenn der Täter jederzeit ungehinderten Zugriff auf das gefährliche Werkzeug hat[633]. Befindet sich das Werkzeug

627 Fischer, StGB, § 243 Rdnr. 4a am Ende.
628 Bosch/Schönke/Schröder, StGB § 244 Rdnr. 4.
629 BGH 1 StR 183/98 vom 1.7.1998 in NJW 1998, 3130 (3130 b).
630 Bosch/Schönke/Schröder, StGB, § 244 Rdnr. 5.
631 Fischer, StGB, § 244 zum Überblick Rdnr. 15, zur Rechtsprechungssystematik Rdnr. 16, zu weiteren Beispielen Rdnr. 17.
632 So schon BGH 1 StR 277/65 vom 3.8.1965 in NJW 1965, 2115 (2115).
633 Fischer, StGB, § 244 Rdnr. 27.

in einem verschlossenen Behälter oder in einem anderen Raum, so besteht keine ungehinderte Zugriffsmöglichkeit und das Werkzeug wird nicht mitgeführt[634].

8.4 Diebesfallen

Diebesfallen sind ein ungeeignetes Instrument zur Überführung von Tätern eines Diebstahls. Selbst erfahrene Ermittler und Spurensicherer lehnen Diebesfallen wegen ihres mangelhaften Beweiswertes ab[635].

Da das Opfer in die Wegnahme beispielsweise seiner Geldbörse einwilligt, liegt kein Bruch fremden Gewahrsams vor, d. h. der Tatbestand wird nicht verwirklicht[636]. Zwar wird nicht der Täter ermittelt, dafür erregt die Polizei in der Einrichtung unerwünschtes Aufsehen. Eine solche Idee schadet eher als sie nutzt. Nach Rücksprache mit den Datenschützern[637] besteht allerdings die Möglichkeit einer zeitlich begrenzten Überwachung des vermeintlichen Tatorts mit Kameras. Hierbei muss die Einwilligung des Bewohners zur Kameraüberwachung vorliegen und die Privatsphäre der Besucher und des Personals ist zu wahren. Dies geschieht durch eine vertrauliche Information an den Betriebsrat. Dieses ordnungsgemäß angewandte Mittel schlägt jede Diebesfalle hinsichtlich der Beweiskraft, da das Opfer nicht in die Wegnahme, sondern nur in die Überwachung einwilligt.

9. Unterschlagung, § 246 StGB

Der Absatz 1 der Vorschrift enthält eine Subsidiaritätsklausel[638], nach der eine Strafbarkeit nach § 246 Abs. 1 StGB nur dann erfolgen soll, wenn die Tat, die Eigentumsverletzung, nicht bereits in anderen Vorschriften, die das Eigentum und das Vermögen schützen, schwerer bestraft wird.

---

634 BayObLG 5 St RR 240/98 vom 25.2.1999 in NJW 1999, 2535 (2536 3.).

635 Ergebnis aus einer Diskussion mit Beamten einer Ermittlungsgruppe zu Diebstählen.

636 Wessels/Hillenkamp/Schuhr Strafrecht BT Teil 2, S. 58 Rdnr. 118.

637 Erlaubnis von Videoüberwachung im privaten Bereich Kühling/Raab/Kühling/Buchner DS-GVO/BDSG, Art. 2 Rdnr. 27 und 28.

638 BT-Drs. 13/8587, S. 43 unten.

Die Strafe ist Geldstrafe oder Freiheitsstrafe bis 3 Jahre, es sei denn, der Täter verwirklicht den Qualifikationstatbestand des Abs. 2 der Vorschrift. Dann beträgt die Strafe Geldstrafe oder Freiheitsstrafe bis 5 Jahre.

Der Versuch ist nach Absatz 3 der Vorschrift strafbar.

Es besteht eine Strafantragspflicht gem. § 247 StGB, wenn es sich um eine Unterschlagung in der Familie, gegen den Betreuer oder Vormund handelt, oder die Unterschlagung wurde in einer häuslichen Gemeinschaft verübt.

9.1 Anwendungsbereich des § 246 StGB

Der § 246 StGB ergänzt den Eigentumsschutz für diejenigen Fälle, bei denen der Täter bereits den Gewahrsam an der beweglichen Sache hat oder ihm die Sache anvertraut wurde.

9.2 Keine Wegnahmehandlung

Der Täter einer Unterschlagung verleibt sich oder einem Dritten das Eigentum an einer Sache in sein eigenes Eigentum oder dasjenige eines Dritten ein. In der früheren Ausführung[639] des § 246 StGB kam es noch darauf an, dass der Täter bereits Besitz an der beweglichen Sache hatte. In der aktuellen Fassung des § 246 StGB ist die Tathandlung[640] jegliche Form einer rechtswidrigen Zueignung. Dies kann auch dadurch geschehen, dass der Täter sich den Sachwert (Verkaufswert) der Sache zueignet. Die Zueignung ist wie beim Diebstahl rechtswidrig, wenn der Täter keinen rechtlichen Anspruch auf das Eigentum an der Sache hat. Wie bei § 242 StGB muss es sich um eine fremde bewegliche Sache für den Täter handeln.

Eine Strafschärfung sieht Abs. 2 der Vorschrift in Form eines Qualifikationstatbestands vor.

Ist die fremde Sache dem Täter anvertraut und eignet der Täter sich diese Sache zu, so erhöht sich das Strafmaß auf 5 Jahre.

---

639 Bosch/Schönke/Schröder, StGB, § 246 Rdnr. 10.
640 Fischer, StGB, § 246 Rdnr. 4.

Das Strafantragserfordernis des § 247 StGB bezieht sich auf eine Unterschlagungshandlung innerhalb einer besonderen persönlichen Beziehung zwischen Täter und Opfer.

Ist der verletzte Eigentümer ein Angehöriger, Vormund oder Betreuer des Täters, besteht eine häusliche Gemeinschaft, so bedarf es zur Sanktion einer solchen Unterschlagung, aber auch Diebstahls, eines Strafantrags.

Die Wegnahme des Schmucks des verstorbenen Bewohners durch Abnehmen einer Kette oder Abziehen eines Rings ist mangels Gewahrsamsbruchs, aber wegen einer rechtswidrigen Zueignung des Schmucks, eine strafbare Handlung im Sinne des § 246 StGB.

9.3 Definitionen

Die Definitionen zu § 242 StGB finden auch hier ihre Anwendung. **Anvertraut**[641] ist eine bewegliche Sache, wenn dem Täter die Gewalt im Sinne der Sachherrschaft an der Sache übertragen wurde und der Eigentümer darauf vertraut, derjenige, dem die Sache anvertraut wurde, werde mit der Sache nur im Sinne des Eigentümers verfahren. Eines besonderen Vertrauensverhältnisses bedarf es hierzu nicht[642]. Gerade für die stationäre Pflege stellt sich die Frage, ob es sich bei diesen Einrichtungen um häusliche Gemeinschaften handelt. Hierunter sind Haushalts- und Wohngemeinschaften zu verstehen, soweit dieses Zusammenleben auf einem freien Entschluss beruht.

Insbesondere zählen hierzu auch die Bewohner in stationären Seniorenheimen[643], obwohl diese nicht in jedem Fall freiwillig zusammenleben müssen. Ist der gerichtlich bestellte Betreuer Opfer eines Diebstahls oder einer Unterschlagung, so muss auch in diesen Fällen ein Strafantrag zur Sanktion der Handlung gestellt werden[644].

641 Bosch/Schönke/Schröder, StGB, § 246 Rdnr. 29.

642 Fischer, StGB, § 246 Rdnr. 17.

643 BT-Drs. 7/550, S. 247 – Die Insassen eines Altenheims -.

644 Der Betreuer wurde in den Kreis der Personen des § 247 StGB durch Betreuung 1990 eingefügt: Bosch/Schönke/Schröder, StGB, Vorbemerkung zu § 247.

10. Haus- und Familiendiebstahl, § 247 StGB

Diese Vorschrift trägt den besonderen Verhältnissen von Tätern und Opfern Rechnung.

Für Diebstähle und Unterschlagungen, die innerhalb der in der Vorschrift aufgeführten engen menschlichen Verhältnisse geschehen, sollen nur auf Antrag verfolgt werden, d. h., zunächst kommt der Staat seinem Sanktionsmonopol nicht nach, das er in den sonstigen Eigentums- und Vermögensdelikten ausübt, sondern überlässt die Frage der Sanktionsbedürftigkeit der Eigentumsverletzung den beteiligten Personen.

10.1 Anwendungsbereich

Diese Vorschrift gehört zu den Straftatbeständen, die das Eigentum gegen Angriffe schützen, nicht aber das Vermögen.

10.2 Diebstahl innerhalb der Einrichtung

Die Tathandlungen sind diejenigen der §§ 242 ff. – 246 StGB. Das Besondere an dieser Vorschrift sind die handelnden Personen.

Zunächst benennt die Vorschrift Angehörige im Sinne der Legaldefinition des § 11 Abs. 1 Nr. 1 StGB.

Im Verhältnis des Vormunds oder Betreuers untersteht nur die Tat der zu betreuenden Person unter dem Strafantragsprivileg. Diebstahl und Unterschlagungshandlungen des Vormunds oder Betreuers gegenüber dem Eigentum der zu betreuenden Person sind von dem Strafantragsprivileg ausgenommen[645].

Die häusliche Gemeinschaft[646] ist auf Dauer angelegt und die Personen dieser Gemeinschaft haben sich weitgehend freiwillig, d. h. sich nicht ausschließlich aufgrund öffentlich-rechtlicher Vorschriften in der Gemeinschaft zusammengefunden. Hierin einbezogen sind Bewohner eines Internats, eines Klosters und eines Seniorenheims, nicht

645 Bosch/Schönke/Schröder, StGB, § 247 Rdnr. 5.
646 BGH 4 StR 204/79 vom 12.7.1979 in NJW 1979, 2055 (2055a).

hingegen Strafgefangene, Soldaten und in Krankenhäuser eingewiesene Personen[647].

10.3 Definitionen

Grundsätzlich gelten die Definitionen zu den vorangestellten Vorschriften. Der Betreuer findet seine Erklärung in § 1896 ff. BGB, der Vormund in § 1173 ff. BGB.

Verletzter[648] kann nur der jeweilige Eigentümer der fremden beweglichen Sache sein.

647 Fischer, StGB, § 247 Rdnr. 2.
648 Bosch/Schönke/Schröder, StGB, § 247 Rdnr. 10.

IV. Sexualstrafrecht

Taten gegen die sexuelle Selbstbestimmung

Nicht nur Träger mit Einrichtungen der Kinder- und Jugendpflege sind in den letzten Jahren äußerst sensibilisiert für Themen der Gewalt, insbesondere sexueller Gewalt, gegenüber Kindern und Jugendlichen[649].

Einer Entscheidung des LG Essen[650] hinsichtlich der Frage, ob ein Heimvertrag gekündigt werden kann, lag ein sexueller Übergriff eines Bewohners der Einrichtung gegenüber einer Bewohnerin der Einrichtung zugrunde.

Auch sind Fälle sexueller Übergriffe von Bewohnern gegenüber weiblichen Pflegekräften bekannt. In diesen Fällen sind die Träger gehalten, Maßnahmen zum Schutz ihrer Mitarbeiter zu treffen. Dies kann dadurch geschehen, dass die entsprechenden Bewohnerzimmer nach Möglichkeit nur noch von männlichen Pflegekräften aufgesucht werden oder weibliche Pflegekräfte das entsprechende Zimmer nur noch gemeinsam betreten. Ein Träger muss auch als letzte Möglichkeit die Kündigung des Wohn- und Betreuungsvertrages prüfen und aussprechen, wenn die Fortsetzung des Mietverhältnisses für Mitbewohner und Pflegekräfte unzumutbar wird[651].

Bisher galt der Grundsatz, die Einwilligung oder das Einverständnis schließen die Rechtswidrigkeit bzw. Tatbestandsmäßigkeit aus. Das gilt für Straftaten nach dem 13. Abschnitt des StGB nicht in jedem Fall. Bei Missbrauchsdelikten der §§ 174 bis 184j StGB schließt das Einverständnis oder die Einwilligung des Tatopfers die Rechtswidrigkeit oder Tatbestandsmäßigkeit der Tat dann nicht aus, wenn aufgrund bestimmter Umstände, die in der Person des Opfers liegen müssen, die

---

649 Vgl. zur Berichterstattung http://www.zeit.de/2010/13/DOS-Missbrauch-Schweigen-Odenwald-Internat.

650 LG Essen 1 O 181/12 vom 18.3.2013 in NZM 2014, 554 (555).

651 LG Essen 1 O 181/12 vom 18.3.2013 in NZM 2014, 554 (555).

tatsächliche freie und selbstbestimmte Willensbildung zur Einwilligung in sexuelle Handlungen fraglich ist[652].

Die Taten des 13. Abschnitts des StGB müssen, soweit diese Kinder und Jugendliche betreffen, dem Jugendamt gemeldet werden, § 47 Nr. 2 SGB VIII.

Das deutsche Strafrecht[653] differenziert die Tatbestände des Sexualstrafrechts danach, ob die Taten an Kindern, Jugendlichen, kranken oder hilfsbedürftigen Personen oder Erwachsenen verübt werden. Dies geschieht im 13. Abschnitt des StGB in insgesamt 31 Vorschriften. Dargestellt werden nachfolgend die Tatbestände, die einen spezifischen Bezug zur Pflege aufweisen.

Die freie sexuelle Selbstbestimmung als Teil des Persönlichkeitsrechts wird durch den 13. Abschnitt des StGB geschützt[654]. Nicht geschützt werden durch diese Vorschriften die Sittlichkeit, Ehre und das allgemeine sexuelle Empfinden[655].

1. Sexueller Missbrauch von Schutzbefohlenen, § 174 StGB

Die Vorschrift des § 174 StGB unterscheidet hinsichtlich des Strafmaßes danach, ob es zu einem körperlichen Kontakt zwischen Täter und Opfer kam und nach dem Alter des Opfers.

So sehen Nr. 1 und 2 des Absatzes 1 der Vorschrift eine Freiheitsstrafe in Höhe von 3 Monaten bis 5 Jahre vor, wenn die Tat an einer Person unter 16 Jahren, aber auch unter 18 Jahren verübt wurde.

Für Taten gegenüber Personen, die in Einrichtungen leben und nicht älter als 18 Jahre, aber auch jünger als 16 Jahre sind, wird ein ebensolches Strafmaß angesetzt wie bei strafbaren Handlungen nach Abs. 1 der Vorschrift, Freiheitsstrafe 3 Monate bis 5 Jahre.

652 Siehe zur Wechselwirkung des Rechts auf sexuelle Selbstbestimmung bei gleichzeitiger Schutzbedürftigkeit wegen mangelnder Abwehrmöglichkeiten der Tat: Fischer, StGB, vor § 174 Rdnr. 9a. Ablehnend für Missbrauchsfälle: BGH 4 StR 669/10 vom 14.4.2011 in StV 2012, 663 (666 [33-34]).

653 BT-Drs.VI/3521, S. 18, 19.

654 Fischer, StGB, vor § 174 Rdnr. 5, Eisele/Schönke/Schröder, vor §§ 174 ff. Rdnr. 1a und b.

655 Fischer, StGB, vor § 174 Rdnr. 6.

In den Tatvarianten der Absätze 1 und 2 der Vorschrift ist Voraussetzung einer Straftat ein körperlicher Kontakten zwischen Täter und Opfer, was bei Absatz 3 der Vorschrift nicht Voraussetzung ist und sich insoweit im niedrigeren Strafmaß, Geldstrafe oder Freiheitsstrafe bis 3 Jahre, ausdrückt.

In allen Tatvarianten wird bereits die versuchte Tatbegehung nach Abs. 4 der Vorschrift bestraft.

Gänzlich von Strafe kann abgesehen werden, wenn in den Fällen des Abs. 1 Nr. 1, Abs. 2 Nr. 1 oder Abs. 3 i. V. m. Abs. 2 Nr. 1, das Unrecht der Tat gering ist.

Die Taten nach § 174 StGB sind Sonderdelikte[656], da nur bestimmte Personen und nicht die Allgemeinheit als Täter in Frage kommen. Es muss eine Beziehung zwischen Täter und Opfer bestehen, was bei den einzelnen Tathandlungen dargestellt wird.

1.1. Missbrauch von Kindern und Jugendlichen

Geschützt wird durch § 174 StGB die sexuelle Selbstbestimmung und sexuelle Entwicklung von Kindern und Jugendlichen, die sich in Abhängigkeitsverhältnissen befinden, in denen sich die Gefahr eines Missbrauchs der besonderen Abhängigkeitssituation zum Nachteil der sexuellen Selbstbestimmung und sexuellen Entwicklung der Kinder und Jugendlichen verwirklichen kann[657].

1.2 Tathandlungen § 174 StGB

1.2.1 Obhutsverhältnis, § 174 Abs. 1 Nr. 1 u. 2 StGB

Sexueller Missbrauch liegt vor, wenn der Täter seine besondere Stellung als Autoritäts- oder aber auch Vertrauensperson gegenüber dem Opfer, die er aufgrund eines Beratungs-, Behandlungs- oder Betreuungsverhältnisses kraft Gesetz oder privatrechtlicher Vereinbarung (Behandlungsvertrag) innehat, ausnutzt, um seine sexuell motivierten Ziele zu erreichen[658].

---

656 Fischer, StGB, § 174 Rdnr. 18.

657 BT-Drs. 18/2601, S. 20.

658 BGH 1 StR 24/16 vom 29.6.2016 in StV 2017, 382 (384 [23]).

Die Vorschrift beschreibt den Tatbestand des sexuellen Missbrauchs von Personen unter 16 Jahren (= Jugendliche) und unter 18 Jahren (= Heranwachsende), die dem Täter zur Erziehung, Ausbildung oder Betreuung in der Lebensführung **konkret anvertraut** sind.

Bei § 174 StGB handelt es sich um ein sog. Sonderdelikt[659], da sowohl Täter als auch Opfer einer bestimmten Personengruppe angehören müssen, entweder als schutzbefohlene Person oder Schutz zu gewährende Person.

In der Jugend- wie auch Kinderpflege ist das Anvertrautsein im Rahmen eines Obhutsverhältnisses zur Betreuung in der Lebensführung der Jugendlichen tatbegründende Voraussetzung. Das Obhutsverhältnis ergibt sich in diesen Fällen aus den Hilfevorschriften des SGB VIII – Kinder- und Jugendhilfe[660].

Entscheidend für die Strafbarkeit nach dieser Vorschrift ist, ob eine Beziehung zwischen Täter und Opfer besteht, aufgrund derer der Täter die Erziehung und Lebensführung des Jugendlichen oder Heranwachsenden zu überwachen hat[661] und durch ein Über- und Unterordnungsverhältnis ein Abhängigkeitsverhältnis begründet wird[662].

Täter[663] können sein: Sozialarbeiter, Sozialtherapeuten und Erzieher in stationären Einrichtungen sämtlicher Träger der Jugend- und Kinderhilfe gem. SGB VIII, aber auch Betreuer, denen auch die Personenfürsorge übertragen wurde, weiterhin Lehrkräfte und Ausbildungspersonen in Betrieben. Nicht dagegen der Hausmeister einer Einrichtung, da diesem nicht die Personenfürsorge als eigentliche Aufgabe obliegt.

Zur Verwirklichung des Tatbestandes **Abs. 1 Nr. 1** bedarf es lediglich des bestehenden Obhutsverhältnisses, innerhalb diesem der Täter die sexuellen Handlungen vornimmt oder an sich vornehmen lässt. **Das Anvertrautsein ist zur Strafbarkeit ausreichend.**

Der Täter des Tatbestandes **Abs. 1 Nr. 2** muss die aus dem Obhutsverhältnis heraus bestehende Abhängigkeit der schutzbefohlenen Person nutzen, um sexuelle Handlungen an sich vornehmen zu lassen

659 Fischer, StGB, § 174 Rdnr. 3.
660 Gesetzestext SGB VIII: https://www.gesetze-im-internet.de/sgb_8/.
661 BGH 4 StR 503/13 vom 6.5.2014 in StV 2014, 730 (731 [12]).
662 BGH 3 StR 12/11 vom 5.4.2011 in StraFo 2011, 236 (236b).
663 Zum Überblick: Eisele in Schönke/Schröder, § 174 Rdnr. 9.

oder an der schutzbefohlenen Person vorzunehmen[664]. Erreicht der Täter die sexuellen Handlungen nur aufgrund der sich aus dem Obhutsverhältnis ergebenden Abhängigkeit des Schutzbefohlenen, so missbraucht er das Abhängigkeitsverhältnis[665].

Ein **Verhältnis zwischen Personen** kann nur dann entstehen, wenn den Beteiligten **bewusst ist**, dass diese in ein besonderes Verhältnis eintreten oder sich aufgrund von richterlichen Beschlüssen oder sonstigen Verwaltungsverfügungen in einem besonderen Verhältnis befinden. Mangelt es dem Tatopfer an diesem Bewusstsein, entsteht kein Obhutsverhältnis; die Tatbestände des § 174 Abs. 1 Nr. 1 und 2 StGB sind dann nicht erfüllt[666].

Ist das Unrecht (nicht die Schuld) der Tat im Sinne von § 174 Abs. 1 Nr. als gering anzusehen, so kann von Strafe abgesehen werden.

1.2.2 Missbrauch in Einrichtungen, § 174 Abs. 2 Nr. 1 und 2 StGB

Bei Jugendlichen unter 16 Jahren, die sich in einer Einrichtung befinden, kommt es zur Tatbestandsverwirklichung im Sinne des **Abs. 2 Nr. 1** nicht darauf an, dass der Täter das **tatsächlich konkret bestehende** Abhängigkeitsverhältnis ausnutzt. Vielmehr reichen jegliche sexuellen Handlungen innerhalb des Abhängigkeitsverhältnisses zur Verwirklichung[667] der Tatbestandsmerkmale aus. Eine Strafbarkeit besteht auch dann, wenn die Initiative von dem Schutzbefohlenen ausgeht oder ein Einverständnis vorliegt. Dieses **Einverständnis**[668] ist wegen der Gefahr der Einschränkung der Willensbildungsfreiheit in Konstellation des Über- und Unterordnungsverhältnisses **ausgeschlossen**.

Auch bei dieser Vorschrift handelt es sich um ein Sonderdelikt, da auch hier ein Obhutsverhältnis im Sinne des Abs. 1 besteht, das in dieser Tatbestandsalternative jedoch nicht ausgenutzt werden muss.

Entgegen den Vorschriften des § 174 Abs. 1 Nr. 1 u. 2 StGB, bei denen eine konkrete Zuordnung der schutzbefohlenen Person zum Täter bestehen muss, erfasst § 174 Abs. 2 StGB **sämtliche Über- und Unter-**

664 Eisele/Schönke/Schröder, § 174 Rdnr. 17.
665 BT-Drs. VI/3521, S. 22.
666 BGH 4 StR 228/17 vom 5.7.2017 in StV. 2018, 226 – Leitsatz 3.
667 Eisele/Schönke/Schröder, § 174 Rdnr. 16.
668 Fischer, StGB, vor § 174 Rdnr. 9a; Eisele/Schönke/Schröder, StGB, § 174 Rdnr. 18.

ordnungsverhältnisse, die sich zwischen Erwachsenen und Jugendlichen und Kindern in Einrichtungen ergeben, auch ohne den Umstand, dass dem Täter gerade das Opfer zur Erziehung, Ausbildung oder Betreuung in der Lebensführung anvertraut ist[669]. Zur Tatbestandsverwirklichung des Abs. 2 Nr. 1 muss der Täter das Abhängigkeitsverhältnis **nicht** missbrauchen oder seine Autoritätsstellung ausnutzen. Es ist ausreichend[670] zur Strafbarkeit, dass der Täter sexuelle Handlungen vornimmt oder an sich vornehmen lässt, ohne dass er hierzu die besondere Stellung oder das Obhutsverhältnis nutzt.

Ist das Tatopfer eine Person unter 18, aber über 16 Jahren, so muss der Täter im Sinne des § 174 **Abs. 2 Nr. 2** StGB seine **allgemeine Stellung** als Autoritätsperson in der Einrichtung **ausnutzen**, um den Tatbestand zu verwirklichen[671].

Da es nicht auf eine konkrete Beziehung zwischen Täter und Opfer im Sinne einer Zuordnung ankommt, reicht ein allgemeines Abhängigkeitsverhältnis, das sich aus der Stellung des Täters als Erzieher der Einrichtung darstellen kann, aus. Allerdings bedeutet „ausnutzen" mehr als ein zufälliges Zusammentreffen[672]. Den Tatbeteiligten muss der Zusammenhang des Über- und Unterordnungsverhältnisses und den gerade hierin vollzogenen sexuellen Handlungen bekannt sein[673]. Sexuelle Handlungen der Absätze 1 und 2 der Vorschrift bedürfen des körperlichen Kontakts, da diese nach dem Gesetzestext an Täter und Opfer ausgeführt werden.

1.2.3 Ohne gegenseitigen Körperkontakt, § 174 Abs. 3 StGB

Während die Absätze 1 und 2 einen körperlichen Kontakt zwischen Opfer und Täter verlangen, geht Abs. 3 von einer sexuellen Erregung des Täters, aber auch des Opfers aus, die aufgrund von sexuellen Handlungen entstehen, die sowohl Täter als auch Opfer an sich selbst

669 BT-Drs. 18/2607, S. 27: „Es handelt sich um ein strukturelles, Institutionen innewohnendes Macht- und Autoritätsgefälle, das es geraten erscheinen lässt, diese Institutionen von sexuellen Beziehungen im grundsätzlichen Über- und Unterordnungsverhältnis insoweit freizuhalten, als Jugendliche daran beteiligt sind.".

670 BGH 4 StR 503/13 vom 6.5.2014 in StV 2014, 730 (731 [12]).

671 BT-Drs. 18/2601, S. 27.

672 Fischer, StGB, § 174 Rdnr. 15b.

673 Eisele/Schönke/Schröder, § 174 Rdnr. 17.

vornehmen. Der Täter nimmt sexuelle Handlungen vor dem Schutzbefohlenen an sich vor.

Der Täter muss das Opfer allerdings dazu bestimmen, die sexuelle Handlung an sich selbst vorzunehmen. Nimmt das Opfer die sexuelle Handlung an sich vor, ohne vom Täter hierzu in irgendeiner Weise bestimmt worden zu sein, wird der Tatbestand nicht verwirklicht[674].

Entweder Täter oder Opfer, aber auch beide gemeinsam, sollen durch die Vornahme der sexuellen Handlungen sexuell erregt werden. Die sexuelle Erregung ist das Ziel der sexuellen Handlung, was sich aus der Textformulierung „um zu", Abs. 3 Nr. 2 1. Hs, als Absichtsform[675] ergibt. Weiterhin müssen zur Tatbestandsverwirklichung des Abs. 3 nach dem Wortlaut des Gesetzes die besonderen Tatbestandsmerkmale entweder des Abs. 1 oder des Abs. 2 der Vorschrift erfüllt sein.

Zur Tatbestandsverwirklichung des Abs. 3 muss der Täter das Abhängigkeitsverhältnis **nicht** missbrauchen oder seine Autoritätsstellung ausnutzen[676].

1.2.4. Absehen von Strafe, § 174 Abs. 5 StGB

Einerseits wurde das Sexualstrafrecht[677] reformiert und Strafbarkeitslücken geschlossen, anderseits kann unter Umständen bei § 174 StGB von Strafe abgesehen werden.

Ist das Unrecht der Tat gering, so erfolgt in den Fällen der Abs. 1 Nr. 1, Abs. 2 Nr. 1, Abs. 3 i. V. m. Abs. 2 Nr. 1 keine Strafe[678]. Von Strafe kann abgesehen werden, wenn sich Täter und Opfer außerhalb der Einrichtung kennenlernen und sich innerhalb der Einrichtung nicht begegnen oder jedenfalls nicht in einem innigen Autoritätsverhältnis innerhalb der Einrichtung stehen[679].

Zum Schutz der Jugendlichen im Sinne des § 174 StGB wird eine Einwilligungsunfähigkeit[680] der Jugendlichen hinsichtlich ihrer sexuel-

---

674 Siehe hierzu BT-Drs.7/514, S. 5 unten/ 6 oben, Eisele/Schönke/Schröder, StGB § 174 Rdnr. 27.

675 Eisele/Schönke/Schröder, StGB, § 174 Rdnr. 29.

676 Fischer, StGB, § 174 Rdnr. 15c.

677 Spiellecke, Das neue Sexualstrafrecht, StraFo 2018, 361 ff..

678 BT-Drs. 18/2601, S. 28 dort Buchstabe e.

679 BGH 4 StR 503/13 vom 6.5.2014 in StV 2014, 730 (731 [13]).

680 BT-Drs.18/2601, S. 28 dort Buchstabe e.

len Selbstbestimmung und Entwicklung gesetzlich angenommen aufgrund des besonderen Abhängigkeitsverhältnisses. Besteht diese Fiktion der Einwilligungs**un**fähigkeit nicht, so kann von Strafe abgesehen werden. Diese Möglichkeit besteht, wenn der Jugendliche seine Handlungen in ihrer Bedeutung und Tragweite für sich selbst einschätzen kann oder auch in ernsthaften Liebesbeziehungen; es reicht nicht aus, dass die Schuld gering ist[681].

1.3 Definitionen

Anvertrautsein[682] bedeutet, der Jugendliche oder Heranwachsende wurde dem Täter zur Verantwortung überlassen und dem Täter obliegt die Obhut über die ihm per Gesetz oder sonstigen Akt überantwortete Person. Entscheidend ist, dass nach den konkreten Umständen ein Verantwortungsverhältnis besteht, kraft dessen dem Täter das Recht und die Pflicht obliegen, die Lebensführung des Jugendlichen und damit dessen geistig-sittliche Entwicklung zu leiten und zu überwachen[683].

Ein **Obhutsverhältnis**[684] ist dann gegeben, wenn ein Abhängigkeitsverhältnis im Sinne einer Über- und Unterordnung besteht, die den persönlichen, allgemeinen menschlichen Bereich des Jugendlichen oder des Kindes umfasst und in dem einer Person das Recht und die Pflicht obliegt, die Lebensführung und damit Entwicklung des Kindes oder des Jugendlichen zu leiten und zu überwachen.

Was **sexuelle Handlungen**[685] sind, definiert das Gesetz nicht eindeutig.

In § 184h StGB wird beschrieben, dass sexuelle Handlungen solche sind, die mit Blick auf **das jeweils geschützte Rechtsgut** (Schutzzweck) von einiger Erheblichkeit sind. Sexuelle Handlungen vor einer anderen Person sind nur solche, die vor einer Person ausgeführt werden, die diesen Vorgang auch wahrnimmt.

---

681 Eisele/Schönke/Schröder, StGB, § 174 Rdnr. 33.
682 Eisele/Schönke/Schröder, StGB, § 174 Rdnr. 10.
683 BGH 3 StR 12/11 vom 5.4.2011 in StraFo 2011, 236 (236a).
684 BGH 4 StR 228/17 vom 5.7.2017 in StV 2018, 226- Leitsatz.
685 El Gahazi, Das Schicksal der sexuellen Handlung nach der Reform des Sexualstrafrechts, StV 2018, 250 ff..

Welche sexuellen Handlungen erheblich sind oder nicht, ergibt sich aus einer umfassenden Rechtsprechung[686]. Jedenfalls muss die sexuelle Handlung eine nach Art, Intension und Dauer sowie nach sozialethischen Maßstäben nicht mehr hinzunehmende Rechtsgutverletzung darstellen[687].

Auch bei Kindern und Jugendlichen sind Handlungen, bezogen auf das jeweils geschützte Rechtsgut, nicht erheblich[688] im Sinne des § 184 StGB, wenn es sich nur um kurze oder unbedeutende Berührungen handelt.

Einrichtungen[689] sind organisatorische Institutionen, die der Erziehung, Ausbildung oder Betreuung in der Lebensführung von Personen unter 18 Jahren dienen und in denen das Verhältnis zu ihren Benutzern einer einheitlichen rechtlichen Regelung unterliegt, wobei es ohne Bedeutung ist, ob es sich um einen öffentlich-rechtlichen oder privaten Träger handelt und ob die Benutzung auf einer öffentlich-rechtlichen oder privatrechtlichen Grundlage erfolgt.

Missbrauch[690] einer Abhängigkeitssituation liegt vor, wenn der Täter seine Macht und Überlegenheit, die er als Angestellter oder Mitglied der Einrichtung innehat, als Mittel zur Erreichung seiner sexuellen Ziele einsetzt.

Eine **sexuelle Handlung wird vorgenommen**[691], wenn das Opfer oder der Täter einen tatsächlichen körperlichen Kontakt hat, der eine sexuelle Handlung im Sinne des § 184h StGB darstellt.

Lässt der Täter an sich sexuelle Handlungen vornehmen, so ist darunter nicht lediglich ein rein passives Verhalten zu verstehen. Vielmehr bringt der Täter das Opfer gerade zur Vornahme der sexuellen Handlungen, wobei er hierzu seine besondere Stellung gegenüber dem

686 Einen Überblick vermittelt: BGH 3 StR 87/17 vom 4.5.2017 in StV 2018, 240 (241 [8]).

687 BGH 3 StR 122/17 vom 16.5.2017 in StV 2018, 237 [5]).

688 BGH 3 StR 87/17 vom 4.5.2017 in StV 2018, 240 (241[9]).

689 BT-Drs. 18/2601, S. 28.

690 Zur Definition: https://beauftragter-missbrauch.de/praevention/was-ist-sexueller-missbrauch/definition-von-sexuellem-missbrauch/; BT-Drs. VI/3521, S. 26.

691 Fischer, StGB, § 174 Rdnr. 12.

Opfer nutzt (Abs. 2)[692]. Ein Ermuntern oder Bestärken in oder zur Vornahme der Handlung reicht aus[693].

Unter **Bestimmen**[694] zur Vornahme der sexuellen Handlungen wird verstanden, dass der Täter in dem Opfer den Entschluss zur Vornahme der sexuellen Handlung hervorruft. Bestimmen umfasst jegliche Mitverursachung, insbesondere auch durch Versprechen, Überreden, Täuschen und auch die Anwendung von Zwang[695].

Betreuung in der Lebensführung[696] bedeutet, der Täter ist für eine gewisse Dauer für das körperliche und psychische Wohl des Minderjährigen verantwortlich.

Erziehung[697] ist die Überwachung der geistig-sittlichen Entwicklung des Minderjährigen.

Abhängigkeit[698] bedeutet, dass das Wohl und Wehe der minderjährigen Person von dem Erwachsenen abhängig ist und das Opfer dies aus dem Verhalten des Täters erkennt. Eine Gewalt wie im Sinne des § 240 StGB ist nicht erforderlich.

Ausbildung[699] ist im Sinne von Wissensvermittlung in allgemeinbildenden Schulen und Berufsschulen sowie Ausbildungsbetrieben zu verstehen.

2. Sexueller Missbrauch von auf behördliche Anordnung verwahrte Personen § 174a Abs. 1 S. 1 2. Alt. StGB und Sexueller Missbrauch von Kranken und Hilfsbedürftigen in Einrichtungen § 174a Abs. 2 StGB

Mit dieser Vorschrift sollen Personen, die in Gefängnissen oder geschlossenen Einrichtungen aufgrund eines Urteils, Beschlusses oder Verwaltungsakts untergebracht sind, ebenso wie diejenigen Personen,

692 Eisele/Schönke/Schröder, StGB, § 174 Rdnr. 17.
693 BGH 2 StR 13/14 vom 9.7.2014 in StV 2014, 732 (733 [10]) zu § 176 StGB.
694 BGH 4 StR 577/00 vom 30.1.2001 in StV 2001, 406 (406).
695 BGH 4 StR 400/99 vom 20.1.2000 in StV 2000, 260 (260).
696 OLG Zweibrücken 1 Ss 74/95 vom 27.10.1995 in NJW 1996, 330 (331).
697 Eisele/Schönke/Schröder, StGB, § 174 Rdnr. 6.
698 BT-Drs. VI/3521, S. 22.
699 BT-Drs. VI/3521, S. 21.

die als Hilfsbedürftige in Einrichtungen leben, vor sexuellen Übergriffen geschützt werden.

Auch diese Vorschrift ist ein Sonderdelikt[700], da Opfer dieser Taten nach **Abs. 1 S. 1 2. Alt.** nur Personen sein können, die sich auf behördliche Anordnung, **somit nicht notwendig freiwillig,** in der Einrichtung befinden. Täter können nur Personen sein, denen das Opfer anvertraut ist. Es besteht ein offizielles, institutionelles Verhältnis zwischen Täter und Opfer. Täter muss nicht zwangsläufig eine Pflegeperson im engeren Sinne sein. Täter können auch Sozialarbeiter, Lehrer oder Werkmeister in Behindertenwerkstätten, aber auch Masseure oder medizinische Bademeister sein, die zur Betreuung von Personen, die in psychiatrischen Einrichtungen aufgrund einer hoheitlichen Anordnung untergebracht sind, befugt sind.

Dagegen schützt **Abs. 2** zu pflegende Personen in stationären Einrichtungen, die dort aufgenommen sind. Die Vorschrift ist nicht auf ambulante Dienste[701] anwendbar, allerdings auf teilstationäre[702] Einrichtungen.

Vom Text der Vorschrift her kann angenommen werden, dass Opfer dieser Straftaten nur kranke oder hilfsbedürftige Personen sein können, die stationär, also über Nacht, in einer Einrichtung aufgenommen sind. Der Gesetzgeber[703] bestimmt allerdings den Anwendungsbereich dieser Vorschrift auch für Personen, die teilstationär aufgenommen sind, sich also nur vorübergehend in einer Einrichtung aufhalten. Ausgenommen von dieser Vorschrift bleiben zu pflegende Personen, die ambulant gepflegt werden oder in Formen des betreuten Wohnens leben.

Die Strafe ist ausschließlich in Form einer Freiheitsstrafe von 3 Monaten bis 5 Jahre vorgesehen und keine Geldstrafe mehr. Nach Abs. 3 der Vorschrift ist der Versuch strafbar.

---

700 Fischer, StGB, § 174a Rdnr. 3.

701 Zu häuslicher Pflege und „Essen auf Rädern“ siehe Eisele/Schönke/Schröder, StGB, § 174a Rdnr. 8.

702 Fischer, StGB, § 174a Rdnr. 7a.

703 BT-Drs. 15/350, S. 16.

2.1 Schutz von kranken und hilfsbedürftigen Personen, § 174a StGB

Diese Vorschrift schützt kranke und hilfsbedürftige Personen, die in eine Einrichtung aufgenommen oder in einer Einrichtung untergebracht werden, in ihrer sexuellen Selbstbestimmung. Geschützt wird aber auch das Vertrauen[704] der Allgemeinheit in die Redlichkeit und Integrität der Pflege- bzw. Aufsichtspersonen.

Letztlich schützt § 174a StGB aber auch den Tagesablauf in den Einrichtungen vor Störungen und das Vertrauen der Allgemeinheit in einen störungsfreien Betrieb dieser Einrichtungen[705].

2.2 Anvertrautsein

Nach **§ 174a Abs. 1 S. 1 2. Alt.** nimmt der Täter sexuelle Handlungen an einer ihm anvertrauten Person vor oder lässt diese sexuelle Handlungen an sich vornehmen. Die Tat geschieht, indem der Täter seine Stellung gegenüber dem Opfer missbraucht. Das Opfer ist dem Täter zur Erziehung, Ausbildung, Beaufsichtigung oder Betreuung anvertraut.

Eine Strafbarkeit nach **Abs. 1** setzt voraus, dass das Opfer sich aufgrund einer behördlichen Anordnung in der Einrichtung befindet. In den Fällen, in denen die Unterbringung mit einer Einschränkung der persönlichen Freiheit (Art. 2 Abs. 2 S. 2 GG) einhergeht, bedarf es hierzu eines hoheitlichen Aktes in Form einer richterlichen Entscheidung[706]. Die Unterbringung eines Jugendlichen aufgrund § 34 SGB VIII[707] erfolgt nicht aufgrund einer behördlichen Anweisung[708].

Nach der Tathandlung des **§ 174a Abs. 2** sind die Opfer dem Täter ebenfalls anvertraut zur Beaufsichtigung oder Betreuung. Allerdings geschehen hier die Taten unter **Ausnutzung der Krankheit oder Hilfsbedürftigkeit der zu pflegenden Personen.** Die zu pflegenden, hilfsbedürftigen oder kranken Personen sind in einer stationären Ein-

---

704 BT-Drs. VI/3521, S. 25.

705 Eisele/Schönke/Schröder, StGB, § 174a Rdnr. 1, Fischer, StGB, § 174a Rdnr. 2.

706 BGH 3 StR 532/14 vom 28.4.2015 in StV 2017, 38 (38 [5]).

707 Vgl. zum Gesetzestext des § 34 SGB VIII: https://www.gesetze-im-internet.de/.

708 BGH 3 StR 532/14 vom 28.4.2015 in StV 2017, 38 (39[9]).

richtung aufgenommen, was aufgrund eines privatrechtlichen Vertrages oder einer ärztlichen Einweisung geschieht.

Der Täter nutzt die Krankheit oder Hilflosigkeit des Opfers zur Tat aus.

Die Tat kann durch Mitglieder der Institution/Einrichtung auch außerhalb der Einrichtung geschehen, da auch teilstationäre Einrichtungen vom Schutzzweck der Norm[709] umfasst sind.

Aufgrund dieser Vorschrift machte sich ein Sozialarbeiter einer Behindertenwerkstatt strafbar, der eine ehrenamtliche Musikgruppe, bestehend aus teilstationär untergebrachten Personen, leitete, als er anlässlich einer Musikprobe in seinem Haus an einer jungen, in dieser Einrichtung betreuten Frau, sexuelle Handlungen ausführte. Hierbei nutzte der Sozialarbeiter seine Stellung als Gruppenleiter der Musikgruppe aus.

Selbst bei Vorspiegeln einer sexuellen Handlung als notwendige pflegerische Leistung in dem Wissen, das Opfer betrachte die Maßnahme als notwendig, liegt ein Ausnutzen[710] der Hilflosigkeit vor.

Der Missbrauch ist auch dann nicht ausgeschlossen, wenn das Opfer in die sexuellen Handlungen einwilligt, weil es davon ausgeht, die eigentliche pflegerische oder ärztliche Maßnahme sei notwendig[711]. Ein solcher Fall ereignete sich in einer Pflegeeinrichtung. Die männliche examinierte Pflegekraft rasierte eine Bewohnerin im Intimbereich mit der Begründung, dies sei aus hygienischen Gründen notwendig. Die Bewohnerin ließ diesen Vorgang zu, da diese darauf angewiesen war, auch von dieser Pflegekraft gewaschen zu werden, obwohl sie gegen diese Rasur durch eine männliche Pflegekraft war. Es stellte sich heraus, dass die Rasur weder objektiv notwendig war, noch hatte die Pflegekraft die angeblich notwendige Maßnahme in der Teambesprechung angesprochen, um die Möglichkeit zu eröffnen, die Rasur durch eine weibliche Pflegekraft vornehmen zu lassen. Die männliche Pflegekraft gab in einem Gespräch dann auch zu, dass die Rasur aus seiner Sicht ausschließlich sexuell bestimmt war.

709 Eisele/Schönke/Schröder, StGB, § 174a Rdnr. 8.

710 Fischer, StGB, § 174a Rdnr. 11.

711 BGH 4 StR 669/10 vom 14.4.2011 in StV 2012, 663 (665[27]).

2.3 Definitionen

Eine Person ist aufgrund **behördlicher Anordnung** in einer Einrichtung aufgenommen, wenn diese sich aufgrund eines gerichtlichen Urteils oder Beschlusses in der Einrichtung aufhält[712].

Die Unterbringung einer zu pflegenden Person in einer stationären Einrichtung durch den bestellten Betreuer erfolgt nicht auf behördliche Anordnung, sondern aufgrund eines privatrechtlichen Wohn- und Betreuungsvertrages.

Missbrauch[713] **seiner Stellung** bedeutet, der Täter nutzt seine besondere Stellung mit besonderen Befugnissen gegenüber dem Opfer aus, d. h., er nutzt diese Position gegenüber dem ihm zum Zwecke der Erziehung, Ausbildung, Beaufsichtigung oder Betreuung anvertrauten Menschen, um von diesem sexuelle Handlungen zu erhalten oder an diesem vorzunehmen. Eine enge Beziehung zwischen Täter und Opfer wie im Sinne des § 174 StGB (Obhutsverhältnis) bedarf es nicht[714], die Gelegenheit, die sich bereits aus der besonderen Stellung ergibt, ist ausreichend für den Missbrauch.

Ausnutzen[715] bedeutet, der Täter weiß um die mit der Aufnahme in die Einrichtung verbundene Abhängigkeit der zu pflegenden Person von ihm und setzt die bestehende Hilfsbedürftigkeit zur Verwirklichung seiner sexuellen Ziele ein.

Ausnutzen der Hilflosigkeit kann auch dann noch bestehen, wenn das Tatopfer in die sexuelle Handlung einwilligt oder gar die Initiative ergreift[716].

Anvertraut bedeutet auch hier ein Obhutsverhältnis entweder zum Zwecke der Erziehung, Ausbildung, Beaufsichtigung oder Betreuung einer verwahrten Person (Abs. 1) oder kranken und hilfsbedürftigen Person (Abs. 2). Anvertrautsein besteht insbesondere in Verhältnissen zu Pflegepersonal, Masseuren, medizinischen Bademeistern, aber nur dann, wenn diese Personen konkret die Betreuung überneh-

712 Eisele/Schönke/Schröder, StGB, § 174a Rdnr. 4.
713 Eisele/Schönke/Schröder, StGB, § 174a Rdnr. 6.
714 OLG München 5 OLG 15 Ss 606/14 vom 19.12.2014 in StV 2015, 495 (495 II.1.a)).
715 Eisele/Schönke/ Schröder, StGB, § 174a Rdnr. 10.
716 Eisele/Schönke/ Schröder, StGB, § 174a Rdnr. 10.

men[717]. Dies bedeutet, die Pflegepersonen der Station, auf der das Opfer wohnt oder eingewiesen ist, können Täter sein[718].

Die Betreuung braucht bei diesem Tatbestand nicht die Lebensführung zu umfassen und die Beaufsichtigung umfasst die reine Überwachungstätigkeit[719].

Hilfslosigkeit[720] bedeutet, auf Unterstützung wegen psychischer oder physischer Krankheit angewiesen zu sein.

3. Sexueller Missbrauch unter Ausnutzung eines Beratungs-, Behandlungs- oder Betreuungsverhältnisses, § 174c StGB

Diese Vorschrift stellt den sexuellen Missbrauch von Personen unter Strafe, die in besonderen persönlichen Verhältnissen zu den Tätern stehen. Es besteht keine Altersbegrenzung; die Taten können auch im Rahmen ambulanter Verhältnisse verübt werden. Auch § 174c ist ein Sonderdelikt, da Täter und Opfer speziellen Personengruppen angehören. In Abs. 2 der Vorschrift wird eine besondere Strafbarkeit von Psychotherapeuten normiert[721].

Die Sanktion für die Verwirklichung der Tatbestände der Absätze 1 und 2 der Vorschrift beträgt gleichermaßen Freiheitstrafe von 3 Monaten bis 5 Jahre.

Nach Abs. 3 ist der Versuch strafbar.

3.1 Anwendungsbereich des § 174c StGB

Schutz soll § 174c StGB gewähren in Situationen, in denen das Rechtsgut der sexuellen Selbstbestimmung aufgrund der besonderen Schutzbedürftigkeit der durch Krankheit oder Behinderung belasteten Personen und der besonderen Art von Beratungs-, Behandlungs- und Betreuungsverhältnissen in typischer Weise besonders gefährdet ist[722].

717 Eisele/Schönke/Schröder, StGB, § 174a Rdnr. 9.
718 Fischer, StGB, § 174a Rdnr. 8b.
719 Eisele/Schönke/Schröder, StGB, § 174a Rdnr. 5.
720 Fischer, StGB, § 174a Rdnr. 11.
721 Eisele/Schönke/Schröder, StGB, § 174c Rdnr. 7.
722 BGH 4 StR 133/16 vom 2.5.2016 in StraFo 2016, 302(303 bb).

Neben der sexuellen Selbstbestimmung schützt[723] § 174c StGB auch „das hohe Berufsethos der Heilberufe und das öffentliche Interesse an einem funktionierenden Gesundheitswesen".

3.2 Missbrauch eines Behandlungsverhältnisses

Auch Täter dieser Straftaten missbrauchen ein Vertrauensverhältnis, um an einer Person, die dem Täter wegen einer geistigen oder seelischen Krankheit oder Behinderung einschließlich einer Suchterkrankung oder wegen einer körperlichen Krankheit oder Behinderung innerhalb einer Beratung, Behandlung oder Betreuung anvertraut ist, unter Missbrauch dieses besonderen Verhältnisses sexuelle Handlungen (§ 184h StGB) vornimmt oder von der Person an sich vornehmen lässt.

Das, wenn auch nur aus seiner eigenen Wahrnehmung[724] heraus, erkrankte Opfer ist dem Täter auch hier zur Beratung, Behandlung oder Betreuung anvertraut, und der Täter muss dieses besondere Verhältnis ausnutzen, somit missbrauchen, um seine sexuellen Ziele zu verwirklichen; je intensiver die Kontakte zwischen Täter und Opfer in diesem Betreuungsverhältnis sind, je geringer sind die Voraussetzungen zur Annahme eines Missbrauchs[725]. Die Taten können auch innerhalb ambulanter Beratungs-, Behandlungs- oder Betreuungsverhältnisse verübt werden.

Einen besonderen Fall des Missbrauchs eines Behandlungsverhältnisses beschreibt **§ 174c Abs. 2 StGB**. Bei diesem Missbrauch nutzt der Täter ein psychotherapeutisches Behandlungsverhältnis aus.

Der Gesetzgeber[726] unterscheidet sehr deutlich zwischen den Tätern des Absatzes 1 und denjenigen des Absatzes 2 der Vorschrift. Er

723 BT-Drs. 13/2203, S. 5.

724 BGH 4 StR 133/16 vom 2.5.2016 in StraFo 2016, 302 (303).

725 BGH 1 STR 24/16 vom 29.6.2016 in NJW 2016, 2965 (2967 [24]).

726 BT-Drs. 13/8267, S. 7 rechte Spalte: Die Situation einer Psychotherapiepatientin bzw. eines Psychotherapiepatienten unterscheidet sich zudem dadurch von derjenigen der in Absatz 1 genannten Personen, dass diese – im Gegensatz zu den erstgenannten – regelmäßig nicht (mehr) eigenständig die Person ihres Betreuers oder Therapeuten bestimmen bzw. Einfluss auf das „ob" oder gar das „wie" der Beratung, Behandlung oder Betreuung ausüben können; in gewisser Weise sind sie der Autoritätsperson von vornherein „ausgeliefert", während eine sich in die

zielt dabei im Wesentlichen darauf ab, dass Psychotherapiepatienten im Gegensatz zu den potenziellen Opfern des Absatzes 1 weder die Person des Betreuers oder Therapeuten noch selbst bestimmen können und keinerlei Einfluss mehr auf die Beratung und Behandlung hätten.

Fraglich ist, ob Abs. 2 einen Sondertatbestand im Sinne einer Qualifikation darstellt. Die Rechtsmeinung ist hierzu uneinheitlich. Täter[727] sollen hier nur Personen sein können, die eine Qualifikation im Sinne der §§ 5 u. 6 PsychTHG vorweisen können.

An dieser Auslegung des Gesetzes hinsichtlich der Begrenzung des möglichen Täterkreises gibt es Kritik. Nach der herrschenden Ansicht in der strafrechtlichen Literatur gehören zum potenziellen Täterkreis nicht nur Personen mit der vorbeschriebenen Qualifikation. Vielmehr komme es auf die Auffassung des Opfers an, ob dieses zur Linderung seiner geistigen oder psychischen Beeinträchtigungen eine therapieartige Behandlungssituation aufsucht, gleich welcher formalen Qualifikation der Täter unterfällt[728].

3.3 Definitionen

Missbrauch[729] liegt vor, wenn der Täter den Umstand für sexuelle Handlungen nutzt, der sich daraus ergibt, dass das Opfer auf bestimmte Leistungen des Täters angewiesen ist. Der Täter berät das Opfer, das geistig oder seelisch erkrankt oder behindert ist. Dieses besondere Verhältnis zu dem Opfer nutzt der Täter aus, um sexuelle Handlungen an dem Opfer vorzunehmen oder an sich vornehmen zu lassen. Der Täter

---

Psychotherapie begebende Person erst aus eigenem Antrieb ihre inneren Schutz- und Abwehrmechanismen ablegt. Die Strafwürdigkeit eines Therapeuten aber, der dieses ihm entgegengebrachte Vertrauen dann, nach Begründung der Abhängigkeitsbeziehung, mißbraucht, steht der des in Absatz 1erfaßten Täterkreises letztlich in nichts nach. **ablehnend:** Fischer, StGB, § 174c, Rdnr. 6e zusammenfassend.

727 BGH 4 StR 669/10 vom 14.4.2011 in StV 2012, 663 (665 [19]).

728 Renzikowski, NStZ 2010, 694 (695 b)), dagegen die Rechtsprechung bestätigend: BGH 1 StR 426/09 vom 29.9.2009 in NJW 2010, 453 454 [11]) mit Anmerkung Renzikowski.

729 BGH 4 StR 669/10 vom 14.4.2011 in StV 2012, 663 (666 [38]).

nutzt illegitim[730] die Chance des Abhängigkeitsverhältnisses für seine sexuellen Vorhaben.

Hinsichtlich des Tatbestandsmerkmals des **Anvertrautseins**[731] kommt es einzig darauf an, ob das Opfer nach seiner Auffassung ein Beratungs-, Betreuungs- oder Behandlungsverhältnis eingeht. Eines Abhängigkeitsverhältnisses, das über das sich aus dem Beratungsverhältnis bereits heraus ergebende Über- und Unterordnungsverhältnis hinausgeht, bedarf es nicht.

Psychotherapeutische Behandlung[732] ist nur eine solche, die durch einen Psychotherapeuten, also einen Arzt, einen Psychologischen Psychotherapeuten sowie Kinder- und Jugendlichenpsychotherapeuten und der zur Behandlung von Krankheiten und Störungen wissenschaftlich anerkannte psychotherapeutische Verfahren anwendet, durchgeführt wird.

Beratung[733] ist ein umfassender ratschlagender Beistand zur Bewältigung der mit der Krankheit oder Behinderung einhergehenden Probleme. Unter **Behandlung**[734] werden sämtliche Maßnahmen der Diagnose, Therapie und Rehabilitation verstanden. **Betreuung**[735] setzt die Übernahme der Verantwortung für das leibliche und / oder geistig-sittliche Wohl der kranken oder behinderten Person voraus.

Unter **Krankheit**[736] ist ein regelwidriger körperlicher oder geistiger Zustand zu verstehen, dessen Eintritt entweder die Notwendigkeit einer Heilbehandlung des Versicherten oder lediglich seine Arbeitsunfähigkeit oder beides zugleich zur Folge hat. Nach der gesetzlichen Definition in **§ 2 SGB IX**[737] sind Menschen **behindert**, die körperliche, seelische, geistige oder Sinnesbeeinträchtigungen haben, die sie in Wechselwirkung mit einstellungs- und umweltbedingten Barrieren an der gleichberechtigten Teilhabe an der Gesellschaft mit hoher Wahrscheinlichkeit länger als sechs Monate hindern können. Eine Beein-

730 BGH 1 StR 24/16 vom 29.6.2016 in NJW 2016, 2965 (2967 [23]).
731 BGH 4 StR 133/16 vom 2.5.2016 in StraFo 2016, 302 (303).
732 1 StR 426/09 vom 29.9.2009 in NJW 2010, 453 (454 [11 und 12]).
733 Eisele/Schönke/Schönke, StGB, § 174c Rdnr. 5.
734 BT-Drs. 13/8267, S. 11; Eisele/Schönke/Schröder, StGB, § 174c Rdnr. 5.
735 Eisele/Schönke/Schönke, StGB, § 174c Rdnr. 5.
736 Def. BT-Drs. 11/2237, S. 170 zu § 27.
737 Vgl. zur gesetzlichen Definition: https://www.gesetze-im-internet.de/sgb_9_2018/__2.html.

trächtigung liegt vor, wenn der Körper- und Gesundheitszustand von dem für das Lebensalter typischen Zustand abweicht. Menschen sind von Behinderung bedroht, wenn eine Beeinträchtigung zu erwarten ist.

4. Sexueller Übergriff, sexuelle Nötigung; Vergewaltigung, § 177 StGB

Diese sehr detaillierte Vorschrift wurde 2016 insgesamt neu gestaltet[738].

Besprochen werden nur diejenigen Tatbestände, die mit der Pflege in Zusammenhang stehen.

Eine Vergewaltigung, § 177 Abs. 6 StGB, kann innerhalb einer Einrichtung oder ambulanten Pflegesituation geschehen.

Je nach verwirklichter Tatbestandsalternative ergeben sich differenzierte Strafrahmen.

Bereits der Grundtatbestand des Abs. 1 der Vorschrift sieht ein Strafmaß von 6 Monaten bis 5 Jahre Freiheitsstrafe vor. Ein ebensolches Strafmaß sieht Abs. 2 der Vorschrift für die dort beschriebenen Tathandlungen vor.

Ein Strafmaß von mindestens 1 Jahr bis 15 Jahre Freiheitsstrafe sehen die Abs. 4 und 5 der Vorschrift vor.

Regelbeispiele für schwere Fälle beinhalten die Abs. 6 – 8 der Vorschrift, wobei die Mindeststrafe in Abs. 6 der Vorschrift 2 Jahre, in Abs. 7 der Vorschrift 3 Jahre und in Abs. 8 der Vorschrift 5 Jahre Freiheitsstrafe beträgt.

Minder schwere Fälle im Sinne des Abs. 9 der Vorschrift werden bei Tathandlungen nach Abs. 1 und 2 mit Freiheitsstrafen von 3 Monaten bis 3 Jahre, nach Abs. 4 und 5 von 6 Monaten bis 10 Jahre und nach Abs. 7 und 8 von 1 Jahr bis 10 Jahre sanktioniert.

Der Versuch einer Straftat des § 177 ist gem. Abs. 3 strafbar.

Geschieht die Tat gegenüber Pflegepersonal durch Pflegepersonal, so mangelt es an einem besonderen Betreuungsverhältnis, so dass die allgemeine Regelung des § 177 Abs. 6 StGB zur Anwendung kommt. Gegenstand einer solchen Ermittlung war ein Vorwurf einer Praktikantin gegenüber einem examinierten Pfleger, der die Praktikantin in der Wäschekammer der Einrichtung vergewaltigt haben sollte. Die Er-

738 Vgl. zum Gesetzgebungsverfahren: BT-Drs. 18/8210 und BT-Drs. 18/9097.

mittlungen der Staatsanwaltschaft im Rahmen eines Vorwurfs gem. § 177 Abs. 6 StGB konnten diesen Vorwurf nicht bestätigen. Weder konnte bewiesen werden, dass es zu sexuellen Handlungen kam, noch, sollte es zu sexuellen Handlungen gekommen sein, diese gegen den erkennbaren Willen des Opfers erfolgt seien. Die Vorschrift wirft sehr viele Beweisprobleme[739] auf.

Geschieht die Tat gegenüber der zu pflegenden Person, so sind die besonderen Tatbestände der Abs. 2, 4, 5, 7, 8 und 9 in den jeweiligen Pflegesituationen als mögliche Tatvarianten zu prüfen.

4.1 Schutz des Pflegepersonals

Sie soll den Schutz[740] der sexuellen Selbstbestimmung gegen Angriffe in Form von Zwang und Täuschung und der Ausnutzung besonderer Situationen und Umstände gewährleisten.

Geschützt wird mit dieser Vorschrift die sexuelle Selbstbestimmung grundsätzlich und **damit auch die Rechte des Pflegepersonals**, das mit sexuellen Handlungen durch zumeist männliche zu pflegende Personen konfrontiert wird.

4.2 Tathandlung

4.2.1 „Nein heißt Nein", § 177 Abs. 1 StGB

Der Täter nimmt an dem Opfer sexuelle Handlungen (§ 184h StGB) vor oder er lässt das Opfer solche Handlungen an sich oder an dritten Personen vornehmen, bzw. diese nehmen sexuelle Handlungen an dem Opfer vor. Die sexuellen Handlungen müssen von einiger Erheblichkeit sein, zur Abgrenzung des Tatbestands der sexuellen Belästigung, § 184i StGB.

Dies geschieht gegen den erkennbaren Willen des Opfers. Ob das Opfer einen entgegenstehenden Willen äußerte, ergibt sich aus Sicht eines objektiven Dritten im Nachhinein[741]. Gerade dies führt zu den vorstehend angesprochenen Beweisproblemen.

739 Spillecke, Das neue Sexualstrafrecht, StraFo 2018, 361(363).
740 BT-Drs. 18/8210, S. 21.
741 BT-Drs. 18/9097, S. 22/23.

Grundüberlegung des § 177 StGB ist die Aussage: „nein heißt nein“[742].

Das Gesetz geht davon aus, dass das Opfer grundsätzlich seinen Willen hinsichtlich der Vornahme von sexuellen Handlungen bilden und äußern kann. Es kommt auf den erkennbaren (entgegenstehenden) Willen[743] des Opfers an.

Führt der Täter diese sexuellen Handlungen (§ 184h StGB) an dem Opfer aus oder lässt er diese von dem Opfer ausführen trotz des objektiv erkennbaren entgegenstehenden Willens des Opfers, dann verwirklicht der Täter den objektiven Tatbestand.

Solche Taten können in jeder Pflegesituation ausgeführt werden.

Hierzu gehören aber auch diejenigen Fälle, in denen zu pflegende Personen glauben, zur Pflege gehörten auch sexuelle Handlungen gegenüber dem Pflegepersonal. Objektiv erkennbar dürfte der Wille des Pflegepersonals und besonders auch der Auszubildenden in der Pflege sein, nicht von zu pflegenden Personen im Bereich der Geschlechtsteile angefasst oder gestreichelt zu werden.

Auch in diesen Fällen gilt der Grundsatz des Abs. 1 der Vorschrift.

4.2.2 Keine Willensbildung möglich, § 177 Abs. 2 Nr. 1 StGB

In dieser Tatvariante ist das Opfer aus irgendeinem Grunde heraus **absolut**[744] nicht in der Lage, einen entgegenstehenden Willen zu bilden oder zu äußern. Dies kann auf einer Vielzahl von Gründen, wie auch sog. K-O-Tropfen, beruhen. Nur eine Einschränkung der Möglichkeit zur Willensbildung oder -äußerung ist daher nicht ausreichend.

Unter diese Tatbestandsalternative[745] fallen schlafende Personen, aber auch Personen in Narkose oder auch Komapatienten, stark alkoholisierte Personen. Zwar wird nicht danach unterschieden[746], ob sich die Unfähigkeit zur Willensbildung oder -äußerung aufgrund von Krankheit oder sonstigen Gründen ergibt, allerdings ergeben sich dann die spezielleren Tatbestände, z. B. bei Krankheit, Abs. 4.

742 BT-Drs. 18/9079, S. 22.
743 BT-Drs. 18/9097, S. 22/23.
744 BT-Drs. 18/9097, S. 23.
745 BT-Drs. 18/9097, S. 23.
746 Eisele/Schönke/Schröder, StGB, § 177 Rdnr. 28.

Der Täter nutzt die Situation aus, in der sich das Opfer befindet und keinen entgegenstehenden Willen bilden und äußern kann.

4.2.3 Unfähigkeit zur Willenbildung, § 177 Abs. 2 Nr. 2 StGB

Im Gegensatz zur Alternative Nr. 1 beruht hier die Unfähigkeit zur Willensbildung und -äußerung auf einem körperlichen oder psychischen Zustand. Das Opfer **ist grundsätzlich** in der Lage, einen entgegenstehenden Willen zu bilden, aber aufgrund seines besonderen persönlichen Zustands hierbei erheblich eingeschränkt.

Es handelt sich hier um Opfer von erheblicher minderer Intelligenz oder solchen, die sich aufgrund von Drogen oder Alkohol in einem körperlichen Zustand befinden, der eine Willensäußerung und Willensbildung nicht erlaubt[747].

Die Opfer dieser Tatvariante sind weder krank noch behindert[748].

Auch bei dieser Tatvariante nutzt der Täter jedoch die besondere Situation, in der sich das Opfer befindet, aus.

4.2.4 „Klima der Gewalt", § 177 Abs. 2 Nr. 4 StGB

Diese Tatvariante stellt einen Missbrauch einer Situation dar, in der dem Opfer bewusst ist, dass von dem Täter ein besonderes Übel ausgehen kann, weshalb es keinen Widerstand leistet.

Der Täter nötigt das Opfer nicht aktiv, sondern nutzt ein „Klima der Gewalt"[749] zur Umsetzung seiner strafbaren Ziele. Er muss nicht einmal mit dem empfindlichen Übel konkret drohen. Für das Opfer ist es eindeutig, auf einen Widerstand von ihm hin, wird eine üble und unangemessene Handlung des Täters gegenüber dem Opfer erfolgen.

Es sind dies die typischen Abhängigkeitsverhältnisse, bei denen das Opfer dem Täter hinsichtlich notwendiger Pflege und Versorgung ausgeliefert ist und der Täter sich dieses besondere Verhältnis zur Erreichung seiner strafbaren Handlungen zu eigen macht.

747 BT-Drs. 18/9097, S. 24.
748 Spillecke, Das neue Sexualstrafrecht, StraFo 2018, 361(363 2.).
749 BT-Drs. 18/9097, S. 26.

4.2.5 Nötigungssituation, § 177 Abs. 2 Nr. 5 StGB

Entgegen der Tatvariante Nr. 4 nötigt[750] der Täter das Opfer hier tatsächlich im Sinne des § 240 StGB, um auf diese Weise seine Ziele zu erreichen.

Hier nutzt der Täter keine Situation aus, sondern bricht aktiv den Widerstand des Opfers mit der Drohung einer üblen unangemessenen und zugleich rechtswidrigen Behandlung.

Es sind die Fälle der Über- und Unterordnungsverhältnisse, die sich im Bereich der schulischen Ausbildung oder der Kinder- und Jugendpflege ergeben können, soweit die Opfer in diesen Fällen nicht krank oder behindert sind.

4.2.6 Opfer besonders schutzwürdig wegen Krankheit, § 177Abs. 4 i. V. m. Abs. 2 Nr. 1 StGB

Diese Vorschrift stellt eine Qualifikation[751] und damit eine Strafschärfung der Tatvariante, Abs. 2 Nr. 1, dar. Stellt Abs. 2 Nr. 1 auf einen körperlichen oder psychischen Zustand des Opfers ab, so stellt Abs. 4 die Tatsache, dass das Opfer krank oder behindert ist, unter eine besondere, erhöhte Strafe. Der besondere Unrechtsgehalt ergibt sich dadurch, dass der Täter die besondere Schutzwürdigkeit kranker und behinderter Menschen ausnutzt, um seine sexuellen Ziele zu erreichen. Die Demenzerkrankung von Bewohnerinnen eines Seniorenheims in Bayern nutzte ein examinierter Pfleger aus. Er missbrauchte während der Nachtzeit Bewohnerinnen und wurde nur durch Zufall entdeckt[752].

4.2.7 Schutzlose Lage, § 177Abs. 5 Nr. 3 i. V. m. Abs. 1 und 2 StGB

Eine Qualifikation[753] zum Grundtatbestand der Abs. 1 und 2 stellt diese Tatvariante dar.

750 Eisele/Schönke/Schröder, StGB, § 177 Rdnr. 53.
751 Spillecke, Das neue Sexualstrafrecht, StraFo 2018, 361(363 2.).
752 https://www.sueddeutsche.de/muenchen/prozess-altenpflegehelfer-gesteht-schweren-missbrauch-an-dementen-frauen-1.3380670.
753 Spillecke, Das neue Sexualstrafrecht, StraFo 2018, 361(364 3.).

Es handelt sich um eine Form der sexuellen Nötigung[754], in der der Täter ein Klima der Gewalt ausnutzt, um seine Handlungen zu erzielen.

Voraussetzung dieses Qualifikationstatbestandes ist, dass sich das Opfer in einer Lage befindet, in der es dem Täter schutzlos ausgeliefert ist.

Der Täter nutzt diese Lage des Opfers für seine Tat aus. Eine solche Situation besteht auch dann, wenn das Opfer starr vor Schreck ist und deshalb die Äußerung eines entgegenstehenden Willens nicht möglich ist[755].

Hierunter fallen nunmehr auch solche Handlungen, wie diejenigen des examinierten Pflegers[756], der bei einem ambulanten Pflegedienst arbeitet und im Rahmen dieser Tätigkeit an einer zu pflegende Person, die fast gänzlich im Rollstuhl sitzt, sexuelle Handlungen vollzieht. Die zu pflegende Person hatte Angst, diesen Sachverhalt zu offenbaren, da sie befürchtete, eine schlechtere Pflege zu erhalten bzw. gänzlich in eine stationäre Pflegeeinrichtung wechseln zu müssen.

4.2.8 Körperverletzungshandlungen, § 177 Abs. 7 und Abs. 8 StGB

Führt der Täter ein gefährliches oder sonst ein Werkzeug (§ 224 StGB) mit sich, um den Widerstand einer anderen Person zu brechen, oder bringt der Täter das Opfer in die Gefahr einer schweren Gesundheitsbeschädigung (§ 226 StGB), so erfüllt der Täter den Qualifikationstatbestand des § 177 Abs. 7. Es kommt bei dieser Tatvariante nicht auf den Gebrauch des Werkzeugs, um die Tat auszuführen, sondern um die Tat zu ermöglichen, an. Das Werkzeug wird als Nötigungsmittel eingesetzt.

Hingegen benutzt der Täter des Abs. 8 das Werkzeug oder die Waffe zur eigentlichen Tatbegehung und misshandelt hierdurch das Opfer oder bringt dieses in die Gefahr des Todes. Das erhöhte Strafmaß rechtfertigt sich in diesen Fällen aufgrund des erhöhten Gefahrenpotentials des Täters[757].

---

754 Fischer, StGB, § 177 Rdnr. 106.

755 BT-Drs. 18/9097, S. 27/28.

756 BGH 4 StR 404/11 vom 21.12.2011 NStZ 2012, 570 (570 a.)

757 BT-Drs. 18/9097, S. 29.

4.2.9 Minder schwerer Fall, § 177 Abs. 9 StGB

Für die minder schweren Fälle[758] des Abs. 9 gelten die allgemeinen Aussagen. Nicht ausgeschlossen sind auch minder schwere Fälle, wenn der Täter die Regelbeispiele der Abs. 6 – 8 der Vorschrift verwirklicht, was jedoch eher die Ausnahme bildet. Jeder Einzelfall ist durch das Gericht zu prüfen.

4.3 Definitionen

Krankheit ist ein vorübergehender oder dauerhafter regelwidriger Körper- oder Geisteszustand, der Behandlungsbedürftigkeit und/oder Arbeitsunfähigkeit zur Folge hat.

Menschen sind **behindert** gem. § 2 SGB IX, wenn diese eine körperliche, seelische, geistige oder Sinnesbeeinträchtigungen haben, die diese in Wechselwirkung mit einstellungs- und umweltbedingten Barrieren an der gleichberechtigten Teilhabe an der Gesellschaft mit hoher Wahrscheinlichkeit länger als sechs Monate hindern können.

Geschützt sind somit Menschen, die stationär oder ambulant zu pflegen sind oder sich in Kliniken zur Behandlung befinden.

Ausnutzen[759] bedeutet, der Täter erkennt die schutz- oder hilflose Situation und ergreift die sich hieraus bietende Gelegenheit zur Tatausführung.

Schutzlos ausgeliefert[760] ist das Opfer dem Täter, wenn dieses aufgrund psychischer oder physischer Unterlegenheit gegenüber dem Täter sich nicht verteidigen und auch keine Hilfe Dritter erhalten kann und deshalb dem ungehemmten Einfluss des Täters preisgegeben ist.

Die **Vornahme der sexuellen Handlung**[761] im Sinne des § 184 h StGB setzt einen unmittelbaren Körperkontakt entweder am Opfer, am Täter oder das Opfer an sich selbst voraus.

---

758 Zum Überblick: Eisele/Schönke/Schröder, StGB, § 177 Rdnr. 147-152.

759 Eisele/Schönke/Schröder, StGB, § 177 Rdnr. 24.

760 BT-Drs. 18/9097, S. 29 zu § 177 Absatz 5 Nummer 3 StGB-E.

761 Eisele/Schönke/Schröder, StGB, § 177 Rdnr. 13.

5. Sexuelle Belästigung, § 184i StGB

Diese recht neue Vorschrift stellt Handlungen unter Strafe, die unterhalb der Schwelle der sexuellen Handlung liegen, aber dennoch eine körperliche Berührung erfordern, die als solche sexuell motiviert sein muss[762]. Die Strafe ist Geldstrafe oder Freiheitsstrafe bis 2 Jahre, in besonders schweren Fällen des Abs. 2 der Vorschrift Freiheitsstrafe von 3 Monaten bis 2 Jahre.

Es besteht ein Strafantragserfordernis nach Abs. 3 der Vorschrift, es sei denn, das öffentliche Interesse an der Strafverfolgung besteht.

5.1 Sexuelle Handlungen, § 184i StGB

Mit dieser Vorschrift soll das sexuelle Selbstbestimmungsrecht geschützt werden, soweit es um die Strafbarkeit von Handlungen geht, die nicht so erheblich[763] sind wie diejenigen sexuellen Handlungen im Sinne des § 184h StGB. Dennoch handelt es sich um sexuelle Handlungen, die zu einer Belästigung des Opfers führen.

5.2 Körperliche Berührungen

Der Täter muss das Opfer körperlich berühren. Hierbei ist es unerheblich, ob das Opfer bei den Berührungen bekleidet oder unbekleidet ist.

Diese Berührungen müssen sexuell bestimmt und in ihrer Intensität geeignet sein, das Opfer zu belästigen.

Die körperlichen Berührungen im Sinne dieser Vorschrift haben nicht die Qualität einer sexuellen Handlung. Sollte dies doch der Fall sein, so eröffnet § 184i Abs. 1 die Möglichkeit, diese Handlung schwerer durch eine andere Vorschrift bestrafen zu lassen.

Mit dieser Vorschrift werden Tathandlungen[764] wie das Berühren im Vaginalbereich über der Kleidung, flüchtige Griffe in den Genitalbereich, an das Gesäß, die weibliche Brust über der Kleidung, aber auch aufgedrängte Küsse erfasst. Somit auch Verhaltensweisen, denen sich zuweilen weibliche Pflegekräfte ausgesetzt sehen.

---

762 Spiellecke, Das neue Sexualstrafrecht, StraFo 2018, 361 (365,4.).

763 BT-Drs.18/9097, S. 30.

764 BT-Drs.18/9097, S. 30.

Zum objektiven Tatbestand gehört auch, dass die körperliche Berührung sexuell bestimmt ist. Dies ist zu beantworten aus dem objektiven Geschehen, aber auch aus den Intensionen des Täters heraus.

Ob die Handlung eine Belästigung darstellt, bemisst sich aus Opfersicht[765].

5.3 Belästigung

Die **Belästigung**[766] setzt voraus, dass die Handlung das Opfer in seinem Empfinden nicht unerheblich beeinträchtigt.

Betrifft die Handlung die sexuelle Selbstbestimmung des Opfers, so handelt es sich um eine sexuelle körperliche Berührung. Das Selbstbestimmungsrecht ist bereits zu dem Zeitpunkt verletzt, zu dem der Täter das Opfer ohne dessen Einwilligung berührt. **Sexuell**[767] ist die Belästigung, wenn die sexuelle Selbstbestimmung des Opfers tangiert ist.

Da nicht jede Berührung zwischen Menschen strafbewährt werden darf, muss auch diese Vorschrift eine Erheblichkeitsschwelle beachten. So sind Ungehörigkeiten oder Distanzlosigkeiten, wie zum Beispiel das einfache In-den-Arm-Nehmen, der schlichte Kuss auf die Wange oder die Hand auf der Schulter nicht ohne Weiteres dazu geeignet, die sexuelle Selbstbestimmung zu beeinträchtigen[768].

Insoweit ist auch nicht jede Berührung in der Pflege als ein Angriff auf die sexuelle Selbstbestimmung zu werten.

Zu beachten ist, dass die Tat auf **Antrag hin** verfolgt wird oder dann, wenn die Staatsanwaltschaft das öffentliche Interesse an der Verfolgung der Tat bejaht.

Letzteres setzt allerdings voraus, dass die Staatsanwaltschaft überhaupt Kenntnis von der Tat hat, was in der Praxis eher selten der Fall sein dürfte.

765 Fischer, StGB, § 184i Rdnr. 7 m. w. N, **gegen** die Opferperspektive zur Beantwortung der Frage, ob eine Belästigung vorliegt: Hoven/Weigend, Nein Heißt Nein- und viele offenen Fragen, JZ 2017, 182 (189).

766 Eisele/Schönke/Schröder, StGB, § 183 Rdnr. 4.

767 Definition sexuell: BT-Drs.18/9097, S. 30 – Mitte.

768 Fischer, StGB, § 184i Rdnr. 5-5a.

6. Förderung sexueller Handlungen Minderjähriger, § 180 Abs. 3 StGB

Eine Vorschrift im 13. Abschnitt des StGB, die Personen unter 18, aber über 16 Jahren, vor sexuellen Übergriffen im Rahmen von Abhängigkeitsverhältnissen schützt.

Die Strafe ist Geld- oder Freiheitsstrafe bis 5 Jahre. In den Tatvarianten des Abs. 2 und 3 ist nach Abs. 4 der Vorschrift der Versuch der Tat strafbar. Es handelt sich um eine Missbrauchstat.

6.1 Anwendungsbereich § 180 Abs. 3 StGB

Die Vorschrift schützt die sexuelle Entwicklung von minderjährigen Personen im Alter von 16 bis 18 Jahre. Von der Systematik her gehört Abs. 3 zu § 174 StGB. Die geschützten Rechtsgüter unterscheiden sich durch das Alter der möglichen Opfer.

6.2 Tathandlungen

Auch diese Vorschrift greift Straftaten innerhalb bestehender Abhängigkeitsverhältnisse auf mit dem Unterschied, dass der Minderjährige die sexuellen Handlungen nicht an dem eigentlichen Täter, sondern an sich oder an einem Dritten vornimmt oder von einem Dritten vornehmen lässt.

Der Täter benutzt das Abhängigkeitsverhältnis zu dem ihm anvertrauten minderjährigen Opfer dazu, gleich durch und auf welche Art den Jugendlichen dazu zu bringen, die sexuellen Handlungen, § 184h StGB, vorzunehmen.

Ein Sozialarbeiter, der für einen Träger Jugendgruppen betreute, erlaubte den männlichen und weiblichen minderjährigen Jugendlichen, sich gemeinsam nackt in Betten der Einrichtung zu legen und gegenseitig sexuelle Handlungen vorzunehmen, die der Sozialarbeiter mit dem Handy filmte.

Die Jugendlichen waren zwar mit den Vorgängen einverstanden, taten dies aber erst, als der Sozialarbeiter sich mit diesem Verhalten einverstanden erklärte, obwohl dies nach der Ordnung der Einrichtung streng untersagt war. Durch den, vom Sozialarbeiter **„erlaubten Verstoß“** gegen die Einrichtungsordnung, **bestimmte er** die Jugendlichen im Rahmen des bestehenden Betreuungsverhältnisses zu den sexuellen Handlungen.

Soweit der Erziehungsberechtigte Vorschub leistet, kann von Strafe abgesehen werden, soweit in dem Vorschubleisten keine grobe Pflichtverletzung zu sehen ist. Vorschub wird insbesondere durch das Bereitstellen von Räumlichkeiten geleistet.

Willigt der Jugendliche in die Tat ein, so liegt kein Rechtfertigungsgrund vor, allerdings könnte die Einwilligung der Feststellung eines Missbrauchs im Sinne eines Ausnutzens des Abhängigkeitsverhältnisses entgegenstehen[769].

6.3 Definitionen

Vorschubleisten[770] bedeutet Hilfe zu leisten, um die Tat zu verwirklichen.

Unter Gewähren oder Verschaffen[771] von Gelegenheit ist das Bereitstellen oder Herbeiführen der äußeren Bedingungen, um die Vornahme der sexuellen Handlung zu ermöglichen oder zu erleichtern, zu verstehen. Beim Gewähren ist die Gelegenheit schon vorhanden.

Hinsichtlich der Begrifflichkeiten Bestimmen, anvertraut, sexuelle Handlungen, Erziehung und Ausbildung sowie Lebensführung, Abhängigkeit einschließlich der jeweils im Gesetzestext benannten Obhutsverhältnisse wird auf die Ausführungen zu §§ 174 ff. StGB verwiesen.

7. Sexueller Missbrauch Jugendlicher, § 182 Abs. 1 Nr. 1 und 2 StGB

Auch diese Vorschrift dient dem Schutz von Jugendlichen vor Missbrauch in ihrer sexuellen Selbstbestimmung und vor allem sexuellen Entwicklung.

Der Missbrauch erfolgt durch Ausnutzung einer Zwangslage. Die Strafe ist Geld- oder Freiheitsstrafe bis 5 Jahre. Das Gericht kann nach Abs. 6 der Vorschrift von Strafe absehen. Der Versuch ist gem. Abs. 4

769 Fischer, StGB, § 180 Rdnr. 21.
770 Eisele/Schönke/Schröder, StGB, § 180 Rdnr. 6.
771 Eisele/Schönke/Schröder, StGB, § 180 Rdnr. 9.

der Vorschrift strafbar. Das Machtgefälle[772], aus dem sich der Missbrauch ergibt, zeigt sich bei dieser Vorschrift im Altersunterschied zwischen Täter und Opfer.

7.1 Anwendungsbereich § 182 Abs. 1 Nr. 1 und 2 StGB

Die Vorschrift schützt die sexuelle Selbstbestimmung und den noch andauernden Entwicklungsprozess von Personen im Alter bis 18 Jahre, also Jugendlicher und Kindern[773].

7.2 Ausnutzen eines Zwangslage

Der Täter nutzt eine Zwangslage des Minderjährigen dazu, an diesem sexuelle Handlungen vorzunehmen oder an sich vornehmen zu lassen (Nr. 1). In der 2. Tatvariante bestimmt der Täter den Jugendlichen wiederum unter Ausnutzung dessen Zwangslage, sexuelle Handlungen an einer dritten Person vorzunehmen oder an sich von dieser vornehmen zu lassen.

Es liegt ein Missbrauchstatbestand vor, wobei es hier nicht auf ein besonderes Näheverhältnis ankommt. Der Täter muss die Zwangslage des Jugendlichen nicht verursacht haben, diese allerdings kennen und für sich ausnutzen.

7.3 Definitionen

Die Begriffe des **Ausnutzen** und das Opfer zu einer **Handlung bestimmen** entsprechen den Definitionen zu §§ 174 StGB.

In einer **Zwangslage**[774] befindet sich die minderjährige Person, wenn für diese eine ernste wirtschaftliche oder persönliche Bedrängnis besteht. Diese Bedrängnis kann in einer schulischen Situation des Minderjährigen bestehen, wenn es bspw. um den Verbleib an einer Schule geht. Für obdachlose Jugendliche, wenn es sich um den Bezug oder den Auszug aus einer Wohnung handelt.

---

772 BT-Drs. 16/9646, S. 17 zu Buchstabe a.

773 BT-Drs. 12/4584, S. 7.

774 Fischer, StGB, § 232 Rdnr. 5.

Diese Zwangslage muss in ihrem Ausmaß für den Jugendlichen derart **gravierend**[775] sein, dass dessen Entscheidungsmöglichkeit hinsichtlich seiner sexuellen Selbstbestimmung eingeschränkt wird. Festgestellt wird dies auch hier durch den objektiven Dritten, der im Nachhinein feststellt, ob die Zwangslage von einer entsprechenden Intensität war, wobei es zur Prüfung dieser Frage auf ein Mindestmaß an Vernunft des Opfers ankommt[776]. Die Zwangslage muss objektiv nicht bestehen, aber vom Opfer als „bestehend" empfunden werden[777].

8. Verbreitung, Erwerb und Besitz kinderpornografischer Schriften, § 184b StGB

Ein Thema, dass immer wieder in den Medien[778] zu finden ist, ist der Besitz kinderpornografischer Schriften. Gerade in der Kinder- und Jugendpflege ereignen sich immer wieder Fälle des § 184b StGB. Tatmittel sind heute weniger Schriften im althergebrachten Sinn, sondern vielmehr Dateien, die hauptsächlich über und mittels des Internets verbreitet oder erworben werden.

Die Strafandrohung des § 184b StGB unterscheidet sich nach den jeweiligen Tathandlungen.

Nach Abs. 1 der Vorschrift beträgt das Strafmaß Freiheitsstrafe von 3 Monaten bis 5 Jahre.

Handelt der Täter in den Fällen des Abs. 1 der Vorschrift gewerbsmäßig oder als Mitglied einer Bande, so beträgt das Strafmaß als Qualifikationstatbestand Freiheitsstrafe von 6 Monaten bis 10 Jahre. Der eigentliche Besitz der kinderpornografischen Schriften wird mit Geld- oder Freiheitsstrafe bis 3 Jahre sanktioniert.

Der Versuch, Abs. 4, ist außer in den Fällen des Abs. 1 Nr. 2 und 4 und Abs. 3 der Vorschrift strafbar.

775 BT-Drs. 18/9095, S. 24.
776 Fischer, StGB, § 182 Rdnr. 6.
777 Eisele/Schönke/Schröder, StGB, § 182 Rdnr. 4 a).
778 https://www.welt.de/vermischtes/article190750311/Kinderporno-Fall-in-Wuerzburg-Der-Verdaechtige-hatte-zwei-Pflegekinder.html.

8.1 Bekämpfung Kinderpornografie, § 184b StGB

Mit dieser Vorschrift[779] soll Kinderpornografie nachdrücklich bekämpft werden, um dem mit der Herstellung kinderpornografischer Darstellungen verbundenen sexuellen Missbrauch von Kindern wirksamer entgegenzutreten.

8.2 Tathandlungen

8.2.1 Kinderpornografische Schrift, § 184b Abs. 1 StGB

Diese Vorschrift stellt es unter Strafe, eine kinderpornografische Schrift zu verbreiten oder der Öffentlichkeit zugänglich zu machen.

Das tatbestandliche Vorgehen erfordert, dass der Täter die Schriften in seinem Besitz hat, da er sie sonst anderen Personen in keiner Weise zur Verfügung stellen kann. Gemeint ist bei Verbreiten der Schrift der körperliche und nicht nur der inhaltliche Übergang der Schrift, weshalb sich ein Täter in dieser Tatvariante nicht strafbar macht, wenn er lediglich den Inhalt zur Verfügung stellt[780]. Die Schriften im Sinne der Definition von § 11 Abs. 3 StGB, auf die Abs. 1 der Vorschrift ausdrücklich verweist, werden nach wie vor durch Übergabe des körperlichen Datenspeichers, z. B. Smartphones, USB-Sticks, Speicherkarten, verbreitet[781].

Die Handlung des Zugänglichmachens einer Schrift der Öffentlichkeit[782] verlangt zunächst, dass diese Schrift einer unüberschaubaren Anzahl von Personen zur Wahrnehmung bereitsteht.

Zugänglichmachen erfordert, dass die Schrift öffentlich ausgestellt, angeschlagen oder vorgeführt wird, was ein Täter nach **§ 184c StGB** durch Anschlagen von Fotos an Bäumen auf dem Schulhof einer 15 jährigen Schülerin, die nackt auf dem Foto abgebildet war, verwirklichte.

Über das Internet werden kinderpornografische Schriften durch Bereitstellen von Links[783] oder über Internettauschbörsen zugänglich

---

779 BT-Drs. 12/3001, S. 1.
780 Eisele/Schönke/Schröder, StGB, § 184b Rdnr. 21.
781 Hecker/Schönke/Schröder, StGB, § 11 Rdnr. 77.
782 BT-Drs. 18/2601, S. 24 zu § 130 Absatz 2 Nummer 1 StGB-E.
783 BGH 2 StR 151/11 vom 18.1.2012 in StraFo 2012, 195 (195).

gemacht. Im Gegensatz zu früheren Zeiten, zu denen tatsächlich noch Schriften in Form von Texten oder Fotos weitergegeben wurden, handelt es sich bei den Straftaten des § 184b StGB heute in der weitaus größeren Anzahl um Straftaten im Internet. Daher befassen sich neuere Urteile hauptsächlich mit Handlungen der Täter wie Weitergabe mittels Dateien oder Bereitstellen von Links[784] zum Zugang zu Chat-Rooms.

8.2.2 Besitzverschaffung, § 184b Abs. 1 Nr. 2 StGB

Bei dieser Tatvariante unternimmt es der Täter, einer dritten Person Besitz an kinderpornografischen Schriften zu verschaffen, die ein tatsächliches oder wirklichkeitsnahes Geschehen wiedergeben.

Der Täter unternimmt, bedeutet genau genommen, er versucht den Besitz zu verschaffen, was bedeutet, dass bereits sämtliche Handlungen wie Kauf, Tausch, Miete, Leihe und alle sonstigen Erwerbs- und Gebrauchsüberlassungsmöglichkeiten vor Begründung neuen Besitzes an den Schriften unter Strafe gestellt werden[785].

Unter diese Tatvariante fällt auch das Bereitstellen von Dateien im Internet[786] über Tauschbörsen.

Zur Verwirklichung dieser Tatvariante ist es ausreichend, dass der Besitz nur einer Person durch Übersendung des Fotos als Anhang einer E-Mail verschafft wird[787].

Bedarf es zur Besitzerlangung noch eines Zwischenaktes durch den Besitznehmer, z. B. Abrufen nach Übersendung eines entsprechenden Links, so liegt kein Verschaffen mangels aktiven Übertragungsaktes des Besitzes vor[788].

784 BGH 2 StR 151/11 vom 18.1.2012 in StV 2012, 539 (540 [19]).
785 BT-Drs. 12/3001, S. 6.
786 BGH 2 StR 151/11 vom 18.1.2012 in StraFo 2012, 195 (196).
787 BayObLG 5 St RR 122/00 vom 27.6.2000 in NJW 2000, 2911 (2911 am Ende).
788 Eisele/Schönke/Schröder, StGB, § 184b Rdnr.28, anderer Auffassung BGH 2 StR 151/11 vom 18.1.2012 in StraFo 2012, 195 (197).

8.2.3 Herstellung kinderpornografischer Schriften, § 184b Abs. 1 Nr. 3 StGB

Die Herstellung[789] von kinderpornografischen Schriften, die ein tatsächliches Geschehen wiedergeben, wird unter Nr. 3 des Abs. 1 der Vorschrift unter Strafe gestellt.

Herstellen umfasst sämtliche Handlungen, die darauf abzielen, die kinderpornografische Schrift körperlich und inhaltlich zu gebrauchen. Dies geschieht durch Fotografieren oder Filmen, die Digitalisierung von Bilddateien zum Gebrauch im Internet oder in sonstiger Weise, die eine kinderpornografische Schrift erstmals entstehen lassen, nicht jedoch das Vervielfältigen[790] von bereits vorhandenen Schriften. Diese Handlungen unterfallen der Tatvariante Nr. 4 des Abs. 1.

8.2.4 Zugänglichmachung von kinderpornografischen Schriften, § 184b Abs. 1 Nr. 4 StGB

Die in Abs. 1 Nr. 4 aufgezählten Handlungen dienen[791] der Verbreitung und der Zugänglichmachung kinderpornografischer Schriften.

Zu diesen Handlungen gehören Herstellen, Beziehen, Liefern, Vorrätig halten, Anbieten, Bewerben oder Unternehmen, kinderpornografische Schriften ein- oder auszuführen, um sie oder aus ihr gewonnene Stücke im Sinne der Nummer 1 oder 2 oder des § 184d Absatz 1 Satz 1 zu verwenden oder einer anderen Person eine solche Verwendung zu ermöglichen, soweit die Tat nicht nach Nummer 3 mit Strafe bedroht ist.

Diese Vorschrift stellt sämtliche notwendigen Handlungen zur Verbreitung und Zugänglichmachung kinderpornografischer Schriften unter Strafe.

8.2.5 Definition kinderpornografische Schrift, § 184b Abs. 1 Nr. 1 a – c

Die Tathandlungen des Abs. 1 und der Nr. 2 – 4 der Vorschrift setzen eine kinderpornografische Schrift als Gegenstand des zu sanktionierenden Verhaltens voraus.

---

789 Eisele/Schönke/Schröder, StGB, § 184 Rdnr. 61.

790 BT-Drs. 18/2601, S. 30.

791 Fischer, StGB § 184b Rdnr. 27, Eisele/Schönke/Schröder, StGB, § 184b Rdnr. 32.

Eine kinderpornografische Schrift ist zunächst eine pornografische Schrift nach § 11 Abs. 3 StGB.

Unter Schriften sind auch sämtliche Ton- und Bildträger, Datenspeicher, Abbildungen und andere Darstellungen im Sinne des § 11 Abs. 3 StGB zu verstehen.

Gegenstand dieser pornografischen Schriften, die diese zu kinderpornografischen machen, sind Darstellungen von Kindern (unter 14 Jahren) wie § 184b Abs. 1 Nr. 1a – c StGB beschreibt.

Strafbar macht sich derjenige, der einer anderen Person den Besitz an einer kinderpornografischen Schrift, soweit diese ein tatsächliches oder wirklichkeitsnahes Geschehen darstellt, verschafft **(Nr. 2)** oder eine solche Schrift, die ein tatsächliches Geschehen darstellt, herstellt **(Nr. 3)** oder eine kinderpornografische Schrift herstellt, bezieht, liefert, vorrätig hält, anbietet, bewirbt oder diese Schriften aus- oder einführen will, um Teile von dieser Schrift oder die Schrift insgesamt zu verwenden oder eine Verwendung der Schrift einer dritten Person ermöglicht **(Nr. 4)**. Voraussetzung für diese Strafbarkeit ist aber, dass Gegenstand der Schrift nach **Abs. 1 Nr. 1a** sexuelle Handlungen von, an oder vor einer Person unter 14 Jahren, somit einem Kind, sind.

Hierzu gehört insbesondere auch das sog. Posing, bei dem das Kind in objektiver Sicht in Positionen und Körperhaltungen fotografiert wird, die einen eindeutigen Sexualbezug[792] aufweisen.

Hinterfragt[793] werden müssen diese Tathandlungen, da es für die Strafbarkeit darauf ankommt, ob es sich bei den Abbildungen z. B. von nackt fotografierten Kindern am Strand durch die Eltern, aber auch durch Dritte, die keinen persönlichen Bezug zu dem Kind haben, um Handlungen von einem Kind handelt, die sich als sexuelle Handlungen von diesem Kind im Sinne von Nr. 1a der Vorschrift darstellen. Es handelt sich hierbei auch um Fotografieren von entkleideten Kindern in Kitas, bei denen sich zunächst ein Sexualbezug nicht zeigt, allerdings bei der Weitergabe dieser Fotos der Sexualbezug offenbart wird durch den Verwender der Fotos.

Daher erfordert **Abs. 1 Nr. 1b** der Vorschrift die Abbildung des Kindes in unnatürlicher, geschlechtsbetonter Körperhandlung. Wann

792 BGH 4 StR 342/14 vom 3.12.2014 in StV 2015, 494 (494 [5]).
793 Eisele/Schönke/Schröder, StGB, § 184b Rdnr. 10.

diese vorliegt, bedarf wiederum der genauen Betrachtung, da die Abbildung auf einem Foto im Gegensatz zu einem Film lediglich eine bestimmte, zeitlich genau begrenzte Darstellung, aber keinen Bewegungsablauf zeigt. Bei einem Film ist insbesondere das Umfeld im Zeitpunkt der Erstellung der Videosequenz hinsichtlich „Regieanweisungen an das Kind" zu prüfen[794].

Abgebildete, entkleidete Kinder am Strand, in der Badewanne, im Schwimmbad und bei der Körperpflege werden nicht vom Straftatbestand umfasst, soweit die abgebildeten Handlungen natürlich und nicht geschlechtsbezogen sind, somit keinen Sexualbezug aufweisen[795]. Gleiches gilt für Großaufnahmen von Genitalien, da es sich hierbei nicht um Körperhaltungen handelt[796]. Solche Aufnahmen fallen in den Regelungsbereich von **Abs. 1 Nr. 1c.**

Für eine kinderpornografische Schrift[797] nach **Abs. 1 Nr. 1c** der Vorschrift kommt es nicht mehr darauf an, wie sich das Kind verhält, da auf die Zwecke des späteren Betrachters abgestellt wird, wenn dieser die Darstellung von objektiv unbekleideten kindlichen Genitalien betrachtet. Die europäische Richtlinie 2011/93/EU definiert Kinderpornografie als jegliche Darstellung der Geschlechtsorgane eines Kindes für primär sexuelle Zwecke, wobei es zur Beantwortung der Frage nach dem sexuellen Zweck auf einen durchschnittlichen (nicht pädophilen) Betrachter ankommt.

8.2.6 § 184b Abs. 2 StGB

Eine Qualifikation des § 184b Abs. 1 stellt Abs. 2 dar.

Dieser erhöht das Strafmaß, wenn der Täter gewerbsmäßig oder als Mitglied einer Bande, somit mindestens 3 Personen, die sich zur Verübung von Straftaten miteinander verbunden haben, handelt.

794 Fischer, StGB, § 184b Rdnr. 9.
795 BGH 4 StR 342/14 vom 3.12.2014 in StV 2015, 494 (494 [6]).
796 BGH 2 StR 459/13 vom 21.11.2013 in StV 2014, 416 (416 [6]), so auch Eisele/Schönke/Schröder, StGB, § 184b Rdnr. 13.
797 BT-Drs. 18/3202 (neu), S. 27 zu § 184b Absatz 1 Nummer 1 Buchstabe c StGB-E.

8.2.7 Eigenbesitzverschaffung, § 184b Abs. 3 StGB

Ebenso macht sich derjenige strafbar, der eine kinderpornografische Schrift, die ein tatsächliches oder wirklichkeitsnahes Geschehen darstellt, besitzt oder sich diesen Besitz verschaffen will.

Zu finden sind die Täter in allen gesellschaftlichen Schichten und Bereichen, aber gerade das Herstellen von kinderpornografischen Schriften ist auch im Bereich der Kinder- und Jugendpflege vorzufinden.

So fertigte ein Therapeut einer Kindergruppe eines Trägers im Rahmen einer Nachmittagsbetreuung Fotos der von ihm betreuten Kinder an, die den Tatbestand des § 184b StGB erfüllten.

Aufmerksam auf diesen Therapeuten wurde der Träger durch Ermittlungen der örtlichen Polizei. Diese erhielt von Ermittlern aus dem Bundesgebiet einen Hinweis auf und aus einem einschlägigen Chat-Room. In diesem Chat-Room fanden sich Fotos, die Räume der örtlichen Einrichtung zeigten, sodass sich ein Bezug zu dem Therapeuten ergab. Der Täter stellte die von den Kindern gefertigten Fotos in den Chat ein und bot dazu konkret noch Kinder an, um diese sexuell zu missbrauchen. Er wurde zu einer mehrjährigen Haftstrafe verurteilt.

In einem anderen Fall ergaben interne Ermittlungen den Hinweis darauf, dass der Systemadministrator eines Sozialträgers auf seinem Dienstcomputer kinderpornografische Schriften gespeichert und verbreitet hatte.

Nicht auszuschließen ist im Rahmen der Computernutzung in Einrichtungen der Erwachsenen- und Altenpflege, dass auf diesen Rechnern entsprechende Dateien zu finden sind, die zu pflegende Personen sich verschafft haben können.

8.3 Definitionen

Was **kinderpornografische Schriften** sind, ergibt sich aus der Legaldefinition der §§ 184b Abs. 1 Nr. 1 a – c i. V. m. 11 Abs. 3 StGB. Eine Schrift im Sinne von § 11 Abs. 3 StGB ist **eine pornografische**[798], wenn mit ihr die Wiedergabe einer sexuellen Handlung im Sinne von § 184 h StGB in einer Art und Weise erfolgt, die in Ausklammerung

798 Eisele/Schönke/Schröder, StGB, § 184 Rdnr. 8.

sonstiger menschlicher Bezüge lediglich auf sexuelle Stimulation angelegt ist und dabei die Grenzen der allgemeinen gesellschaftlichen Wertvorstellungen hinsichtlich Sexualität überschreitet.

Verbreiten[799] bedeutet die Weitergabe der gegenständlichen kinderpornografischen Schrift an eine Vielzahl nicht zu identifizierender Personen.

Ausreichend ist für das Verbreiten, dass die Schrift an einen bestimmten Kreis von Personen weitergegeben wird, wobei die in diesem Kreis befindlichen konkreten Personen nicht bekannt sein dürfen.

Ein **Verbreiten auf elektronischem Wege**[800] erfolgt bereits durch Laden der Datei im Rechner der Nutzer mit der Möglichkeit, die Datei zu lesen.

Unter der **Öffentlichkeit**[801] **zugänglich** wird verstanden, der Personenkreis der Empfänger ist für den Anbieter unüberschaubar und anonym. Dies kann dadurch geschehen, dass ein Link[802] auf einer Website eingestellt wird.

Einer anderen Person den **Besitz**[803] an kinderpornografischen Schriften **verschafft** derjenige Täter, der dieser Person die Möglichkeit der jederzeitigen Verfügbarkeit und Verwendbarkeit der Schrift einräumt. Diese andere Person kann anonym, muss aber individualisierbar sein. So macht sich auch der Strafverteidiger, der seinem Mandanten im Rahmen des Mandatsverhältnisses, die mit Akteneinsicht übersandten Dateien weitergibt, was ebenso gelten soll für die Weitergabe der Dateien durch den Strafverteidiger an einen IT-Sachverständigen zur Prüfung[804]. Hierzu zählt auch die Übermittlung einer Datei mittels E-Mail[805].

Eine kinderpornografische Schrift mit einem tatsächlichen Geschehen **stellt her**[806], wer diese Schrift körperlich anfertigt.

799 Fischer, StGB, § 184b Rdnr. 15.
800 BT-Drs. 18/2601, S. 16.
801 BGH 2 StR 151/11 vom 18.1.2012 in StV 2012, 539(539 [13]).
802 BGH 2 StR 151/11 vom 18.1.2012 in StV 2012, 539 (539[9]).
803 Fischer, StGB, § 184b Rdnr. 23.
804 OLG Frankfurt 2 Ws 114/12 vom 2.11.2013 in StV 2014, 294 (294-Leitsätze).
805 BayObLG 5 St RR 122/00 vom 27.6.2000 in NJW 2000, 2911 (2912 3a).
806 Eisele/Schönke/Schröder, StGB, § 184 Rdnr. 61.

Es muss ein **tatsächliches Geschehen**[807] wiedergegeben werden. Dieses Merkmal liegt vor, wenn die abgebildete sexuelle Handlung tatsächlich stattgefunden hat und das abgebildete Kind tatsächlich unter 14 Jahren ist. Ein **wirklichkeitsnahes Geschehen**[808] kann auch eine fiktive, nachgebildete Darstellung eines sexuellen Missbrauchs sein, es kommt darauf an, dass ein nicht sachverständiger Beobachter aufgrund der äußeren Darbietung von der Wirklichkeit des Geschehens ausgeht.

Besitz[809] an kinderpornografischen Schriften **verschafft sich derjenige**, der die tatsächliche Sachherrschaft an den Schriften für eine gewisse Dauer ausübt. Die Frage nach der zeitlichen Länge[810] dieser Dauer soll nach den jeweiligen Verkehrsauffassungen beantwortet werden.

Diese vom Zivilrecht her bekannte Definition des Besitzes wird im Strafrecht erweitert. Der strafrechtliche Besitzbegriff im Rahmen des § 184b orientiert sich am Besitzbegriff des BtMG[811]. Nach dem BtMG ist für den Besitz von BtM ausreichend, dass der Täter die tatsächliche Herrschaft über die BtM ausüben kann, auch wenn die BtM versteckt sind, der Täter aber den ungehinderten Zugang zum Versteck hat. So soll es auch für den Besitzbegriff an kinderpornografischen Schriften ausreichend sein, wenn sich diese im Cache-Speicher des PC befinden, dies dem Nutzer bewusst[812] ist und der PC-Nutzer die Möglichkeit hat, sich die Dateien anzuschauen[813].

Problematisch ist der Besitzwille beim sog. Surfen. Werden die Dateien nach dem Surfen aus dem Cache gelöscht, so stellt sich die Frage nach dem Herrschaftsverhältnis von gewisser Dauer[814].

Ein zumindest bedingter Besitzwille ist nicht nachgewiesen[815], wenn sich entsprechende Schriften in einer Akte befinden und dieser Aktenordner in eine Wohnung eingestellt wird ohne das Bewusstsein,

807 Eisele/Schönke/Schröder, StGB, § 184b Rdnr. 30.
808 Eisele/Schönke/Schröder, StGB, § 184b Rdnr. 30.
809 BT-Drs. 18/2601, S. 33 unten.
810 HansOlG Hamburg 2-27/09(REV) vom 15.2.2010 in StV 2011, 99 (103 (2)).
811 BT-Drs. 12/3001, S. 5 unten.
812 BGH 2 StR 151/11 vom 18.1.2012 in StraFo 2012, 195 (197).
813 BGH 1 StR 8/13 vom 19.3.2013 in NJW 2013, 2914 (2914 [12]).
814 Eisele/Schönke/Schröder, StGB, § 184b Rdnr. 41.
815 BGH 5 StR 275/15 vom 19.8.2015 in StV 2017, 36 (37 [11]).

dass sich in dieser Akte noch die Fotos aus einem länger zurückliegenden Strafverfahren wegen Besitz kinderpornografischer Schriften befinden.

Eine **Bande**[816] besteht aus mindestens 3 Personen und der Täter handelt als Mitglied der Bande.

Gewerbsmäßiges[817] Verhalten bedeutet, durch die strafbaren Handlungen den Lebensunterhalt (mit-) zu finanzieren, indem sich der Täter durch wiederholte Taten eine fortlaufende Einnahmequelle von einiger Dauer und Umfang verschafft.

9. Verbreitung, Erwerb und Besitz jugendpornografischer Schriften, § 184c StGB

9.1 Anwendungsbereich § 184c StGB

Die Vorschrift entspricht weitgehend § 184b StGB. Geschützt wird die sexuelle Selbstbestimmung von Jugendlichen (14 – 18 Jahre).

9.2 Absehen von Strafe

Diese entsprechen denjenigen des § 184b StGB, wobei **Abs. 4 eine Privilegierung** der Taten enthält. Werden die jugendpornografischen Schriften zum eigenen Gebrauch und mit Zustimmung der abgebildeten Jugendlichen hergestellt, so entfällt eine Strafbarkeit wegen Herstellung solcher Schriften, Abs. 1 Nr. 3, sowie wegen Besitz bzw. Besitzverschaffung, Abs. 3, und letztlich entfällt auch die Strafbarkeit des Versuchs, § 184c Abs. 5 StGB.

9.3 Definitionen

Die Tatbestandsmerkmale entsprechen denjenigen des § 184b StGB, sodass auf die dortigen Definitionen verwiesen werden kann.

---

816 Vgl. zum Begriff BGH 3 StR 291/16 Urteil vom 29.11.2016 in StraFo 2017, 122 (122 [aa]).

817 BGH 4 StR 327/08 vom 28.8.2008 in StraFo 2008, 477 (477).

10. Verletzung des höchstpersönlichen Lebensbereichs durch Bildaufnahmen, § 201a StGB

Der Einzug von Smartphones[818] und anderen mit Kameras ausgestatteten, internetfähigen Geräten auch in die Pflege brachte als Kehrseite dieser Errungenschaft auch das Fotografieren von kranken- und pflegebedürftigen Personen, vornehmlich in ihren Betten, mit sich. Diese Fotos wurden sodann ins Internet gestellt und über soziale Medien gepostet[819]. Die Strafe ist Geldstrafe oder Freiheitsstrafe bis 2 Jahre.

Eine Strafschärfung sieht Abs. 3 vor, wenn eine Bildaufnahme einer nackten Person unter 18 Jahren gefertigt wird und entsprechend den verschiedenen Handlungsalternativen des Abs. 3 mit dieser Bildaufnahme verfahren wird.

Nach Abs. 4 kann eine Strafe entfallen bei Fertigung entsprechender Fotos, wenn dies der Kunst, Wissenschaft, Lehre oder der Berichterstattung über Personen der Zeitgeschichte dient.

10.1 Schutz vor ungewollten Bildaufnahmen, § 201a StGB

Diese Vorschrift[820] diente zunächst zur Bekämpfung des sexuellen Missbrauchs und der sexuellen Ausbeutung von Kindern sowie der Kinderpornografie und der Bekämpfung von Gewalt gegen Frauen. Letztlich schützt diese Vorschrift aber auch den höchstpersönlichen Lebensbereich von zu pflegenden Personen, der dadurch angegriffen wird, dass von schwerstpflegebedürftigen Menschen in Senioreneinrichtungen mit Handys Fotos oder sogar Videos erstellt werden, aus deren Betrachtung bereits die Hilflosigkeit der abgebildeten Person zu erkennen ist und damit die Hilflosigkeit besonders hervorgehoben wird[821]. Die Änderung des ursprünglichen Textes des Gesetzes in den aktuellen[822] erweitert den Schutz auch auf Personen in Senioren- und

---

818 BT-Drs. 18/2601, S. 36.

819 Demente Heimbewohner missbraucht und gefilmt: https://www.sueddeutsche.de/panorama/goeppingen-senioren-missbrauch-pflegeheim-1.4347828.

820 BT-Drs. 18/2601, S. 36/37.

821 BGH 4 StR 244/16 vom 25.4.2017 in NJW 2017, 1891 (1893 [20]).

822 Eisele und Sieber, Notwendige Begrenzung des 201a StGB nach dem 49. StÄG, StV 2015, S. 312 (313 Teil C.)

sonstigen Pflegeeinrichtungen und auf Personen, die sich in ihrer Wohnung oder einem besonders geschützten Raum befinden, vor unbefugten Bildaufnahmen von ihnen, insbesondere auch in hilflosen Lagen.

10.2 Hervorhebung der Hilflosigkeit

Von einer lebenden[823] Person werden Bildaufnahmen unbefugt hergestellt oder übertragen. Die Person befindet sich zu diesem Zeitpunkt in ihrer Wohnung oder in einem gegen Einblicke besonders geschützten Raum. Durch das Herstellen oder Übertragen der Bildaufnahme wird der höchstpersönliche Lebensbereich der abgebildeten Person verletzt, Abs. 1 Nr. 1.

In der 2. Tatalternative wird eine Bildaufnahme einer Person unbefugt hergestellt oder übertragen, und auf dieser Bildaufnahme wird die Hilflosigkeit der abgebildeten Person dargestellt, wodurch der höchstpersönliche Lebensbereich der abgebildeten Person verletzt wird.

Strafbar nach Abs. 1 Nr. 3 macht sich derjenige Täter, der eine nach Nr. 1 oder Nr. 2 hergestellte Bildaufnahme gebraucht oder einer dritten Person zugänglich macht. Letztlich macht sich auch derjenige strafbar, der die Bildaufnahme zwar zunächst befugt fertigt, diese dann aber wissentlich unbefugt einer dritten Person zugänglich macht und hierdurch den persönlichen Schutzbereich der abgebildeten Person verletzt.

Die eigentliche Schutzvorschrift[824] für sog. Cyber-Mobbing in sozialen Netzwerken bildet Absatz 2 der Vorschrift. Dieser stellt die Verbreitung von ehr- und ansehensverletzenden Bildaufnahmen unter Strafe.

Es liegt keine strafbare Handlung bei der Anfertigung der vorstehend aufgeführten Bildaufnahmen vor, wenn diese aufgrund überwiegend berechtigter Interessen, namentlich der Kunst, Wissenschaft, Forschung und Lehre oder der zeitgeschichtlichen Darstellung, gefertigt werden.

823 Fischer, StGB, § 201a Rdnr. 5.
824 BT-Drs.18/2601, S. 37.

Die **Hilflosigkeit** aufgrund erheblicher Pflegebedürftigkeit muss auf den Bildaufnahmen zur **Schau gestellt werden,** sie muss sich **als hervorgehobener Teil der Darstellung** unmittelbar für den Betrachter ergeben[825].

10.3 Definitionen

Der persönliche Lebensbereich[826] ist ein Bereich persönlicher Lebensführung, zu dem Krankheit, Tod und Sexualität, aber auch sonstige **persönliche Tatsachen**[827]**, die sonstigen Dritten nicht einfach zugänglich sind, gehören.**

Unter **Wohnung** oder einem **sonst gegen Einblick besonders geschütztem Raum** ist auch das Bewohnerzimmer in einer stationären Einrichtung zu verstehen, wenn der Schutz Hotelzimmern/Gästezimmern und auch Zelten[828], aber auch Krankenzimmern[829] gilt. **Unbefugt**[830] werden die Bildaufnahmen hergestellt, wenn diese ohne Erlaubnis/Einwilligung im Sinne einer Rechtfertigung gefertigt werden.

Herstellen[831] ist das Fertigen der Bildaufnahme.

Übertragen[832] bedeutet in diesem Zusammenhang eine Live-Übertragung.

Gebrauchen[833] bedeutet jede Nutzung der Bildaufnahme, wie Speichern, Kopieren oder Archivieren.

Zugänglich machen[834] bedeutet, dritten Personen die Möglichkeit zu geben, auf die Bildaufnahme zuzugreifen, da diese auf einer Website eingestellt oder sonst für Dritte zugänglich ist.

Die von dem Opfer gefertigte Bildaufnahme muss **ansehensschädigend** sein. Dies ist der Fall, wenn das Opfer in einer Situation, Zu-

825 BGH 4 StR 244/16 vom 25.4.2017 in NStZ 2017, 408 (408 aa).
826 BT-Drs.15/2466, S. 5.
827 Eisele/Schönke/Schröder, StGB, § 201a Rdnr. 14.
828 KG Berlin (4) 121 Ss 126/15 (144/15) vom 20.8.2015 in StraFo 2016, 39 (40) zu Hotelzimmer.
829 Eisele/Schönke/Schröder, StGB, § 201a Rdnr. 9.
830 Eisele und Sieber, Notwendige Begrenzung des 201a StGB nach dem 49. StÄG, StV 2015, S. 312 (317 IV.).
831 Fischer, StGB, § 201a Rdnr. 12.
832 Fischer, StGB, § 201a Rdnr. 13.
833 Fischer, StGB, § 201a Rdnr. 14.
834 Wessels/Hettinger/Engländer, Strafrecht BT Teil 1, S. 189 Rdnr. 608.

stand oder Lage abgebildet wird, die nach allgemeinen gesellschaftlichen Vorstellungen als peinlich, eklig oder unfreiwillig offenbarend angesehen wird[835].

Diese Ansehensverletzung **muss erheblich** sein. Dies ist der Fall, wenn die Gesellschaft den Angriff auf die abgebildete Person und ihren damit einhergehenden Verlust an Ehre als **nicht mehr hinnehmbar qualifiziert**[836].

11. Grundregeln im Umgang mit Sexualstraftaten in stationären und ambulanten Einrichtungen

Sexualstraftaten sind für die Opfer extrem belastend, besonders dann, wenn diese Straftaten von Personen ausgeübt werden, denen die Opfer vertrauten, somit die Fälle der Ausnutzung eines bestehenden persönlichen Verhältnisses.

Die vorstehend beschriebenen Fälle, aber auch derjenige des Sozialarbeiters, der eine 14- jährige Bewohnerin zu Sexualhandlungen aufforderte, wie auch die sexuelle Belästigung einer in einer Behindertenwerkstatt zu betreuenden Person gegenüber seiner ebenfalls zu betreuenden Kollegin zeigen die Notwendigkeit eines professionellen Umgangs mit den Opfern, Taten und den Tätern.

Dem Träger ist in diesen Fällen anzuraten, den Täter ohne zeitliche Verzögerung zunächst vom Dienst zu suspendieren bzw. eine Verdachtskündigung hinsichtlich des bestehenden Arbeitsverhältnisses auszusprechen. Geschieht die Tat unter den zu betreuenden oder pflegenden Personen, so sollte eine räumliche Trennung vollzogen werden, auch in Anbetracht der besonderen Belastungssituation für diese Personen.

Gleichzeitig muss mit den Sorgeberechtigten oder den Betreuern der Minderjährigen oder zu pflegenden Personen Kontakt aufgenommen werden und auch die Situation der Stellung eines Strafantrages mit den Folgen für das Opfer (Zeugenbefragung) erörtert werden.

---

835 Fischer, StGB, § 201a Rdnr. 26, Eisele und Sieber, Fn. 830, 312 (315 2.) stellen auf die Erläuterungen des Ansehens zu §§ 185 ff. StGB ab.

836 Eisele und Sieber, Notwendige Begrenzung des 201a StGB nach dem 49. StÄG, StV 2015, S. 312 (315 4.)

Hierzu gehört es auch, auf die Möglichkeiten einer Nebenklage und die Beauftragung eines sog. Opferanwalts hinzuweisen.

Nicht zu vergessen sind die Meldepflichten an die örtlichen und überörtlichen Jugendämter gem. § 47 Nr. 2 SGB VIII bzw. an die Heimaufsicht, soweit es sich um Taten im Bereich der Betreuung von Erwachsenen handelt.

Neben dem Schutz der Opfer gilt es für den Träger der Einrichtung, einen Imageschaden zu verhindern bzw. möglichst gering zu halten.

Als Beispiel sei der Umgang mit dem Fall des Therapeuten, der kinderpornografische Schriften verbreitete, beleuchtet.

Als die ersten Hinweise auf diese Tat durch die Polizei beim Einrichtungsträger eingingen, die Polizei wurde bei dem Träger vorstellig, da in einem Internetforum Dateien mit regionalem Bezug zum Schulstandort gefunden wurden, sagte die Geschäftsführung des Trägers der Polizei jegliche Unterstützung bei den Ermittlungen zu.

Intern wurden sämtliche Kontakte des mutmaßlichen Täters überprüft, insbesondere danach, ob es weitere Opfer gab.

Gemeinsam mit der Polizei wurde in der Schule auf Initiative des Trägers ein Elternabend veranstaltet, anlässlich diesem die juristischen Schritte des Trägers und die unterstützende Tätigkeit der Polizei durch den Träger dargestellt wurden. Die Polizei nutzte den Elternabend, um nach weiteren Opfern zu forschen, aber auch Zeugen zu ermitteln.

Diese enge Zusammenarbeit zwischen Schulträger, Eltern und Polizei führte dazu, dass der Täter ermittelt und verurteilt werden konnte.

Die intensive mediale Begleitung des Falls führte nicht zu einem Schaden des Trägers, da frühzeitig die entsprechenden notwendigen Maßnahmen zum Schutz des Trägers durch Information der Eltern und damit Schaffung von Transparenz, Unterstützung der Polizei, aber auch das Angebot zu psychologischer Betreuung der Kinder und Eltern, anliefen.

Nicht anzuraten ist zu versuchen, die Situation ohne Polizei und Staatsanwaltschaft zu lösen.

Die Annahme, in der heutigen medialen Zeit würde sich ein Sachverhalt verheimlichen lassen, bestätigt sich nicht und der zu verstehende Wunsch nach „Ruhe in der Einrichtung" ist ein schlechter Ratgeber. Probleme gerade mit Gewalt in Einrichtungen zeigen, dass falsche Berichterstattung in den Medien oder sozialen Netzwerken den Einrichtungen schadet und möglicherweise zu Unterbelegungen[837] in den Einrichtungen oder Kündigungen der ambulanten Pflegeverträge führt.

Der Schutz des Trägers vor einem Imageschaden erfolgt in diesen Fallkonstellationen durch intensive, trägerkoordinierte Unterstützung der staatsanwaltlichen Ermittlungen.

837 Ein Träger, der sich Ermittlungen wegen fahrlässiger Tötung ausgesetzt sah, berichtet von Minderbelegungen in der betroffenen Einrichtung aufgrund unrichtiger und auch bewusst falscher medialer Begleitung.

V. Straftaten und Ordnungswidrigkeiten außerhalb des Strafgesetzbuch

BtMG (Betäubungsmittelgesetz), AMG (Arzneimittelgesetz), MPG (Medizinproduktegesetz) und viele andere, nicht für die Pflege direkt einschlägigen Gesetze, halten außerhalb des StGB eigene Straftat- und auch Ordnungswidrigkeitstatbestände bereit, die als sog. spezielle Vorschriften dem StGB vorgehen können. Für den Pflegebereich relevant sind das AMG, MPG mit der Medizinproduktebetreiberverordnung (MPBetreibV) sowie das BtMG mit der Betäubungsmittelverschreibungsverordnung (BtMVV).

1. AMG

Das AMG legt die Bedingungen fest, unter denen eine ordnungsgemäße Arzneimittelversorgung von Menschen, aber auch Tieren gewährleistet ist. Dies geschieht durch Prüfung der Qualität, Wirksamkeit und Unbedenklichkeit der in den Wirtschaftsverkehr eingebrachten Arzneimittel und der Kontrolle des Handels mit Arzneimitteln, entsprechend § 1 AMG.

Weiterhin regelt das AMG die Apothekenpflicht von Arzneimitteln in § 43 AMG und deren Verschreibungspflicht in § 48 AMG.

Nur diejenigen Arzneimittel, die ausdrücklich nach § 43 AMG von der Apothekenpflicht ausgenommen sind, dürfen außerhalb von Apotheken an Verbraucher verkauft werden.

Für alle anderen Arzneimittel verbleibt es bei der Apothekenpflicht. Nach § 43 Abs. 3 AMG dürfen vom Arzt verschriebene Arzneimittel nur in Apotheken an Verbraucher abgegeben werden. Arzneimittel, die verschreibungspflichtig sind, sind insbesondere diejenigen nach § 2 Abs. 1 oder Abs. 2 Nr. 1 AMG, d. h. solche, deren Wirkungen, insbesondere auch wegen der Zusammensetzung ihrer Stoffe, in der medizinischen Wissenschaft nicht allgemein bekannt sind.

Diese Arzneimittel dürfen nur bei Vorliegen einer ärztlichen, zahnärztlichen oder tierärztlichen Verschreibung an Verbraucher abgegeben werden. Eine Abgabe von Arzneimitteln, die zur Anwendung bei Menschen bestimmt sind, darf nicht erfolgen, wenn vor der ärztlichen oder zahnärztlichen Verschreibung offenkundig kein direkter Kontakt zwischen dem Arzt oder Zahnarzt und der Person stattgefunden hat. Hiervon darf nur in begründeten Ausnahmefällen abgewichen werden, insbesondere, wenn die Person dem Arzt oder Zahnarzt aus einem vorangegangenen direkten Kontakt hinreichend bekannt ist und es sich lediglich um die Wiederholung oder die Fortsetzung der Behandlung handelt, so § 48 Abs. 1 Nr. 3 AMG.

In den §§ 95, 96 und 97 AMG finden sich Straf- und Bußgeldtatbestände, die sich nicht direkt an die Pflegepersonen richten, sondern die einen Umgang mit Arzneimitteln entgegen den Regelungsvorschriften des AMG sanktionieren.

Das Strafmaß reicht von Bußgeldern bis zu 25.000 EUR gemäß § 97 Abs. 3 AMG über Geldstrafe oder Freiheitstrafe bis 3 Jahre nach § 95 Abs. 1, in schweren Fällen als Regelbeispiele des Abs. 3 der Vorschrift Freiheitsstrafe von 1 bis 10 Jahre.

Das AMG sieht für fahrlässiges Verhalten keine gesonderten Vorschriften vor, sondern bestimmt in Abs. 4 des § 95 AMG für die fahrlässige Verwirklichung einer Zuwiderhandlung gegen die Regelungen des § 95 Abs. 1 AMG Geldstrafe oder Freiheitsstrafe bis 1 Jahr.

Der Versuch einer Straftat nach § 95 AMG ist nach Abs. 2 der Vorschrift strafbar.

Die Verstöße im Zusammenhang mit dem Handel und dem Inverkehrbringen von Arzneimitteln sanktioniert § 96 AMG mit Geldstrafe oder Freiheitstrafe bis zu 1 Jahr.

Eine Strafbarkeit für versuchtes Handeln sieht diese Vorschrift nicht vor.

1.1 Anwendungsbereich AMG

Während das AMG den legalen Umgang mit Arzneien in der Pflege reguliert, befasst sich das BtMG mit dem illegalen Umgang mit Arzneien, soweit diese als BtM definiert sind. **Arzneimittel** sind nach der **Legaldefinition** des § 2 AMG, soweit es die Pflege angeht, Stoffe oder Zubereitungen aus Stoffen, die zur Anwendung im oder am menschlichen Körper bestimmt sind und als Mittel mit Eigenschaften zur Heilung oder Linderung oder zur Verhütung menschlicher Krankheiten oder krankhafter Beschwerden bestimmt sind oder die im oder am menschlichen Körper angewendet oder einem Menschen verabreicht werden können, um die physiologischen Funktionen durch eine pharmakologische, immunologische oder metabolische Wirkung wiederherzustellen, zu korrigieren oder zu beeinflussen oder eine medizinische Diagnose zu erstellen. Schutzzweck des AMG ist die Sicherung der ordnungsgemäßen Versorgung der Menschen mit Arzneimitteln. Dies geschieht durch das AMG, indem mit diesem Gesetz die Qualität, Wirksamkeit und Unbedenklichkeit der Arzneimittel gewährleistet wird, § 1 AMG. Für Arzneimittel[838], die zugleich BtM sind, sind sowohl die Vorschriften des BtMG als auch des AMG anwendbar, da nach § 81 AMG die Vorschriften des AMG diejenigen des BtMG nicht verdrängen.

1.2 Tathandlung

Im Bereich der Pflege ist die Abgabe von Medikamenten an zu pflegende Personen ein täglicher, anspruchsvoller und mit Gefahren behafteter Vorgang. Zu denken ist hierbei an die Zusammenstellung der für die zu pflegenden Personen jeweils konkret vorgeschriebenen Arzneimittel und deren Verwechslungsmöglichkeit durch Ablenkung im Pflegealltag. Diese Handlungen sind allerdings nicht nach dem AMG, sondern dem StGB zu beurteilen. Strafverfahren im Zusammenhang mit dem AMG liegen häufig Sachverhalte aus dem Bereich des heutigen Dopinggesetzes im Zusammenhang mit Leistungssteigerungen im Profi-Sport und der Bodybuilder-Szene[839] zugrunde.

Das AMG sanktioniert Handlungen, die den Vertriebsweg, somit die Abgabe von Arzneimitteln an Verbraucher betreffen. Aus Sicht des AMG sind strafrechtlich von Bedeutung vor allem die apotheken- und verschreibungspflichtigen Arzneimittel, da Verstöße gegen die Apothe-

838 Patzak/Körner/Patzak/Volkmer, Betäubungsmittelgesetz, BtMG, § 1 Rdnr. 12.
839 BGH 1 StR 72/17 vom 19.9.2017 in StraFo 2018, 34 (35).

ken- und Verschreibungspflicht durch die §§ 95, 96 AMG sanktioniert werden. So ist das Inverkehrbringen[840] von Gamma-Butyrol-Lacton= GBL zu Konsumzwecken nach §§ 2, 5, 95 AMG verboten.

In Deutschland sind Gerichtsverfahren gegen Pflegekräfte wegen Verstößen gegen das AMG eher selten.

Gegenstand dieser Verfahren nach dem AMG sind meistens Vorwürfe gegen Ärzte und Apotheker[841] sowie gegen die Pharmaindustrie und Pharmaentwicklung. Gegenstand eines solchen Verfahrens kann auch das Inverkehrbringen von bedenklichen Arzneimitteln, § 5 AMG, durch den Verkauf von mit synthetischen Cannabinoiden versetzten Kräutermischungen sein.

Gelegentlich haben sich Gerichte mit der Frage auseinanderzusetzen, ob ein Stoff zu Arzneimitteln oder BtM oder zu sonstigen Stoffgruppen gehört, wie die Frage, ob Ephedrin-Tabletten ein Grundstoff i. S. des GÜG[842] sind, die nicht nach Deutschland eingeführt werden dürfen oder ein Verstoß gegen das AMG wegen nicht genehmigten Großhandels mit Arzneimitteln, §§ 1 Nr. 22 i. V. m. 96 Nr. 14 AMG, gegeben ist[843].

In diesen Verfahren ging es um Kräutermischungen (sog. legal highs), bei denen es zu beurteilen galt, ob es sich bei diesen Kräutermischungen um BtM, Arzneimittel oder Tabakwaren[844] handelt.

Da die Kräutermischung bzw. die darin beigemischten Cannabinoiden noch nicht vom Bundesinstitut für Arzneimittel und Medizinprodukt (BfArM) in die Anlage III BtMG – verkehrsfähige und verschreibungsfähige BtM – aufgenommen waren, aufgenommen waren, waren diese Kräutermischungen keine Arzneimittel im Sinne von § 2 Abs. 1 AMG. Also waren diese Mischungen auch keine bedenklichen Arzneimittel, die in den Verkehr gebracht wurden.

840 BGH 1 StR 277/09 vom 8.12.2009 in NJW 2010, 2528 (2531 [21]).

841 BGH 1 STR 534/11 vom 4.9.2012 in StV 2013, 30, BGH 5 StR 405/13 in StV 2015, 425 zur Frage, ob es von Apotheker hergestellte Zytostatika-Lösungen um gem. § 21 Abs. 1 AMG zulassungspflichtige Fertigarzneimittel handelt.

842 GÜG= Gesetz zur Überwachung des Verkehrs mit Grundstoffen, die für die unerlaubte Herstellung von Betäubungsmitteln missbraucht werden können (Grundstoffüberwachungsgesetz – GÜG) https://www.gesetze-im-internet.de/g_g_2008/.

843 BGH 3 StR 124/13 vom 27.10.2015 in StV 2017, 326 (327 [12]).

844 BGH 5 StR 107/14 vom 5.11.2014 in StraFo 2015, 33 (33).

Die Kräutermischungen wurden geraucht, weshalb es zu einer Verurteilung wegen Inverkehrbringens von Tabakerzeugnissen unter Verwendung nicht zugelassener Stoffe kam.

Zwischenzeitlich hat der EuGH[845] entschieden, dass der Begriff Arzneimittel keine Stoffe erfasst, deren Wirkungen sich auf eine schlichte Beeinflussung der physiologischen Funktionen beschränken, ohne dass sie geeignet wären, der menschlichen Gesundheit unmittelbar oder mittelbar zuträglich zu sein.

Die rechtliche Diskussion um legal highs führte in Deutschland zu einem neuen Gesetz. Das Neue-psychoaktive-Stoffe-Gesetz, – NpSG, stellt das Handeltreiben mit den sog. legal highs außerhalb des BtMG und des AMG unter Strafe.

Die Frage, ob Handeltreiben[846] mit als „Badezusatz für Fußbäder" deklarierten Produkten der Kratompflanze nach dem AMG[847] oder dem LFGB[848] oder, da ein BtM vorliegen könnte, nach dem BtMG[849] strafbar ist, wurde insgesamt verneint.

Besondere Vorgehenspflichten für die Aufbewahrung, selbst für apotheken- und verschreibungspflichtige Arzneien, beschreibt das AMG nicht. Grundsätzlich müssen Arzneien für Kinder und zu pflegende Personen, insbesondere auch Demenzpatienten, außer Reichweite aufbewahrt werden. Ein fahrlässiger Umgang mit Arzneimitteln kann grundsätzlich zur Strafbarkeit wegen fahrlässiger Körperverletzung führen.

Aufgrund der Hektik im Pflegealltag kann es durchaus dazu kommen, dass der Schrank, in dem die Medikamente aufzubewahren sind, nicht verschlossen ist und unbefugte Dritte, eventuell sogar Kinder, Zugang zu diesen Medikamenten haben. Eine mögliche Strafbarkeit würde sich hier aus dem Unterlassen der gebotenen Handlung, nämlich dem Verschließen des Medikamentenschrankes in Verbindung mit der entsprechenden Vorschrift des StGB, ergeben. Die Medikamente selbst dürfen für die zu pflegenden Personen nur durch examinierte

845 EuGH vom 10.7.2014 C-358/13 und C-181/14 in StV 2015, 166 (168 III. Ergebnis).
846 OLG Köln 1 RVs 131,136/15 vom 11.9.2015 in StV 2017, 328.
847 OLG Köln 1 RVs 131,136/15 vom 11.9.2015 in StV 2017, 328 (328 1.).
848 OLG Köln 1 RVs 131,136/15 vom 11.9.2015 in StV 2017, 328 (330 bb).
849 OLG Köln 1 RVs 131,136/15 vom 11.9.2015 in StV 2017, 328 (329 2.a).

Pflegekräfte hergerichtet und verabreicht werden. In keinem Fall darf das Herrichten der Medikamente an Pflegehilfskräfte oder Auszubildende delegiert werden ohne **absolute Kontrolle** durch die zuständige examinierte Pflegekraft.

Auch in diesen Fällen ergibt sich eine Strafbarkeit aufgrund der Vorschriften des StGB über die Körperverletzungs- und Tötungsdelikte und nicht nach dem AMG.

Eine besondere Problematik zeigt sich in der täglichen Praxis bei der sogenannten Bedarfsmedikation.

Hierbei werden der zu pflegenden Person Medikamente nicht aufgrund einer genauen Verordnung, sondern vielmehr aufgrund des tatsächlichen oder angeblichen Bedarfs der zu pflegenden Person an diesem Medikament verabreicht.

Gerade bei dieser sogenannten Bedarfsmedikation bedarf es eines hohen Sorgfaltsmaßstabs im Umgang mit diesen Medikamenten.

Besondere Sorgfalt hat das Pflegepersonal im Umgang mit sogenannten Psychopharmaka walten zu lassen.

Psychopharmaka[850] ist eine Sammelbezeichnung für chemisch verschiedenartige Arzneimittel, die die Aktivität des Zentralnervensystems beeinflussen und auf psychische Funktionen wie Stimmung, Affektivität und Emotionalität wirken.

Werden solche Psychopharmaka an Bewohner verteilt, um diese ruhig zu stellen, beispielsweise um dem Nachtdienst eine relativ ruhige Arbeitszeit zu gewähren, so handelt es sich hierbei um eine Straftat, die wegen mangelnder Bewegungsfreiheit der Person, die die Psychopharmaka einnimmt, als Freiheitsberaubung gemäß § 239 StGB oder aber als gefährliche Körperverletzung, § 224 StGB, zu bewerten sein kann. In der Praxis zeigen sich immer wieder Fälle, bei denen Pflegepersonal Psychopharmaka an Bewohner, für die diese verordnet worden sind, nicht verabreichen und diese Medikamente stattdessen verkaufen.

Aufgrund ihrer Wirkungsweise im Körper des Menschen gelten Psychopharmaka als Betäubungsmittel[851]. Bei der Abgabe und Weiter-

850 Definition: http://www.gbe-bund.de/glossar/Psychopharmaka.html.

851 Psychopharmaka sind BtM, wenn sie Substanzen enthalten, die auf das zentrale Nervensystem wirken und dieses beeinflussen und ein Abhängigkeitspotenzial beinhalten Sinne der Definition bei Pschyrembel, Klinisches Wörterbuch.

gabe dieser Arzneimittel handelt es sich dann um Handeltreiben mit BtM, was nach § 29 BtMG strafbar ist.

1.3 Definitionen

Verabreichen[852] ist die unmittelbare Anwendung der Arzneimittel am oder im Körper der zu pflegenden Person durch Einflößen, Inhalation, Infusion, Injektion, Einschieben und Einreiben. **Überlassen**[853] werden Arzneimittel, wenn diese der zu pflegenden Person zur eigenständigen Einnahme übergeben werden, als Form eines kontrollierten Konsums.

Im Übrigen darf auf die umfangreichen Legaldefinitionen des AMG, insbesondere § 4 AMG, verwiesen werden

2. BtMG

Die Straftaten nach dem BtMG im Umgang mit btm-haltigen Arzneimitteln, im Weiteren als BtM bezeichnet, werden spezifisch für die Pflege dargestellt.

Eine Vielzahl von Medikamenten, die in Einrichtungen für die Pflege und Betreuung der Menschen notwendig sind, unterfallen den Regelungen des BtMG. Diese Medikamente sind in der Anlage III (zu § 1 Abs. 1 BtMG) als verkehrsfähige und verschreibungsfähige Betäubungsmittel (= Arzneimittel) aufgeführt. Laut AOK-Pflege-Report 2017[854] erhalten etwa 50 % der Pflegeheimbewohner Psychopharmaka, etwa wegen Unruhe oder herausforderndem Verhalten.

Gegenstand dieser Darstellung ist nicht zu klären, ob der Einsatz von Psychopharmaka in der Pflege sinnvoll ist. Vielmehr soll der schmale Grat zwischen Pflege und strafbarem Einsatz von BtM aufgezeigt werden. Jedoch kann eine Langzeitanwendung von Benzodiaze-

852 Volkmer in Körner/Patzak/Volkmer, Betäubungsmittelgesetz, AMG, § 95 Rdnr. 320.

853 Volkmer in Körner/Patzak/Volkmer, Betäubungsmittelgesetz, AMG, § 95 Rdnr. 320.

854 Thürmann: Einsatz von Psychopharmaka bei Pflegebedürftigen: https://www.wido.de/pflege-report_2017.html.

pinen[855] und Z-Substanzen (wie z. B. Zolpidem, Zopiclon) zu Abhängigkeiten mit erhöhtem Sturzrisiko und kognitiven Einschränkungen gerade bei älteren Menschen führen.

Nicht auszuschließen ist, dass sich Pflegepersonen veranlasst sehen, diese Psychopharmaka nicht den zu pflegenden Personen zu verabreichen, für die sie verordnet sind, sondern den Einsatz der BtM zwar in der Bewohnerakte aufführen, tatsächlich die Mittel jedoch nicht verabreichen, sondern außerhalb der Einrichtung verkaufen. Je nach Wirkstoff der verkauften oder auch nur überlassenen Medikamente liegt ein Verstoß gegen das BtMG vor. Wird mit Psychopharmaka Handel getrieben, so ist das eine strafbare Handlung im Umgang mit BtM nach §§ 29 Abs. 1 ff. BtMG. Sollte das BtMG in diesen Fällen nicht anwendbar sein, so bleibt in jedem Falle Raum für die Anwendung der §§ 223, 224, 239 StGB, soweit die btm-haltigen Medikamente nicht denjenigen Personen verabreicht werden, für die die Medikamente verordnet wurden, sondern Personen verabreicht werden, für die die Medikamente nicht verschrieben wurden, um diese zu pflegenden Personen bspw. „ruhig" zu stellen.

Das BtMG regelt den erlaubten Umgang mit BtM, § 3 BtMG und sanktioniert zugleich den verbotenen Besitz von BtM, §§ 29 ff. – 30a BtMG.

Was BtM sind, regelt das Gesetz nicht durch eine Definition. Vielmehr werden Stoffe und Zubereitungen gem. § 1 BtMG zu BtM, wenn diese Stoffe in die Anlagen I – III des BtMG aufgenommen sind.

Das Strafmaß des unerlaubten Handeltreibens mit BtM reicht bis zu 15 Jahren Freiheitsstrafe.

2.1 Anwendungsbereich §§ 29, 29a, 30, 30a BtMG

Das Gesetz dient der Sicherheit und Kontrolle des Verkehrs von Betäubungsmitteln, aber auch dem Schutz von Individuen davor, sich durch

855 Benzodiazepine und Z-Substanzen – Ursachen der Langzeiteinnahme und Konzepte zur Risikoreduktion bei älteren Patientinnen und Patienten ABSCHLUSSBERICHT, S. 5,3.1 Teilprojekt 1 Zentrum für Interdisziplinäre Suchtforschung der Universität Hamburg (ZIS) Klinik für Psychiatrie und Psychotherapie des Universitätsklinikums Hamburg-Eppendorf Institut und Poliklinik für Medizinische Psychologie, Hamburg, https://www.bundesgesundheitsministerium.de/.../Abschlussbericht_ZIS_Benzodiazepi...

Konsum von BtM selbst zu gefährden, was als ein Gemeinwohlanliegen angesehen wird[856].

2.2 Tathandlung

2.2.1 Verbotener Umgang mit BtM, § 29 BtMG

Den strafwürdigen Umgang mit BtM durch Handeltreiben, Veräußern, Abgeben oder sonst jeglicher Art des in Verkehrbringens von BtM, aber auch den Erwerb oder auch Verschaffen von BtM, stellt **§ 29 Abs. 1** unter Strafe. Diese Vorschrift beschreibt all diejenigen Handlungen, die in der Handhabung von BtM verboten sind.

Von besonderer Bedeutung[857] ist der Handel mit BtM §§ 29 Abs. 1, 29a Abs. 1 Nr. 2 BtMG. Hinter dem Handeltreiben mit BtM bleiben sämtliche weiteren verbotenen Handlungen zurück, da der Handel mit BtM als gefährlichste und wichtigste Tathandlung gesehen wird.

Daneben stellt **§ 29 BtMG in Abs. 1 S. 1 Nr. 3** den verbotenen Besitz von Betäubungsmitteln unter Strafe, wenn der Besitzer nicht gleichzeitig im Besitz einer schriftlichen Erlaubnis zum Erwerb von BtM gem. § 3 BtMG ist.

In **Abs. 1 S. 1 Nr. 6a** der Vorschrift wird das unbegründete Verschreiben von BtM und in **Abs. 1 S. 1 Nr. 6b** das Verabreichen oder Überlassen der BtM ohne begründete Verschreibung gem. § 13 BtMG unter Strafe gestellt.

Besonders schwere Fälle mit erhöhtem Strafmaß beschreibt Abs. 3 der Vorschrift. Diese liegen vor, wenn der Täter gewerbsmäßig handelt oder durch seine Handlungen die Gesundheit mehrerer Menschen gefährdet in den Fällen des **Abs. 1 S. 1 Nr. 1und Nr. 6 BtMG**

Nach **§ 29 Abs. 2 der Vorschrift** ist in den Fällen des **Abs. 1 S. 1 Nr. 1 und Nr. 6b** der Versuch strafbar.

---

856 BVerfG 1 BvR 2007/10 vom 21.12.2011, NJW 2012, 1062 (1063[21]) – Gesetzliches Sonnenstudioverbot für Minderjährige- Allgemeinwohlinteresse auch für den Schutz vor Drogenkonsum. BVerfG 2 BvL 43/92, 51/92, 63/92, 64/92, 70/92, 80/92, 2 BvR 2031/92 vom 9.3.1994 in StV 1994, 295 (299).

857 BVerfG 2 BvL 43/92, 51/92, 63/92, 64/92, 70/92, 80/92; 2 BvR 2031/92 vom 9.3.1994 in StV 1994, 295 (299 a).

Auch in diesem Gesetz werden keine gesonderten Vorschriften aufgeführt, wenn es um die Strafbarkeit von fahrlässigem Verhalten geht.

Handelt der Täter in den Fällen des § 29 Abs. 1 S. 1 Nr. 1 und 6b fahrlässig, so ist die Strafe lediglich Geldstrafe oder Freiheitsstrafe bis zu 1 Jahr.

Gänzlich von Strafe absehen kann das Gericht, wenn der Täter in den Fällen des Abs. 1 die BtM lediglich zum Eigenverbrauch in geringer Menge anbaut, herstellt, einführt, ausführt, durchführt, erwirbt, sich in sonstiger Weise verschafft oder besitzt, so Abs. 5 der Vorschrift.

Eine Strafausdehnung[858] sieht das Gesetz in Abs. 6 der Vorschrift vor, wenn der Täter im Sinne des Abs. 1 S. 1 Nr. 1 in den Tatalternativen Handeltreiben, Abgeben oder Veräußern mit Stoffen umgeht, die tatsächlich keine BtM sind, aber der Täter dies behauptet. Mit dieser Vorschrift will der Gesetzgeber verhindern, dass potenzielle Kunden mit zunächst ungefährlichen Stoffen angelockt werden in dem Glauben, BtM-Konsum sei ungefährlich, um auf diese Art und Weise den Absatz von tatsächlichen BtM vorzubereiten.

Fahrlässigen[859] **Handel mit BtM** stellt **Abs. 4** der Vorschrift unter Strafe. Fahrlässigkeit muss hinsichtlich der Kenntnis der Eigenschaft der Stoffe als BtM bestehen, im Übrigen gelten die Ausführungen zum Handeltreiben. Der Täter muss auch hier eigennützig handeln. Der anzuwendende Sorgfaltsmaßstab ergibt sich aus objektiven Kriterien im Umgang mit BtM und dem persönlichen Wissensstand des Täters hinsichtlich der Betäubungsmitteleigenschaft des Stoffes, mit dem der Täter umgeht.

Auch in der Pflege kann ein fahrlässiger Handel mit btm-haltigen Stoffen vorkommen. Solche Situationen können entstehen, wenn entsprechende Arzneimittel überlassen werden zum sofortigen Gebrauch, die Pflegekraft aber keine Kenntnisse über die Inhaltsstoffe und Wirkung des Medikaments hat. Aus diesem Grunde heraus dürfen Arzneimittel und insbesondere solche, die btm-haltig sind, nur von examinierten Pflegekräften für die zu pflegenden Personen hergerichtet und

858 Patzak/Körner/Patzak/Volkmer, Betäubungsmittelgesetz, BtMG, § 29 Teil 30 Rdnr. 2.

859 BGH 1 StR 64/17 Urteil vom 20.9.2017 in NJW 2018, 961 (962 [30]).

im Falle von BtM nur durch den Arzt oder unter Anweisung des Arztes verabreicht (= zum sofortigen Gebrauch überlassen) werden.

Im Rahmen der Ausbildung sind sehr hohe Sorgfaltsanforderungen an die auszubildenden examinierten Pflegekräfte hinsichtlich des Vorgangs der Herrichtung der Arzneimittel und die Beaufsichtigung der Auszubildenden zu stellen.

Der anspruchsvolle Pflegealltag ist hierfür nicht der geeignete Schulungsrahmen.

2.2.2 Strafschärfung, § 29a BtMG

Eine Strafschärfung im verbotenen Umgang mit BtM sieht § 29a BtMG vor.

Nach dieser Vorschrift, die eine Sanktion in Form einer Freiheitsstrafe nicht unter 1 Jahr vorsieht, wird derjenige bestraft, der älter als 21 Jahre ist und BtM ohne Erlaubnis an Personen unter 18 Jahren abgibt oder ohne Verschreibung im Sinne von § 13 Abs. 1 BtMG verabreicht oder zum unmittelbaren Verbrauch überlässt.

Ebenso wird nach Abs. 1 Nr. 2 der Vorschrift derjenige bestraft, der ohne Erlaubnis, im Sinne des § 3 BtMG, BtM in nicht geringer Menge herstellt, abgibt, besitzt oder mit diesen BtM unerlaubt Handel treibt.

Die Vorschrift stellt in Abs. 2 für minder schwere Fälle des § 29a Abs. 1 Nr. 1 und 2 BtMG ein vermindertes Strafmaß in Form einer Freiheitsstrafe, die von 3 Monaten bis 5 Jahre andauern kann, fest.

2.2.3 Bandenmäßiger Handel mit BtM, § 30 BtMG

Wer sich als Mitglied einer Bande mit anderen Personen dazu verbunden hat, zur fortgesetzten Begehung von Straftaten im Sinne des § 29 Abs. 1 S. 1 Nr. 1 BtM anzubauen, herzustellen oder in dieser Form mit BtM Handel zu treiben, wird mit Freiheitsstrafe nicht unter 2 Jahren bis 15 Jahre bestraft, **§ 30 BtMG**. Gleiches gilt für den Täter, der Taten nach § 29a BtMG verübt und dabei gewerbsmäßig handelt.

Gibt der Täter dem Opfer die BtM oder verabreicht bzw. überlässt er die BtM dem Opfer zum sofortigen Verbrauch und wird hierdurch leichtfertig der Tod des Opfers verursacht, so ist auch in diesen Fällen eine Freiheitsstrafe unter 2 Jahren nur in minder schweren Fällen im Sinne von Abs. 2 der Vorschrift denkbar.

Eine ebensolche Sanktionsmöglichkeit ist auch für die unerlaubte, also ohne Erlaubnis nach § 3 BtMG, erfolgte Einfuhr von BtM in nicht geringer Menge nach Deutschland vorgesehen.

Grundsätzlich gilt für Straftaten nach § 30 Abs. 1 Nr. 1 bis 4 BtMG, dass diese in minder schweren Fällen mit Freiheitsstrafe von 3 Monaten bis 5 Jahre sanktioniert werden.

Die Abgabe, das Verabreichen und das Überlassen der BtM zum sofortigen Konsum im Sinne von **§ 30 Abs. 1 Nr. 3** BtMG betrifft die Fallgestaltungen der Verwechslung von btm-haltigen Medikamenten, aber auch der Einnahme solcher Medikamente ohne ärztliche Überwachung oder gar gänzlich ohne Beaufsichtigung der zu pflegenden Person. Durch die unbedachte, unüberwachte Abgabe, das Verabreichen oder Überlassen der BtM zum sofortigen Konsum wird der Tod des Bewohners herbeigeführt. Hätte eine Kontrolle stattgefunden und wäre sehr große Sorgfalt beim Umgang mit den BtM angewandt worden, so wäre der Tod des Bewohners nicht eingetreten.

Ein Strafmaß von mindestens 5 Jahren bis 15 Jahre Freiheitsstrafe sieht **§ 30a BtMG** für die in dieser Vorschrift dargestellten Handlungen im Umgang mit BtM vor. Ein minder schwerer Fall des § 30a BtMG wird nach Abs. 3 dieser Vorschrift mit Freiheitsstrafe von 6 Monaten bis 10 Jahre sanktioniert.

Diese Vorschrift stellt den Zusammenschluss von mindestens 3 Personen des Pflegepersonals oder auch des Verwaltungspersonals der Einrichtung oder des Trägers als Bande zur Begehung von Taten im Sinne des § 29 Abs. 1 S. 1 Nr. 1unter diese hohe Mindeststrafe, wenn es sich um eine nicht geringe Menge an BtM handelt.

Den Aufbau von Dealerketten durch Personen über 21 Jahren, indem diese Personen unter 18 Jahren dazu bestimmen, § 30 StGB, mit Betäubungsmitteln unerlaubt Handel zu treiben, sie, ohne Handel zu treiben, einzuführen, auszuführen, zu veräußern, abzugeben oder sonst in den Verkehr zu bringen oder eine dieser Handlungen zu fördern, sanktioniert **§ 30a Abs. 2 Nr. 1 BtMG.**

Führt der Täter bei Begehung von Tathandlungen des unerlaubten Handeltreibens oder beim Einführen, Ausführen und Verschaffens von BtM, ohne dabei gleichzeitig Handel zu treiben, Schusswaffen oder sonstige Gegenstände mit, die ihrer Art nach zur Verletzung von Personen geeignet und bestimmt sind, so ist auch in diesen Fällen eine Strafe außerhalb von minder schweren Fällen von mindestens 5 Jahren bis 15 Jahre Freiheitsstrafe vorgesehen.

Grundsätzlich werden minder schwere Fälle von Tathandlungen des § 30a BtMG nach Abs. 3 dieser Vorschrift mit Freiheitsstrafe von 6 Monaten bis 10 Jahre bestraft.

2.3 Definitionen

BtM sind nach der Legaldefinition des § 1 BtMG diejenigen Stoffe und Zubereitungen, die in den Anlagen I bis III des BtMG aufgeführt sind.

Anlage I listet **nicht verkehrsfähige Betäubungsmittel**, Anlage II **verkehrsfähige, aber nicht verschreibungsfähige Betäubungsmittel** und Anlage III **verkehrsfähige und verschreibungsfähige Betäubungsmittel** auf.

Verkehrsfähig bedeutet für den Handel zugelassen, das bedeutet, diese BtM können, wenn auch unter Bedingungen, in den Wirtschaftskreislauf gelangen, weshalb btm-haltige Arzneimittel in die Anlage III aufgenommen werden.

Der Katalog derjenigen Stoffe und Zubereitungen, deren Besitz oder Handel verboten ist, ist nicht abschließend.

Daher ist die Bundesregierung ermächtigt, nach Anhörung von Sachverständigen, durch Rechtsverordnung mit Zustimmung des Bundesrates, die Anlagen I bis III zu ändern oder zu ergänzen, § 1 Abs. 2 BtMG. Das Bundesministerium für Gesundheit wird ermächtigt, in dringenden Fällen zur Sicherheit oder zur Kontrolle des Betäubungsmittelverkehrs durch Rechtsverordnung ohne Zustimmung des Bundesrates Stoffe und Zubereitungen, die nicht Arzneimittel sind, in die Anlagen I bis III aufzunehmen, wenn dies wegen des Ausmaßes der missbräuchlichen Verwendung und wegen der unmittelbaren oder mittelbaren Gefährdung der Gesundheit erforderlich ist, § 1 Abs. 3 BtMG.

Handeltreiben[860] mit BtM ist jede eigennützige, auf Umsatz ausgerichtete Tätigkeit. Der Begriff wird sehr weit ausgelegt und die Tat ist bereits mit dem Unterbreiten eines verbindlichen und ernsthaften Übertragungsangebots (es muss kein Verkauf sein) vollendet.

Unabdingbar ist, dass es dem Täter darauf ankommt, für sich einen finanziellen oder sonstigen Gewinn aus dem Handeltreiben zu erzielen.

Fehlt der Eigennutzgedanke und eine rechtsgeschäftliche Grundlage bei der unerlaubten Übertragung des Eigentums/Besitzes an den BtM, so liegt eine **Abgabe**[861] der BtM vor, wenn der Übernehmer die tatsächliche Verfügungsgewalt über die BtM erhält. Der Täter **veräußert**[862] die BtM, wenn er diese zwar gegen Entgelt, aber ohne Eigennutz verkauft, sog. Selbstkostenverkäufe. Der Verkäufer muss die tatsächliche Verfügungsgewalt [863] über die BtM haben, die er dem Käufer einräumt.

Überlassen[864] zum unmittelbaren Gebrauch bedeutet, der Käufer oder Abnehmer der BtM erhält keine eigene Verfügungsmöglichkeit über die BtM, sondern lediglich die Möglichkeit zum sofortigen Konsum der BtM.

Unter einer **Verschreibung**[865] von BtM, aber auch Arzneimitteln, wird die schriftliche Anweisung eines Arztes auf einem (BtM-)Rezept an einen Apotheker verstanden, an eine bestimmte Person oder sonstige zum Empfang berechtigte Einrichtung nach BtMVV im Falle von BtM zu bestimmten Bedingungen (Einnahmeanweisung) zu übergeben.

Einfuhr[866] von BtM bedeutet einzig das tatsächliche Verbringen der BtM in das deutsche Hoheitsgebiet, wobei der Täter den Einfuhrvorgang nicht eigenständig durchführen muss. Er muss lediglich im

860 Ständige Rspr. vgl. BGH 3 StR 302/15 Urteil vom 10.11.2015 in StV 2017, 285 (285[6]).
861 BGH 5 StR 109/15 vom 14.4.2015 in StV 2015, 636 (637 [3]).
862 BGH 3 StR 245/90 vom 3.8.1990 in NJW 1991, 306 (307).
863 Patzak/Körner/Patzak/Volkmer, Betäubungsmittelgesetz, BtMG, § 29 Teil 7 Rdnr. 2.
864 BGH 3 StR 241/98 vom 8.7.1998 in StV 1998, 592 – Leitsatz.
865 Patzak/Körner/Patzak/Volkmer, Betäubungsmittelgesetz, BtMG, § 29 Teil 15 Rdnr. 7.
866 BGH 3 StR 630/14 vom 31.3.2015 in StV 2015, 632 (632 [5]).

Sinne der Tatherrschaftslehre einen objektiven Beitrag zum Gelingen der Einfuhr leisten[867]. Weshalb der Besteller der BtM, der lediglich auf die Lieferung wartet, weder Täter noch Gehilfe einer Einfuhr von BtM ist, aber wegen der BtM-Bestellung sich des Handeltreibens mit BtM strafbar macht[868].

Erwerb[869] von BtM liegt vor, wenn der Täter die BtM durch einverständliche Übernahme vom Besitzer aufgrund eines Rechtsgeschäfts erhält; der Erwerber muss die Verfügungsgewalt über die BtM ausüben.

Besitz[870] an BtM hat derjenige, der ein tatsächliches Herrschaftsverhältnis über die BtM, getragen von einem Besitzwillen und dem Bewusstsein, jederzeit über die BtM verfügen zu können, hat. Hierzu zählt auch der mittelbare Besitz an BtM, bei dem sich die BtM nicht im unmittelbaren Verfügungsbereich des Täters befinden, z. B. in Verstecken.

Der **Besitz von BtM ist verboten,** wenn der Täter hierzu keine Erlaubnis im Sinne des § 3 BtMG hat. **Jeglicher Besitz von BtM ist in Deutschland verboten, soweit es sich nicht um eine** geringe Menge zum eigenen Konsum (Bewertungseinheit)[871] handelt, vgl. § 29 Abs. 5 BtMG oder eine Ausnahmeerlaubnis zum Verbot des § 3 BtMG vorliegt. Dies gilt auch hinsichtlich der Diskussion um Cannabis als Heilmittel[872]. Diejenige Menge[873], die auf Vorrat besessen werden darf nach § 3 BtMG, kann nur dem Wertstoffgehalt des BtM entsprechen, der zur Linderung der Gesundheitsbeeinträchtigung erforderlich ist.

867 BGH 3 StR 137/14 vom 27.5.2014 in StV 2015, 633 (633 [3]).
868 BGH 3 StR 630/14 vom 31.3.2015 in StV 2015, 632 (632 [5]).
869 Patzak/Körner/Patzak/Volkmer, Betäubungsmittelgesetz, BtMG, § 29 Teil 10 Rdnr. 1.
870 BGH 2 StR 246/10 vom 10.6.2010 in StV 2010, 683 (683 Rdnr. 3).
871 Berechnung einer Bewertungseinheit: BGH 3 StR 487/16 vom 24.1.2017 in StV 2018, 505 (506 [4]).
872 Patzak/Körner/Patzak/Volkmer, Betäubungsmittelgesetz, BtMG, § 29 Teil 13 Rdnr. 60 und 62.
873 BGH 2 StR 238/16 vom 13.9.2017 in StV 2018, 501 (502 [26]).

Dient der Besitz der BtM dem eigenen Verbrauch (§ 29 Abs. 5 BtMG), so ist ein Besitz von BtM nur im Rahmen der geringen Menge erlaubt[874].

Hinsichtlich der geringen Menge und der Gefährlichkeit der BtM kommt es auf deren Inhaltsstoff [875] und die tatsächliche Masse an.

2.4 Erlaubnis zum Umgang mit BtM, § 3 i. V. m. § 29 Abs. 1 Nr. 3 BtMG

Wer in Deutschland Betäubungsmittel BtM anbaut, herstellt, mit ihnen Handel treibt, sie, ohne mit ihnen Handel zu treiben, einführt, ausführt, abgibt, veräußert, sonst in den Verkehr bringt oder erwerben will, braucht hierzu eine Erlaubnis gem. § 3 BtMG.

Die Regelungen des BtMG stellen ein System des grundsätzlichen Verbotenseins mit Erlaubnisvorbehalt dar[876].

Die Erlaubnis nach § 3 BtMG erteilt das Bundesinstitut für Arzneimittel und Medizinprodukte (BfArM). Diese Erlaubnis ist ein Verwaltungsakt, der von der Bundesopiumstelle im Auftrag des BfArM an Unternehmen und Einrichtungen erteilt wird[877].

Privatpersonen wird eine solche Erlaubnis grundsätzlich nicht erteilt[878]. Allerdings eröffnet das BVerwG eine äußerst eng begrenzte Prüfungsmöglichkeit des BfArM, in bestimmten Fällen eine Ausnahme von diesem Grundsatz zumindest prüfen zu müssen[879], nachdem das Gericht die Rechtswidrigkeit eines ablehnenden Verwaltungsaktes des BfArM feststellte, mit dem die Erlaubnis zum Besitz von BtM zum Suizid beantragt war.

Liegt eine Erlaubnis zum Umgang mit BtM in den Formen des § 3 Abs. 1 BtMG vor, so wirkt diese Erlaubnis **tatbestandausschließend**[880].

---

874 BVerfG 2 BvL 43/92, 51/92,63/92,64/92,70/92,80/92; 2 BvR 2031/92 vom 9.3.1994 in StV 1994, 295 (300 c2).

875 BGH 1 StR 647/17 vom 7.2.2018 in StV 2018, 504 (504).

876 BT-Drs. 8/3551, S. 27 zu § 3.

877 https://www.bfarm.de/DE/Bundesopiumstelle/Betaeubungsmittel/Erlaubnis/_node.html.

878 BVerwG 3 C 19/15 vom 2.3.2017 in NJW 2017 2215, (2216 [21]).

879 BVerwG 3 C 19/15 vom 2.3.2017 in NJW 2017 2215, (2221 [42]).

880 BGH 4 StR 742/95 in NJW 1996, 1604 (1605 a) – tatbestandsausschließend -.

2.5 Ausnahmen von der Erlaubnispflicht gem. § 4 BtMG

Eine Erlaubnis zum Erwerb und damit auch zum Besitz von BtM braucht derjenige nicht, der die BtM aufgrund einer ärztlichen Verschreibung erwirbt, § 4 Abs. 1 Nr. 3a BtMG, oder nach § 4 Abs. 1 Nr. 3c i. V. m § 13 Abs. 1a Satz 1 BtMG im Rahmen eines Notfalls von einem Arzt erhält.

Verschrieben oder verabreicht werden dürfen btm-haltige Arzneimittel durch den Arzt nur, wenn dieser den Einsatz der Medikamente im oder am menschlichen Körper als begründet ansieht, § 13 Abs. 1 S. 1 BtMG.

Der Gesetzgeber hat auch gleichzeitig definiert, wann die Verschreibung oder die Verabreichung nicht begründet ist. Dies ist der Fall, wenn der beabsichtigte Zweck auf andere Weise erreicht werden kann, § 13 Abs. 1 S. 2 BtMG.

In Notfällen darf der Arzt nach § 13 Abs. 1a S. 1 BtMG einem ambulant versorgten Palliativpatienten btm-haltige Arzneien überlassen, soweit der Bedarf des Patienten nicht durch Verschreibung der benötigten Medikamente rechtzeitig gesichert werden kann.

Ein solcher **Notfall**[881] liegt nach der Definition des Gesetzes nur dann vor, wenn das benötigte Medikament nicht in Apotheken vorrätig ist oder vorrätig, aber nicht rechtzeitig durch den Patienten oder Bewohner selbst oder durch diesen versorgende Personen abgeholt werden kann.

Eine Verhinderung dieser Pflegepersonen im Sinne eines Notfalls wird aber nur dann vom Gesetz anerkannt, wenn diese Personen gebraucht werden, um aktuell den Palliativpatienten zu versorgen oder aber selbst nicht in der Lage sind, die Apotheke aufzusuchen, § 13 Abs. 1a Nr. 1 – 2a BtMG.

Diesen Vorgang der Suche nach einer Verschreibungs- und Verschaffungsmöglichkeit hat der Arzt zu dokumentieren und diese Dokumentation ist für die Dauer von 3 Jahren zu archivieren, § 13 Abs. 1a BtMG. Das Gesetz sieht als Grundfall der Abgabe von btm-haltigen Medikamenten deren Verschreibung und damit einhergehender Dokumentation der Beschaffung und Verwendung der BtM vor. Nur dann,

881 Patzak/Körner/Patzak/Volkmer, Betäubungsmittelgesetz, BtMG, § 13 Rdnr. 36-38.

wenn diese Bedingungen erfüllt sind, und der Arzt die zu pflegende Person oder die diese betreuende Personen, schriftlich über die Anwendung belehrt hat, ist eine Abgabe des btm-haltigen Arzneimittels zulässig[882].

Entsprechende Pflichten betreffen auch den Apotheker[883], der die BtM abgibt.

3. Betäubungsmittelverschreibungsverordnung BtMVV

Der Gesetzgeber hat in § 13 Abs. 3 BtMG die gesetzliche Grundlage für eine Verordnung der Bundesregierung geschaffen, mit der geregelt wird, auf welchem Weg und unter welchen Bedingungen BtM in Pflegeeinrichtungen, Krankenhäusern, Rettungsstellen und Palliativeinrichtungen sowie Hospize gelangen. Geregelt wurde dies mit und in der BtMVV.

Besteht für eine zu pflegende Person ein Bedarf an btm-haltigen Arzneimitteln, so gelangen diese zu der zu pflegenden Person durch Vorlage eines besonderen BtM-Rezeptes, § 8 BtMVV.

Für den Stationsbedarf in Kliniken, den Notbedarf und für den Rettungsdienst muss ein BtM-Anforderungsschein[884] anstelle eines BtM-Rezeptes vorhanden sein, damit BtM an diese Einrichtungen abgegeben werden können.

Der Verbleib und der Bestand der BtM sind lückenlos entsprechend § 1 Abs. 3 BtMVV nachzuweisen. In § 1 Abs. 3 Nr. 4 wird die-

882 Patzak/Körner/Patzak/Volkmer, Betäubungsmittelgesetz, BtMG, § 13 Rdnr. 39-41.

883 Patzak/Körner/Patzak/Volkmer, Betäubungsmittelgesetz, BtMG, § 13 Rdnr. 42.

884 BtM Anforderungsschein: https://www.bfarm.de/DE/Bundesopiumstelle/Betaeubungsmittel/Verschreibung/_node.html.

se Anweisung explizit für Alten- und Pflegeheime sowie Hospize vorgeschrieben.

3.1 Die Verschreibung von BtM durch den Arzt

Die BtMVV regelt die Art und Weise der Verschreibung der btm-haltigen Medikamente danach, welche Einrichtungen die btm-haltigen Medikamente benötigen.

3.1.1 Verschreiben für Patienten in Alten- oder Pflegeheimen, Hospizen und in der spezialisierten ambulanten Palliativversorgung

Die Verschreibung von btm-haltigen Medikamenten für diese genannten Pflegeeinrichtungen regelt § 5c BtMVV.

Zunächst kann der verschreibende Arzt verlangen, dass das Rezept nicht durch die Person der Apotheke vorgelegt wird, für die es ausgestellt wurde. In diesem Fall muss der Arzt selbst, sein Personal der Praxis oder des Alten- oder Pflegeheimes, des Hospizes oder der Einrichtung der spezialisierten ambulanten Palliativversorgung das BtM-Rezept in der Apotheke vorlegen. Da diese neue Vorschrift der Sicherheit und der Kontrolle des Betäubungsmittelverkehrs dient, soll diese Regelung insbesondere zu pflegenden Personen dienen, die nicht mehr eigenverantwortlich mit den btm-haltigen Arzneimitteln umgehen können[885]. Der Betreuer ist nicht benannt. Dieser könnte die Aufgabe nur bei entsprechender Bestellung hinsichtlich seines Aufgabenkreises durch das Gericht und bei entsprechender Erklärung der Aufgabe übernehmen. Diese Beauftragung müsste im Sinne der Vorschrift durch den verschreibenden Arzt erfolgen.

Hat der Arzt diesen Weg der Vorlage des Rezeptes gewählt, so müssen er bzw. die beauftragten und eingewiesenen Personen der Einrichtungen oder auch der SAPV unter seiner Anweisung und Aufsicht das BtM verabreichen oder zum unmittelbaren Gebrauch überlassen. Auch darf der Arzt BtM in der Einrichtung lagern, wobei hierzu die Einwilligung der Einrichtung vorliegen muss und die Lagerung in Verantwortung des Arztes erfolgt.

885 Patzak/Körner/Patzak/Volkmer, Betäubungsmittelgesetz, BtMVV, § 5c Rdnr. 3.

Ab- und Zugänge sowie der eigentliche Verbleib der BtM sind patienten- /bewohnerbezogen nachzuweisen.

Auch besteht die Möglichkeit, gelagerte, aber nicht mehr benötigte BtM, einer anderen zu pflegenden Person derselben Einrichtung erneut zu verschreiben[886].

Die BtM können auch einer Apotheke gegeben werden oder in den Notfallvorrat überführt werden, § 5c Abs. 4 BtMVV. Die jeweilige Verwendung und der Bestand an BtM sind zu dokumentieren und nachzuweisen.

3.1.2 Vorratshaltung für den Notfall, § 5d BtMVV

Die vorgenannten Einrichtungen, Hospize und Einrichtungen der spezialisierten ambulanten Palliativversorgung, aber nicht Alten- oder Pflegeheime, können einen Vorrat an BtM für Notfälle vorhalten.

Diese BtM für den Notfall müssen von Ärzten verschrieben werden, wobei als Höchstgrenze der verschriebenen Menge der durchschnittliche Zweiwochenbedarf, mindestens jedoch die kleinste Packungseinheit zu beachten ist. Die Höchstmenge an Vorrat je BtM darf den durchschnittlichen Monatsbedarf nicht überschreiten, §§ 5c Abs. 4 Nr. 3 i. V. m. 5d Abs. 1 S. 1 BtMVV der Vorschrift.

Die Entnahme und der Zugang von BtM in den Notfallvorrat sind lückenlos zu dokumentieren. Dies kann nach Vereinbarungen zwischen Ärzten und Pflegepersonal der Einrichtung, vom examinierten Pflegepersonal in der Einrichtung übernommen werden.

Mit einer Apotheke ist die Notfallbelieferung und eine mindestens jedes halbe Jahr stattfindende Überprüfung des Bestandes einschließlich der sicheren und ordnungsgemäßen Aufbewahrung der BtM schriftlich zu vereinbaren.

Der beauftragte Apotheker muss vor der ersten Lieferung die schriftliche Vereinbarung mit der Einrichtung der zuständigen Landesbehörde oder je nach Verwaltungsaufbau des jeweiligen Landes der zugewiesenen Stelle schriftlich oder elektronisch anzeigen.

---

886 BR-Drs. 130/11, S. 11 zu Buchstabe e (§ 5b Absatz 4).

3.1.3 Verschreiben für Einrichtungen des Rettungsdienstes, § 6 BtMVV

Hinsichtlich der Verschreibepraxis für Einrichtungen des Rettungsdienstes verweist § 6 BtMVV auf die Regelungen für die Verschreibung von BtM für Stationen im Krankenhaus, § 2 Abs. 4 BtMVV. Die das btm-haltige Arzneimittel verschreibenden Ärzte haben sich dann so zu verhalten, wie das von dem Leiter eines Krankenhauses oder dessen Stellvertreter beim Verschreiben von BtM für eine Station eines Krankenhauses gem. § 2 Abs. 4 BtMVV erwartet wird.

Diese Verschreibepraxis für eine Station fordert die Einhaltung der Grenzwerte der Vorratshaltung von bestimmten BtM nach Maßgabe des § 2 Abs. 3 BtMVV. Hiernach darf der Arzt Alfentanil und Cocain bei Eingriffen am Kopf als Lösung sowie die weiteren in § 2 Abs. 1 BtMVV aufgeführten BtM bis zu einem Gehalt von 20%, als Salbe bis zu einem Gehalt von 2 %, verschreiben.

Die BtM Remifentanil und Sufentanil soll der Arzt höchstens bis zur durchschnittlichen Menge seines Zweiwochenbedarfs, mindestens jedoch die kleinste Packungsmenge verschreiben dürfen.

Die Verordnung schränkt die zulässige **Höchstmenge der Verschreibungen** des Arztes für das jeweilige BtM auf den Monatsbedarf; für **Diamorphin** auf den durchschnittlichen **Monatsbedarf** des Arztes ein. Für die **Vorratshaltung** an Diamorphin sieht die Verordnung eine Höchstgrenze vor, die sich aus dem durchschnittlichen Zweimonatsbedarf des Arztes ergibt.

Wie auch bei der Verschreibung von BtM für den Notbedarf in Hospizen und in der spezialisierten ambulanten Palliativversorgung muss der Träger oder der Durchführende des Rettungsdienstes mit einer Apotheke eine schriftliche Vereinbarung für die Belieferung mit verschriebenen BtM sowie über die mindestens halbjährige Überprüfung der Bestände und deren Aufbewahrung schließen. Die Überprüfung hat der beauftragte Apotheker durchzuführen und über die Ergebnisse der Prüfung ein schriftliches Protokoll zu erstellen.

Ergeben sich aus der Überprüfung Mängel des Bestandes oder seiner Aufbewahrung, so hat der Apotheker den Träger des Rettungsdienstes oder den Durchführenden mit der Mängelbeseitigung unter Setzung einer Frist hierzu aufzufordern. Kommt der Träger oder der Durchführende des Rettungsdienstes dieser Aufforderung nicht nach, so hat der Apotheker dies der jeweils zuständigen Landesbehörde mitzuteilen. Diese hat dann für Abhilfe zu sorgen.

3.2 Betäubungsmittelrezept und BtM-Anforderungsschein, §§ 8 bis 11 BtMVV

Nach § 12 BtMVV werden BtM nach Verschreibung durch den Arzt an die im BtM-Rezept oder Anforderungsschein namentlich aufgeführten Personen und Institutionen abgegeben.

Die Beschaffenheit des BtM-Rezeptes beschreibt § 8 BtMVV. Es handelt sich um ein dreiteiliges Formblatt, das auf Anforderung durch das BfArM ausschließlich an den bestellenden Arzt ausgegeben wird. Die BtM-Rezepte sind nummeriert und dürfen nur von dem Arzt verwandt werden, an den diese ausgegeben wurden. Nicht mehr benötigte BtM-Rezepte sind an das BfArM zurückzugeben.

Der Arzt, an den die BtM-Rezepte ausgegeben wurden, hat diese sicher gegen Diebstahl aufzubewahren. Ein Verlust ist ohne zeitliche Verzögerung an das BfArM unter Angabe der Rezeptnummer zu melden; dieses informiert die jeweilige oberste Landesbehörde, somit das zuständige Ministerium, über den gemeldeten Verlust.

Teil III des BtM-Rezeptes verbleibt beim ausstellenden Arzt und ist 3 Jahre aufzubewahren und auf Verlangen der zuständigen Landesbehörde vorzulegen.

Gleiches gilt für fehlerhaft ausgefüllte Rezepte.

Die Teile I und II des Rezeptes werden der Apotheke vorgelegt. Teil I und die Verschreibungen für den Stationsbedarf, den Notfallbedarf und den Rettungsdienstbedarf hat der Apotheker 3 Jahre gem. § 12 Abs. 4 BtMVV aufzubewahren.

Welche Angaben auf dem BtM-Rezept zu machen sind, schreibt **§ 9 BtMVV** detailliert vor.

Neben Name und Anschrift des Patienten, für den das BtM bestimmt ist, auch Name, Anschrift des ausstellenden Arztes sowie dessen genaue Berufsbezeichnung einschließlich Telefonnummer. Eine genaue Ausfüllanweisung[887] für das BtM-Rezept findet sich beim Bundesinstitut für Arzneimittel und Medizinprodukte (BfArM).

---

887 Bundesinstitut für Arzneimittel und Medizinprodukte Häufig gestellte Fragen zur Betäubungsmittel-Verschreibungsverordnung (BtMVV) und zum Betäubungs-

Der **Betäubungsmittelanforderungsschein** findet seine Grundlage in § 10 BtMVV.

Mit diesem Schein können BtM für Krankenhäuser, den Notfallbedarf in Hospizen und in der spezialisierten ambulanten Palliativversorgung sowie für Einrichtungen des Rettungsdienstes verschrieben werden.

Auch die Betäubungsmittelanforderungsscheine sind nummeriert und werden an den Leiter des Krankenhauses oder einer Abteilung des Krankenhauses oder die beauftragten Ärzte der genannten Einrichtungen ausgegeben.

Die nummerierten Anforderungsscheine dürfen nur von der Einrichtung benutzt werden, an die diese ausgegeben wurden. Allerdings dürfen die Anforderungsscheine innerhalb der Einrichtung an beauftragte Ärzte mit einem entsprechenden Nachweis weitergegeben werden.

Auch die Betäubungsmittelanforderungsscheine sind dreiteilig. Teil III sowie fehlerhafte Anforderungsscheine sind 3 Jahre von dem anfordernden Arzt aufzubewahren und auf Verlangen der zuständigen Landesbehörde vorzulegen.

Den notwendigen Inhalt der Betäubungsmittelanforderungsscheine bestimmt **§ 11 BtMVV**.

Dieser verweist hinsichtlich der zu machenden Angaben zu Bezeichnung und Menge der angeforderten BtM auf § 9 Abs. 1 Nr. 3 u. 4 BtMVV.

Name der Einrichtung oder deren genaue Bezeichnung nebst jeweiliger Anschrift sind selbstverständliche Angaben.

Keine Betäubungsmittelanforderungsscheine erhalten Einrichtungen nach § 5c BtMVV wie Alten- und Seniorenheime, Hospize und Einrichtungen der spezialisierten ambulanten Palliativversorgung, **soweit es nicht deren Notfallbedarf betrifft**, da diese dann wiederum berechtigt sind, einen Anforderungsschein zu erhalten, da diese Einrichtungen im Regelungsbereich des **§ 10 BtMVV** ausdrücklich aufgeführt sind. Dies **gilt nicht** für **Alten- und Pflegeheime**, da diese Einrichtungen **nicht in § 5d BtMVV** aufgeführt sind.

---

mittelgesetz (BtMG) für Ärzte, Apotheker und Fachkräfte https://www.bfarm.de/DE/Bundesopiumstelle/Betaeubungsmittel/Verschreibung/_node.html.

Soweit zu pflegende Personen in Senioren- oder Pflegeheimen stationär palliativ versorgt werden, besteht über den jeweiligen Hausarzt der zu pflegenden Person die Möglichkeit, BtM-Rezepte für die zu pflegende Person auszustellen.

3.3 Nachweisführung und Angaben der Nachweisführung, §§ 13,14 BtMVV

Einem illegalen Handel mit BtM vorbeugend, besteht eine Verpflichtung derjenigen Ärzte und Einrichtungen sowie beauftragten Personen, die einen Bestand an BtM vorhalten, sei es als Notfallbestand oder verschriebener Bestand in Einrichtungen nach § 5c BtMVV, einen Nachweis über den Bestand und dessen Verbleib zu erbringen.

Geführt wird dieser Nachweis bei jeder Bestandsveränderung durch die Eintragung von Zu- und Abgängen am Bestand auf einem amtlichen Formblatt.

Die Verantwortlichkeit für die Führung des Nachweises über Bestand und Verbleib der BtM liegt einerseits beim Apotheker, der die BtM auf Vorlage von BtM-Rezept oder BtM-Anforderungsschein abgibt, andererseits bei den, die BtM verschreibenden oder gem. §§ 5d und 6 BtMVV beauftragten Ärzten, § 13 BtMVV.

Eine besondere Regelung zur Nachweisführung besteht in Senioren- und Pflegeheimen, Hospizen und der spezialisierten ambulanten Palliativversorgung.

Hier hat der Nachweis durch das vom Arzt beauftragte Personal der Einrichtung gem. § 13 Abs. 2 Nr. 6 BtMVV zu erfolgen.

Dieser Nachweis kann auf elektronischem Wege **durch Ausdruck** von Monatsblättern oder Verwendung von sog. BtM-Büchern erfolgen. Eine Überprüfung der Eintragungen über Zu- und Abgänge des Bestandes und dessen Verbleib mit dem tatsächlichen Bestand an BtM hat am Ende eines jeden Kalendermonats zu erfolgen.

Sofern sich der Bestand geändert hat, ist dies durch Datum und Namenszeichen der prüfenden Person zu kennzeichnen. Da die Prüfung des Bestandes und die Erfüllung der Nachweispflicht gem. § 13 Abs. 2 Nr. 6 BtMVV grundsätzlich Aufgabe des delegierenden Arztes ist, hat sich dieser durch die mit der Nachweisführung und Prüfung beauftragten examinierten Pflegekraft am Ende des Kalendermonats schriftlich oder elektronisch unterrichten zu lassen.

Da es keine gesetzlichen Vorgaben über die Art der Nachweisführung gibt, die Nachweisführung in den vorgenannten Einrichtungen gem. **§ 13 Abs. 1 letzter Hs BtMVV** aber **patienten-/bewohnerbezogen** und für **jedes verwendete BtM gesondert** zu erfolgen hat, hat das BfArM[888] ein Formular bereitgestellt, wie die Nachweisführung über den Bestand an BtM und dessen Verbleib erfolgen kann.

Die Nachweise[889] sind durch die beauftragte Person, den Arzt oder die Einrichtung 3 Jahre lang von der letzten Eintragung an aufzubewahren.

Auch bei Delegation der Aufzeichnungen bleiben Arzt und Apotheker verantwortlich für die Richtigkeit des BtM-Bestands und die Nachweisführung. Diese Aufgaben können nicht vom Arzt und Apotheker delegiert werden.

Sanktioniert werden Verstöße gegen die Nachweispflicht gem. § 17 Nr. 9 BtMVV i. V. m. § 32 Abs. 1 Nr. 6 BtMG als **Ordnungswidrigkeit** mit einer Geldbuße bis zur Höhe von 25.000,00 Euro. Zur Erinnerung, auch Unternehmen und Einrichtungen können mit einer Geldbuße belegt werden.

Nachweisprobleme stellen sich als Bestandsprobleme der tatsächlichen Mengen an btm-haltigen Medikamenten in den Einrichtungen dar. Ausgelöst werden diese Bestandsprobleme auch dadurch, dass Notärzte btm-haltige Medikamente in Einrichtungen zurücklassen und diese nicht mehr dem Bewohner verabreicht werden können, da dieser verstirbt. Es sind dann tatsächlich mehr btm-haltige Arzneimittel vorhanden, als im Bestand aufgeführt sind.

Grundsätzlich sind btm-haltige Medikamente gem. **§ 15 BtMG** gesondert aufzubewahren und gegen unbefugte Entnahme zu sichern.

Oftmals ist es so, dass in Einrichtungen der Schlüssel zum Safe/BtM-Schrank ordnungsgemäß gegen Unterschrift weitergegeben wird, allerdings wird der tatsächliche BtM-Bestand zum Zeitpunkt der Dienstübergabe nicht geprüft.

Im Falle von Ermittlungen der Polizei wegen Verstoß gegen das BtMG oder gegen die BtMVV, die in den §§ 16 und 17 Strafsanktionen und Geldbußen nach dem BtMG bereithalten, werden immer wieder

888 https://www.bfarm.de/DE/Service/Formulare/functions/Bundesopiumstelle/BtM/_node.html.

889 Patzak/Körner/Patzak/Volkmer, Betäubungsmittelgesetz, BtMVV, § 13 Rdnr. 3.

die Fragen nach der Schlüsselinhaberschaft und damit einhergehend die Fragen danach gestellt, welche – hoffentlich examinierte – Pflegekraft zuletzt BtM aus dem Schrank und für welchen Bewohner oder Patient herausnahm.

Kann in solchen Fällen der übernommene Bestand an BtM nicht dokumentiert dargestellt werden, werden die Ermittlungen in der Einrichtung auf alle Personen ausgeweitet, die die Möglichkeit haben, BtM aus dem Schrank zu entnehmen. Dies führt zu erheblichen Unruhen in den Einrichtungen.

Auch sollte der Schlüssel zum BtM-Schrank für Unbefugte unerreichbar sein.

Ungeeignete Aufbewahrungsplätze sind Schubladen über dem Schrank oder allgemein zugängliche Schlüsselbrettchen.

Auch darf der Schrank nur offen stehen während der Zeit der Herausnahme oder des Auffüllens mit Medikamenten und in Gegenwart der examinierten Pflegekraft.

Immer wieder muss bei Besichtigungen von Einrichtungen festgestellt werden, dass die BtM-Schränke während der allgemeinen Dienstzeit für Unbefugte einfach zugänglich sind.

Probleme im Bestand von btm-haltigen Arzneimitteln zeigen sich als Minder- oder Mehrbestand.

Entweder sind tatsächlich weniger btm-haltige Arzneimittel in der Einrichtung vorhanden als im Bestand ausgewiesen werden oder es sind tatsächlich mehr btm-haltige Arzneimittel vorhanden als der Bestand ausweist oder tatsächlich für Bewohner oder Patienten gebraucht werden.

Zumindest für die letztgenannte Bestandsproblematik bietet § 5c Abs. 4 BtMVV eine Lösung an. Dieser sieht die Möglichkeit vor, nicht mehr gebrauchte btm-haltige Arzneimittel durch den das btm-haltige Arzneimittel verschreibenden Arzt einem anderen Bewohner des Alten- und Pflegeheims, des Hospizes oder einer Einrichtung der spezialisierten ambulanten Palliativversorgung zu verschreiben. Als weitere Möglichkeiten zum Umgang mit nicht mehr gebrauchten btm-haltigen Arzneien sieht die BtMVV die Rückgabe an eine versorgende Apotheke zur Weiterverwendung in einem Alten- oder Pflegeheim, einem Hospiz oder einer Einrichtung der spezialisierten ambulanten Palliativversorgung vor. Letztlich, soweit ein Notfallbedarf vorgehalten werden darf, die Überführung der btm-haltigen Arznei in diesen Notfallbedarf.

Eine zu sanktionierende Handlung kann in solchen Nachweisfällen darin gesehen werden, dass für die überschüssigen btm-haltigen Arzneien keine Lösung nach § 5 BtMVV gefunden wird, sondern die btm-haltigen Arzneien außerhalb oder innerhalb der Einrichtung, auch gegen Entgelt, weitergegeben werden.

Zeigt sich ein tatsächlicher Minderbestand zum buchmäßigen Bestand, so ist davon auszugehen, dass btm-haltige Medikamente nicht an den betreffenden Bewohner oder Patienten verabreicht wurden, für den die BtM verschrieben wurden. Btm-haltige Medikamente müssen dem Bewohner/Patienten im Beisein des Arztes unmittelbar verabreicht oder zum unmittelbaren Gebrauch überlassen werden. Ansonsten kann in der unbeaufsichtigten Überlassung der BtM ein sonstiges Inverkehrbringen von BtM im Sinne von § 29 Abs. 1 S. 1 Nr. 1 BtMG gesehen werden.

Ein **sonstiges Inverkehrbringen**[890] von BtM ist jedes, gleichwie geartete Eröffnen der Möglichkeit, dass ein anderer die tatsächliche Verfügungsmacht über den Stoff erhält und ihn nach eigener Entschließung verwenden kann.

4. Medizinproduktegesetz MPG und Medizinprodukte-Betreiberverordnung – MPBetreibV

4.1 MPG

Medizinprodukte finden sich in allen Bereichen der Pflege und nicht nur bei der ärztlichen Versorgung von Patienten.

Das MPG[891] und die auf diesem Gesetz beruhende MPBetreibV[892] gehören zu den Gesetzen, die ihren Zweck und notwendige Begriffsbestimmungen selbst definieren. Zweck des Gesetzes ist, den Verkehr mit Medizinprodukten zu regeln und dadurch für die Sicherheit, Eignung

890 Patzak/Körner/Patzak/Volkmer, Betäubungsmittelgesetz, BtMG, § 29 Teil 9 Rdnr. 3.
891 Vgl. zum Gesetzestext: https://www.gesetze-im-internet.de/mpg/index.html.
892 Vgl. zum Gesetzestext: https://www.gesetze-im-internet.de/mpbetreibv/.

und Leistung der Medizinprodukte sowie die Gesundheit und den erforderlichen Schutz der Patienten, Anwender und Dritter zu sorgen, § 1 MPG.

Zuwiderhandlungen gegen das MPG werden in den Strafvorschriften der §§ 40, 41 MPG und der Bußgeldvorschrift § 42 MPG geahndet. Insbesondere diese Vorschrift zeigt auf, dass das MPG sich nicht nur an die handelnden Personen, sondern auch an die Einrichtungsträger und Unternehmen richtet.

Der Aufbau der Straf- und Bußgeldvorschriften des MPG zeigt Ähnlichkeiten mit dem BtMG auf.

Zuwiderhandlungen gegen Regelungsvorschriften des MPG sanktioniert § 40 MPG grundsätzlich mit Geldstrafe oder Freiheitsstrafe bis zu 3 Jahren.

Schwere Fälle, die Abs. 3 der Vorschrift in Form von Regelbeispielen benennt, werden mit Freiheitsstrafe von 1 bis 5 Jahre sanktioniert. Nach Abs. 2 der Vorschrift ist der Versuch strafbar.

Handelt der Täter fahrlässig bei der Verwirklichung der Zuwiderhandlungen des Abs. 1 der Vorschrift, so reduziert sich das Strafmaß auf Geldstrafe oder Freiheitsstrafe bis zu 1 Jahr.

Das Strafmaß des § 41 MPG ist geringer als dasjenige des § 40 MPG. Die Strafandrohung beträgt bei vorsätzlicher Tatbegehung Geldstrafe oder Freiheitsstrafe bis 1 Jahr, somit die Strafandrohung, die § 40 MPG für die fahrlässige Ausführung der Zuwiderhandlungen gegen die Regelungen des MPG normiert.

Als Ordnungswidrigkeiten werden auch Verstöße gegen § 41 MPG behandelt, soweit diese auf Fahrlässigkeit beruhen, § 42 Abs. 1 MPG.

Nach § 42 Abs. 3 MPG werden Ordnungswidrigkeiten mit Geldbußen bis zu 30.000 EUR belegt.

4.1.1 Anwendungsbereich des MPG

Das Medizinproduktegesetz richtet sich vornehmlich an die Hersteller von Medizinprodukten, aber auch an diejenigen, die diese Produkte in der täglichen Pflegepraxis anwenden, also die Pflegekräfte, § 2 MPG. Es regelt sämtlichen Umgang mit den Medizinprodukten.

Gleichzeitig regelt das Gesetz in § 2 Abs. 5 Nr. 1 bis 5 aber auch, wofür es keine Regelungen bereithält, d. h. für welche Handlungen und Geräte sowie Stoffe das MPG nicht anzuwenden ist.

4.1.2 Tathandlung

Die Straftat- und Bußgeldbestände sanktionieren, soweit diese die Pflege betreffen, den Betrieb und die Anwendung von defekten, nicht zugelassenen oder nicht mehr zugelassenen MP. Die Sanktionen können nicht nur die Pflegekräfte, sondern in Form der Bußgeldtatbestände auch die Träger der Einrichtungen treffen, § 30 OWiG.

Daneben wird die Nichtbestellung eines Sicherheitsbeauftragten nach § 30 MPG sanktioniert. Hierbei handelt es sich um eine Zuwiderhandlung, die Einrichtungen und Einrichtungsträgern, aber auch Unternehmen vorgehalten wird.

Da es sich bei dieser Bestellung der Sicherheitsbeauftragten um eine Aufgabe der Einrichtung oder des Trägers handelt, erfolgt die Sanktion über das Ordnungswidrigkeitenrecht des MPG.

Soweit ambulante Dienste MP anwenden, sind auch diese gehalten, Sicherheitsbeauftragte zu benennen, da das MPG nicht nur für stationäre Einrichtungen gilt, sondern das Gesetz den wirtschaftlichen Verkehr und die Verordnung den Umgang mit MP regelt[893].

Der Sicherheitsbeauftragte nach § 30 MPG kann sich selbst strafbar machen, wenn ihm Missstände im Umgang mit Medizinprodukten bekannt werden, § 30 Abs. 4 MPG, und er keine Maßnahmen zum Schutz der zu pflegenden Personen, aber insbesondere auch des Pflegepersonals, das mit den MP arbeitet, ergreift.

In einem Fall, anlässlich dem sich ein Bewohner in einer Einrichtung in kochend heißem Wasser in einer Badewanne verbrühte, weil keine Temperaturschutzvorrichtung an der Badewanne angebracht war und die Wanne auch keine Zulassung als MP mehr hatte, wurde im Rahmen von Ermittlungen der Staatsanwaltschaft auch die Frage nach den Erkenntnissen der Sicherheitsbeauftragten der Einrichtung zur Funktions- und Gebrauchsfähigkeit der MP gestellt und geprüft.

893 Rehmann/Rehmann/Wagner, MPG, § 2 Rdnr. 1.

Zwar wurde das Verfahren wegen des Todes des Bewohners als Ermittlungsverfahren nach § 222 StGB geführt, in diesem Rahmen wurden aber die Sorgfaltsanforderungen der Sicherheitsbeauftragten auch hinsichtlich einer Tatbeteiligung in Form einer fahrlässigen Tötung durch Unterlassen der gebotenen Handlung, Sperren der Badewanne als MP für den Einrichtungsbetrieb, geprüft.

Für die Öffentlichkeit bedeutsam sind die Fälle, die in den Medien diskutiert werden und für eine unbestimmte Anzahl von Personen, die Medizinprodukte gekauft haben und mit deren Wirkungsweise unzufrieden sind oder gar durch deren Anwendung erkranken. Hintergrund dieser Verfahren sind oftmals Schadensersatzansprüche der betroffenen Personen[894].

4.1.3 Definitionen

Was **Medizinprodukte** sind und aus welchen Stoffen und Bestandteilen sie bestehen können und ihre Einsatzgebiete, ergeben sich aus den Legaldefinitionen des § 3 MPG[895]. Darüber hinaus finden sich in dieser Vorschrift sämtliche Definitionen der Begriffe, die zur Anwendung des Gesetzes notwendig sind. Zu den Medizinprodukten gehören auch Applikationshilfen[896] wie Inhalatoren, Kanülen und Medikamentenpumpen.

Gesundheit bedeutet im Sinne der WHO[897] ein Zustand völligen körperlichen, seelischen und sozialen Wohlbefindens. Die Medizin[898] versteht unter Gesundheit Abwesenheit von Krankheit. Krankheit[899] ist ein regelwidriger Körper- oder Geisteszustand, der ärztlicher Behandlung bedarf.

Die Gefahr des Todes ist diejenige des § 224 Abs. 1 Nr. 5 StGB in Form einer das Leben gefährdenden Behandlung. Die schwere Gesundheits- bzw. Körperschädigung entspricht den schweren Folgen im Sinne des § 226 StGB.

---

894 EuGH C-219/15 (Schmitt/TÜV Rheinland) vom 16.2.2017 in NJW 2017,1161 ff..
895 Definitionen: https://www.gesetze-im-internet.de/mpg/__3.html.
896 Rehmann/Rehmann/Wagner, MPG, § 2 Rdnr. 3.
897 Grünewald/LK-StGB, § 223 Rdnr. 5 m. w. N..
898 Grünewald/LK-StGB, § 223 Rdnr. 6 m. w. N..
899 Rehmann/Rehmann/Wagner, MPG, § 3 Rdnr. 5.

Die große Anzahl [900] ergibt sich aus der Häufigkeit der in der Pflege und Medizin in Verkehr gebrachten und in Betrieb genommenen MP.

Grober Eigennutz[901] liegt vor, wenn der Täter ein über das übliche kaufmännische Maß hinausgehendes Gewinnstreben für sich oder einen Dritten zur Erzielung einer Vermögenssteigerung zeigt.

4.2 Medizinprodukte- Betreiberverordnung MPBetreibV

Handlungsmaßstab und damit auch Definition derjenigen Handlungen, die beim Betrieb oder der Anwendung von MP in der täglichen Praxis sanktionsfähig sind, ist die **Medizinprodukte-Betreiberverordnung – MPBetreibV.**

Diese Verordnung findet ihre Rechtsgrundlage in § 37 Abs. 5 MPG und regelt nach ihrem § 1 das Betreiben und Anwenden von Medizinprodukten im Sinne des Medizinproduktegesetzes einschließlich der damit zusammenhängenden Tätigkeiten.

Was Medizinprodukte sind, bestimmt § 3 MPG. Hiernach sind Medizinprodukte alle einzeln oder miteinander verbundenen verwendeten Instrumente, Apparate, Vorrichtungen, Software, Stoffe und Zubereitungen aus Stoffen oder andere Gegenstände einschließlich der vom Hersteller zur Betreibung des Gerätes eingesetzten Software, die zum Zwecke der Erkennung, Verhütung, Behandlung, Linderung von Krankheiten oder Kompensierung von Verletzungen oder Behinderungen oder der Untersuchung, der Ersetzung oder der Veränderung des anatomischen Aufbaus oder eines physiologischen Vorgangs oder der Empfängnisregelung zu dienen bestimmt sind.

In der täglichen Praxis der Pflegeeinrichtungen geht es vornehmlich um die Anwendung der in der Einrichtung eingesetzten Medizinprodukte, die in einer Vielzahl in den heutigen Pflegeeinrichtungen vorgehalten werden.

900 Vgl. zu Brustimplantate: BGH VII ZR 36/14 vom 22.6.2017 in NJW 2017, 2617 ff..

901 Rehmann/Rehmann/Wagner, MPG, § 40 Rdnr. 3.

4.2.1 Anwendungsbereich

Die MPBetreibV schützt die zu pflegenden Personen, aber auch die Pflegekräfte beim Betrieb und der Anwendung von MP vor Schäden.

4.2.2 Tathandlung

Die Frage des Einsatzes und des Betriebes der Medizinprodukte regelt die auf § 37 MPG ruhende MPBetreibV.

Die MPBetreibV legt sowohl dem Anwender, §§ 4, 5 MPBetreibV, des Medizinproduktes als auch dem Betreiber, § 3 MPBetreibV, Verpflichtungen beim Betrieb und der Anwendung bei den zu pflegenden Menschen auf.

In § 17 führt die MPBetreibV eine Vielzahl[902] von Verstößen der Betreiber und Anwender von Medizinprodukten gegen die Pflichten, die die MPBetreibV beim Betrieb und der Anwendung von MP vorsieht, auf. Sanktioniert werden die Verstöße gem. § 42 Abs. 2 Nr. 16 MPG. Die Ordnungswidrigkeit kann mit einer Geldbuße bis zu 30.000,00 Euro geahndet werden.

Als Ordnungswidrigkeit sanktionierbar sind Verstöße im Zusammenhang mit dem Betrieb oder der Anwendung eines MP. Als besondere Tätigkeiten hierbei sieht § 2 Abs. 1 MPBetreibV das Errichten, das Bereithalten, die Instandhaltung, die Aufbereitung sowie sicherheits- und messtechnische Kontrollen.

Einen Verstoß gegen den heutigen § 8 Abs. 1, 2 MPBetreibV, zum Zeitpunkt der Entscheidung des Gerichts[903] noch § 4 Abs. 2 S. 1 MPBetreibV a. F., sah das zuständige Gewerbeaufsichtsamt darin, dass bei einer Kontrolle einer Arztpraxis die Aufbereitung der bei dem betroffenen Arzt zur Anwendung kommenden Medizinprodukte nicht mit einem geeigneten validierten Verfahren durchgeführt wurde. Damals wie heute gilt nach dem Wortlaut der Verordnung, dass ein validiertes Verfahren in der Beachtung der gemeinsamen Empfehlung der Kommission für Krankenhaushygiene und Infektionsprävention am Robert Koch-Institut und des Bundesinstitutes für Arzneimittel und Medizin-

---

902 vgl. Gesetzestext § 17 MPBetreibV:https://www.gesetze-im-internet.de/mpbetreibv/__17.html.

903 OLG Celle 3 Ss (Owi) 259/17 vom 22.12.2017 in StraFo 2018, 171 (172).

produkte zu den Anforderungen an die Hygiene bei der Aufbereitung von Medizinprodukten zu sehen ist.

Die entsprechende Regelung für einen Verstoß gegen die Pflicht aus § 8 MPBetreibV findet sich in § 17 Nr. 5 MPBetreibV.

Nach § 17 MPBetreibV handelt derjenige ordnungswidrig, wer eine Pflicht im Sinne des § 17 MPBetreibV i. V. m. § 42 Abs. 2 Nr. 16 des MPG vorsätzlich oder fahrlässig nicht beachtet.

Zu Verfahren[904], allerdings zumeist nicht nach MPG oder MPBetreibV, sondern StGB, kommt es bei Verbrühungen von Bewohnern von Senioreneinrichtungen, weil in sanitäre MP wie Duschen oder Badewannen keine Wärmeregulatoren zur Regulierung des warmen Wassers von den Einrichtungsträgern eingebaut werden.

4.2.3 Definitionen

Die MPBetreibV enthält **Legaldefinitionen.**

Nach dieser Definition ist **Betreiber** eines Medizinproduktes jede natürliche oder juristische Person, die für den Betrieb der Gesundheitseinrichtung verantwortlich ist, in der das Medizinprodukt durch dessen Beschäftigte betrieben oder angewendet wird. Abweichend von Satz 1 ist Betreiber eines Medizinproduktes, das im Besitz eines Angehörigen der Heilberufe oder des Heilgewerbes ist und von diesem zur Verwendung in eine Gesundheitseinrichtung mitgebracht wird, der betreffende Angehörige des Heilberufs oder des Heilgewerbes. Als Betreiber gilt auch, wer außerhalb von Gesundheitseinrichtungen in seinem Betrieb oder seiner Einrichtung oder im öffentlichen Raum Medizinprodukte zur Anwendung bereithält, § 2 Abs. 2 MPBetreibV.

Die das Medizinprodukt in der täglichen Praxis anwendenden Pflegekräfte sind **Anwender** im Sinne des § 2 Abs. 3 MPBetreibV.

Unter einer **Gesundheitseinrichtung** versteht die Verordnung jede Einrichtung, Stelle oder Institution, einschließlich Rehabilitations- und Pflegeeinrichtungen, in der Medizinprodukte durch medizinisches Personal, Personen der Pflegeberufe oder sonstige dazu befugte Perso-

904 https://www.tagesspiegel.de/berlin/polizei-justiz/verbrennungen-durch-zu-heisses-wasser-pflegehelfer-nach-tod-einer-91-jaehrigen-seniorin-vor-gericht/9478718.html.

nen berufsmäßig betrieben oder angewendet werden, § 2 Abs. 4 MPBetreibV.

VI. Strafprozessrecht und Pflege – der Staatsanwalt kommt –

Die Staatsanwaltschaft / Polizei kommt

1. Allgemeine Grundsätze

Den deutschen Strafprozess, dessen gerichtlichen Ablauf, die Formalien einer Anklageschrift, die Rechte von Staatsanwaltschaft und Polizei in Ermittlungsverfahren, aber auch diejenigen von Tätern, Angeklagten und Zeugen, regelt die Strafprozessordnung, StPO[905]. Die Staatsanwaltschaft ist Herrin des Verfahrens und hat die Aufgabe, be- und entlastende Tatsachen nach § 160 Abs. 2 zu ermitteln[906].

Da es nach wie vor in Deutschland kein Unternehmerstrafrecht gibt, ermittelt die Staatsanwaltschaft grundsätzlich nicht gegen den Träger der Einrichtung selbst, sondern gegen die Mitarbeiter, die als Täter infrage kommen. Nur dann, wenn die Staatsanwaltschaft die Ermittlungen auch wegen der möglichen Ordnungswidrigkeitstatbestände gem. § 40 OWiG führt, wozu die Staatsanwaltschaft verpflichtet ist, wenn die zu untersuchenden Handlungen sowohl Straftatbestände als auch solche des Ordnungswidrigkeitenrechts betreffen[907], wird der Einrichtungsträger, vertreten durch den Geschäftsführer oder die sonstigen gesetzlichen Vertreter des Trägers, in die Ermittlungen der Staatsanwaltschaft einbezogen, als Betroffener im Sinne der §§ 9, 30 Abs. 5, 130 OWiG.

905 Gesetzestext: https://www.gesetze-im-internet.de/stpo/.
906 BGH 1 StR 99/09 vom 27.5.2009 in NJW 2009, 2612 (2613 [13]).
907 Lampe/Karlsruher Kommentar, OWiG, § 40 Rdnr. 15.

1.1 Legalitätsprinzip

Der allgemein bekannte Satz „wo kein Kläger – da kein Richter" gilt auch für Straftaten innerhalb der Pflege. Hat die Staatsanwaltschaft durch eine Anzeige oder auf sonstigem Weg Kenntnis vom Verdacht einer Straftat, so muss diese gem. § 160 Abs. 1 StPO den Sachverhalt erforschen. Geprägt wird das Ermittlungsverfahren in Deutschland durch das sogenannte Offizial-Prinzip bzw. Legalitätsprinzip der §§ 160, 152 Abs. 2 StPO. Dieses Prinzip besagt, einfach dargestellt, erhalten die Ermittlungsbehörden, und dazu zählt auch die Polizei, Kenntnis von einer möglichen Straftat, so haben sie deren Aufklärung zu bewirken[908].

1.2 Öffentliches Interesse und Strafantragserfordernis

Bei den einzelnen Straftatbeständen wurde auf das Strafantragserfordernis hingewiesen, was letztlich bedeutet, beanzeigt niemand die Straftat und verlangt auch niemand deren Bestrafung (Strafantrag), so wird die Straftat auch nicht geahndet, es sei denn, es besteht Kenntnis von der möglichen Straftat und die StA bejaht das öffentliche Interesse an der Strafverfolgung.

Die Staatsanwaltschaft kann das sogenannte öffentliche Interesse an einer Verfolgung eines Täters bejahen, obwohl für die Tat das Strafantragserfordernis bestand und ein solcher vom Opfer nicht gestellt wurde. Die Richtlinien für das Straf- und das Bußgeldverfahren definieren in Anhang 12 Nr. 86 Abs. 2[909], dass ein **öffentliches Interesse an der Strafverfolgung** dann in der Regel vorliegen wird, wenn der Rechtsfrieden, über den Lebenskreis des Verletzten hinaus, gestört und die Strafverfolgung ein gegenwärtiges Anliegen der Allgemeinheit ist und dies wegen des Ausmaßes der Rechtsverletzung, wegen der Rohheit oder Gefährlichkeit der Tat, der rassistischen, fremdenfeindlichen oder sonstigen menschenverachtenden Beweggründe des Täters oder der Stellung des Opfers im öffentlichen Leben.

908 Beukelmann/Graf, StPO, § 152 Rdnr. 2.

909 Richtlinien für das Straf- und Bußgeldverfahren: https://www.bmjv.de/SharedDocs/Archiv/Downloads/RiStBV.html.

Zu beachten ist beispielhaft aber auch § 184i Abs. 3 StGB, der ein Strafantragserfordernis vorschreibt, aber gleichzeitig der Staatsanwaltschaft die Befugnis einräumt, das öffentliche Interesse an der Strafverfolgung der Taten des § 184i StGB zu bejahen.

Die tägliche Praxis zeigt aber, dass die überwiegende Zahl der Strafverfahren in der Pflege durch Betreuer, die Verwandtschaft der verstorbenen oder verletzten Person, aber auch durch Notärzte/Ärzte offenbar wird, indem diese Personen die Polizei informieren.

Die Erstattung einer Strafanzeige oder eines Strafantrages bei der Polizei gem. § 158 Abs. 1 StPO begründet die Erforschungspflicht des Sachverhaltes durch die Staatsanwaltschaft unter Zuhilfenahme der Polizei[910]. Nach § 163 Abs. 1 StPO hat die Polizei Straftaten zu erforschen, sobald sie von diesen Kenntnis hat. Dies bedeutet, nach Kenntnis einer (vermeintlichen) Straftat beginnen die Ermittlungen der Polizei. Die Art der Ermittlungen und deren Intensität hängen davon ab, ob das Opfer noch lebt oder ein Tötungsdelikt im Raum steht.

1.3 Informationsfluss in der Einrichtung oder beim ambulanten Träger

Tritt ein Problemfall auf, so ist der Mitarbeiter in der stationären Einrichtung (im Idealfall PDL oder EL) gehalten, die zuständige Fachbereichsleitung zu informieren. Diese informiert sodann Geschäftsführung, Presseabteilung und Rechtsanwalt/Rechtsabteilung.

Welche einzelnen Maßnahmen und Regelungen zu treffen sind, ergibt sich aus dem jeweiligen Einzelfall und müssen auf diesen abgestimmt werden.

Die Art der einzusetzenden Mittel unterscheidet sich danach, ob im Kinder- und Jugendbereich ein im Internet angekündigter Angriff auf einen Adventsbasar einer Kita stattfinden soll, ein Jugendlicher einen Amoklauf gegen eine Einrichtung der Kinder- und Jugendhilfe ankündigt, die Kinder und Mitarbeiter einer Kita durch Einsatz von privaten Sicherheitsdiensten vor gewalttätigen Eltern – vornehmlich Vätern – zu schützen sind oder letztlich ein Ermittlungsverfahren wegen eines Todesfalles oder einer anderen Straftat in einer Einrichtung,

910 Plöd/KMR, StPO, § 158 Rdnr. 3.

aber auch im ambulanten Pflegesystem, durch die Staatsanwaltschaft eingeleitet wird.

Ist der Hinweis auf ein mögliches Tötungsdelikt oder eine andere Straftat nicht durch den Betreuer oder Verwandte der zu pflegenden Person ergangen, so sind die Verwandten der betroffenen zu pflegenden Person über und von dem Geschehen zu informieren.

Dies geschieht entweder durch die Polizei. Sollte dies nicht der Fall sein, so hat der zuständige Leiter der Einrichtung oder auch die Geschäftsführung des Trägers diese Aufgabe zu übernehmen. Wollen die Verwandten eine Erklärung zur Arbeit der Polizei bzw. zu Anordnungen der Polizei (Versiegelung des Bewohnerzimmers, Beschlagnahme der Leiche), so sollte diese Fragen der beauftragte Jurist oder Justiziar beantworten.

Zur Erinnerung sei an dieser Stelle noch einmal eindringlich darauf hingewiesen, dass der **Betreuer** im Zeitpunkt des Todes der zu betreuenden Person von seiner Verpflichtung zur Betreuung gesetzlich befreit ist. Es bedarf hierzu **nicht** eines ausdrücklichen richterlichen Beschlusses.

Die Erben sind ab dem Zeitpunkt des Todes in der Verpflichtung[911] für den Nachlass des Verstorbenen, d. h. diese sind auch für ein Ermittlungsverfahren der Polizei Ansprechpartner.

Dies bedingt, dass die Einrichtung oder der ambulante Pflegedienst Kontakt mit den Hinterbliebenen der verstorbenen Person aufzunehmen hat. Nicht jeder Hinterbliebene einer verstorbenen Person kann Verständnis dafür aufbringen, dass hinsichtlich des Todes des geliebten Familienmitgliedes von Seiten der Staatsanwaltschaft ein Ermittlungsverfahren eingeleitet wird.

So hatte die Tochter einer verstorbenen Bewohnerin hinsichtlich der Zweifel des Arztes des Krematoriums am natürlichen Tod ihrer Mutter keinerlei Verständnis und auch nicht für die Ermittlungsverfügung der Staatsanwaltschaft, die die verstorbene Mutter zur Obduktion in die Gerichtsmedizin verbringen ließ. Gerade dieses Beispiel zeigt sehr deutlich die Tragweite eines Todesermittlungsverfahrens. Sämtli-

911 Totenfürsorge: Weidlich/Palandt, BGB, § 1922 Rdnr. 37 und Einladung vor § 1922 Rdnr. 9, 10.

che Rechte um den Leichnam werden der Familie zunächst entzogen, § 159 Abs. 2, Beschlagnahme der Leiche.

2. Ermittlungstätigkeit der Polizei

Polizeiliche Ermittlungstätigkeiten stellen für die meisten Menschen eine sehr ungewohnte Situation dar, jedoch sollte sich jeder und insbesondere das Pflegepersonal sehr deutlich vor Augen führen, dass man in dieser Situation nicht der Polizei und der Situation „ausgeliefert" ist. Nach Möglichkeit ist in dieser ersten Phase, in einer unbestritten ungewohnten und stressigen Situation, nicht mit der Polizei in der Sache zu reden.

In der Sache reden bedeutet, zum Tagesablauf, Krankheiten und Pflege des Opfers etwas zu sagen.

Es sollte versucht werden (was abhängig von den jeweiligen Beamten ist), diese zunächst in ein Büro zu bitten und das weitere Vorgehen in der Einrichtung zu besprechen.

Zu bedenken ist, dass alles, was in dieser Situation gegenüber der Polizei gesagt wird, von dieser aufgenommen und verarbeitet wird. Ein Verwertungsverbot [912] einer spontanen Äußerung eines Beschuldigten vor der eigentlichen Belehrung besteht nicht, wenn anzunehmen ist, dass diese Äußerung nicht von der Polizei initiiert und die Belehrung gezielt vergessen wurde.

2.1 Ermittlungen in Einrichtungen und innerhalb der häuslichen ambulanten Pflege

Die Polizei hat zunächst den Tatort zu sichern. Tatort ist nach § 9 Abs. 1 S. 1 StGB die örtliche Stelle, an der die Tat begangen, sich die Straftat gegenüber der zu pflegenden Person auch durch Unterlassen der gebotenen Handlung ereignete.

Tatort der meisten Straftaten innerhalb der Pflege ist das Bewohner- oder Krankenzimmer und Funktionsräume der Einrichtung. Die Tatortsicherung geschieht zunächst durch Versiegelung des Bewohner-

912 BGH 4 StR 170/09 vom 9.6.2009 in NJW 2009, 3589 (3589 [9]).

zimmers oder Absperrung der Tatortfläche und der ausdrücklichen Untersagung des Betretens dieses Zimmers oder der Fläche durch Pflegepersonal und sonstige Personen, insbesondere auch Familienangehörige.

2.1.1 Befragung Mitarbeiter

Dieser erste Kontakt der Mitarbeiter der Einrichtung mit der Polizei ist ein sehr wesentlicher Punkt auch für den Einsatz eines Krisenteams. In dieser Phase gilt es, Ruhe[913] zu bewahren und nach Möglichkeit der Polizei, außer dem Namen des Verstorbenen/Verletzten anzugeben, nur noch das Bewohnerzimmer zu zeigen.

Die Erfahrung zeigt, dass gerade bei jungen Polizeibeamten wenig Wissen über den Tagesablauf und die Organisation einer sozialen Einrichtung, sei es ein Seniorenheim oder eine solche der Kinder- und Jugendpflege, oder auch im ambulanten Pflegesystem vorhanden ist. Etwas besser bestellt ist es um die Kenntnisse des Tagesablaufs und des Arbeitsablaufs in Krankenhäusern. Ältere Beamte können gewisse Vorstellungen über den Tagesablauf in einer sozialen Einrichtung aufgrund persönlicher familiärer Erfahrungen haben.

Anlässlich einer Ermittlung wegen des Verdachts auf mehrere Tötungsdelikte in einer Senioreneinrichtung befragten die Ermittler in mehreren abgestimmten Terminen die PDL und EL nach den Abläufen in einer Senioreneinrichtung, um zu verstehen, wie die Arbeit und Kontrollen in einer solchen Einrichtung funktionieren.

Aus diesen Erkenntnissen heraus besteht für die Mitarbeiter der Einrichtung objektiv gesehen zunächst kein Grund zur Aufregung, da die Polizei auf Informationen zu dem angeblichen Tatgeschehen angewiesen ist. Diese Informationsbeschaffung erfolgt durch Befragung von Mitarbeitern der Einrichtung, Besichtigung des sogenannten Tatortes (in überwiegender Anzahl der Fälle das Bewohnerzimmer) und, sollte der Leichnam sich noch in dem Bewohnerzimmer befinden, erfolgt die Sicherung des Leichnams z. B. durch Versiegelung des Bewohnerzimmers.

---

913 Vgl. für Hausdurchsuchungen: Weitbrecht und Weidenbach, Achtung Dawn Raid! Die Rolle des Anwaltes bei Durchsuchungen, NJW 2010, 2328 f..

Die Polizei befragt die anwesenden Personen nach ihren Personalien und versucht erste Informationen zum Geschehen zu erhalten. Je nach Mitteilungsfreudigkeit der Mitarbeiter der Einrichtung können hier bereits die ersten Irrwege eingeschlagen werden, was die Ermittlungen angeht. Mitarbeiter sehen sich in der Pflicht, ihr gesamtes beweisbares oder auch nur möglicherweise tatsächliches Wissen über das Opfer, den möglichen Betreuer, Verwandtschaft und deren Beziehung zum Opfer und nicht zuletzt interne Informationen des Trägers zu offenbaren.

2.1.2 Todesermittlungsverfahren

Eher selten ergibt es sich, dass der mit der Leichenschau im Krematorium beauftragte Arzt zu dem Entschluss gelangt, die Person, die vor ihm liege, sei nicht eines natürlichen, sondern vielmehr eines unnatürlichen Todes, infolge eines Sturzes, gestorben.

Dieser Arzt informierte die Polizei, welche im Auftrag der Staatsanwaltschaft Ermittlungen durchführte und die Leiche zur Rechtsmedizin verbringen ließ. Dort wurden in der Tat Verletzungen an der Leiche festgestellt, die aus einem Sturzereignis herrührten, dieses Sturzereignis jedoch nicht ursächlich für den Tod der Person war. Gemäß § 159 Abs. 1 StPO sind Polizei und Gemeindebehörden[914] verpflichtet, einen unnatürlichen Tod zur sofortigen Anzeige an StA oder Amtsgericht zu bringen. Zu diesen Gemeindebehörden zählen auch Krankenhäuser und Krematorien in Trägerschaft der öffentlichen Hand, den Kommunen.

Nach § 159 Abs. 2 StPO ist zur Bestattung der verstorbenen Person, im Rahmen eines Todesermittlungsverfahrens, die schriftliche Genehmigung der Staatsanwaltschaft erforderlich. Die Leiche ist sicherzustellen und zu beschlagnahmen[915]. Aus diesem Grund sind die Hinterbliebenen sehr oft irritiert, wenn diese erfahren, dass der Leichnam der geliebten Person sich nicht mehr im Bewohnerzimmer befindet, sondern durch einen Bestatter im Auftrag der Staatsanwaltschaft an einen „sicheren“ Ort verbracht wurde. Auch diese Erläuterungen

914 Zöller/Gercke/Julius/Temming/Zöller, StPO, § 159 Rdnr. 5.
915 Plöd/KMR, StPO, § 159 Rdnr.5.

sollte der beauftragte Jurist oder der Justiziar an die Hinterbliebenen geben.

In anderen Situationen vermerkten die herbeigerufenen Notärzte auf der Todesbescheinigung „ungeklärte Todesursache / nicht natürlicher Tod“, was ebenso zu Ermittlungen führt, da die Ärzte die Polizei hierüber in Kenntnis setzen, was sich aus den jeweiligen landesrechtlichen Regelungen des Leichen- und Bestattungswesen ergeben kann[916]. Obwohl auch dann keine Mitteilungspflicht besteht, wenn der Arzt mit der Leichenschau beauftragt war[917]. Gerade auch bei ungeklärten Todesfällen innerhalb der Pflege ist die Frage zu beantworten, ob ein ärztlicher Behandlungsfehler oder ein pflichtwidriges Verhalten des Pflegepersonals den Tod der Person verursachte[918]. Liegen aufgrund der Leichenschau jedoch Anhaltspunkte für einen nicht natürlichen Tod vor, so soll eine Mitteilungspflicht an die Gemeindebehörde erfolgen, damit diese ihrer Anzeigenpflicht gem. § 159 StPO nachkommen kann[919]. Es besteht außerhalb der Vorschrift des § 159 StPO keine Pflicht, eine vollendete Straftat zur Anzeige zu bringen. Lediglich geplante Straftaten sind anzuzeigen, soweit Kenntnis hiervon besteht, § 138 StGB.

Ein Tod ist nicht natürlich[920], wenn er durch Selbstmord, Unfall, eine rechtswidrige Tat oder durch Einwirkungen von außen auf den Körper des Opfers verursacht wurde.

Solch eine Situation ergab sich in einer Einrichtung, in der eine ältere Dame von einer Reinigungskraft am Morgen, blutüberströmt, auf dem Boden liegend, aufgefunden wurde. Die Bewohnerin war zuvor noch lebend vom Pflegepersonal im Bett gesehen worden und war sodann aufgestanden und zu Boden gestürzt. Die herbeigerufene Notärztin lehnte eine Aussage zur Todesursache ab, zumal die ältere Dame in der Nacht zuvor, nach einem Sturz, in ein Krankenhaus gebracht wurde. Das Krankenhaus hatte keine Verletzungen am Kopf festgestellt.

916 Erb/Löwe-Rosenberg, StPO, § 159 Rdnr. 6.
917 Erb/Löwe-Rosenberg, StPO, § 159 Rdnr. 6.
918 So schon Maiwald, Zur Ermittlungspflicht des Staatsanwalts in Todesfällen, NJW 1978, 561 (563).
919 Geerds, Leichensachen und Leichenschau aus juristischer Sicht, MedR 1984, 152 (174 und dortige Rdnr. 18).
920 Plöd/KMR, StPO, § 159 Rdnr. 2.

Die ältere Dame litt unter einer Verengung der Halsschlagader (Karotis-Stenose).

Die Notärztin informierte die Polizei. Diese führte ein sog. Todesermittlungsverfahren durch.

Mit einem solchen Verfahren soll festgestellt werden, ob der Tod durch eine fremde Ursache oder aufgrund des Gesundheitszustandes der verstorbenen Person eintrat oder durch ein Unfallereignis hervorgerufen wurde.

Das Todes(ursachen)ermittlungsverfahren ist nach allgemeiner Auffassung[921] zunächst kein Bestandteil eines Ermittlungsverfahrens. Gilt es, einen Todesfall zu untersuchen, so handelt es sich hierbei noch nicht um das **eigentliche Ermittlungsverfahren**[922]. Im vorliegend beschriebenen Fall kam die Polizei im Rahmen des Todesermittlungsverfahrens zum Ergebnis, es liege eine natürliche Todesursache vor, und es wurde kein Ermittlungsverfahren eröffnet.

Nicht selten ergibt sich die Situation, dass nach Eintritt des Todes eines geliebten Menschen ein Teil der Verwandtschaft sich für die außerordentlich gute Pflege bedankt, der andere Teil der Verwandtschaft jedoch der Auffassung ist, der Verstorbene sei nicht eines natürlichen Todes gestorben und bringt zu Besuch dann sogleich die Polizei mit in die Einrichtung.

3. Vernehmung

Eine **Vernehmungssituation**[923] liegt vor, wenn der Vernehmende (Polizei oder Staatsanwaltschaft) dem Beschuldigten (also derjenigen Person, von der Staatsanwaltschaft und Polizei ausgehen, sie sei Täter der Straftat) oder aber dem Zeugen in amtlicher Funktion (damit im Unterschied zu privater Unterhaltung) gegenübertritt und in dieser Eigenschaft von dem Beschuldigten oder Zeugen, nach deren Belehrung über ihre Rechte im Strafverfahren, Auskunft verlangt. Fragen zur Ausgestaltung der Pflege, also danach, wie das Opfer gepflegt wurde,

921 Goers/Graf, StPO, § 159 Rdnr. 1, BGH 1 StR 102/03 vom 2.12.2003 in NStZ 2004, 217 (218 vor 3).
922 BGH 1 StR 102/03 vom 2.12.2003 in NStZ 2004, 217 (217 b).
923 Ahlbrecht/Gercke/Julius/Temming/Zöller, StPO, § 136a Rdnr. 6 m. w. N..

sollte der zuständige Direktor/Bereichsleiter beantworten oder die PDL/EL, die für die Beantwortung der pflegefachlichen Fragen verantwortlich sind, so dass die Mitarbeiter des Pflegedienstes zunächst „aus den Fängen der Polizei" befreit sind.

3.1 Beginn der Vernehmung

Die Vernehmung des Beschuldigten einer Straftat oder Betroffenen einer Ordnungswidrigkeit beginnt, zumindest soweit sich diese Person nicht in polizeilichem Gewahrsam befindet, gem. § 133 StPO mit der schriftlichen Ladung dieser Person.

Die Durchführung der ersten richterlichen Beschuldigtenvernehmung regelt § 136 StPO.

Die Vernehmung eines Zeugen durch die Polizei regelt § 163 Abs. 3 StPO mit der Klarstellung der gesetzlichen Belehrungspflicht hinsichtlich der Zeugnisverweigerungsrechte.

Die formalen Regeln der Vernehmung von Zeugen beinhaltet § 68 StPO.

Die Vorschrift bestimmt, dass die Vernehmung des Zeugen mit der Befragung zu seiner Person beginnt. Gefragt wird auch nach dem Alter. Diese Angabe[924] ist im Hinblick auf § 111 OWiG auch dann zu machen, wenn es ersichtlich nicht auf diese Tatsache ankommt, da ein Zeugnisverweigerungsrecht zu den Personenangaben nicht besteht.

Wobei zu beachten ist, dass § 111 OWiG[925] nicht von Alter, sondern Geburtsdatum spricht.

Allerdings ist im Ordnungswidrigkeitenrecht die Angabe des Geburtsdatums nur notwendig, wenn die Frage nach dem Geburtsdatum zur Identitätsfeststellung notwendig[926] ist. Erfahrungsgemäß geht die Polizei von dieser Notwendigkeit grundsätzlich aus, trotz § 68 StPO[927].

---

924 Monka/Graf, StPO, § 68 Rdnr.1.

925 Vgl. zum Gesetzestext https://www.gesetze-im-internet.de/owig_1968/__111.html.

926 Rogall/ Karlsruher Kommentar, OWiG, § 111 Rdnr. 44.

927 So auch Monka/Graf, StPO, § 68 Rdnr. 3.

3.1.1 Adressangaben des Zeugen

Nach § 68 Abs. 2 StPO kann der Zeuge eine andere Anschrift als seinen Wohnort als ladungsfähige Anschrift angeben. Als Möglichkeit der Anschriftenangaben eröffnet das Gesetz den Dienst- oder Geschäftsort.

Gerade in Verfahren, in denen für Mitarbeiter des Einrichtungsträgers oder des ambulanten Pflegedienstes die begründete Gefahr besteht, dass diese sich Unannehmlichkeiten durch andere Beteiligte des Verfahrens ausgesetzt sehen, sollte als Angabe des Ladungsorts die Adresse der Einrichtung oder des Geschäftssitzes des ambulanten Pflegedienstes angegeben werden.

Für Mitarbeiter der öffentlichen Sozialträger, die im Bereich der Jugendämter oder auch des Leistungsbezugs nach den Sozialgesetzen arbeiten, wird in den überwiegenden Fällen der Dienstsitz als ladungsfähige Anschrift zum Schutz der Privatsphäre der Mitarbeiter genannt. Auf diese Schutzmöglichkeiten haben die Vernehmungsbeamten den Zeugen in begründeten Fällen nach § 68 Abs. 4 2. Hs StPO hinzuweisen.

Nach Abs. 2 S. 2 dieser Vorschrift hat auch das Gericht der Hauptverhandlung diesen Zeugenschutz zu beachten, allerdings hat der Zeuge auf Befragen in der Hauptverhandlung anzugeben, in welcher Eigenschaft ihm die Tatsachen der Beweiserhebung bekannt wurden; also in seiner Funktion als examinierte Pflegekraft oder Mitarbeiter der Kinder- und Jugendpflege oder der Psychiatrie.

Die Überprüfung der tatsächlichen Wohnangaben erfolgt durch die Staatsanwaltschaft. Diese hat die gewonnenen Informationen außerhalb der Akte aufzubewahren, da der Verteidigung des Beschuldigten oder Betroffenen Akteneinsicht zu gewähren ist und die Daten des Zeugen dann doch bekannt würden.

Es sollte jedenfalls nicht so geschehen wie im nachstehenden Fall.

Ein Zeuge gab mehrfach gegenüber der Polizei an, dass er begründet nicht möchte, dass seine ladungsfähige Anschrift im nahen Frankreich in der Akte zu finden ist, da der Täter bereits Repressalien angekündigt hatte.

In der Ermittlungsakte war dann zu lesen:

„Der Zeuge wies mehrfach darauf hin, er wolle seine ladungsfähige Anschrift im nahen Frankreich nicht mitteilen, was aufgrund der Tatumstände nachzuvollziehen ist.

Diesem Ansinnen des Zeugen wird gefolgt. Eine Überprüfung des Zeugen hat ergeben, dass er in Frankreich unter der nachfolgenden Adresse[928] wohnt.

Dieser Vernehmungsbeamte hatte den Sinn der Vorschrift des § 68 StPO offensichtlich nicht in seiner Gesamtheit erfasst.

Im Rahmen einer zeugenschaftlichen Vernehmung einer Mitarbeiterin einer Jugendeinrichtung durch eine Kriminalbeamtin zu einem Amoklauf wurde bereits von der Möglichkeit der Angabe des Dienstortes Gebrauch gemacht. Es stellt sich jedoch heraus, dass die Polizisten während des Einsatzes bzw. kurze Zeit danach auf die Angabe der Wohnanschrift bestanden hatten und diese sich auch in der Akte befand.

Der Zeugenschutz wird in diesen Situationen durch das Akteneinsichtsrecht des Verteidigers der betroffenen Person ausgehöhlt. Hierdurch erhält der Beschuldigte Kenntnis vom Inhalt der Ermittlungsakte und auch von Adressen der Zeugen.

3.2 Wer muss mit wem reden?

Die Frage, wer mit wem im Rahmen eines Strafverfahrens oder auch Ordnungswidrigkeitenverfahrens reden muss, beantworten grundsätzlich die §§ 52 – 55 StPO, deren Anwendung über § 46 OWiG auch im Ordnungswidrigkeitenverfahren gelten.

3.2.1 Polizei

Vor Vernehmungen der betroffenen Tatverdächtigen oder Zeugenbefragung hat die Polizei die entsprechenden Personen darüber zu belehren, dass sie sich einerseits nicht selbst belasten müssen, andererseits als Zeugen möglicherweise ein Zeugnisverweigerungs- oder gar ein Aussageverweigerungsrecht haben könnten.

928 An dieser Textstelle stand die vollständige Adresse des Zeugen in Frankreich.

Diese Belehrungspflicht ergibt sich aus §§ 163 Abs. 3 i. V. m. 163a Abs. 4 StPO.

Erfahrene Polizeibeamte wissen um diese Belehrungspflichten und verhalten sich entsprechend.

So schilderten Schülerinnen einer Pflegeschule einen Vorfall, den diese bei einem ambulanten Pflegedienst erlebten.

Die Tochter der zu pflegenden Person meldete die ambulante Pflege über die Weihnachtsfeiertage ab. Nach ihrer Aussage wollte diese sich selbst um die Pflege der Mutter kümmern. Als die ambulante Pflege nach den Feiertagen wieder beginnen sollte, fanden die Pflegekräfte des ambulanten Dienstes die Mutter in ihrem Haus tot auf.

Die Ermittlungsbeamten stellten im Rahmen eines Todesermittlungsverfahrens sehr schnell eine unnatürliche Todesursache fest und leiteten ein Ermittlungsverfahren ein.

Noch am Tatort fragten die Beamten lediglich, warum die Mitarbeiterinnen des Pflegedienstes im Haus waren und wie diese ins Haus hineingekommen seien.

Alle weiteren Fragen wurden bis zur Rücksprache der Pflegekräfte mit ihrem Arbeitgeber von der Polizei zurückgestellt. Diese erfahrenen Ermittler erkannten sehr schnell, dass die beiden Pflegekräfte aufgrund des Todeszeitpunktes und der Art des Todeseintritts (keine äußeren Einwirkungen auf den Körper der Toten) nicht als Täterinnen in Frage kommen konnten.

Die Polizei fand heraus, dass die Tochter die Mutter entgegen ihrer Behauptung nicht pflegte und versorgte, weshalb die Mutter verstarb. Grund dafür, die Mutter nicht zu pflegen, war der Wunsch der Tochter nach einem schnellen Erbe. Ermittlungsergebnis Mord, da die Tötung durch Unterlassen nach § 13 StGB einem aktiven Tun gleichkam und die Tochter aus niederen Beweggründen im Sinne des § 211 Abs. 2 StGB handelte. Von dem erhofften Erbe sah die Tochter allerdings nichts. Durch das Tötungsdelikt war die Tochter letztlich als erbunwürdig anzusehen, § 2339 Abs. 1 Nr. 1 BGB[929].

Andererseits besteht natürlich, sollte es sich gar um ein Tötungsdelikt handeln, ein hohes Interesse der Polizei an der Aufklärung des

929 Vgl. zum Gesetzestext § 2339 BGB: https://www.gesetze-im-internet.de/bgb/__2339.html.

Sachverhaltes, insbesondere durch Befragungen und Einsicht in die Bewohnerakte. Ein nicht selten zu hörender Einwand zu diesen Überlegungen ist, „ich habe doch nichts zu verbergen, warum soll ich nicht der Polizei unmittelbar von meinen Eindrücken berichten?".

Es kommt hierbei auf das verletzte Rechtsgut und die sog. Tatumstände an. Ist Gegenstand der Ermittlungen ein Diebstahl oder eine einfache Körperverletzung, so mögen sich die Tatumstände als überschaubar auftun, wovon bei Ermittlungen wegen Tötungsdelikten nicht ausgegangen werden kann.

Es kann sich herausstellen, dass während der Nacht ein Kontrollgang nicht gemacht, ein Verband nicht gewechselt, ein Medikament falsch verabreicht wurde. Eine Pflegekraft, die eine Bewohnerin am Morgen tot in deren Zimmer auffand, wurde im Rahmen der polizeilichen Ermittlungen zur Todesursache befragt. Unvermittelt äußerte sich die Pflegekraft in dieser zeugenschaftlichen Befragung mehrfach „ach, hätte ich heute Nacht doch mehr nach der Bewohnerin geschaut". Nachdem die Pflegekraft diese Aussage mehrfach getätigt hatte, belehrte der Beamte die Pflegekraft auch dahin, dass diese eventuell doch als Täterin eines Tötungsdeliktes in Form einer Unterlassungstat in Frage kommen könnte. Aufgrund des Eingriffs des Juristen des Trägers, der bei der Befragung zugegen war, konnte diese Situation deeskaliert werden mit dem Hinweis, die Zeugin sei total durch die Eindrücke überfordert und die Aussage „ach, hätte ich heute Nacht doch mehr nach der Bewohnerin geschaut" keinerlei objektiven Erklärungsinhalt habe, sondern vielmehr als Ausdruck des Bedauerns über den Tod der Bewohnerin zu verstehen sei.

Diese Darstellung beschreibt und verdeutlicht den möglichen schmalen Grat zwischen Zeugenstellung und möglicher Tatbeteiligung.

Bis August 2018 mussten Zeugen lediglich vor dem Staatsanwalt erscheinen und gegebenenfalls aussagen. Durch die zu diesem Zeitpunkt erfolgte Änderung des § 163 Abs. 3 StPO besteht nunmehr unter bestimmten Bedingungen auch eine Pflicht, als Zeuge bei der Polizei zu erscheinen und dort gegebenenfalls auszusagen. Voraussetzung hierzu ist, dass die StA an die Polizei einen jeweils im Einzelfall erteilten Auftrag zur Vernehmung[930] eines Zeugen erteilt. Mit diesem Auf-

930 BT-Drs. 18/11277, S. 30 zu Absatz 3.

trag an die Polizei ist eine Prüfungspflicht der StA verbunden, ob der Zeuge notwendig zu hören ist oder nicht. Hierdurch soll gewährleistet werden, dass die Letztentscheidung über die Vernehmung von Zeugen und damit die Führung[931] des Ermittlungsverfahrens bei der StA verbleibt.

Je nachdem, ob ein Auftrag der Staatsanwaltschaft an die Polizei vorliegt oder nicht, wird es verschiedene Arten von Vorladungen an Zeugen durch die Polizei geben[932]. Die bisherige Erfahrung zeigt, dass den Ermittlungsbeamten, die als erste am Tatort eintreffen, ein solcher Auftrag naturgemäß noch nicht vorliegt, da die Zeugen zu diesem Zeitpunkt noch unbekannt sind, weshalb auch nach der Neuregelung hinsichtlich der Vernehmung von Zeugen durch die Polizei zunächst das Recht zu schweigen **noch** besteht. Allerdings befragt die Polizei Personen auch ohne einen Auftrag der StA, wenn sie Kenntnis von einer möglichen Straftat hat, da die Polizei der „verlängerte Arm"[933] der StA ist. Umso mehr kommt es in dieser Phase der Ermittlungen darauf an, seine Rechte als Zeuge zu kennen und darauf zu bestehen.

Zeugen eines Strafverfahrens müssen gegenüber der Polizei keine Äußerungen abgeben, es sei denn, die Staatsanwaltschaft hätte Polizeibeamten zuvor ausdrücklich mit ihrer Vernehmung beauftragt, § 163 Abs. 3 S. 1 StPO[934].

Es ist davon auszugehen, dass in der konkreten Situation in der Einrichtung eine solche staatsanwaltschaftliche Verfügung nicht vorhanden ist, weshalb das Recht des Zeugen besteht, in der Einrichtung sich zur Sache nicht zu äußern.

Es gilt, auf diesem Recht zu beharren, auch dann, wenn ein entsprechender Druck, der durch die Polizeibeamten aufgebaut wird, verspürt wird.

931 Singelnstein/Derin, Was aus der StPO-Reform geworden ist, NJW 2017, 2646 (2650-VIII Erscheinenspflicht für Zeugen bei der Polizei).

932 Singelnstein/Derin, Was aus der StPO-Reform geworden ist, NJW 2017, 2646 (2650- VIII Erscheinenspflicht für Zeugen bei der Polizei, 4. Abs.).

933 Von Häfen/Graf, StPO, § 163 Rdnr. 2.

934 Zöller/Gercke/Julius/Temmin/Zöller, StPO, § 163 Rdnr. 29.

3.2.2 Staatsanwaltschaft

Grundsätzlich beginnen Ermittlungen der Staatsanwaltschaft dadurch, dass diese Kenntnis von einem Verdacht einer Straftat, dem sog. Anfangsverdacht[935], erlangt.

Hierzu bedient sich die Staatsanwaltschaft gem. § 161 StPO der Ermittlungsmöglichkeiten aus der StPO, die umfangreich sind und von Befragungen bis zu Wohnungsdurchsuchungen und Telekommunikationsüberwachungen, § 100a StPO, reichen.

Einen Staatsanwalt persönlich an einem Tatort anzutreffen, bildet, außerhalb von TV-Krimiserien, eher die Ausnahme, sodass eine staatsanwaltliche Vernehmung in der Einrichtung als Ausnahme zu sehen ist, es sei denn, bei den Taten handelt es sich um Tötungsdelikte von größerem Ausmaß. Sollte es tatsächlich zu einer Vernehmung von Zeugen durch die Staatsanwaltschaft kommen, so werden diese Vernehmungen terminlich vereinbart.

Dies gibt den Zeugen die Möglichkeit, sich anwaltlichen Rat einzuholen und gegebenenfalls im Beisein eines Rechtsanwaltes (Zeugenbeistand § 68b StPO) zum Sachverhalt beim Staatsanwalt auszusagen.

Zeugen müssen gegenüber der Staatsanwaltschaft Zeugnis ablegen und Auskunft erteilen gemäß § 161a StPO, soweit diesen kein Recht zur Zeugnisverweigerung oder Auskunftsverweigerung zusteht.

3.2.3 Gericht

Vor dem gesetzlichen Richter besteht die Pflicht zur Zeugenaussage gemäß § 48 StPO. Aber auch hier gilt, kann sich der Zeuge auf Zeugnisverweigerungs- oder Auskunftsverweigerungsrechte berufen, so gelten diese auch gegenüber dem Gericht und sind durch das Gericht zu wahren.

Zwar dürfen Zeugen von ihrem Zeugnisverweigerungsrecht auch vor Gericht noch Gebrauch machen, wenn sie im Ermittlungsverfahren bereits ausgesagt haben nach § 252 StPO. Fraglich ist aber dann, wie mit der Zeugenaussage umzugehen ist. Die Verlesung der Niederschrift über die frühere Vernehmung ist ausgeschlossen nach § 252

935 Beukelmann/Graf, StPO, § 152 Rdnr. 4.

StPO. Gehört werden können aber die vernehmenden Personen, also Polizeibeamte und auch Richter.

Dies setzt voraus[936], dass der Zeuge zu Beginn der früheren Vernehmungen ordnungsgemäß belehrt wurde. Für eine ordnungsgemäße Belehrung ist es ausreichend[937], dass der Zeuge eine genügende Vorstellung von seinem Weigerungsrecht nach §§ 52 – 53a StPO hat.

Das Recht zu schweigen hat der Angeklagte, wie im Ermittlungsverfahren, so auch vor Gericht.

3.3 Zeugenbeistand

Auch Zeugen haben das Recht auf anwaltlichen Beistand[938], § 68b StPO.

Die Polizei muss bei einem entsprechenden Hinweis dieses Recht aus § 68b StPO beachten[939] und kann, muss aber nicht, auf das Eintreffen des Anwaltes warten oder die Zeugenvernehmung verschieben. Daher: Schweigen bis juristischer Beistand eingetroffen ist. Als Zeugenbeistand, § 68b Abs. 1 S. 1 StPO, sollten Rechtsanwälte beauftragt werden, die auf dem Gebiet des Strafrechts tätig sind. Diese kennen üblicherweise die entsprechenden strafprozessualen Vorschriften und Taktiken, um Zeugen zu schützen. Der anwaltliche Beistand ist im Rahmen des Einsatzes des Krisenteams durch den Einrichtungsträger oder auch den ambulanten Pflegedienstbetreiber zu gewährleisten.

3.4 Zeugnisverweigerungsrecht

3.4.1 § 52 StPO

Vorstehend wurde bereits erläutert, dass Zeugen und insbesondere Beschuldigte/Betroffene am Tatort oder auch nach der Tat mit der Polizei, Staatsanwaltschaft oder gar Gericht **nicht reden** müssen.

Maßgeblich für die hier zu betrachtenden Zeugnisverweigerungs- und Auskunftsrechte sind die §§ 53, 53a und 55 StPO. Daneben wer-

936 Ganter/Graf, StPO, § 252 Rdnr. 26.
937 BGH 5 StR 236/15 vom 30.6.2015 in NStZ 2015, 656 (657).
938 Bott, Der anwaltliche Zeugenbeistand, StraFo 2018, 410 (411).
939 Bott, Der anwaltliche Zeugenbeistand, StraFo 2018, 410 (412) Recht auf Anwesenheit.

den noch Auskunftsverweigerungsrechte außerhalb der StPO, die für den Strafprozess Geltung haben, dargestellt.

Es handelt sich um die §§ 26 Abs. 5 MPG, 35 SGB I. Ein Zeugnisverweigerungsrecht im Falle eines Behandlungsfehlers und einem damit einhergehenden Straf- oder Bußgeldverfahren gegen den behandelnden Arzt oder einen seiner Angehörigen gewährt § 630c Abs. 2 S. 3 BGB im Sinne des § 52 Abs. 1 StPO diesen Betroffenen.

Zur Vollständigkeit sei erwähnt, dass § 52 StPO das Zeugnisverweigerungsrecht der Angehörigen des Beschuldigten regelt. Die Frage der Aussagegenehmigung der Angehörigen des öffentlichen Dienstes regelt § 54 StPO unter anderem in Verbindung mit § 35 SGB I.

3.4.2 Zeugnisverweigerungsrecht der Berufsgeheimnisträger, § 53 StPO

Das Gesetz gesteht verschiedenen Berufsgruppen das Recht zur **Verweigerung des Zeugnisses auch gegenüber dem Gericht** und nicht nur der Staatsanwaltschaft und der Polizei zu.

Zu diesen Berufen gehören nach § 53 StPO Ärzte und Apotheker, Kinder- und Jugendlichen- Psychotherapeuten (Nummer 3); Mitglieder oder Beauftragte einer anerkannten Beratungsstelle nach den §§ 3 und 8 Schwangerschaftskonfliktgesetz (Nummer 3a); Berater für Fragen der Betäubungsmittelabhängigkeit in einer Beratungsstelle, die eine Behörde oder eine Körperschaft, Anstalt oder Stiftung des öffentlichen Rechts anerkannt oder bei sich eingerichtet hat (Nummer 3b).

Personen, die diesen Berufsgruppen zugehörig sind, erlaubt das Gesetz, das Zeugnis hinsichtlich dessen zu verweigern, was diese anlässlich ihrer Berufsausübung über Personen oder Sachverhalte erfahren haben, die Beschuldigte oder Betroffene von Ermittlungen in Straf- oder Bußgeldverfahren sind.

Eine Ausnahme zu diesem Zeugnisverweigerungsrecht führt § 53 Abs. 2 StPO auf.

Danach müssen die zur Verschwiegenheit Berechtigten Zeugnis ablegen, wenn diese von ihrer Schweigepflicht entbunden sind, § 53 Abs. 2 S 1 StPO. Von der Schweigepflicht entbinden[940] kann diejenige Person, zu deren Gunsten das Schweigerecht begründet wurde. Haben

940 OLG Köln 2 Ws544/15 vom 1.9.2015 in StV 2016, 8 (9).

mehrere Personen den Berufsgeheimnisträger zur Verschwiegenheit verpflichtet, so müssen diese Personen alle[941] hinsichtlich ihres eigenen bestehenden Verweigerungsrechts eine Entbindung von der Schweigepflicht erteilen, was auch heute[942] noch der gängigen Rechtsprechung entspricht.

Das Zeugnisverweigerungsrecht der Pressemitarbeiter wird nach Abs. 2 der Vorschrift eingeschränkt, wenn es um die Aufklärung von Straftaten mit besonderem Gewicht geht. Straftaten von besonderem Gewicht[943] sind grundsätzlich nur Verbrechen, somit Straftaten, die im Mindestmaß mit 1 Jahr Freiheitsentzug bestraft werden, § 12 Abs. 1 StGB[944]. Diejenigen Straftaten, die in Abs. 2 der Vorschrift aufgeführt sind, bilden einen abschließenden Katalog[945], d. h., nur wenn es um die Aufklärung der dort genannten Taten geht, tritt das Zeugnisverweigerungsrecht zurück. Nach Abs. 2 S. 3 der Vorschrift wird die Zeugnispflicht jedoch wieder begrenzt[946], wenn der Zeuge behaupten kann, mit seiner Aussage würde die Person seines Informanten bekannt oder auch der Inhalt der im Rahmen seiner Tätigkeit erhaltenen Mitteilungen.

Fraglich ist, ob eine Offenbarungspflicht von Ärzten besteht entgegen der Schweigepflicht und der Regelung des § 203 StGB in Fällen von Kindesmisshandlungen. Die Eltern bestimmen darüber, ob der Arzt Informationen über ihre Kinder an Dritte herausgeben darf. Wenn dies gewünscht wird, kann der Arzt von seiner Schweigepflicht entbunden werden.

Was ist aber in Fällen, in denen eine Entbindung von der Schweigepflicht nicht gewährt wird und Arzt, aber auch Berufshelfer, keine Informationen weitergeben dürfen, obwohl der Verdacht von schweren Verbrechen besteht?

---

941 OLG Hamburg Ws 756/61 vom 29.12.1961 in NJW 1962, 689 (691 4.) befasst sich mit der Beschlagnahme von Patientenakten und der Befreiung von Schweigepflicht durch mehrere Personen.

942 Huber/Graf, StPO, § 53 Rdnr. 40.

943 Gercke/Gercke/Julius/Temming/Zöller, StPO, § 53 Rdnr. 35.

944 Vgl. zum Gesetzestext: https://www.gesetze-im-internet.de/stgb/__12.html.

945 Huber/Graf, StPO, § 53 Rdnr. 33.

946 BT-Drs. 14/5166, S. 9, Gercke in Gercke/Julius/Temming/Zöller, StPO, § 53a Rdnr. 36.

Das KKG[947] sieht in § 4 der Vorschrift für die in Abs. 1 Nr. 1 – 7 aufgeführten Berufsträger im Falle der Gefährdung des Kindeswohls zunächst eine Erörterung der vorgefundenen Situation vor. Dabei sollen die Erkenntnisse über das Kind oder den Jugendlichen, die sich für die Berufsträger aus deren beruflicher Tätigkeit mit den betroffenen Kindern und Jugendlichen zeigen, mit den Kindern und Jugendlichen und deren Sorgeberechtigten erörtert[948], somit zunächst lediglich besprochen werden und zwar nicht im Sinne von Ermittlungen.

Kann nach den Erörterungen nach Abs. 1 der Vorschrift eine Kindeswohlgefährdung nicht abgewendet werden oder bleiben die Gespräche mit den Sorgeberechtigten auch unter Zuhilfenahme von Fachpersonal erfolglos, so sind die Berufsträger nach Abs. 3 der Vorschrift befugt, das Jugendamt zu informieren. Auch hier ergibt sich in Fragen des Kindswohls eine Abweichung von der Informationspflicht unmittelbar an die Staatsanwaltschaft. Nach dem Wortlaut der Vorschrift besteht die Befugnis zunächst lediglich darin, das Jugendamt, aber nicht die Polizei[949] zu informieren. Über diesen Schritt der Informationsweitergabe an das Jugendsamt sind die Betroffenen nach Abs. 3 der Vorschrift vorab zu informieren.

Die Berufsträger, wie Ärzte nach Abs. 1 der Vorschrift, sind befugt[950], das Jugendamt zu informieren, was gleichzeitig nicht bedeutet, dass sie hierzu verpflichtet sind.

Erfolgt eine Information, so kann hierin ein Verstoß gegen § 203 StGB gesehen werden.

Die Befugnis zur Weitergabe der Informationen bei Kindeswohlgefährdung wird als ein Rechtfertigungsgrund[951] gesehen, der die unbefugte Weitergabe von Geheimnissen im Sinne des § 203 StGB rechtfertigt. Beruft sich der Berufsträger bei seiner Informationsweitergabe

947 Vgl. zum Gesetzestext: https://www.gesetze-im-internet.de/kkg/.

948 Wüstenberg, Der neue Rechtfertigungsgrund § 4 KKG zur Verhinderung von Kindesmisshandlungen, StraFo 2012, 348 (352 e).

949 Wüstenberg, Der neue Rechtfertigungsgrund § 4 KKG zur Verhinderung von Kindesmisshandlungen, StraFo 2012, 348 (353).

950 Viktas, Das Spannungsverhältnis zwischen ärztlicher Schweigepflicht und der Befugnis zur Offenbarung von (Verdachts-)Fällen der Kindesmisshandlung, JR 2015, 353 (353 Fußnote 4 m. w. N.).

951 Fischer, StGB, § 203 Rdnr. 74.

auf die Vorschrift des § 4 KKG, so bedarf es keines Rückgriffs[952] mehr auf § 34 StGB, da dieser eine tatsächliche Gefahr voraussetzt, und die Vorschrift des § 4 KKG lediglich von einer Gefährdung[953], also einer noch nicht konkreten Gefahr für das Wohl des Kindes oder des Jugendlichen, spricht.

Nach der gesetzlichen Definition[954] in § 1 Abs. 1 KGG wird unter **Kindeswohl** der Schutz der Kinder und Jugendlichen und die Förderung ihrer körperlichen, geistigen und seelischen Entwicklung verstanden.

3.4.3 Zeugnisverweigerungsrecht der mitwirkenden Person, § 53a StPO

3.4.3.1 Pflegekräfte als mitwirkende Personen

Nach dieser Vorschrift sollen die sogenannten mitwirkenden Personen ebenso ein Zeugnisverweigerungsrecht haben wie diejenigen Berufsträger im Sinne des § 53 StPO. Mitwirkende Personen[955] sind diejenigen, die im Rahmen eines Vertragsverhältnisses an der beruflichen Tätigkeit des Berufsgeheimnisträgers mitwirken.

Dieses strafprozessuale Recht korrespondiert[956] nicht mit dem strafrechtlichen Tatbestand und Verbot gem. § 203 f. StGB.

Folgt man der Auffassung[957], wonach auch sämtliche pflegerische Tätigkeiten letztlich von der ärztlichen Tätigkeit abhängen und beeinflusst sind, dann gehören Pflegekräfte unstreitig in den Regelungsbereich dieser Vorschrift. Nach anderer Ansicht handelt es sich bei pflegerischen Tätigkeiten nicht um abgeleitete Tätigkeiten[958], sodass es sich nicht um eine mitwirkende Tätigkeit handelt.

---

952 BT-Drs. 17/6256, S. 20.

953 Wüstenberg, Der neue Rechtfertigungsgrund § 4 KKG zur Verhinderung von Kindesmisshandlungen, StraFo 2012, 348 (351 b).

954 Vgl. zur Definition: https://www.gesetze-im-internet.de/kkg/__1.html.

955 Gercke/Gercke/Julius/Temming/Zöller, StPO, § 53a Rdnr. 3.

956 Gercke/Gercke/Julius/Temming/Zöller, StPO, § 53 Rdnr. 4.

957 So Bock/Ulsenheimer, Arztstrafrecht in der Praxis, S. 172.

958 Steffen, Arzt und Krankenpflege: Konfliktfelder und Kompetenzen, MedR 1996 265 (265 Nr. 2).

Es wird sogar die entgegengesetzte[959] Meinung vertreten, den **examinierten** Pflegekräften stünde hinsichtlich der reinen Pflegetätigkeit ein Weisungsrecht gegenüber den Ärzten zu.

Für den Fall einer Dekubitusprophylaxe sah die Rechtsprechung[960] noch eine Überwachung durch einen Arzt vor, was den heutigen Vorgaben[961] nicht mehr entspricht.

Insgesamt sind examinierte Pflegekräfte, zumindest außerhalb von Krankenhäusern, nicht als mitwirkende Personen bei Pflegehandlungen anzusehen.

Zumal nach Abs. 1 S. 2 dieser Vorschrift nicht diese Berufshelfer darüber entscheiden, ob diese das Zeugnis verweigern dürfen, sondern der Berufsträger nach § 53 StPO für den oder mit dem diese Personen arbeiten.

Dies bedeutet, assistiert die Pflegekraft einem Arzt und erfährt hierbei dieselben Inhalte wie der Arzt über die zu pflegende oder zu behandelnde Person, so entscheidet über das Zeugnisverweigerungsrecht der Pflegekraft der Arzt und **nicht** die Pflegekraft selbst.

Das Zeugnisverweigerungsrecht muss nicht einheitlich ausgeübt werden. So kann der Arzt die Pflegekraft zur Abgabe des **Zeugnisses anweisen**, sich selbst aber auf das Verweigerungsrecht berufen[962]. Gerade im Bereich der Familien/Kinder- und Jugendpflege haben sog. Berufshelfer letztlich oft mehr und persönlichere Informationen über die zu pflegenden Personen als Therapeuten oder Ärzte.

Es stellt sich die Frage nach einem eigenständigen und nicht nur abgeleiteten Schweigerecht der examinierten Pflegekräfte.

Nach den Ausbildungsgesetzen der Pflegeberufe handelt es sich bei dieser Ausbildung auch um eine staatlich geregelte Ausbildung, die damit endet, dass derjenige, der die Ausbildung erfolgreich abgeschlossen hat, die entsprechende Berufsbezeichnung führen darf.

959 Steffen, Arzt und Krankenpflege: Konfliktfelder und Kompetenzen, MedR 1996 265 (265 Nr. 2).

960 BGH VI ZR 174/86 vom 2.6.1987 in MedR 1988, 96 (97 2.)

961 Vgl. Expertenstandard-Dekubitusprophylaxe in der Pflege-2017, S. 16, Anwender und Zielgruppe der Expertenstandards.

962 Huber/Graf, StPO, § 53a Rdnr. 9.

Gerade in der Pflege erhalten die Pflegekräfte Informationen aus dem höchstpersönlichen Lebensbereich, die die zu pflegenden Personen nicht notwendig ihrem Arzt anvertrauen.

Schutzzweck[963] des § 53 StPO ist das Vertrauensverhältnis zwischen dem Zeugen und der zu pflegenden Person, die die Hilfe und Sachkunde des Zeugen in Anspruch nimmt.

Unter Beachtung dieser Schutzrichtung wäre es folgerichtig, den Kreis der Schweigeberechtigten des § 53 StPO zu erweitern.

Nach herrschender Meinung[964] ist der Kreis derjenigen Berufsträger, die zeugnisverweigerungsberechtigt sind, über diejenigen Berufs- und Personengruppen hinaus, die im Gesetz genannt sind, nicht im Rahmen einer Auslegung erweiterbar. Begründet wird dies damit, zur Wahrung einer funktionsfähigen Rechtspflege müsse der Kreis der schweigepflichtigen Personen eng begrenzt bleiben[965].

Wenn jedoch denjenigen Personen, die an der Herstellung, Vorbereitung oder Verbreitung von Medien in den im Gesetz genannten Bereichen mitwirken, ein eigenständiges Zeugnisverweigerungsrecht gewährt wird, § 53 Abs. 1 Nr. 5 der Vorschrift, so muss auch denjenigen Personen, die an einer pflegerischen Leistung nicht nur mitwirken, sondern diese eigenständig ausführen, ein originäres Recht zur Zeugnisverweigerung zugesprochen werden.

Pflegekräfte haben jedoch keine abgeleitete, sondern originäre Schweigepflicht. Diese ergibt sich aus dem Pflegevertrag, aber auch aus dem Gesetz[966].

Aus den §§ 1, 3 Abs. 1 S. 2 Nr. 2 AltPflG und §§ 11 Abs. 1 S. 2 Nr. 3, 4 Abs. 2 S. 3 KrpflG ergibt sich die Schweigepflicht der Pflegepersonen.

Diese besteht über den Tod der zu pflegenden Person fort[967].

Besteht eine originäre Pflicht zum Schweigen, so muss auf der Seite der originären Schweigerechte aus §§ 53, 53a StPO das Recht auf selbstständige Entscheidung der Pflegekräfte gegeben sein.

963 Neubeck/KMR, StPO, § 53 Rdnr. 1, Gercke/Gercke/Julius/Temming/Zöller, StPO, § 53 Rdnr. 1.

964 BGH 1 StR 359/11 vom 22.3.2012 in StraFo 2012, 173 (174 d), Huber/Graf, StPO, § 53 Rdnr. 2.

965 BVerfG 2 BvR 236/08 u. a. vom 12.10.2011 in NJW 2012, 833 (841[248]).

966 BGH VI ZR 359/11 vom 26.2.2013 in VersR 2013, 648 (649[9]).

967 BGH VI ZR 359/11 vom 26.2.2013 in VersR 2013, 648 (649[11]).

Die Situation gerade in Pflegeeinrichtungen außerhalb von Krankenhäusern oder gar in der ambulanten Pflege zeigt sich als eine eigenständige Arbeit von Pflegepersonen, da diese gerade nicht notwendig im beruflichen Wirkungskreis eines schweigepflichtigen Arztes arbeiten.

Vielmehr kommen Ärzte nur dann in den eigentlichen Pflegekreis hinein, wenn medizinische Notwendigkeiten entstehen, sei es in Form von ärztlichen Untersuchungen oder Verordnung von Arzneimitteln und MP.

Gerade mit Blick auf die Ausführungen zu den Aussagedelikten und die dortige eigene Strafbarkeit der Berufshelfer in der Pflege sollte diesen auch ein originäres Zeugnisverweigerungsrecht zustehen.

Hinzu kommt, dass der zukünftige § 63 Abs. 3c SGB V vorsieht, dass Modellvorhaben nach Absatz 1 dieser Vorschrift eine Übertragung ärztlicher Tätigkeiten vorsehen. Es handelt sich um die selbstständige Ausübung von Heilkunde und soll denjenigen Angehörigen der im Pflegeberufsgesetz geregelten Berufe, die nach § 14 des Pflegeberufsgesetzes qualifiziert sind, vorbehalten sein[968].

3.5 Auskunftsverweigerungsrecht, § 55 StPO

Aus dem Grundsatz heraus, wonach sich niemand selbst einer Straftat bezichtigen muss, gewährt § 55 Abs. 1 StPO jedem Zeugen ein Recht zur **Auskunftsverweigerung,** wenn eine Aussage zu einer entsprechenden Frage dazu führen würde, dass der Zeuge selbst wegen einer Straftat oder einer Ordnungswidrigkeit verfolgt würde. Ein Auskunftsverweigerungsrecht besteht auch dann, wenn der Zeuge durch die Aussage einen Angehörigen in die Gefahr einer Verfolgung wegen einer Straftat oder Ordnungswidrigkeit bringen würde.

Ein Fall aus der Praxis zeigt, wie schnell aus einer Zeugin eine Beschuldigte und damit Täterin einer Straftat werden kann.

Im Rahmen von Ermittlungen wegen fahrlässiger Tötung, § 222 StGB, wurde eine PDL von der Polizei vernommen. Entgegen der geübten Praxis wurde diese PDL nicht durch einen Anwalt zur Vernehmung durch die Polizei begleitet.

---

968 BR-Drs. 511/17, S. 45 Art. 3.

Die Geschäftsleitung war der Auffassung, dass die äußerst erfahrene PDL, die im Übrigen sehr wortgewandt war, ohne anwaltlichen Beistand zu einer Vernehmung durch einen Kriminalhauptkommissar gehen könne. Die PDL selbst war auch davon überzeugt, sie werde eine Vernehmung durch die Polizei meistern können, zumal sie, die PDL, die Polizei auch über das Geschehene (vermeintliche fahrlässige Tötung eines Bewohners) aus ihrer Sicht als Zeugin informieren wollte und lehnte deshalb anwaltlichen Beistand ab.

Das Ende dieser Zeugenvernehmung war, dass die PDL wegen fahrlässiger Körperverletzung angeklagt wurde und das Verfahren letztlich mit größerem Aufwand durch das erkennende Gericht gemäß § 153a StPO gegen Zahlung eines Geldbetrages eingestellt wurde. Die PDL verstand die Welt nicht mehr. Was war geschehen?

Diese resolute und wortgewandte PDL überhörte die gutgemeinten Ratschläge des Kriminalhauptkommissars während der Vernehmung, als dieser den Redefluss der PDL unterbinden wollte, zunächst mit dem Hinweis darauf, dass zwar kein Zeugnisverweigerungsrecht gemäß §§ 53 ff. StPO, aber möglicherweise ein Auskunftsverweigerungsrecht gem. § 55 Abs. 1 StPO bestehen könnte.

Die Vernehmung unterbrach der Kriminalhauptkommissar mehrfach, um die PDL darauf hinzuweisen, sie könne anwaltlichen Rat und Beistand einholen und erst dann die Vernehmung fortsetzen, und um die PDL noch einmal darauf hinzuweisen dass diese sich nicht selbst belasten[969] müsse mit ihren Aussagen, was sie nach dem bisher Geäußerten wohl schon getan hatte. Diese Hinweise des Hauptkommissars überhörte die PDL oder verstand diese auch nicht.

Ein Strafverteidiger hätte entweder von vornherein, jedoch spätestens bei den Hinweisen bzw. bei der Wahrnehmung der Aussagen der PDL und den Hinweisen des Kommissars, die Vernehmung abgebrochen.

Die Lehre hieraus ist, dass auch Zeugenvernehmungen nicht ohne anwaltlichen Beistand durchgeführt werden sollten.

Die praktische Erfahrung zeigt auch zunehmend, dass die vernehmenden Polizeibeamtinnen und -beamten die Anwesenheit eines

969 BGH 1 StR 277/17 vom 6.3.2018 in NJW 2018, 1986 (1987 [23]) ausführlich zur Selbstbelastungsfreiheit.

Rechtsanwaltes bei Zeugenvernehmungen nicht mehr als „störend" empfinden".

3.6 Auskunftsverweigerungsrechte außerhalb der Strafprozessordnung

Auch außerhalb der Strafprozessordnung bestehen Auskunftsverweigerungsrechte.

Dem Schutzgedanken, wonach sich niemand selbst belasten muss, folgt auch § 26 Abs. 5 MPG. Nach § 26 MPG unterliegen Unternehmen in Deutschland, die Medizinprodukte herstellen, einer Überwachung. Die mit der Überwachung beauftragten Behördenmitarbeiter haben das Recht nach Abs. 3 Nr. 4 dieser Vorschrift, von natürlichen und juristischen Personen und nicht rechtsfähigen Personenvereinigungen alle erforderlichen Auskünfte, insbesondere über die in Abs. 3 Nr. 3 genannten Betriebsvorgänge, zu verlangen.

Diese zur Auskunft verpflichteten natürlichen Personen, aber auch juristischen Personen und nichtrechtsfähigen Personenvereinigungen (z. B. Vereine, BGB-Gesellschaft) dürfen die Auskunft auf solche Fragen verweigern, deren Beantwortung die Gefahr der Einleitung eines Straf- oder Ordnungswidrigkeitenverfahrens für **die Person selbst oder deren Angehörige im Sinne § 383 Abs. 1 Nr. 1 bis 3 der Zivilprozessordnung** mit sich bringen würde, § 26 Abs. 5 MPG.

Neben diesen strafprozessualen Aspekten sollten gerade Sozialträger darauf achten, ob es ihrem pflegerischen/erzieherischen Auftrag entgegenkommt, wenn Mitarbeiter als Zeugen aussagen sollen. Gerade in der Kinder- und Jugendbetreuung finden in der Praxis Erörterungen statt, ob Zeugenaussagen von Mitarbeitern, dem sozialen/pflegerischen Auftrag folgend, sinnvoll sind. Oft erwarten gerade Jugendliche von ihren vertrauten Erziehern, dass diese in Prozessen als Zeugen aussagen sollen und hierbei dann nicht beachten, dass Zeugen der Wahrheit verpflichtet sind und nicht einzelnen Personen und deren Interessen, eben gerade **nicht denjenigen der zu pflegenden Personen** uneingeschränkt entsprechen.

3.6.1 Sozialgeheimnis, § 35 SGB I

Die Vorschrift des § 35 SGB I schützt das Sozialgeheimnis[970] und gemeinsam mit § 203 das Recht auf Schutz des Privatgeheimnisses. Ergänzt wird § 35 SGB I durch §§ 78 SGB X, 61 Abs. 3 SGB VIII.

Nach allgemeiner Auffassung richtet sich § 35 SGB I grundsätzlich an die Behörde[971] als Träger der Sozialleistung und mittelbar[972] an deren Mitarbeiter, aber auch ehrenamtlich tätige Personen. Dies bedeutet, dass der Geheimnisschutz auch für die Leistungserbringer der freien Wohlfahrtspflege und deren Mitarbeiter gelten muss, gerade auch dann, wenn § 85 SGB X eine Ordnungswidrigkeit feststellt, wenn Dritte, die nicht in § 35 SGB I ausdrücklich genannt sind, gegen die Regelungen des § 35 SGB I verstoßen, wenn diese Sozialdaten beziehen entsprechend der Regelung des § 78 SGB X[973]. Das Sozialgeheimnis[974] gehört in den Schutzbereich der Regelungen des §§ 203, 204 StGB.

3.6.2 Adressatenkreis, § 35 SGB I

Nach § 85a SGB X besteht sogar eine Strafbarkeit, wenn eine Verletzung der Verhaltensanweisungen nach § 85 Abs. 2 SGB X vorliegt.

Strafbarmachen können sich nur natürliche Personen, so dass gerade § 85a SGB X sich nicht mehr an die Organisationen, sondern an die natürlichen Personen, die die Daten verarbeiten, richtet. Grund hierfür ist der Umstand, dass die §§ 78 SGB X und 61 Abs. 3 SGB VIII das Zeugnisverweigerungsrecht der Mitarbeiter des öffentlichen Trägers nach § 35 SGB I auf die Mitarbeiter der privaten Träger ausdehnt[975].

Ein **zivilrechtliches Zeugnisverbot**[976] **gem. § 383 ZPO** wurde sowohl einer Sozialpädagogin als auch einer Sozialarbeiterin zugestanden.

---

970 Erb/Löwe-Rosenberg, StPO, § 161 Rdnr. 32.
971 Kunkel/Rosteck/Vetter, Schweigepflicht und Sozialdatenschutz versus Zeugnispflicht, StV 2017, 829 (829 A.).
972 Körner/Kasseler Kommentar Sozialversicherungsrecht, SGB I, § 35 Rdnr. 16.
973 Bierseborn/von Wulffen/Schütze, SGB X Sozialverwaltungsverfahren und Sozialdatenschutz, § 78 Rdnr. 4.
974 Körner/Kasseler Kommentar Sozialversicherungsrecht, SGB I, § 35 Rdnr. 29.
975 Kunkel/Rosteck/Vetter, Schweigepflicht und Sozialdatenschutz versus Zeugnispflicht, StV 2017, 829 (829 m. w. N. dortige Fn. 9)
976 OLG Hamm 15 W 231/91 vom 30.9.1991 in FamRz 1992, 201 (202).

3.7 Krisenteam

Die Erfahrung der letzten Jahre zeigte, dass insbesondere Ermittlungsverfahren der Staatsanwaltschaft und der Polizei und die damit einhergehende mediale Begleitung zu Image-Schäden bei Trägern sozialer Einrichtungen führten.

Es gilt der Grundsatz, der effektivste Schutz des Einrichtungsträgers oder des ambulanten Pflegedienstes ist durch die Verteidigung der als Täterin oder Täter infrage kommenden Mitarbeiter oder durch die Betreuung der Mitarbeiter als Zeugenbeistand zu gewährleisten.

Umso wichtiger ist es, für solche Fälle neben einem Ablaufplan zur Bewältigung der Probleme auch ein Leitungsteam zusammenzustellen, das aufgrund seiner interdisziplinären Zusammensetzung in der Lage ist, sowohl die interne Kommunikation innerhalb der Einrichtung mit dem Träger und andererseits die externe Kommunikation mit Staatsanwaltschaft/Polizei und Medien zu führen. Gerade der Umgang mit den Medien ist von großer Bedeutung.

Im Rahmen eines Brandes in einer Einrichtung wollte der regionale Rundfunksender ein Interview zu den Ereignissen. Als dieses abgelehnt wurde, drohte der an der Unglücksstelle befindliche Reporter: „entweder bekommen wir Informationen oder heute Abend wird ein Bestattungswagen vor der Einrichtung in der Hauptnachrichtensendung des Landes gezeigt."

Solche Aussagen und Bilder verfehlen ihre Wirkung nicht.

Beispielhaft sei hier die Konstruktion eines Sozialträgers dargestellt, der in solchen Krisensituationen ein Team zusammenstellt, das in wechselnder Besetzung hinsichtlich der Fachbereiche aus Presseabteilung und Rechtsanwalt besteht, je nach Einzelfall auch mit Geschäftsführung. Diese Zusammensetzung hat sich über die Jahre hinweg bewährt und ist anlässlich eines angekündigten Amoklaufs in einer Einrichtung der Kinder- und Jugendpflege entstanden.

Sobald das sogenannte Krisenteam von dem Vorfall Kenntnis hat, besteht die Verpflichtung, insbesondere durch den beauftragten Juristen oder den Justiziar des Trägers, mit Polizei und Staatsanwaltschaft in Kontakt zu treten, um die weitere Befragung der Mitarbeiter auch in formaler Hinsicht zu gestalten.

4. Bewohnerakte und deren Herausgabe an die Polizei/Staatsanwaltschaft

Im Rahmen eines Verfahrens zur Beantwortung der Frage, wie eine Person zu Tode kam, hat die Polizei nicht nur Interesse an einer Sachverhaltsaufklärung durch Befragungen von Mitarbeitern. Die Beamten zeigen insbesondere ein sehr großes Interesse an der Pflegedokumentation / auch Bewohnerakte genannt. Spätestens zu dem Zeitpunkt, zu dem Polizei und Staatsanwaltschaft ihr Interesse an der Pflegedokumentation oder Patientenakte zeigen, sollte das Krisenteam oder die zuständige Bereichsleitung einschließlich des juristischen Beraters Kenntnis über den Zustand und den Inhalt der Pflegedokumentation haben.

Wird ein Bewohner einer Einrichtung in ein Krankenhaus verbracht und verstirbt dort, informieren die Ärzte des Krankenhauses die Polizei mit dem Hinweis auf die Einrichtung, aus der die zu pflegende Person ins Krankenhaus gebracht wurde.

Aus dem Krankenhaus heraus führt der Weg der Polizei in die Einrichtung mit der Bitte, oftmals auch in Form einer machtunterlegten Forderung gekleidet, die Bewohnerakte, insbesondere das Sturzprotokoll, sofort in Besitz nehmen zu wollen und drohen üblicherweise umgehend mit der Sicherstellung bzw. Beschlagnahme der Bewohnerakte gem. §§ 94, 95 StPO. Dies gilt gem. § 95 Abs. 2 S. 2 StPO nicht für Personen, denen ein Zeugnisverweigerungsrecht zusteht. Für die Beschlagnahme der Bewohnerakte könnte zudem noch ein Beschlagnahmeverbot gem. § 97 StPO bestehen. Dies dann, wenn sich in der Bewohnerakte Dateninhalte von behandelnden Ärzten, Zahnärzten, Psychologen und Psychotherapeuten oder Kinder- und Jugend-Psychotherapeuten, aber auch Apothekern befinden, da diesen und deren mitwirkenden Personen gem. § 95 Abs. 2 S. 1 StPO i. V. m. §§ 53, 53a StPO Zeugnisverweigerungsrechte zustehen. Solche Unterlagen befinden sich sicherlich in der Bewohnerakte, weshalb immer dann, wenn der Inhalt der Bewohnerakte sich als nachbearbeitungsnotwendig darstellt, Zeit gewonnen werden kann mit dem Hinweis auf diese Zeugnisverweigerungsrechte.

Es darf zwar unterstellt werden, dass die Pflegedokumentation zu jedem Zeitpunkt den ordnungsgemäßen Stand der Pflege der verstorbenen/verletzten Person aufzeigt. Jedoch zeigt die Praxis, dass nicht sämtliche Pflegedokumentationen zum Zeitpunkt des Todes-/ Verletzungseintritts tatsächlich in einem ordnungsgemäßen Zustand sind.

Es besteht auch hier für den beauftragten Juristen/den Justiziar die Aufgabe, die benötigte notwendige Zeit durch Diskussion mit Polizei und Staatsanwaltschaft um die Beschlagnahmefähigkeit der Bewohnerakte zu gewinnen und evtl. eine Beschlagnahme durch das Gericht im Rahmen einer Durchsuchung der Einrichtung, die natürlich nicht durchgeführt wird, da die Bewohnerakte spätestens nach 2 Tagen vervollständigt ist und diese dann an die Polizei „quasi freiwillig" herausgegeben wird, zu verhindern.

4.1 Einwilligung der Erben bzw. des Betreuers in die Herausgabe der Bewohnerakte

Ausgehend von diesem Begehren der Ermittler nach der Bewohnerakte ergeben sich die nachfolgend dargestellten Möglichkeiten, wie die Pflegedokumentation zur Polizei gelangt:

Die Erben der verstorbenen Person oder der Betreuer im Falle von Ermittlungen außerhalb von Tötungsdelikten erklären sich damit einverstanden, dass die persönlichen Daten, die in der Pflegedokumentation über die zu pflegenden Personen gespeichert sind, an die Staatsanwaltschaft/Polizei herausgegeben werden dürfen.

Sollte eine solche Einwilligung in die Weitergabe der Daten der verstorbenen Person in schriftlicher Form nicht vorliegen, so ist dem Träger der Einrichtung anzuraten, über die beauftragte Rechtsanwaltskanzlei/Rechtsabteilung einen Weg zu finden, wie die Daten der verstorbenen Person, ohne dass es im Nachhinein zu Ansprüchen der Erben der verstorbenen Person gegenüber dem Träger kommt, herausgeben werden können.

In der Praxis zeigt sich, dass die mit den Ermittlungen in den Todesdelikten beauftragten Staatsanwaltschaften beim zuständigen Ermittlungsrichter die Beschlagnahme der Patientendokumentation beantragen, § 98 StPO, es jedoch insbesondere aus Imagegründen für den Einrichtungsträger wichtig ist, dass diese Beschlagnahme nicht in Form einer Hausdurchsuchung in der Einrichtung vollstreckt wird. Unter Vorlage des Beschlagnahmebeschlusses sollten die Dokumente an die ermittelnden Polizeibeamten übergeben werden. Liegt die Dokumentation ausschließlich in Papierform vor, so müsste sie kopiert werden; liegt die Pflegedokumentation in elektronischer Form vor, so wird der Polizei angeraten, einen entsprechenden Datenträger mitzubringen, auf dem dann die Pflegedokumentation gespeichert werden kann.

Eine Kopie der Pflegedokumentation muss bei dem Einrichtungsträger verbleiben.

Soweit sich die Staatsanwaltschaft auf die Pflegedokumentation zur Begründung einer Straftat beruft, steht es im höchsten Interesse einer effektiven Strafverteidigung, dass die notwendigen Informationen aus der Pflegedokumentation zur Verteidigung, aber auch zur möglichen Information der Öffentlichkeit, dem Einrichtungsträger oder ambulanten Pflegedienst vorliegen.

Nach dem Tod der zu pflegenden Person ist die Pflegedokumentation an deren Kranken- bzw. Pflegekasse herauszugeben[977], wenn ein berechtigter Anspruch zur Einsicht zur Geltendmachung von Ansprüchen besteht und dies **dem mutmaßlichen Willen** der verstorbenen Person entspricht. Die Ermittlungsbeamten stellen auch die Frage, wer auf der entsprechenden „Schicht" arbeitete, also nach dem Dienstplan. Zu den objektiven Befunden[978], die in der Pflegedokumentation enthalten sein müssen zum Zeitpunkt der Einsicht gehören neben sämtlichen objektiven Behandlungsdarstellungen, insbesondere pflegerische Maßnahmen und Angaben zur Medikation, nicht notwendigerweise der Dienstplan, da dieser zunächst nicht zu den Daten zu zählen ist, die vom Persönlichkeitsrecht des Bewohners oder Patienten von vornherein umfasst sind.

4.2 Wem gehört die Pflegedokumentation – wer ist Eigentümer?

Die Begehrlichkeit der Staatsanwaltschaft nach der Pflegedokumentation stellt nicht nur die Frage nach deren inhaltlicher Qualität, sondern auch diejenige Frage, wem die Pflegedokumentation eigentlich gehört, juristisch, wer ist Eigentümer der Pflegedokumentation.

977 Diesen Willen sieht der BGH gegeben: BGH VI ZR 359/11 vom 26.2.2013 in VersR 2013, 648 (650[13]).

978 BVerfG 2 BvR 443/02 vom 9.1.2006 in MedR 2006, 419 (422 bb).

Die Pflegedokumentation beinhaltet diejenigen Informationen über die zu pflegenden Personen, die für deren ordnungsgemäße Pflege notwendig sind. Sie ist somit Grundlage für die Arbeit des Pflegepersonals[979].

Der Spitzenverband Bund der Pflegekassen, die Bundesarbeitsgemeinschaft der überörtlichen Träger der Sozialhilfe, die kommunalen Spitzenverbände auf Bundesebene und die Vereinigungen der Träger der Pflegeeinrichtungen auf Bundesebene vereinbarten unter Beteiligung des Medizinischen Dienstes des Spitzenverbandes Bund der Krankenkassen, des Verbandes der privaten Krankenversicherung e. V., der Verbände der Pflegeberufe auf Bundesebene, der maßgeblichen Organisationen für die Wahrnehmung der Interessen und der Selbsthilfe der pflegebedürftigen und behinderten Menschen nach Maßgabe von § 118 SGB VIII sowie unabhängiger Sachverständiger, Maßstäbe und Grundsätze für die Qualität, Qualitätssicherung und Qualitätsdarstellung in der ambulanten und stationären Pflege sowie für die Entwicklung eines einrichtungsinternen Qualitätsmanagements, das auf eine stetige Sicherung und Weiterentwicklung der Pflegequalität ausgerichtet ist. In den Vereinbarungen sind insbesondere auch Anforderungen an eine praxistaugliche, den Pflegeprozess und die Pflegequalität unterstützende Pflegedokumentation gestellt.

Wenn die Pflegedokumentation nunmehr die Grundlage der spezifischen Pflege eines Menschen darstellt und infolgedessen die persönlichen Daten der zu pflegenden Person beinhaltet, stellt sich die Frage, wem die Pflegedokumentation gehört.

Gehören im juristischen Sinne bedeutet, die Frage zu stellen, wer Eigentümer der Pflegedokumentation ist.

Die Pflegedokumentation kann sowohl in Papier- als auch elektronischer Form vorliegen. Zeitpunkt der Erstellung der Pflegedokumentation ist die erste Aufnahme in eine Pflegeeinrichtung. Da die zu pflegenden Personen die entsprechenden Datenträger weder mitbringen noch dafür bezahlen müssen, stehen zumindest die Datenträger im Eigentum des jeweiligen Trägers der Pflegeeinrichtung.

---

979 Vgl. Steinke in BiVA „die Pflegedokumentation-(k) ein Geheimpapier?“, Seite 7. https://www.biva.de/publikationen/

Die höchstpersönlichen Informationen und damit Daten über die zu pflegende Person, die sich in der Pflegedokumentation befinden, stehen wie sämtliche persönliche Daten im Eigentum der Person, über die die Daten erhoben werden.

Im System der ärztlichen Behandlung ist gemäß § 630f BGB von dem Behandelnden eine Patientenakte zu führen. Deren Inhalt[980] beschreibt Absatz 2 des § 630 f BGB.

Auf Nachfrage ist dem Patienten gem. § 630g Abs. 1 BGB Einsicht in die vollständige Patientenakte zu gewähren. Gegen Erstattung der Kosten sind Kopien oder, soweit die Akte in elektronischer Form geführt wird, Ausdrucke zu fertigen. Im Falle des Todes des Patienten gehen die Rechte des § 630g Abs. 1, 2 BGB auf die Erben über gem. Abs. 3 der Vorschrift; **es sei denn**, der Patient hat einen anderen Willen hinsichtlich der Einsichtnahme durch die Erben geäußert. In diesem Falle gehen die Einsichtsrechte gem. § 630g Abs. 3 S. 2 BGB **nicht** auf die Erben über[981].

980 Inhalt der Patientenakte, Gesetzestext § 630f BGB: https://www.gesetze-im-internet.de/bgb/__630f.html.

981 Hinsichtlich des Umgangs mit und des Inhalts der Patientenakte gibt es im BGB eindeutige Regelungen, die auch für die Bewohnerakte in dieser Regelungsklarheit wünschenswert wären.

VII. Aussage- und Datenschutzdelikte

Aussage- und Datenschutzdelikte stehen in direktem Zusammenhang mit den Zeugnisverweigerungs- und Auskunftsverweigerungsrechten der §§ 52 – 55 StPO.

Die Datenschutzgesetze und Verordnungen, aber auch eine Vielzahl von Vorschriften außerhalb der §§ 203, 204 StGB, schützen die Geheimnisse von Personen.

Eine solche zentrale Vorschrift außerhalb des StGB ist § 35 SGB I – Schutz des Sozialgeheimnisses.

1. Verletzung von Privatgeheimnissen, § 203 StGB, und Verwertung fremder Geheimnisse, § 204 StGB

Möglicherweise wird die zunehmende Digitalisierung auch in der Pflege den §§ 203 und 204 StGB einen größeren Raum in der täglichen Gerichtspraxis erarbeiten, denn bisher sind Strafverfahren nach diesen Vorschriften eher selten[982].

Das Strafmaß des § 203 beträgt Geldstrafe oder Freiheitsstrafe bis 1 Jahr bzw. 2 Jahre hinsichtlich der Qualifikationstat des Abs. 6 der Vorschrift.

Täter des § 203 können nur Personen der im Gesetzestext aufgeführten Berufsgruppen oder besonders verpflichtete Personen sein.

Gleiches gilt für eine Täterschaft nach § 204 StGB, da Täter dieser Vorschrift nur Personen des § 203 StGB sein können[983]. Mithin handelt es sich um Sonderdelikte.

Das Strafmaß der Qualifikation des Abs. 6 des § 203 entspricht den Sanktionsmöglichkeiten des § 204 StGB.

---

982 Fischer, StGB, § 203 Rdnr. 4.

983 Eisele/Schönke/Schröder, StGB, § 204 Rdnr. 2.

Gemäß § 205 Abs. 1 StGB besteht für eine Ermittlung zu diesen Straftaten die Voraussetzung eines Strafantrages.

Die Vorschrift **§ 203 StGB** schützt[984] in den Absätzen 2 und 3 die Daten von zu pflegenden und anderen Personen, indem die unbefugte Offenbarung eines fremden Geheimnisses, namentlich ein zum persönlichen Lebensbereich gehörendes Geheimnis oder ein Betriebs- oder Geschäftsgeheimnis, das dem Täter in bestimmter beruflicher Eigenschaft anvertraut oder sonst bekannt geworden ist, unter Strafe gestellt wird. Die Vorschrift § 203 StGB schützt Personen, die persönliche Daten und Geheimnisse an dritte Personen weitergeben müssen, davor, dass diese Personen ihre Geheimnisse verraten.

Weitere Voraussetzung einer Strafbarkeit nach § 203 ist, dass der Täter das Geheimnis in seiner **beruflichen Funktion oder Eigenschaft**[985] erfahren oder sonst zur Kenntnis genommen hat.

1.1 Informationelle Selbstbestimmung

Mit den Tatbeständen der §§ 203 und 204 StGB wird das ein und selbe Rechtsgut geschützt[986]. Geschützt wird das Recht auf informationelle Selbstbestimmung aus Art. 2 Abs. 1 i. V. m Art. 1 GG, das insbesondere das Recht beinhaltet selbst zu entscheiden, wann und gegenüber wem durch Dritte persönliche Lebenssachverhalte offenbart werden dürfen[987].

Private[988] Kenntnis von Geheimnissen wird nicht durch §§ 203, 204 StGB geschützt.

1.2 Tathandlungen

Der Täter des **§ 203 StGB** offenbart ein Geheimnis der zu pflegenden Person oder seines Betriebes, das diesem, als einer in **Abs. 1 Nr. 1** der Vorschrift genannten tätigen Funktion als Arzt oder als Angehöriger eines Heilberufs, anvertraut oder sonst bekannt wurde. Dies sind ne-

984 BT-Drs. 18/11936, S. 17.

985 Kargl, Die Verletzung von Mandatsgeheimnissen bei der Mitwirkung Dritter, StV 2017, 482 (483 2.)

986 Eisele/Schönke/Schröder, StGB, § 204 Rdnr. 1.

987 Fischer, StGB, § 203 Rdnr.3.

988 Eisele/Schönke/Schröder, StGB, § 203 Rdnr. 15.

ben Ärzten auch Verwaltungsmitarbeiter des Einrichtungsträgers, die Täter im Sinne von §§ 203, 204 StGB sein[989] können, soweit deren Tätigkeit als Teilhabe am und mit dem Geheimnis verbunden ist.

Voraussetzung ist, dass der Täter für die Berufsausübung oder die Führung der Berufsbezeichnung im Sinne von Abs. 1 der Vorschrift, eine staatlich geregelte Ausbildung ablegte. Neben Ärzten und Zahnärzten und Tierärzten oder Angehörigen eines anderen Heilberufes sind dies Personen, die für die Berufsausübung oder die Führung der Berufsbezeichnung eine staatlich geregelte Ausbildung erfolgreich abgeschlossen haben müssen. Genannt sind im Gesetz zwar die Mitarbeiter von Kranken-, Lebens- und Unfallversicherungen wie auch diejenigen von privatärztlichen Verrechnungsstellen, jedoch nicht Mitarbeiter der Wohlfahrtspflege im stationären und ambulanten Pflegedienst.

Berufsmäßiger Gehilfe[990] ist jede Person, die einen der in Abs. 1 der Vorschrift genannten Berufsträger, der schweigen muss, in dessen beruflicher Tätigkeit unterstützt und dabei ohne besondere Schwierigkeiten oder Anstrengungen Kenntnis von den Geheimnissen nimmt.

Dieser Gehilfe muss organisatorisch nach dem engen Gehilfenbegriff[991] in den Betrieb des Schweigepflichtigen eingebunden sein.

Der weite Gehilfenbegriff[992] umfasst als Gehilfen sämtliche Personen, die den Schweigepflichtigen bei seiner Tätigkeit unterstützen, so dass hierzu auch die Mitarbeiter von Kranken- und Pflegekassen gehören, in jedem Fall die Sekretärinnen von Anwälten und die medizinischen Fachangestellten in Arztpraxen.

Es bedingt hierzu allerdings einer vertraglichen Vereinbarung zwischen Schweigepflichtigem und seinem Gehilfen, die jedoch als nicht mehr notwendig angesehen wird, wenn die helfende Person aus anderen Gründen schweigen muss[993].

---

989 Fischer, StGB, § 203 Rdnr. 40, 41.

990 Kargl, Die Verletzung von Mandatsgeheimnissen bei der Mitwirkung Dritter, StV 2017, 482 (484 2.).

991 Kargl, Die Verletzung von Mandatsgeheimnissen bei der Mitwirkung Dritter, StV 2017, 482 (484 3.).

992 Eisele/Schönke/Schröder, StGB, § 203 Rdnr. 21.

993 BT-Drs. 18/11936, S. 29.

Bezieht man sich auf den weiten Gehilfenbegriff, so wären sämtliche Pflegekräfte einer Einrichtung potenzielle Gehilfen des Arztes.

Nach dem engeren Gehilfenbegriff mangelt es jedoch an der organisatorischen Eingliederung in den Betrieb des Arztes, weshalb eine Gehilfenstellung abzulehnen wäre.

Selbst dann, wenn Pflegekräfte gemeinsam mit dem Hausarzt im Sinne des Bewohners oder Kunden zusammenarbeiten, erfolgt diese Zusammenarbeit nicht abgeleitet von der vertraglichen Tätigkeit des Arztes, sondern aufgrund des Heim- und Pflegevertrages, somit im Verhältnis zum Bewohner oder Kunden.

Täter nach **Abs. 4** der Vorschrift sind die sonstigen mitwirkenden Personen.

Sonstige mitwirkende Personen[994] sind diejenigen, die zwar an der beruflichen oder dienstlichen Tätigkeit der schweigepflichtigen Person mitwirken, also in diese Tätigkeit in irgendeiner Weise eingebunden werden und Beiträge dazu leisten, allerdings ohne in die Sphäre des Berufsgeheimnisträgers eingegliedert zu sein.

Diese Vorschrift trifft die Arzt-Einrichtungs-Verhältnisse in Pflegeheimen.

Die Bewohner der Pflegeheime schließen mit ihren Hausärzten die Patientenverträge und regeln die Patientenverhältnisse.

Es handelt sich um eigenständige Abreden, in die der Einrichtungsträger nicht eingebunden ist.

Führt der Hausarzt in der Pflegeeinrichtung eine medizinische Behandlung aus, und bringt er nicht die Mitarbeiter seiner Praxis mit in die Einrichtung, sondern bindet er die Pflegepersonen des Einrichtungsträgers in seine Behandlung ein, so sind die Pflegepersonen für den Arzt mitwirkende Personen im Sinne des Abs. 4 der Vorschrift.

Dies bedeutet unzweifelhaft, dass Pflegekräfte Täter einer Verletzung des Privatgeheimnisses gemäß § 203 StGB und der Verwertung dieser Geheimnisse nach § 204 StGB sein können[995].

Der Tatbestand des § 203 StGB ist nach dessen **Abs. 3 S. 1** nicht erfüllt, wenn nach dieser Vorschrift kein Offenbaren eines Geheimnisses vorliegt. Dies ist nach der Legaldefinition der Fall, wenn die geheimen

994 BT-Drs. 18/11936, S. 22.

995 Roßbruch: Die Schweigepflicht des Pflegepersonals,S. 2. https:www.htwsaar.de/sowi/fakultaet/personen/professoren/...../schweigepflicht.pdf.

Informationen an Berufskollegen bzw. im Verhältnis Arzt zur Pflegekraft, aber auch umgekehrt denkbar, weitergegeben werden, dies allerdings nur aus beruflichem Anlass und zur Erfüllung der beruflichen Aufgaben[996].

Willigt der Geheimnisträger in die Offenbarung seines Geheimnisses ein, so entfällt die Tatbestandsmäßigkeit[997] der Offenbarung des Geheimnisses, ebenso bei einer gesetzlichen Offenbarungspflicht, die jedoch die Rechtswidrigkeit der Offenbarung entfallen lässt[998].

Die Tathandlungen des Abs. 6 sind grundsätzlich diejenigen der Abs. 1 – 5, allerdings erhält der Täter für das unbefugte Offenbaren eines Geheimnisses ein Entgelt oder er handelt in der Absicht, sich oder einen Dritten zu bereichern oder einen anderen zu schädigen.

Nach Abs. 5 der Vorschrift wirkt der Geheimhaltungsschutz über den Tod hinaus. Das ist insbesondere bedeutend, wenn die nichtberechtigte Verwandtschaft nach Eintritt des Todes von den Mitarbeitern der Einrichtung Informationen über den Toten erhalten will, die den Mitarbeitern anvertraut wurden und von denen diese wussten, dass der Verstorbene diese Tatsachen als Geheimnis betrachtete.

Nach **§ 204 StGB** verwertet der Täter unbefugt ein fremdes Geheimnis, zu dessen Geheimhaltung dieser verpflichtet war.

Es handelt sich um ein Sonderdelikt[999], da Täter nicht irgendeine Person, sondern nur derjenige sein kann, der ein Geheimnis kennt, das zu schützen ist.

1.3 Definitionen

Geheimnisse[1000] sind Tatsachen, die nur einem beschränkten Personenkreis bekannt sind und an deren Geheimhaltung der Geheimnisinhaber ein sachlich begründetes Interesse hat.

Ein **fremdes**[1001] Geheimnis sind Tatsachen, die eine andere natürliche oder juristische Person betreffen.

---

996 Fischer, StGB, § 203 Rdnr. 41.
997 Eisele/Schönke/Schröder, StGB, § 203 Rdnr. 30.
998 Fischer, StGB, § 203 Rdnr. 74.
999 Fischer, StGB, § 204 Rdnr. 2.
1000 Eisele/Schönke/Schröder, StGB, § 203 Rdnr. 5.
1001 Fischer, StGB, § 203 Rdnr. 6.

Tatsachen[1002] sind dem Beweis zugängliche Sachverhalte der Vergangenheit oder Gegenwart.

Die Tatsachen müssen aus dem persönlichen Lebensbereich des Geheimnisträgers stammen oder Betriebs- und Geschäftsgeheimnisse sein.

Aus dem **persönlichen Lebensbereich**[1003] bedeutet nicht nur aus dem Intim- und Privatbereich, sondern sämtliche Geheimnisse, die nicht mit einem eigenen wirtschaftlichen Wert verbunden sind, wie die besonders genannten Betriebs- und Geschäftsgeheimnisse.

Betriebs- und Geschäftsgeheimnisse[1004] sind solche, die mit einem Geschäftsbetrieb zusammenhängen und an denen der Geschäftsinhaber ein Geheimhaltungsinteresse hat.

Diejenigen Tatsachen, aus denen das Geheimnis besteht, müssen geheim sein.

Geheim[1005] bedeutet, die Tatsachen sind entweder nur dem einen Geheimnisträger oder einem beschränkten Kreis von Personen bekannt; offenkundige Tatsachen sind nicht geheim.

Was in der medialen Welt über soziale Netzwerke oder konservativ über die herkömmlichen Medien verbreitet wird, ist nicht mehr geheim. Geheim ist auch nicht, was am schwarzen Brett aushängt. Geheim können allerdings diejenigen Informationen über und von einer zu pflegenden Person sein, die lediglich der Wohngruppe oder der Station eines Krankenhauses bekannt sind. Es kommt hierbei darauf an, ob die Information bei einem beschränkt eingrenzbaren Kreis von Personen verbleibt, die diese Informationen zur Pflege und Behandlung brauchen oder ob diese Information an weitere Dritte gelangt, die diese Information für ihre Tätigkeit nicht benötigen.

Das Geheimnis muss anvertraut worden sein. **Anvertrauen**[1006] eines Geheimnisses bedeutet, jemanden in einer Art und Weise in einen Sachverhalt einzuweihen, so dass sich für diese Person aus der Art der Mitteilung die Pflicht zur Verschwiegenheit ergibt.

1002 Eisele/Schittenhelm/Schönke/Schröder, StGB, § 186 Rdnr. 3.

1003 Eisele/Schönke/Schröder, StGB, § 203 Rdnr. 10.

1004 OLG Köln 81 Ss 52-53/09 vom 21.08.2009 in NJW 2010, 166 (167).

1005 Fischer, StGB, 203 Rdnr. 8.

1006 Kargl, Die Verletzung von Mandatsgeheimnissen bei der Mitwirkung Dritter, StV 2017, 482 (484 2.).

Diejenige Person, die das Geheimnis weitergibt, muss ein Interesse daran haben, dass der weitergegebene Sachverhalt geheim bleibt. Ist es dem Informationsgeber gleich, ob die Tatsachen über ihn veröffentlicht werden, so fehlt das Geheimhaltungsinteresse. Allerdings reicht für dieses Geheimhaltungsinteresse bereits aus, dass der Empfänger der Informationen von einem mutmaßlichen Geheimhaltungswillen[1007] auszugehen hat.

Das Geheimnis ist **sonst bekannt geworden**[1008], wenn es nicht anvertraut wurde, d. h., nicht in direktem Kontakt mit dem Geheimnisträger weitergegeben wurde. Die Information muss aber im Rahmen der Berufsausübung erfolgt sein.

Dies kann durch Lesen der Bewohner- und Patientenunterlagen oder den Umstand der Abrechnung von Entgelten erfolgen.

Offenbart[1009] wird das Geheimnis, indem dieses einem Dritten, der bisher keine oder keine genaue Kenntnis von den zuvor noch geheimen Tatsachen, gleich in welcher Form, mitgeteilt wird, wobei es erforderlich ist, dass der Dritte die Information zur Kenntnis nimmt.

Unbefugt[1010] ist die Offenbarung, wenn der Täter kein Recht zur Offenbarung des Geheimnisses hatte, also kein tatbestandsausschließendes Einverständnis oder eine Rechtfertigung für die Offenbarung vorlag.

Nach § 11 Abs. 1 Nr. 9 StGB ist ein **Entgelt** jede in einem Vermögensvorteil bestehende Gegenleistung, somit nicht nur tatsächlich Geld, sondern alles, was das Vermögen und damit die Gesamtheit aller Rechtsgüter, die einem Individuum zustehen, mehrt.

Schaden[1011] ist eine Minderung von Rechtspositionen und Rechtsgütern, ein Vermögensschaden ist nicht erforderlich.

Das Geheimnis **verwerten**[1012] bedeutet in Anlehnung an § 74d Abs. 1 S. 1 StGB, jede vorsätzliche Verbreitung des geheimen Inhalts zum Zweck der Gewinnerzielung, d. h. Erlangung eines Vermögensvorteils.

1007 Fischer,StGB, § 203 Rdnr. 9.
1008 Eisele/Schönke/Schröder, StGB, § 203 Rdnr. 15.
1009 BayObLG 2 St RR 157/94 vom 8.11.1994 in NJW 1994, 1623 (1623 l.).
1010 Eisele/Schönke/Schröder, StGB, § 203 Rdnr. 29.
1011 Eisele/Schönke/Schröder, StGB, § 203 Rdnr. 112.
1012 Fischer, StGB, § 204 Rdnr. 4.

Die Vermögensinteressen desjenigen, der die geheimen Informationen an den Täter weitergab, müssen durch die Verwertung tangiert werden.

Nicht zum Verwerten des Geheimnisses nach § 204 gehört es, das Geheimnis zu offenbaren ohne ein wirtschaftliches Interesse des Täters hieran, da diese Tat durch § 203 Abs. 5 sanktioniert wird[1013].

2. Verletzung des Briefgeheimnisses, § 202 StGB

Es mag gerade für die jungen Generationen merkwürdig sein, dass es eine Strafvorschrift gibt, die das Briefgeheimnis schützt, wenn doch über die sozialen Netzwerke sehr viele persönliche Daten und Informationen veröffentlicht werden.

Deshalb ist es bei der heutigen Generation notwendig, diese Vorschrift noch anzusprechen, da elektronische Postfächer derzeit noch wenig verbreitet sind, wenn auch die Kranken- und Pflegeversicherungen mit der Umstellung auf diese Postfächer beginnen.

Die Strafe beträgt Geldstrafe oder Freiheitsstrafe bis zu 1 Jahr.

Voraussetzung einer Strafe nach § 202 StGB ist jedoch, dass der Sachverhalt nicht durch § 206 StGB mit Strafe bedroht ist. Mit dieser Vorschrift wird die unbefugte Weitergabe von Tatsachen, die dem Post- oder Fernmeldegeheimnis unterliegen, unter Strafe gestellt.

Nach § 205 StGB besteht ein Strafantragserfordernis.

2.1 Anwendungsbereich

Diese Vorschrift schützt[1014] wie die vorhergehenden neben dem Inhalt des Briefs vor allem die Privatsphäre.

2.2 Tathandlungen

Der Täter verschafft sich vom Inhalt eines Briefes Kenntnis, der nicht für diesen bestimmt ist. Dies geschieht, indem der Täter den Brief öffnet oder, ohne diesen zu öffnen, Kenntnis vom Inhalt erhält.

1013 Eisele/Schönke Schröder, StGB, § 204 Rdnr. 5/6.
1014 Eisele/Schönke/Schröder, StGB, § 202 Rdnr. 2.

Da die Korrespondenz der zu pflegenden Person derzeit zu dieser Generation hauptsächlich noch mit Briefen ergeht, bedeutet dies, dass sämtliche Briefe für die Bewohner, aber auch der ambulant gepflegten Personen, nicht für die Pflegekräfte bestimmt sind.

Dies gilt insbesondere auch dann, wenn Betreuer der Auffassung sind, die Mitarbeiter der Einrichtung seien ihr Sekretariat und beschweren sich, wenn sie Schreiben mit Fristen zu spät erhalten.

Es ist einzig Sache der Betreuer, dafür zu sorgen, dass sie vom Inhalt von Schreiben an ihre betreuten Personen nur durch diese und nicht durch Mitarbeiter der Einrichtung Kenntnis erhalten. Der Betreuer ist berechtigt, von Schreiben, die von seiner Bestellung umfasst sind, Kenntnis zu erlangen und eine Verfügung des Gerichts gem. § 1896 Abs. 5 BGB vorliegt[1015].

In die Öffnung eines Briefes kann die zu pflegende Person einwilligen. Dies bedeutet, die grundsätzlichen Voraussetzungen für die wirksame Einwilligung sind zu beachten.

Tathandlung ist aber auch das Öffnen eines verschlossenen Behältnisses, durch das der Brief gegen die Kenntnis durch nicht berechtigte Personen gesichert ist.

Gespeicherte Daten[1016] sind nicht von § 202 umfasst, auch nicht die Weitergabe[1017] des Inhalts des Schriftstücks durch den Täter.

2.3 Definitionen

Ein **Brief**[1018] ist jede schriftliche Mitteilung an eine Person von einer anderen, nicht nur natürlichen, sondern auch juristischen Person. **Behältnis**[1019] ist ein verschlossener Raum, in dem der Brief oder das Schriftstück ohne Umschlag aufbewahrt werden, z. B. Kassetten, Dokumentenmappen, aber auch Schreibtischschubladen oder andere Schubladen, die verschließbar sind. **Verschlossen**[1020] ist das Behältnis, wenn es der Kenntnisnahme ein deutliches Hindernis bereitet.

1015 Eisele/Schönke/Schröder, StGB, § 202 Rdnr. 13.
1016 Fischer, StGB, § 202 Rdnr. 4.
1017 Fischer, StGB, § 202 Rdnr. 11.
1018 Fischer, StGB, § 202 Rdnr. 3.
1019 Eisele/Schönke/Schröder, StGB, § 202 Rdnr. 18.
1020 Fischer, StGB, § 202 Rdnr. 5, OLG Stuttgart 1 Ss 319/83 vom 20.6.1983 in NStZ 1984, 25 (26).

Kenntnisnahme[1021] ist die Wahrnehmung zumindest eines Teils des Inhalts des Schriftstücks. **Unbefugt**[1022] ist die Kenntnisnahme, wenn der Täter kein Recht hierzu hat.

2.4 § 205 StGB

Die Taten nach §§ 203 und 204 werden nur auf Antrag hin verfolgt. Eine Ausnahme hiervon eröffnet Abs. 1, letzter Hs, wenn die Ermittlungsbehörde das öffentliche Interesse an der Strafverfolgung bejaht. Dies wird im Bereich der Pflege eher selten vorkommen, wobei die bisherige Anzahl von Verfahren in der Pflege nach dieser Vorschrift eher gering ausfällt, da weder die zu pflegenden Personen noch deren Betreuer oder sonstige Vertreter von dem Antragsrecht Gebrauch machen.

Dies wird sich möglicherweise durch die Einführung der Datenschutzgrundverordnung und des Neuen Bundesdatenschutzgesetzes und der damit einhergehenden Sensibilisierung für den Datenschutz verändern.

1021 Eisele/Schönke/Schröder, StGB, § 202 Rdnr. 10/11.

1022 Hoyer/SK-StGB, § 202 Rdnr. 25.

VIII. Compliance

1. Definition und Handlungen

Compliance bedeutet[1023], rechtliche und ethische Regeln einzuhalten. Dies gilt auch für die Pflege. Ursprünglich[1024] stammt der Begriff Compliance aus der Medizin und bezeichnet dort die Therapietreue des Patienten, d. h., ob dieser die ärztlichen Anweisungen, insbesondere die ordnungsgemäße Einnahme von Medikamenten, beachtet und umsetzt.

Letztlich ist Compliance[1025] nichts anderes als der altbekannte Grundsatz, wonach sich Individuen und juristische Personen im Einklang mit dem Recht zu verhalten haben.

Ziel[1026] der Einrichtung von Compliance-Regeln in der Pflege ist, dass sich sämtliche Mitarbeiter eines Sozialträgers oder eines Pflegedienstes regelkonform, somit den Gesetzen und innerbetrieblichen Vorgaben entsprechend, verhalten.

Compliance bedeutet nicht grundsätzlich Strafrecht, da die Regelbefolgung **im Vorfeld** eines strafrechtlich relevanten Verhaltens liegt und dazu beitragen soll, dass es eben gerade nicht zu einer strafbaren Handlung kommt[1027]. Die Befolgung von Compliance-Regeln beginnt mit der Achtsamkeit für eigenes und fremdes Verhalten. Dies bedeutet,

---

1023 Roxin Imme Probleme und Strategien der Compliance-Begleitung in Unternehmen StV 2012, 116 (116 A.Einleitung).

1024 Vgl. zum Begriff compliance: Jeanette Woygoda, Kampf gegen die non-compliance, Von Hippokrates zur corporate compliance https://www.compliance-manager.net/fachartikel/von-hippokrates-zur-corporate-compliance-124028656, Michalke, Untreue – neue Vermögensbetreuungspflichten durch Compliance - Regeln, StV 2011, 245 (245 A. Compliance).

1025 Krause, Was bewirkt Compliance?, StraFo 2011, 437 (438 dort Fn. 3 m. w. N.).

1026 Kretschmer, Anmerkungen zur strafrechtlichen Verantwortlichkeit der Unternehmensleitung für das Verhalten von Mitarbeitern-Begründung und deren Vermeidung unter Berücksichtigung von Compliance, StraFo 2012, 259 (261).

1027 Krause, Was bewirkt Compliance?, StraFo 2011, 437 (439).

nicht bei entstehenden Problemen wegzuschauen, sondern mit anderen zu versuchen, diese Probleme zu lösen, damit es nicht zu staatsanwaltlichen Ermittlungen kommt.

Gerade im Bereich des Ordnungswidrigkeitenrechts, das zwar nicht für die Sanktion von strafrechtlichem, aber ordnungsrechtlichem Unrecht herangezogen wird und oftmals die Unternehmen als Subjekt der Sanktion trifft, wird nach Compliance-Systemen gefragt. Nicht zuletzt, weil die Implementierung von Compliance-Maßnahmen für die Bemessung von Geldbußen im Ordnungswidrigkeitenverfahren von Bedeutung ist[1028].

Compliance-Maßnahmen[1029], wie etwa regelmäßige Schulungen der Mitarbeiter, Beachtung der Einstellungsvoraussetzungen in der Pflege (polizeiliches Führungszeugnis), aber auch die Überprüfung der eingeführten und eingesetzten Compliance-Mittel, dienen dem Schutz der Mitarbeiter vor einer Strafbarkeit wegen eines möglichen strafrechtlich relevanten Verhaltens und sichern andererseits ein positives Image der Pflege.

Eine Sozialtherapeutin schlug einen 4-jährigen Jungen in einer KiTa, weil dieser die Therapeutin nachweislich mindestens 5-mal gegen die Beine trat. Sicherlich war das Schlagen des Kindes nicht das sorgfältig ausgewählte und angemessene Mittel, um die „Angriffe" des Kindes abzuwehren, weshalb es zu einer Kündigung des Arbeitsverhältnisses kam. Im Nachhinein stellte sich heraus, dass die Sozialtherapeutin aufgrund einer Erkrankung an diesem Tag nicht hätte arbeiten sollen, diese jedoch wusste, dass bereits zwei Kolleginnen ausgefallen waren und deshalb, wie die Therapeutin pflichtbewusst meinte, trotz eigener Krankheit zur Arbeit gehen zu müssen. Hätte die Sozialtherapeutin an diesem Tage ihre Erkrankung und damit Einsatzunfähigkeit wie vorgesehen angezeigt, wäre es nicht zu dem Vorfall gekommen.

In einer Senioreneinrichtung lag im so bezeichneten BtM-Schrank eine geöffnete Ampulle eines morphinhaltigen Medikaments. In der betreffenden Einrichtung war es üblich, den Schlüssel für den BtM-Schrank förmlich, d. h., mit Unterschrift der den Schlüssel übernehmenden Fachkraft in einem Schlüsselbuch zu dokumentieren. Was bei

1028 BGH 1 StR 265/16 vom 9.5.2017 in StV 2018, 36 (37 [118]).
1029 Weitere Compliancemaßnahmen bei Krause, Was bewirkt Compliance?, StraFo 2011, 437 (438).

diesem Rechtsakt allerdings fehlte, war der Blick in den BtM-Schrank, um den tatsächlichen Bestand an btm-haltigen Medikamenten bei der jeweiligen Schlüsselübergabe festzustellen.

Aus diesem Grunde heraus konnte zeitlich nicht festgestellt werden, seit welchem Zeitpunkt die zerstörte BtM-Ampulle im BtM-Schrank lag. Da Vorfälle mit btm-haltigen Medikamenten eine strafbare Handlung im Sinne des BtMG, möglicherweise Handeltreiben, § 29 BtMG, darstellt, wurde die Polizei über den Vorfall informiert. Diese ermittelte gegen sämtliche Mitarbeiter der Einrichtung, die Zugang zu dem BtM-Schrank hatten.

Die Ermittlungen führten letztlich zu keiner strafrechtlichen Sanktion, da ein bestimmter Täter nicht ermittelt werden konnte. Aber bereits die polizeilichen Ermittlungen (Vernehmungen der Mitarbeiter) störten den Ablauf in der Pflegeeinrichtung erheblich.

Die Einhaltung von Compliance-Regeln, hier Prüfen des Inhalts des BtM-Schranks – bei jeder Schlüsselübergabe –, hätte zumindest dazu geführt, dass sich die polizeilichen Ermittlungen nur auf wenige, bestimmte Mitarbeiter konzentriert hätten oder gar der Täter zu überführen gewesen wäre.

Diese Compliance-Regelungen müssen jedoch eindeutig in Bezug auf das jeweilige Unternehmen, den jeweiligen Sozialträger, in ihrer Handlungsanweisung sein, um Irritationen zu verhindern. Compliance-Regeln sollen helfen[1030] und keine Verunsicherung bei den Mitarbeitern auslösen, wie etwa die absolut fehlgeleitete Diskussion um die DSGVO.

So dient die Anfertigung von Protokollen, bzw. die Aufnahme einer Liste mit Gegenständen des Bewohners als Teil des Wohn- und Betreuungsvertrages, die die Bewohner mit in die Einrichtung bringen, dazu, im Falle des Abhandenkommens, also des Verlusts der Gegenstände nicht durch eine Diebstahlshandlung, § 242 StGB, schnellstmöglich eine Erkenntnis darüber zu erlangen, ob sich diese „vermissten" Gegenstände überhaupt in der Einrichtung und insbesondere im Besitz des Bewohners befanden.

Im Rahmen eigener Ermittlungen eines Sozialträgers aufgrund eines Missbrauchsfalles in einer Einrichtung stellte sich heraus, dass eine

1030 Krause, Was bewirkt Compliance?, StraFo 2011, 437 (444.)

EL die Dienstpläne aus Angst vor ihren Kollegen manipuliert hatte und auf diese Weise die Missbrauchshandlungen ihrer Kollegen an Bewohnern deckte. In einem anderen Fall ergaben interne Ermittlungen, dass eine Pflegekraft ihre PDL über Vorfälle im Umgang mit BtM in der Einrichtung informiert hatte, die PDL diese Informationen aber nicht an die zuständige trägerinterne Stelle weitergab, weil sie Unannehmlichkeiten durch die Täter befürchtete. Ein offenes vertrauensvolles Gespräch mit der zuständigen Direktion des Trägers hätte diese Straftaten sicherlich verhindert, weshalb ein aufmerksamer und achtsamer Umgang miteinander und untereinander dazu beitragen kann, Straftaten zu verhindern.

2. Die Geschäftsherrenhaftung

In der Rechtsprechung[1031] anerkannt ist die Haftung des Geschäftsherrn dafür, dass er Straftaten seiner Mitarbeiter nicht verhindert, soweit es sich um Straftaten handelt, die betriebsbezogene Taten sind.

Ob nun nach der Geschäftsherrenhaftung oder traditionell mit der Konstruktion der mittelbaren Täterschaft[1032] im Sinne der Tatherrschaftslehre, sanktioniert wird ein Verhalten von Führungskräften.

Voraussetzung[1033] einer Geschäftsherrenhaftung oder auch mittelbaren Täterschaft im Unternehmen oder einer anderen Organisationsstruktur ist eine (hierarchische) Struktur, innerhalb der, die die Tat anordnende Person die Befehlsgewalt ausübt und die tatsächlich handelnden Personen austauschbar sind.

Auf die heutigen Organisationstrukturen eines Unternehmens sind diese Grundsätze nicht mehr in jedem Fall zu übertragen, da die

1031 Zuletzt so: BGH 5 StR 629/17 vom 6.2.2018 in StV 2019, 16-Leitsatz.

1032 So: Kretschmer, Strafrechtliche Verantwortung der Unternehmensleitung für das Verhalten von Mitarbeitern-Begründung und deren Vermeidung unter Berücksichtigung von Compliance, StraFo 2012, 259 (260 II. Mittelbare Täterschaft in der Form der Organisationsherrschaft), Bosch/Schönke/Schröder, StGB, § 13 Rdnr. 53 sehr ausführlich).

1033 Fischer, StGB, § 25 Rdnr. 11.

Rechtsprechung diese Haftungsgrundsätze zunächst für staatliche Machtstrukturen[1034] entwickelte.

Diese Geschäftsherrenhaftung tritt insbesondere bei der Haftung aus Organisationsverschulden[1035] auf. Der Unternehmer bzw. die Führungskräfte sind gehalten, das Unternehmen so zu strukturieren, dass sämtliche Mitarbeiter des Unternehmens in der Lage sind, ihre Aufgaben entsprechend den gesetzlichen oder innerbetrieblichen Vorgaben zu erfüllen. So sind stationäre Einrichtungen verpflichtet, für ausreichend Personal zu sorgen, um die Pflege der Bewohner gem. der mit diesen geschlossenen Verträgen zu garantieren. Es sind ausreichend Pflegematerialien bereitzuhalten, die Fahrzeuge der ambulanten Pflegedienste müssen den verkehrstechnischen Vorgaben entsprechen.

Begründet wird dies mit einer Garantenstellung im Sinne des § 13 StGB. Den Betriebsinhaber, aber auch Vorgesetzte trifft diese Garantenstellung aus dem Gesichtspunkt der Betriebsinhaberschaft, Autoritätsstellung oder der allgemeinen Gefahrenquelle „Betreiben eines Unternehmens“[1036]. Geschäftsinhaber und Führungskräfte juristischer Personen sind verpflichtet, die Mitarbeiter ihres oder des Unternehmens von Straftaten abzuhalten[1037].

Davon unberührt bleibt die Handlung des Mitarbeiters, der die Möglichkeiten des Geschäftsherrn zu korrekten Leistungen nicht übernimmt und sich nach den allgemeinen Grundsätzen der Tatherrschaftslehre strafbar[1038] macht. Hat die EL sämtliche unternehmerische Berechtigungen, selbstständig und freibestimmt für den ordnungsgemäßen Betrieb der Einrichtung, MP und sonstige notwendige Waren zu kaufen und tut sie dies nicht, so trifft den zuständigen Direktor dieses Verhalten der EL nicht. Die EL übernimmt für ihren „Ge-

1034 Timpe, Die strafrechtliche Geschäftsherrenhaftung, StraFo 2016, 237 (237 Organisationsherrschaft?).

1035 Timpe, Die strafrechtliche Geschäftsherrenhaftung, StraFo 2016, 237 (241), Kraus, Was bewirkt Compliance?, StraFo 2011, 437 (438.)

1036 BGH 4 StR 71/11 vom 201.10.2011 in StV 2012, 403 (404 [14]).

1037 Kretschmer, Anmerkungen zur strafrechtliche Verantwortlichkeit der Unternehmensleitung für das Verhalten von Mitarbeitern-Begründung und deren Vermeidung unter Berücksichtigung von Compliance, StraFo 2012, 259 (269 I.).

1038 Mansdörfer/Trüg, Umfang und Grenzen der strafrechtlichen Geschäftsherrenhaftung, StV 2012, 432 (436 cc)).

schäftsbereich“ die Compliance-Verantwortung[1039]. Nach der Tatherrschaftslehre[1040] bleiben auch Mitarbeiter **ohne Compliance-Verantwortung** wegen ihres Verhaltens strafbar aufgrund übernommener Garantenpflichten aus dem Bewohnervertrag bzw. ambulanten Pflegevertrag und ihres Arbeitsvertrages im Umgang mit den zu pflegenden Personen.

Den Betriebsinhaber oder die Leitungsperson kann eine strafrechtliche Haftung nur treffen in diesen Fällen, wenn er seinerseits eine Pflicht hatte, dieser strafbaren Handlung entgegenzuwirken, was der Fall ist, sobald die Gefahr einer strafbaren Handlung durch einen Mitarbeiter zu erkennen ist; Stichwort: Abstellen von erkannten Missständen[1041].

Straftaten, die der Mitarbeiter bei Gelegenheit[1042] seiner Tätigkeit verübt, führen nicht zu einer Strafbarkeit des Geschäftsherrn, sondern nur diejenigen Straftaten, die einen Bezug zum Betrieb[1043] haben.

3. Compliancebeauftragter

Eine Anlaufstelle für Meldungen hinsichtlich Problemen straf- oder ordnungsrechtlicher Art ist der Compliancebeauftragte. Diese Funktion kann bei größeren Trägern im Unternehmen angesiedelt sein oder bei kleineren Trägern von externen Beratern wahrgenommen werden.

Aufgabe[1044] des Compliancebeauftragten ist es, dazu beizutragen, dass die Mitarbeiter eines Unternehmens bzw. das Unternehmen selbst die gesetzlichen Regelungen befolgen und einhalten. Gibt es einen Verdacht in einem Unternehmen oder bei einem Sozialträger, dass es zu Pflichtverstößen kommt, so kann der Compliancebeauftragte eigene „Ermittlungen“ durch Einsicht und Prüfung von Unterlagen, aber auch durch Befragungen von Mitarbeitern durchführen.

1039 Timpe, Die strafrechtliche Geschäftsherrenhaftung, StraFo 2016, 237 (243).
1040 Bosch/Schönke/Schröder, StGB, § 13 Rdnr. 53 – Mitte.
1041 Fischer, StGB, § 13 Rdnr. 69.
1042 BGH 4 StR 71/11 vom 20.10.2011 in NJW 12, 1237 (1238 [13]).
1043 BGH 4 StR 71/11 vom 20.10.2011 in StV 2012, 403 (404 [15]).
1044 Dann/Mengel, Tanz auf dem Pulverfass – oder: Wie gefährlich leben Compliance-Beauftragte, NJW 2010, 3265 (3265 II. Aufgabenfelder von Compliance-Beauftragten).

Eine Garantenstellung des Compliancebeauftragten im Sinne des § 13 StGB besteht zur Verhinderung von Straftaten von Mitarbeitern und damit eine **eigene Strafbarkeit**[1045] wegen Unterlassung der gebotenen Handlung bei Nicht- Unterbindung von betrügerischem Verhalten von Mitarbeitern als Beihilfe zum Betrug nach § 263 StGB.

Bei den ersten Verdachten zu einer strafbaren Handlung muss zumindest zunächst defensiv die Zusammenarbeit und Einschaltung der Staatsanwaltschaft vorbereitet und dann auch umgesetzt werden, damit es nicht zu einer eigenen Strafbarkeit[1046] des Compliancebeauftragten kommt.

Bereits durch Gesetz installierte Compliancebeauftragte sind der Sicherheitsbeauftragte für Medizinprodukte nach § 30 MPG, § 31 MPG Medizinprodukteberater, § 6 MPBetreibV Beauftragter für Medizinproduktesicherheit, § 63a AMG Stufenplanbeauftragter oder auch der Datenschutzbeauftragte nach Art. 37 DSGVO. An Compliancesystemen ist z. B. das Risikomanagement-System für jedes einzelne Arzneimittel gem. § 63b Absatz 2 Nummer 4 AMG gesetzlich vorgeschrieben.

3.1 Befragung von Mitarbeitern durch Compliancebeauftragte

Mitarbeiter sind aufgrund ihres Arbeitsvertrages verpflichtet, an Befragungen durch den vom Arbeitgeber beauftragten Compliancebeauftragten teilzunehmen[1047].

Der Mitarbeiter ist zur Wahrheit[1048] gegenüber seinem Arbeitgeber und dem von ihm beauftragten Compliancebeauftragten aufgrund des Arbeitsvertrags verpflichtet, soweit es um die Beantwortung von

---

1045 BGH 5 StR 394/08 vom 17.7.2009 in StV 2009, 686 (688 23 und 24) für den Leiter der Rechtsabteilung und der Innenrevision eines städtischen Reinigungs- und Entsorgungsbetriebs.

1046 Roxin Imme Probleme und Strategien der Compliance-Begleitung in Unternehmen, StV 2012, 116 (117 F. Kooperation mit der Staatsanwaltschaft auch ohne Anfangsverdacht der Justizbehörden?), Dann/Mengel, Tanz auf dem Pulverfass- oder: Wie gefährlich leben Compliance-Beauftragte, NJW 2010, 3265 (3268 oben).

1047 Krug/Skoupil, Befragungen im Rahmen von internen Untersuchungen, NJW 2017, 2374 (2375 III.1 Pflicht des Mitarbeiters zur Teilnahme und wahrheitsgemäßen Aussage m. w. N.).

1048 BAG 8 AZR 828/93 vom 7.9.1995 in NZA 1996, 637 (639 3.a).

Fragen zum unmittelbaren Arbeitsbereich des Mitarbeiters oder dessen Wahrnehmungen im Zusammenhang mit der eigenen Arbeitsleistung geht.

Auch wird eine Verpflichtung des Arbeitnehmers gesehen, Auskunft über Wahrnehmungen im Zusammenhang mit Vorgängen außerhalb des eigentlichen Arbeitsplatzes anlässlich Geschäftsreisen oder Geschäftsessen zu machen[1049]. Allerdings darf diese Auskunftspflicht den Arbeitnehmer nicht unverhältnismäßig belasten[1050] und muss in direktem Zusammenhang mit betrieblichen Belangen stehen[1051].

Diese Wahrheitspflicht[1052] soll auch gelten, wenn sich der Arbeitnehmer durch diese Aussagen in straf- oder ordnungsrechtlicher Hinsicht fehlverhalten hat und er mit entsprechenden staatlichen Verfahren zu rechnen hat. Begründet wird dies damit, der Arbeitnehmer habe sich freiwillig in das Arbeitsverhältnis begeben und verliere[1053] damit sein Auskunftsverweigerungsrecht. Jedenfalls soll der Arbeitnehmer nicht gänzlich[1054] die Auskunft verweigern dürfen, wenn dies die betrieblichen Belange erfordern, auch wenn er sich hierbei selbst belastet.

Fraglich erscheint diese Aussage der Rechtsprechung in zivil- und arbeitsrechtlichen Angelegenheiten, da ein wesentlicher Bestandteil des rechtsstaatlichen Strafverfahrens der Grundsatz ist, sich nicht selbst belasten[1055] zu müssen.

Aus Art 6 Abs. 3c EMRK ergibt sich das Recht jeder angeklagten Person sich zu verteidigen. Zur Verteidigung gehört insbesondere auch das Recht zu schweigen, der nemo-tenetur-Grundsatz[1056]. Einem Beschuldigten im Rahmen eines staatlichen Ermittlungsverfahrens wird

1049 Rudkowski, Die Aufklärung von Compliance- Verstößen durch „Interviews", NZA 2011, 612 (614 oben).

1050 BAG 8 AZR 828/93 vom 7.9.1995 in NZA 1996, 637 (638 2c bb).

1051 BAG 8 AZR 828/93 vom 7.9.1995 in NZA 1996, 637 (638 2c aa).

1052 Jahn, Ermittlungen in Sachen Siemens/SEC, StV 2009, 41 (44 (2) Zwischenergebnis).

1053 Zur Begründung dieser Auffassung: BVerfG 1 BvR 116/77 vom 13.11981 in NJW 1981, 1431 (1432 b) wegen der besonderen Rechtstellung.

1054 Göpfert/Merten/Siegrist, Mitarbeiter als „Wissensträger", NJW 2008, 1703 (1706).

1055 Wehnert, Die Verwertung unternehmensinterner Ermittlungen, StraFo 2012, 253 (257).

1056 Ahlbrecht/Gercke/Julius/Temming/Zöller, StPO, § 136 Rdnr. 1.

das unantastbare Recht zugestanden, dass er sich nicht selbst belasten muss[1057]. Wäre der Mitarbeiter verpflichtet, seine Straftat gegenüber dem Compliancebeauftragten zu offenbaren, so würde das Verteidigungsrecht zu schweigen ins Leere laufen.

Nach § 136 Abs. 1 S. 2 StPO ist der Beschuldigte darauf hinzuweisen, dass er sich nicht äußern muss zur Sache.

Der EGMR sieht das Recht zu schweigen stärker an als die Rechtsprechung in Deutschland. Nach der Rechtsprechung des EGMR[1058] darf ein Beschuldigter nicht dazu gezwungen werden, eine Straftat oder Ordnungswidrigkeit zu offenbaren.

Der zu befragende Mitarbeiter hat das Recht auf einen Rechtsbeistand, der bei der Befragung zugegen ist[1059].

3.2 Verwertung der gewonnenen Aussagen

Bei Befragungen durch Compliancebeauftragte handelt es sich nicht um Vernehmungen[1060] im Sinne der StPO. Dies bedeutet, dass der Befrager, auch wenn dieser Rechtsanwalt ist, nicht berechtigt ist, die Belehrung nach §§ 55, 136 StPO durchzuführen.

Diese Pflicht[1061] besteht nur für Polizei, Staatsanwaltschaft und Gericht.

Andererseits steht dem Rechtsanwalt das Recht zu eigenen Ermittlungen[1062] und auch Zeugenbefragungen innerhalb eines Mandatsver-

1057 BVerfG 2 BvR /13 vom 25.8.2014 in StV 2015, 73 (74 [13] m. w. N. zu dieser Rechtsprechung.)

1058 Meyer-Mews, Verbrauchssteuerhinterziehung im Lichte des Nemo-tenetur-Grundsatzes, StraFo 2018,177 (181 3. Die Rechtsprechung des EGMR).

1059 Krug/Skoupil, Befragungen im Rahmen von internen Untersuchungen, NJW 2017, 2374 (2375 2.Hinzuziehung eines Beistand zur Befragung m. w. N.).

1060 Krug/Skoupil, Befragungen im Rahmen von internen Untersuchungen, NJW 2017, 2374 (2375 III. Durchführung der Befragung).

1061 Roxin Imme, Probleme und Strategien der Compliance-Begleitung in Unternehmen, StV 2012, 116 (119 II. Wie steht es mit Belehrungspflichten für Compliance-Anwälte bei Befragung der Mitarbeiter).

1062 BGH 4 StR 616/99 vom 10.2.2000 in StV 2003, 624 (624 2 b).

hältnisses zu. Aber auch diese Befragungen verpflichten[1063] nicht zur Belehrungspflicht mit Blick auf § 152 StPO.

Auf rechtswidrigem Weg gewonnene Ermittlungsergebnisse unterliegen gem. § 136a Abs. 3 S. 2 StPO einem richterlichen Verwertungsverbot. Dies sind Fälle[1064], bei denen Aussagen aufgrund von Täuschungen, Folter, anderem Zwang oder durch unzulässige Versprechungen von gesetzlich nicht vorgesehenen Vorteilen (Strafmaßverringerungen) zustande kamen, wobei die gesetzliche Aufzählung der Gründe nicht abschließend ist, denn jede Vernehmungsmethode, die den im Gesetz beschriebenen entspricht, ist verboten. Diese Vorschrift wendet sich an Vernehmungen[1065], die im rechtsstaatlichen Verfahren durch Polizei oder Staatsanwalt durchgeführt wurden und gerade nicht an private Ermittlungen.

Ist der Kernbereich[1066] eines durch die Verfassung geschützten Rechts wie dasjenige, sich nicht selbst belasten zu müssen, in seinem Kerngehalt betroffen, so sind Ermittlungen unzulässig gerade dann, wenn es sich um private Vernehmungssituationen handelt, es liegt hinsichtlich der gewonnenen Erkenntnisse ein gerichtliches Verwertungsverbot vor.

Dies bedeutet für Aussagen im Rahmen von Complianceermittlungen, dass diese nicht mehr verwertbar sind, sobald diese Aussage durch Zwang oder Täuschung in einem Maße wie es § 136a StPO innewohnt zustande gekommen ist[1067].

Das BDSG beinhaltet Verwertungsverbote z. B. dafür, dass Mitteilungen an die Aufsichtsbehörde nach § 31 BDSG nicht gegen den Mitteiler in einem Strafverfahren verwandt werden dürfen. Worin liegt hierzu der Unterschied zur Aussagepflicht der Mitarbeiter gegenüber

1063 Roxin Imme, Probleme und Strategien der Compliance-Begleitung in Unternehmen, StV 2012, 116 (119 II. Wie steht es mit Belehrungspflichten für Compliance-Anwälte bei Befragung der Mitarbeiter).

1064 Monks/Graf, StPO, § 136a Rdnr. 9.

1065 Jahn, Ermittlungen in Sachen Siemens/SEC, StV 2009, 41 (45 III. Strafprozessuale Beweisverwertungsverbote bei rechtswidrigen Ermittlungshandlungen Privater).

1066 BGH 1 StR 277/17 vom 6.3.2018 in StV 2018, 767 (769 [29]).

1067 So auch im Ergebnis: Roxin Imme, Probleme und Strategien der Compliance-Begleitung in Unternehmen, StV 2012, 116 (120).

dem Compliancebeauftragten, weshalb auch in dieser Situation ein Schutz des aussagenden Mitarbeiters notwendig ist[1068].

In § 65 Abs. 3 SGB I normiert der Gesetzgeber ein Auskunftsverweigerungsrecht für Antragsteller, Leistungsberechtigte oder deren Angehörige, wenn diese sich durch Äußerungen im Antrags- und Leistungsverfahren der Verfolgung einer Straftat oder einer Ordnungswidrigkeit ausgesetzt sehen.

3.3 Durchsuchung der Firmenräume oder der Kanzleiräume

Im Falle einer Durchsuchung der Räume des Compliancebeauftragten im Unternehmen oder außerhalb in dessen Kanzlei könnten auch dessen Aufzeichnungen über die Gespräche mit Mitarbeitern beschlagnahmt werden. Die betroffenen Mitarbeiter liefen also Gefahr, dass ihre wahrheitsgemäßen Äußerungen gegenüber dem Compliancebeauftragten dazu führen würden, dass diese in ihrer späteren Verteidigungsstrategie am Schweigen gehindert wären, da sowohl der Compliancebeauftragte wie auch die beschlagnahmte Niederschrift in den Prozess gegen die Mitarbeiter eingeführt werden würden.

Ob ein Beschlagnahmeverbot[1069] vorliegt im Sinne von § 97 Abs. 1 S. 1 StPO[1070], richtet sich danach, ob die schriftlichen Aufzeichnungen über das Gespräch mit dem Mitarbeiter als ein Gespräch zwischen Mandant und Anwalt in einem konkreten Strafverfahren zu qualifizieren sind. Abgelehnt wurde ein solches Beschlagnahmeverbot[1071], unabhängig eines besonderen Berufsgeheimnisträger-Beschuldigten-Verhältnisses, was in Compliancebefragungen nicht vorliegt, es sei denn, die Unterlagen würden sich in der vom Mitarbeiter zu seiner Verteidigung beauftragten Kanzlei befinden, was aber in der überwiegenden Zahl der Verfahren auszuschließen ist.

Ausreichend für einen Beschlagnahmeschutz nach § 97 StPO zugunsten des Unternehmens soll eine dem Beschuldigten im Strafver-

1068 Dann/Mengel, Tanz auf dem Pulverfass-oder: Wie gefährlich leben Compliance-Beauftragte, NJW 2010, 3265 (3266 3. Pflichten im Ernstfall und in Krisen-Whistleblowing).

1069 BVerfG 2 BvR 1405/17 und 1780/17 vom 27.6.2018 in StraFo 2018, 288 (292 (1) (a)).

1070 Vgl. zum Gesetzestext: https://www.gesetze-im-internet.de/stpo/__97.html.

1071 BVerfG 2 BvR 1405/17 und 1780/17 vom 27.6.2018 in StraFo 2018, 288 (292 (2).

fahren ähnliche Stellung sein. Diese[1072] liegt bereits vor, wenn hinsichtlich des Arbeitgebers des befragten Mitarbeiters eine Beteiligung an einem Ordnungswidrigkeitenverfahren nach objektiven Gesichtspunkten in Betracht kommt. Dann besteht ein Beschlagnahmeschutz.

1072 BVerfG 2 BvR 1405/17 und 1780/17 vom 27.6.2018 in StraFo 2018, 288 (292 (1).

Literaturverzeichnis

Ärztezeitung, Aggression und Co. Gewalt in der Pflege. Ärztezeitung online 6.6.2018; Redaktion: Ärztezeitung Neu Isenburg

Berghäuser, Gloria, Geschäftsmäßigkeit i. S. § 217 StGB und die Verwirrung über ein Demonstrativpronomen, GA 2017, 383. Goltdammer`s Archiv für Strafrecht

Beukelmann, Stephan, Neues Sanktionenrecht für Unternehmen geplant, NJW-Spezial 2018, 184

Beukelmann, Stephan, Untreue durch den Betreuer, NJW-Spezial 2018, 696

Boemke Burkhard, Abbruch lebenserhaltender Maßnahmen – Voraussetzung der Entbehrlichkeit bzw. Erteilung einer betreuungsgerichtlichen Genehmigung, NJW 2015, 378

Bott, Ingo, Der anwaltliche Zeugenbeistand, StraFo 2018, 410

Bundesinteressenvertretung für alte und pflegebetroffene Menschen (BIVA) e.V., Einsichtnahme in die Pflegedokumentation, Steinke Guido, Die Pflegedokumentation – (k)ein Geheimpapier? Wer darf Einblick nehmen? 2. Auflage 2016. https://www.biva.de/publikationen/

Coeppicus, Rolf, Offene Fragen zum „Patientenverfügungsgesetz" NJW 2011, 2085

Coeppicus, Rolf, Erfordernis der Zustimmung eines Betreuers und einer gerichtlichen Genehmigung für einen Behandlungsabbruch, NJW 2013, 2939

Cornelius, Kai, Das Non-Legal-Outsourcing für Berufsgeheimnisträger, Straf- und berufsrechtliche sowie strafprozessuale Konsequenzen der neusten Gesetzeswelle, NJW 2017, 3751

Dann, Matthias/Mengel, Anja, Tanz auf einem Pulverfass – oder: Wie gefährlich leben Compliance-Beauftragte? NJW 2010, 3265

Deutsches Ärzteblatt, Bundesärztekammer (Arbeitsgemeinschaft der deutschen Ärztekammern) und Kassenärztliche Bundesvereinigung (Hrsg.)

Deutsches Netzwerk für Qualitätsentwicklung in der Pflege (Hrsg.) , Expertenstandard-Dekubitusprophylaxe in der Pflege – 2. Aktualisierung 2017

Dodegge,Georg, Die Entwicklung des Betreuungsrechts bis Juli 2018, NJW 2018, 2678

Eisele/Sieber, Notwendige Begrenzung des § 201a StGB nach dem 49. StÄG, StV 2015, 312

El Gahazi, Mohamad, Das Schicksal der sexuellen Handlung nach der Reform des Sexualstrafrechts, StV 2018, 250

Firsching/Dodegge, Familienrecht 2. Halbband:Betreuungssachen und andere Gebiete der freiwilligen Gerichtsbarkeit 8. Aufl. 2015; Hrsg.: Georg Dodegge

Fischer, Thomas, Strafgesetzbuch mit Nebengesetzen, 66. Auflage 2019

Geerds, Friedrich, Leichenschau und Leichensache aus juristischer Sicht, MedR 1984,172

Gercke/Julius/Temming/Zöller (Hrsg.), Strafprozessordnung, 6. Auflage 2019. zitiert: Bearbeiter/Gercke

Göpfert Burkard/Merten Frank /Siegrist Carolin, Mitarbeiter als „Wissensträger", NJW 2008, 1703

Graf, Jürgen Peter, Strafprozessordnung mit Gerichtsverfassungsgesetz und Nebengesetzen Kommentar 3. Aufl. 2018. Zitiert: Bearbeiter/Graf

Henking, Tanja, Der ärztlich assistierte Suizid, JR 2015, 174

Hörnle, Tatjana, Der entschuldigende Notstand, JuS 2009, 873

Hoven, Elisa/Weigend Thomas, Nein heißt Nein- und viele Fragen offen, JZ 2017, 182

Hufen, Friedhelm, Selbstbestimmtes Sterben – Das verweigerte Grundrecht, NJW 2018,1524

Jahn, Matthias, Ermittlungen in Sachen Siemens/SEC, -Legitimer Baustein des globalisierten Wirtschaftsstrafverfahrens oder rechtswidriges Parallelverfahren zur Strafprozeßordnung? – eine Problemskizze, StV 2009, 41

Janes Ingrid/Schick Stefanie, Sterbehilfe – im Spiegel der Rechtstatsachenforschung, NStZ 2006, 484

Kargl, Walter, Die Verletzung von Mandatsgeheimnissen bei der Mitwirkung Dritter, StV 2017, 482; Zu den Gesetzentwürfen des Bundesjustizministeriums und der Bundesregierung zur Änderung des § 203 StGB

Karlsruher Kommentar- OWiG, Kommentar zum Ordnungswidrigkeitengesetz, 5. Aufl. 2018. zitiert: Bearbeiter/Karlsruher Kommentar; Hrsg.: Wolfgang Mitsch

Kasseler Kommentar, Kommentar, Sozialversicherungsrecht, Stand Dezember 2018, Band 1, Hrsg.: Anne Körner, Staphan Lutherer, Bernd Mutschler, Christian Rolfs

Kleinknecht/Müller/Reitberger, Kommentar zur Strafprozessordnung, Stand 2018; zitiert: Bearbeiter/KMR

Körner/Patzak/Volkmer, Kommentar zum Betäubungsmittelgesetz, 9. Aufl. 2019; zitiert: Bearbeiter/Körner

Krause, Daniel M., Was bewirkt Compliance?, StraFo 2011, 437

Kreß, Claus, Das sechste Gesetz zur Reform des Strafrechts, NJW 1998, 631

Kretschmer, Joachim, Anmerkungen zur strafrechtliche Verantwortlichkeit der Unternehmensleitung für das Verhalten von Mitarbeitern – Begründung und deren Vermeidung unter Berücksichtigung von Compliance, StraFo 2012, 259

Krug, Björn/Skoupil, Christoph, Befragungen im Rahmen von internen Untersuchungen-Vorbereitung, Durchführung und Umgang mit den Ergebnissen, NJW 2017, 2374

Kühling, Jürgen/Buchner, Benedikt, Kommentar zur Datenschutz-Grundverordnung/BDSG, 2. Aufl. 2018, zitiert nach Bearbeiter/Kühling/Buchner

Kunkel, Peter Christian/Rosteck, Heike/Vetter, Henrike, Schweigepflicht und Sozialdatenschutz versus Zeugnispflicht, StV 2017, 829, Band 7, 1. Teilband

LK-StGB, Leipziger Kommentar, Hrsg.: Heinrich Wilhelm Laufhütte/ Ruth Rissing-van Saan / Klaus Tiedemann, 12. Aufl. 2019. zitiert: Bearbeiter-LK

Löwe-Rosenberg, Die Strafprozessordnung und das Gerichtsverfassungsgesetz, 27. Aufl. 2018. zitiert: Bearbeiter/Löwe – Rosenberg

Maiwald, Manfred, Zur Ermittlungspflicht des Staatsanwalts in Todesfällen, NJW 1978, 561

Mansdörfer, Marco/Trüg, Gerson, Umfang und Grenzen der strafrechtlichen Geschäftsherrenhaftung, StV 2012, 432

Maunz-Düring, GG , Kommentar zum GG Band VI, Stand Nov. 2018, Hrsg.: Roman Herzog, Rupert Scholz, Matthias Herdegen (geschäftsführend), Hans H. Klein (geschäftsführend), zitiert: Bearbeiter/Maunz-Düring

Maurach/Gössel/Zipf, Strafrecht Allgemeiner Teil, Band 2, 8. Aufl. 2014: zitiert: Bearbeiter/Maurach

Meyer-Mews, Hans, Verbrauchssteuerhinterziehung im Lichte des Nemo-tenetur-Grundsatzes, StraFo 2018, 177

Michalke, Regina, Untreue – neue Vermögensbetreuungspflichten durch Compliance-Regeln, StV 2011, 245

Momsen, Carsten, Das Im-Stich-Lassen in hilfloser Lage i. S. v. § 221 Absatz. 1 Nr. 2 StGB: Ein echtes Unterlassungsdelikt?, StV 2013, 54

MüKo-StGB, Münchener Kommentar zum Strafgesetzbuch, Gesamtredaktion Joecks, Erb und Miebach, Band 1, 3. Aufl. 2017; zitiert: Bearbeiter/MüKo

MüKo-StGB, Münchener Kommentar zum Strafgesetzbuch, Gesamtredaktion Joecks, Erb und Miebach, Band 5, 3. Aufl. 2019; zitiert: Bearbeiter/MüKo

Neuheuser, Stephan, Die Strafbarkeit von Eltern minderjähriger Mehrfachtäter wegen Verletzung der Fürsorge- und Erziehungspflicht, NStZ 2000, 174

NK-StGB, Nomos Kommentar, Gesamtredaktion Kindhäuser, Neumann und Paeffgen, 5. Auflage 2017. zitiert: Bearbeiter/NK

Nüsen Marc, Recht im Rettungsdienst, http://www.recht-im-Rettungsdienst.de/de/im_einsatz/rechtsstellung_des_patienten/die_patientenverfuegung

Ost, Konrad , Kartellbußgeldverfahren zwischen deutschem Systemdenken und europäischer Konvergenz = Nachweis https://www.bundeskartellamt.de/SharedDocs/Publikation/DE/Reden/Konrad Ost – Kartellbußgeldverfahren zwischen deutschem Systemdenken und europäischer Konvergenz.html

Palandt, Bürgerliches Gesetzbuch, Kommentar zum BGB, 78. Aufl. 2019: zitiert: Bearbeiter/Palandt

Peters, Thomas Alexander, Strafrechtliche Risiken bei der Delegation ärztlicher Leistungen an den Arzt im Praktikum(AiP) – Der AiP im Bereitschaftsdienst, StV 2001, 708

Pschyrembel, Klinisches Wörterbuch, 2012.

Rehmann Wolfgang A./Wagner, Susanne A., Kommentar zum Medizinproduktegesetz und Verordnung EU 2017/ 745 über Medizinprodukte, 3. Aufl. 2018. zitiert: Bearbeiter – Rehmann/Wagner

Robert Koch Institut, Infektionsschutz, Infektions- und Krankenhaushygiene

Roßbruch, Robert, Die Schweigepflicht des Pflegepersonals https:www.htwsaar.de/sowi/fakultaet/personen/professoren/…../schweigepflicht.pdf

Roxin, Claus, Der entschuldigende Notstand nach § 35 StGB (Teil 1), JA 1990,97. in JA= Juristische Arbeitsblätter,1990 97 ff.

Roxin, Imme, Probleme und Strategien der Compliance-Begleitung in Unternehmen, StV 2012, 116

Rudkowski, Lena, Die Aufklärung von Compliance-Verstößen durch „Interviews", NZA 2011, 612

Schmidt, Rolf, Strafrecht AT,19. Aufl. 2018.

Schönke/Schröder – Strafgesetzbuch, Kommentar, 30. Auflage 2019. zitiert: Bearbeiter/Schönke/Schröder; Gesamtredaktion: Albin Eser

Schroth, Ulrich, Zentrale Interpretationsprobleme des 6. Strafrechtsreformgesetz, NJW 1998, 2861.

Singelnstein, Tobias /Derin, Benjamin, Das Gesetz zur effektiveren und praxistauglicheren Ausgestaltung des Strafverfahrens – Was aus der StPO-Reform geworden ist, NJW 2017, 2647

SK-StGB, Systematischer Kommentar zum Strafgesetzbuch, Hrsg.: Jürgen Wolter, Band III , 9. Aufl. 2018; zitiert: Bearbeiter/SK.

Spiellecke, Karin, Das neue Sexualstrafrecht, StraFo 2018, 361

Steffen, Erich, Arzt und Krankenpflege: Konfliktfelder und Kompetenzen, MedR 1996, 265

Thürmann, Petra.A. , Einsatz von Psychopharmaka bei Pflegebedürftigen, Wissenschaftliches Institut der AOK, Pflege-Report 2017, Die Versorgung der Pflegebedürftigen, Klaus Jacobs, Adelheid Kuhlmey, Stefan Greß, Jürgen Klauber, Antje Schwinger (Hrsg.) zitiert: nach Autoren, https://www.wido.de/pflege-report_2017.html

Timpe, Gerhard, Der Vertrauensgrundsatz, StraFo 2016,11

Timpe, Gerhard, Die strafrechtliche Geschäftsherrenhaftung, StraFo 2016, 237

Trüg, Gerson, Sozialkontrolle durch Strafrecht – Unternehmensstrafrecht, StraFo 2011, 471

Ulsenheimer, Klaus, Arztstrafrecht in der Praxis 5. Aufl.2015. zitiert: Bearbeiter/Ulsenheimer

Viktas, Konstatinos, Das Spannungsverhältnis zwischen ärztlicher Schweigepflicht und der Befugnis zur Offenbarung von (Verdachts-) Fällen der Kindesmisshandlung, JR 2015, 353.

Von Mangoldt/Klein/Starck, GG, Kommentar zum GG Band 3, 7. Aufl. 2018, Hrsg.: Peter Huber, Andreas Voßkuhle

Von Wulffen/Schütze, Kommentar zum SGB X Sozialverwaltungsverfahren und Sozialdatenschutz, 8. Aufl. 2014. zitiert: Bearbeiter – von Wulffen, Hrsg.: Bernd Schütze

Wehnert, Anne, Die Verwertung unternehmensinterner Ermittlungen, StraFo 2012, 253

Weitbrecht Andreas /Weidenbach Georg, Achtung, Dawn Raid! Die Rolle des Anwalts bei Durchsuchungen, NJW 2010, 2328

Wessels/Beulke/Satzger, Strafrecht Allgemeiner Teil, Die Straftat und ihr Aufbau, 48. Aufl. 2018, Redaktion: Werner Beulke und Helmut Satzger

Wessels/Hettinger/Engländer, Strafrecht Besonderer Teil, Straftaten gegen Persönlichkeits- und Gemeinschaftswerte, 42. Aufl. 2018, Redaktion: Michael Hettinger und Armin Engländer

Wessels/Hillenkamp/Schuhr, Strafrecht Besonderer Teil 2, Straftaten gegen Vermögenswerte, 41. Aufl. 2018,Hrsg. Hillenkamp, Thomas; Schuhr, Jan C.

Wolfslast, Gabriele/Weinrich, Christoph, Anmerkungen zu BGH 3 StR 168 /10, StV 2011, 286

Woygoda, Jeanette, Kampf gegen die non-compliance, Von Hippokrates zur corporate compliance https://www.compliance-manager.net/fachartikel/von-hippokrates-zur-corporate- compliance-124028656

Wüstenberg, Dirk, Der neue Rechtfertigungsgrund § 4 KKG zur Verhinderung von Kindesmisshandlungen, StraFo, 2012, 348

Zentrum für Interdisziplinäre Suchtforschung der Universität Hamburg (ZIS) ,Klinik für Psychiatrie und Psychotherapie des Universitätsklinikums Hamburg-Eppendorf ,Institut und Poliklinik für Medizinische Psychologie, ABSCHLUSSBERICHT Benzodiazepine und Z-Substanzen – Ursachen der Langzeiteinnahme und Konzepte zur Risikoreduktion bei älteren Patientinnen und Patienten, Projektleitung Uwe Verthein, Jens Reimer und Martin Härter,2016

Register